本居宣長六十一歳自画自賛像

古《こ》連《れ》は宣長六十一寛政乃《の》二登《と》せと
いふ年能《の》秋八月尓《に》手都《づ》可《か》らう都《つ》し
多《た》流《る》おの可《が》ゝ《か》多《た》那《な》里《り》

筆能《の》都《つ》い天《で》尓《に》
志《し》き嶋のやま登《と》許《ご》ゝ《こ》路《ろ》を人登《と》ハ《は》ゝ《ば》
朝日尓《に》ゝ《に》ほふ山佐《ざ》久《く》ら花

新潮文庫

本居宣長

上巻

小林秀雄著

新潮社版

4859

目次

下巻目次

本《もと》居《おり》宣《のり》長《なが》

上巻

本居宣長

一

＊本居宣長《もとおりのりなが》について、書いてみたいという考えは、久しい以前から抱いていた。戦争中の事だが、「古事記」をよく読んでみようとして、それなら、面倒だが、宣長の「古事記伝」でと思い、読んだ事がある。それから間もなく、＊折口信夫《おりくちしのぶ》氏の大森のお宅を、初めてお訪ねする機会があった。話が、「古事記伝」に触れると、折口氏は、＊橘守部《たちばなもりべ》の「古事記伝」の評について、いろいろ話された。浅学な私には、のみこめぬ処《ところ》もあったが、それより、私は、話を聞き乍《なが》ら、一向に言葉に成ってくれぬ、自分の「古事記伝」の読後感を、もどかしく思った。そして、それが、殆《ほとん》ど無定形な動揺する感情である事に、はっきり気附いたのである。「宣長の仕事は、批評や非難を承知の上のものだったのではないでしょうか」という言葉が、ふと口に出て了《しま》った。折口氏は、黙って答えられなかった。私は恥かしかった。帰途、氏は駅まで私を送って来られた。道々、取止めもない雑談を交して来たのだが、お別れしようとした時、不

意に、「小林さん、本居さんはね、やはり源氏ですよ、では、さよなら」と言われた。*

今、こうして、自《おのずか》ら浮び上がる思い出を書いているのだが、それ以来、私の考えが熟したかどうか、怪しいものである。やはり、宣長という謎めいた人が、私の心の中にいて、これを廻《めぐ》って、分析しにくい感情が動揺しているようだ。物を書くという経験を、いくら重ねてみても、決して物を書く仕事は易《やさ》しくはならない。私が、ここで試みるのは、相も変らず、やってみなくては成功するかしないか見当のつき兼ねる企《くわだ》てである。

雑誌*から連載を依頼されてから、何処《どこ》から手を附けたものか、そんな事ばかり考えて、一向手が附かずに過ごす日が長くつづいた。或る朝、東京に出向く用事があって、鎌倉の駅で電車を待ちながら、うららかな晩秋の日和《ひより》を見ていると、ふと松坂*に行きたくなり、大船で電車を降りると、そのまま大阪行の列車に乗って了った。

言うまでもなく、宣長は、伊勢松坂の人で、彼が少年時代から終生住んでいた家は、蒲生氏郷《*がもううじさと》の松坂城址《し》近くに、今も保存されている。鈴屋遺蹟《*すずのやいせき》の名で、よく人に知られているもので、私にも二度ほど訪れる機があったが、宣長の墓は、まだ知らなかった。

彼の墓は、遺言状（寛政十二年申七月、春庭《*はるにわ》、春村《はるむら》宛）の指定通り、二つある。一つは、当時の習慣に従った形式上のもので、城址に極く近い本居家の菩提寺《ぼだいじ》の樹敬寺《じゅきょうじ》に在るのだが、もう一つの墓、遺言状に「*他所他国之人、我等墓を尋候はば、妙楽寺を教へ遣《つかは》シ可レ申候」とあるものは、町の南方、*二里ほどもあろうか、*山室の妙楽寺という寺の裏山に在る。私が、急に尋ねたくなったのは、それである。「他所他国之人」は、名古屋に一泊し、翌朝、松阪駅前のタクシイの運転手に尋ねたが、わからなかった。彼は、自分は松阪の生れだが、どうも自慢にならぬ話だから、捜して一緒にお詣《まい》りしたい、と言った。戦後、ほとんど訪れる人もないのであろうか。苔《こけ》むした石段が尽き、妙楽寺は、*無住《むじゆう》と言ったような姿で、山の中に鎮《しず》まりかえっていた。そこから、山径《やまみち》を、*数町登る。山頂近く、杉や檜《ひのき》の木立を透かし、脚下に*伊勢海が光り、遥かに*三河尾張の山々がかすむ所に、方形の石垣をめぐらした塚があり、塚の上には山桜が植えられ、前には「本居宣長之奥墓」ときざまれた石碑が立っている。簡明、清潔で、美しい。

この独創的な墓の設計は、遺言書に、図解により、細かに指定されている。「本居宣長之奥墓」は自筆で、草稿は、鈴屋遺蹟で見られるが、遺言書の墓碑の図解には、「本居宣長之奥津紀《おくつき》」と書かれ、下に、「石碑ノ裏 并《ならびに》脇へは、何事も書申間敷《まうすまじく》候」とある。「右石碑之頭は如レ図、〔ケ様に可レ致候、碑高サ*四尺計《ばかり》、台は此外也、横幷厚サ、台石等、見合せたるべし、〔尤《もつとも》台壱重也、石碑之前に花筒など立候事、*無用に候」

と断っている。それから、「*惣地取リ七尺四方之堺にも、*延石《のべいし》を伏せ」たいと思うが、これは材料代が高くつくだろうから、追っての事に致せ、当分の間は、「丸石に而《テ》も、ひろひ集メ、並ベ置可レ申候」とある。今日見る桜花を彫った石垣などは、彼にしてみれば、無用のものだったであろう。葬式は、諸事「*麁末《ソマツ》に」「*麁相《ソサウ》に」とくり返し言っているが、大好きな桜の木は、そうはいかなかった。これだけは一流の品を註文しているのが面白い。塚の上には芝を伏せ、随分固く致し、折々見廻って、崩れを直せ、「植候桜は、山桜之随分花之宜《よろし》キ木を致ニ吟味一、植可レ申候、勿論《もちろん》、後々もし枯候はば、植替可レ申候」。それでは足りなかったとみえて、花ざかりの桜の木が描かれている。遺言書を書きながら、知らず識らず、彼は随筆を書く様子である。「花はさくら、桜は、山桜の、葉あかくてりて、ほそきが、まばらにまじりて、花しげく咲たるは、又たぐふべき物もなく、うき世のものとも思はれず」（*「玉かつま」六の巻）

以上、少しばかりの引用によっても、宣長の遺言書が、その人柄を、まことによく現している事が、わかるだろうが、これは、ただ彼の人柄を知る上の好資料であるに止まらず、彼の思想の結実であり、敢《あえ》て最後の述作と言いたい趣《おもむき》のものと考えるので、もう少し、これについて書こうと思う。

遺言書は、次の様な文句で始まっている。書き出しから、もうどんな人の遺言書と

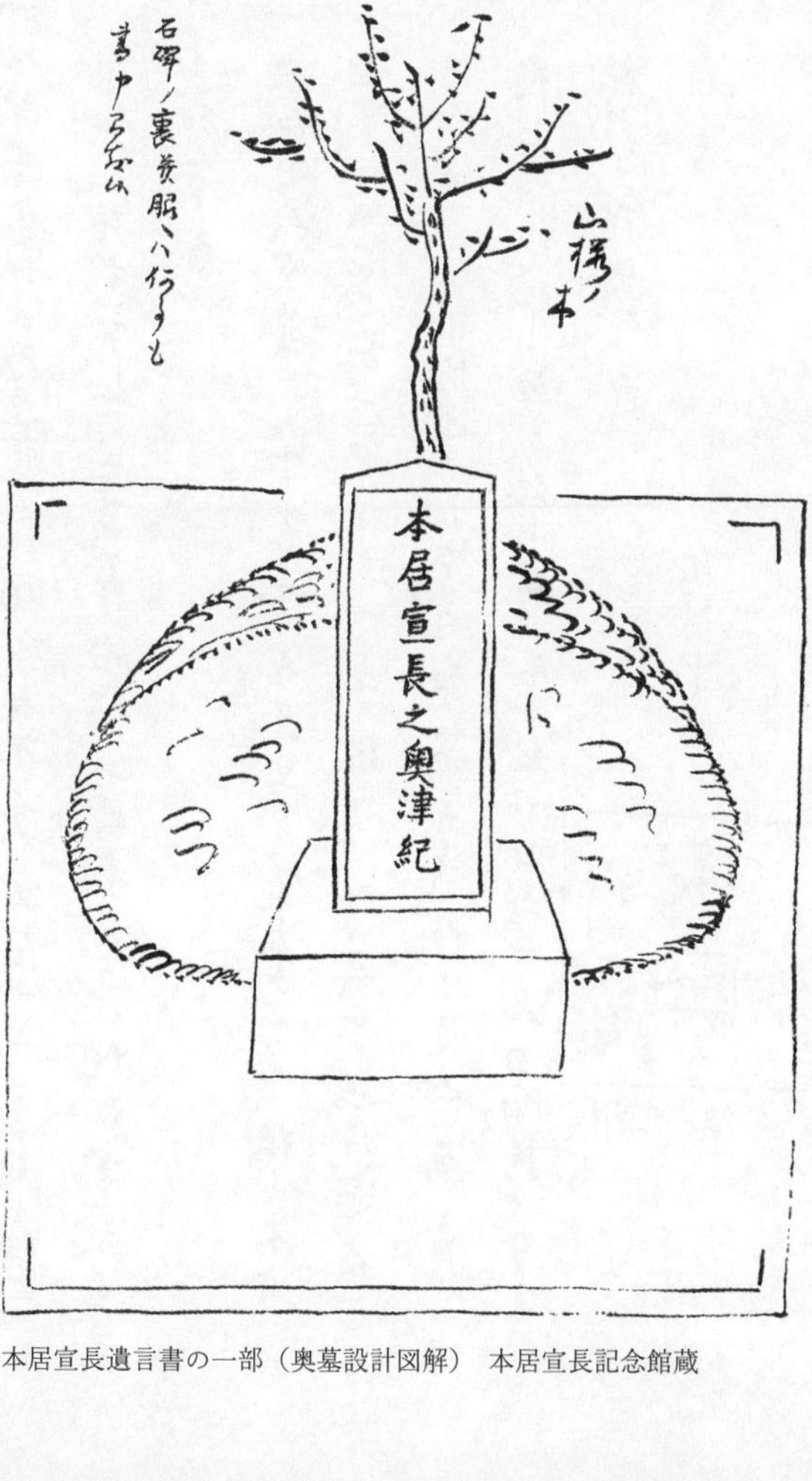

本居宣長遺言書の一部（奥墓設計図解）　本居宣長記念館蔵

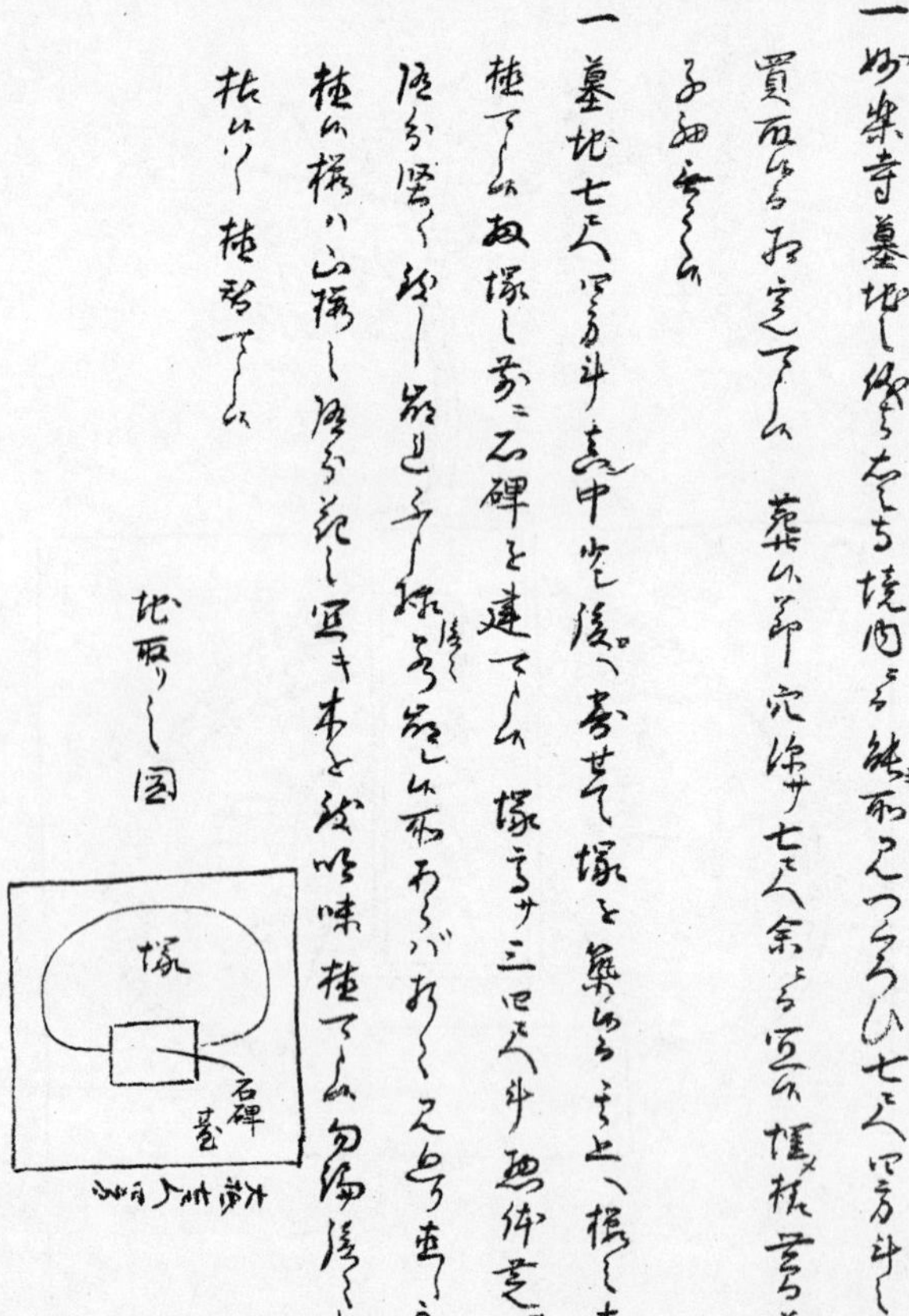
一 妙楽寺墓地之儀ハ本堂之後境内ニて能キ所見つくろひ七尺四方斗之地面
買取ニ相定可申候 葬候節穴深サ七尺余ニ可致候
子細無之候
一 墓地七尺四方斗真中少し後へ寄せて塚を築候て其上へ桜之木を
植可申候 扨塚之前ニ石碑を建可申候 塚高サ三四尺斗惣体芝ヲ伏せ
随分堅く致し崩れ不申様ニ可致 後々崩れ候ハヽ折々見廻り直し可申候
植候桜ハ山桜之随分花之宜キ木を致吟味植可申候 勿論後々もし
枯候ハヽ植替可申候

地取りし図

本居宣長遺言書の一部（墓所地取図を含む）　本居宣長記念館蔵

も異なっている。「*我等相果候はば、必《かならず》其日を以て、忌日と定むべし、勝手に任せ、日取を違候事、有レ之間敷候」、書状が宛てられた息子の春庭も春村も、父親の性分《しょうぶん》と知りつつも、これには驚いたかも知れない。つづいて、「時刻は、前夜之九ッ*時過より、其日之夜之九ッ迄を、其日と定むべし、譬《たと》へば、晦日《*みそか》之夜之九ッ過より者《*は》、来月朔日《*さくじつ》に而、朔日之夜九ッ迄朔日也、右之刻を以定メ候べし」という説明が附き、それから第一条になる。「相果候而、送葬迄之間、念仏申候事無用に候、但し、*法樹院参候而、仏前に而、勤致候儀者格別也」、次の条は、「沐浴《*もくよく》者世間並に而よろし、沐浴相済候はば、如二平日一鬚《ひげ》を剃候而、髪を結可レ申候、衣服者さらし木綿之綿入壱ッ、帯*同断、尤袷《あはせ》に而も単物《ひとへもの》に而も帷子《*かたびら》に而も、其時節之服可レ為候、麻之十徳《*じっとく》、木キ造リ之*腰ノ物、尤脇指《わきざし》計に而宜候、随分麁末《そまつ》に而、只形計之造り付に而宜候、棺中へさらし木綿之小キ布団を敷可レ申候、随分綿うすくて宜候、*惣体衣服、随分麁末成《なる》布木綿を可レ用候、扨《さて》、稿《*ワラ》を紙に而、いくつも包ミ、棺中所々、死骸之不レ動様に、つめ可レ申候、但し、丁寧に、ひしとつめ候には不レ及、動キ不レ申様に、所々つめ候而よろしく候、棺は箱に而、板は一通リ之杉之*六分板可レ為、ざつと一返削リ、内外共、美濃紙に而、一返張可レ申候、蓋《フタ》同断、*釘〆、尤ちゃんなど流し候には不レ及、必々板等念入候儀は可レ為二無用一候、随分麁相《そさう》成板に而宜候」、この、殆ど検死人の手記めいた感じの出ているところ、全く宣長の文体である事に留意されたい。扨《さ》て死骸《しがい》の始末だが、「右棺者、山室妙楽寺へ、葬可レ申候、夜中密に、右之寺へ送り可レ申候、太郎兵衛并《ならびに》門弟之内壱両人、送り可レ被レ参候」とある。太郎兵衛というのは、小西太郎兵衛で、宣長の次男春村は、若くして薬種商小西家の養子となっていた。長男の春庭は、優秀な学者であったが、眼病で、もうこの頃は、気の毒に、全く失明して、鍼医《はりい》を業としていたから、夜中の山道など、とても覚束《おぼつか》なかったのである。しかし、世間並みの葬式は、「格別也」であった。「送葬之式者、樹敬寺に而執行《とりおこなひ》候事、勿論也、右之寺迄行列如レ左」とあって、行列の図解になる。先ず、挑灯持《ちようちんもち》が行く、長刀持《なぎなたもち》がつづき、樹敬寺の坊様に先導された、中身のない乗物、これに嗣子《しし》春庭が従う、つづいて親類、門弟、*挟箱《はさみばこ》、合羽《かつぱ》籠《かご》、若党、草履《ぞうり》取《とり》などの位置まで細かく指定されている。「已上《いじやう》、右之通に而、樹敬寺本堂迄空送也*《カラダビ》」と記されている。位牌《いはい》は、前もって、本堂に飾って置いて欲しい。戒名《かいみよう》は「高岳院石上道啓居士」とせよ。宣長が、京都遊学中、友人岩崎栄令*に宛てた書簡に、「僕ヤ不佞*《フネイ》ニシテ、少来甚ダ仏ヲ好ム」と言っているように、彼は、代々浄土宗の熱心な信者の家に生れ、若い時から、仏事に親しみ、最初の歌集「栄貞詠草」を見ても、「浄土釈教の歌とて読侍ける」と題して、連作が詠《よ》まれているという次第で、彼は、十九歳の時、既に樹敬寺の和尚《おしよう》から、「伝誉英笑道与居士」という戒名をもらっているのである。今は、自分の好みにより、国学者風の戒名を、新しく作りたい。ついでに、妻、勝のものも作って置く。「右戒名之儀者、書付候而、樹敬寺*方丈へ遣シ、此通りに付ケ被レ呉候様に申入、方丈より書付取可レ申候」と、彼は平気で書いている。墓地の地取りが定められ、石塔は一基、図解がある。表には夫妻の*法号、両脇には、それぞれの年号月日没、裏面には、本居春庭建と刻《こく》すべし。これは仏式であるから、前には花筒を忘れるな、「後日、お勝相果候はば、此墓地へ葬可レ申候」。

つづいて、山室山奥津紀の詳しい説明となる。これは既に書いた。そういうわけで、葬式が少々風変りな事は、無論、彼も承知していたであろうが、彼が到達した思想からすれば、そうなるより他なりようがなかったのに間違いなく、それなら、世間の思惑なぞ気にしていても、意味がない。遺言書の文体も、当り前な事を、当り前に言うだけだという、淡々たる姿をしている。「右之段、本人遺言致候旨、樹敬寺へ送葬以前、早速に相断リ可レ被レ申候、右は、随分子細は無レ之儀に候」と言う。ところが、やはり仔細《しさい》は有った。*村岡典嗣《つねつぐ》氏の調査によれば（*岩波版「本居宣長全集」*月報 五）、松坂奉行所は、早速文句を附けたらしい。菩提所で、通例の通りの形で、葬式を済ませた上、本人の希望なら、山室に送り候て可レ然と、遺族に通達した。寺まで空送《カラダビ》で、遺骸《いがい》は、夜中密に、山室に送るというような奇怪なる儀は、一体何の理由に由《よ》るか、「追而《おって》、いづれぞより、尋等有レ之候節、中抜《*まうしひらき》六ヶ敷《むつかしき》筋に而可レ有レ之被レ存候」というのが、役人の言分である。実際、そう言われても、仕方のないものが、宣長の側にあったと言えよう。この人間の内部には、温厚な円満な常識の衣につつまれてはいたが、言わば、「中抜六ヶ敷筋」の考えがあった。

遺言書の終りの方は、墓参とか法事とかに関する指示であり、言うまでもなく、これも二通りの形を踏む。毎月忌日には、樹敬寺への墓参り、家の仏壇には位牌、精進《しょうじん》の霊膳《れいぜん》、その他の諸事、「是《これ》迄致来候御先祖達之通りに可レ致候、致ニ精進一候儀も、同断に候」、しかし毎年祥月《*しょうつき》、年一度の事でいいが、妙楽寺に墓参されたい、「夫《それ》も雨天或は差支等有レ之候はば、必当日には不レ限、前後之内見計ヒ、参可レ被レ申候」と言う。これとともに、家では、座敷床に、像掛物*をかけ、平生自分の使用していた机を置き、掛物の前正面には、霊牌を立て、「香を焼候事は無用」だが、季節の花を立て、灯をともし、膳を備える。膳料理は魚類にせよ、酒を忘れるな。霊牌は図解されている。平生、机の傍に置き、日々手馴《な》れた桜の木の笏《*しゃく》を、台に刺して、霊牌に仕立てる事、これには、後諡《*ノチノナ》、秋津《アキヅ》彦美《ヒコミ》豆《ヅ》桜根大人《サクラネノウシ》を記する事。又、祥月には、都合のいい日を決めて、門弟達が集り、家で歌会を開いて欲しい。

ここに、像掛物とあるのは、*寛政二年秋になった、宣長自画自賛の肖像画を言うので、有名な「しき嶋の　やまとごゝろを　人とはゞ　朝日にゝほふ　山ざくら花」の歌は、その*賛《さん》のうちに在る。だがここでは、歌の内容を問うよりも、宣長という人が、どんなに桜が好きな人であったか、その愛着には、何か異常なものがあった事を書いて置く。

宣長には、もう一つ、*四十四歳の自画像がある。画面には桜が描かれ、賛にも桜の歌が書かれている。「めづらしき　*こまもろこしの　花よりも　あかぬ色香は　桜なりけり」、宣長ほど、桜の歌を沢山詠んだ人もあるまい。宝暦九年正月（三十歳）には、「ちいさき桜の木を五もと庭にうふるとて」と題して、「わするなよ　わがおいらくの　春迄も　わかぎの桜　うへし契《ちぎり》を」とある。桜との契りが忘れられなかったのは、彼の遺言書が語る通りであるが、寛政十二年の夏（七十一歳）、彼は、遺言書を認《したた》めると、その秋の半ばから、冬の初めにかけて、桜の歌ばかり、三百首も詠んでいる。この前年にも、*吉野山に旅し、桜を多く詠み込んだ「吉野百首詠」が成ったが、今度の歌集は、吉野山ではなく「まくらの山」であり、彼の寝覚めの床の枕の山の上に、時ならぬ桜の花が、毎晩、幾つも幾つも開くのである。歌のよしあしなぞ言って何になろうか。歌集に後記がある。少し長いが引用して置きたい。文の姿は、桜との契りは、彼にとって、どのようなものであったか、或《あるい》は、遂にどのような気味合《きみあい》のものになったかを、まざまざと示しているからだ。

「これが名を、まくらの山としも、つけたることは、今年、秋のなかばも過ぬるころ、やう〳〵夜長くなりゆくまゝに、老のならひの、あかしわびたる、ねざめ〳〵には、そこはかとなく、思ひつゞけらるゝ事の、多かる中に、春の桜の花のことをしも、思ひ出て、時にはあらねど、此花の歌よまむと、ふとおもひつきて、一ッ二ッよみ出たりしに、*こよなく物まぎるゝやうなりしかば、よき事思ひえたりとおぼえて、それより同じすぢを、二ッ三ッ、あるは、五ッ四ッなど、夜ごとにものせしに、*同じくは、百首になして見ばやと、*思ふ心なむつきそめて、よむほどに、ほどなく数はみちぬれど、此何がしをおもふとて、のどかならぬ春毎の、こゝろのくま〴〵はしも、つきすべくもあらで、猶《なほ》、*とさまかくさまに、思ひよらるゝはかなしごとどもを、うちもおかで、よみいで〳〵するほどに、又しもあまたになりぬるを、*かくては二百首になしてむとさへ、思ひなりて、なほよみもてゆくまゝに、又其数も、*たらひぬれば、今はかくてとゞめてむとするに、*思ひかけざりし、此すさみわざに、秋ふかき夜長さも、わすられつゝ、あかしきぬる夜ごろのならひは、此言草の、にはかに霜枯て、いとゞしく、長きよは、*さう〴〵しさの、今さらにたへがたきに、もよほされつゝ、夜を重ねて、思ひなれたるすぢとて、ともすれば、有し同じすぢのみ、心にうかびきつゝ、歌のやうなることどもの、多くおもひつゞけらるゝが、おのづから*みそ一もじになりては、又しも数おほくつもりて、*すゞろに、かくまでには成ぬる也。さるは、はじめより、皆その*あした〳〵に、思ひ出つゝ、物にはかきつけつれば、物わすれがちにて、もれぬるも、これかれとおほかるをば、しひてもおもひ尋ねず、たゞその時々、心に残れるかぎりにぞ有ける。*ほけ〳〵しき老の寐《ね》ざめの、心やりのしわざは、いとゞしく、くだ〳〵しく、*なほ〳〵しきことのみにて、*さらに人に見すべき色ふしも、まじらねば、枕ばかりにしられても、やみぬべきを、*さりとてかいやりすてむこと、*はた*さすがにて、かくは書あつめたるなり。もとより深く心いれて、物したるにはあらず、みなたゞ思ひつゞけられしまゝなる中には、*いたくそゞろき、たはぶれたるやうなること、はたをり〳〵まじれるを、をしへ子ども、めづらし、おかし、けうありと思ひて、*ゆめかゝるさまを、*まねばむとな思ひかけそ、あなものぐるほし、これはたゞ、*いねがての、心のちりのつもりつゝ、なれるまくらの、やまと言の葉の、霜の下に朽残りたるのみぞよ」

「あなものぐるほし」という言葉は、ただ「をしへ子ども」に掛かる言葉とも思えない。彼にしてみても、物ぐるおしいのは、また我が心でもあったであろうか。彼には、塚の上の山桜が見えていたようである。

我心　やすむまもなく　つかはれて　春はさくらの　奴なりけり
此花に　なぞや心の　まどふらむ　われは桜の　おやならなくに
桜花　ふかきいろとも　見えなくに　ちしほにそめる　わがこゝろかな

二

さて、宣長の長い遺言は、次のような簡単な文句で終る。「家相続跡々惣体之事は、一々不レ及二申置一候、親族中随分むつまじく致し、家業出精、家門絶断無レ之様、永く相続之所肝要に而候、御先祖父母へ之孝行、不レ過レ之候、以上」

明らかに、宣長は、世間並みに遺言書を書かねばならぬ理由を、持ち合せていなかったと言ってもよい。この極めて慎重な生活者に宰領《さいりよう》されていた家族達には、向後《こうご》の患《わずら》いもなかったであろう。だが、これは別事だ。遺言書には、自分の事ばかり、それも葬式の事ばかりが書いてある。彼は、葬式の仕方については、今日、「両墓制*」と言われている、当時の風習に従ったわけだが、これも亦《また》、遺言書の精《くわ》しい、生きた内容とは関係がない。私が、先きに、彼の遺言書を、彼の最後の述作と呼びたいと言った所以《ゆえん》も、その辺りにある。彼は、遺言書を書いた翌年、風邪を拗《こじ》らせて死んだのだが、これは頑健な彼に、誰も予期しなかった出来事であり、彼の精力的な研究と講義とは、死の直前までつづいたのであって、精神の衰弱も肉体の死の影も、彼の遺言書には、先ず係わりはないのである。動機は、全く自発的であり、言ってみれば、自分で自分の葬式を、文章の上で、出してみようとした健全な思想家の姿が、其処《そこ》に在ると見てよい。遺言書と言うよりむしろ独白であり、信念の披瀝《ひれき》と、私は考える。

しかし、これは、宣長の思想を、よく理解していると信じた弟子達にも、恐らく、いぶかしいものであった。

宣長の家学を継いだ養嗣子《ようしし》*大平《おおひら》は、「日記」にこう書いている。「去ト（寛政十一未のとし）秋之頃、*故翁私へ被ㇾ語候ハ、愚老墓地を見立度候間、近日之内山室之妙楽寺の辺へ歩行致度候。其節ハ、外に*社中之内*一両輩被ㇾ参候ハヾ、同道可ㇾ申など物語られ候。其時、吉事ニもなき事なれバ、如何《いかん》とも返答も不ㇾ申、暫《しばら》く黙して居申候。さて私申候ハ、*うつそみ之世之人*無き跡の事思ひ斗《はかり》申置候ハ、*さかしら事にて、古意に背《そむ》き可ㇾ申哉など答へ居申候。扨《さて》九月十六日之夜、講釈後、被ㇾ語候ハ、明日天気能《よ》く候ハヾ、山室へ参可ㇾ申候間、社中之内被ㇾ参候人あらバ、*明五ッ時、出かけられ候様ニと被ㇾ申候ニ付、其夜講席ニ出居候外ニも、さそひ合而、翌十七日十二三輩同道仕候而、右山室之山内ニて、能《よき》地所見立被レ申候」

大平の申分は尤《もっと》もな事であった。日頃、彼は、「無き跡の事思ひはかる」は「さかしら事」と教えられて来たのである。大平の「日記」は、彼の申分が、宣長に黙殺された事を示している。無論、大平は知らなかったが、この時、既に遺言書（寛政十二年申七月）は考えられていたろう。妙楽寺の「境内に而、能キ所見つくろひ、七尺四方計《ばかり》之地面買取候而、相定可レ申候」と認《したた》めたところを行う事は、彼にとって「さかしら事」ではなかったのだが、大平を相手に、彼に、どんな議論が出来ただろうか。彼は、墓所を定めて、*二首の歌を詠《よ》んだ。「山むろに　ちとせの春の　宿しめて　風にしられぬ　*花をこそ見め」「今よりは　はかなき身とは　なげかじよ　千代のすみかを　もとめえつれば」。普通、宣長の辞世《じせい》と呼ばれているものである。これも、随行した門弟達には、意外な歌と思われたかも知れない。

*川口常文《つねぶみ》の「本居宣長大人《うし》伝」には、「此歌、大人の自ら書き給へるを、今も妙楽寺に所蔵せり。さて人死れば、霊魂の往方は其善きも悪きも、なべて*夜見《よみ》なりと、*古事記伝玉勝間等に云れ、また歌にもよまれたるが、此頃にいたりて、其説等の*非説なるを、さとられつれど、其を改めらるゝいとまなくして、はたされつるにて、其は此御歌もて証しとすべく、其御意のほど*炳焉《へいえん》たらん」、尚《なお》詳しくは、*平田翁《おう》の「*霊能真《たまのみ》

柱《はしら》」を参照せよ、とある。言うまでもなく、平田篤胤《あつたね》は、*鈴門の第一者を以て自ら任じていた人だ。この熱烈な理論家には、宣長の辞世が、自身の思想の不備や矛盾を自覚し、これを遂に解決したものと映じた。しかし、この意味での辞世ほど、宣長の嫌ったものはない。

山室山の歌にしてみても、辞世というような「ことごとしき」意味合は、少しもなかったであろう。ただ、今度自分で葬式を出す事にした、と言った事だったであろう。その頃の彼の歌稿を見て行くと、翌年、こんな歌を詠んでいる、――「よみの国　おもはばなどか　*うしとても　あたら此世を　いとひすつべき」「死ねばみな　よみにゆくとは　しらずして　ほとけの国を　ねがふおろかさ」、だが、この歌を、まるで後人の誤解を見抜いていたような姿だ、と言ってみても、埒《らち》もない事だろう。私に興味があるのは、宣長という一貫した人間が、彼に、最も近づいていたと信じていた人々の眼にも、隠れていたという事である。

この誠実な思想家は、言わば、自分の身丈《みたけ》に、しっくり合った思想しか、決して語らなかった。その思想は、知的に構成されてはいるが、又、生活感情に染められた文体でしか表現出来ぬものでもあった。この困難は、彼によく意識されていた。だが、傍観的な、或《あるい》は一般観念に頼る宣長研究者達の眼に、先ず映ずるものは彼の思想構造の不備や混乱であって、これは、彼の在世当時も今日も変りはないようだ。村岡典嗣《つねつぐ》氏の名著「本居宣長」*が書かれたのは、明治四十四年であるが、私は、これから多くの教示を受けたし、今日でも、最も優れた宣長研究だと思っている。村岡氏は、決して傍観的研究者ではなく、その研究は、宣長への敬愛の念で貫かれているのだが、それでもやはり、宣長の思想構造という抽象的怪物との悪闘の跡は著《いちじる》しいのである。私は、研究方法の上で、自負するところなど、何もあるわけではない。ただ、宣長自身にとって、自分の思想の一貫性は、自明の事だったに相違なかったし、私にしても、それを信ずる事は、彼について書きたいという希《ねが》いと、どうやら区別し難いのであり、その事を、私は、芸もなく、繰り返し思ってみているに過ぎない。宣長の思想の一貫性を保証していたものは、彼の生きた個性の持続性にあったに相違ないという事、これは、宣長の著作の在りのままの姿から、私が、直接感受しているところだ。

要するに、私は簡明な考えしか持っていない。或る時、宣長という独自な生れつきが、自分はこう思う、と先ず発言したために、周囲の人々がこれに説得されたり、これに反撥《はんぱつ》したりする、非常に生き生きとした思想の劇の幕が開いたのである。この名優によって演じられたのは、わが国の思想史の上での極めて高度な事件であった。この文を、宣長の遺言書から始めたのは、私の単なる気まぐれで、何も彼の生涯を、逆さまに辿《たど》ろうとしたわけではないのだが、ただ、私が辿ろうとしたのは、彼の演じた思想劇であって、私は、彼の遺言書を判読したというより、むしろ彼の思想劇の幕切れを眺めた、そこに留意して貰《もら》えればよいのである。宣長の述作から、私は宣長の思想の形体、或は構造を抽《ひ》き出そうとは思わない。実際に存在したのは、自分はこのように考えるという、宣長の肉声だけである。出来るだけ、これに添って書こうと思うから、引用文も多くなると思う。

彼は、最初の著述を、「*葦別小舟《あしわけおぶね》」と呼んだが、彼の学問なり思想なりは、以来、「万葉」に、「*障《さは》り多み」と詠まれた川に乗り出した小舟の、いつも漕《こ》ぎ手は一人という姿を変えはしなかった。幕開きで、もう已れの*天稟《てんぴん》に直面した人の演技が、明らかに感受出来るのだが、それが幕切れで、その思想を一番よく判読したと信じた人々の誤解を代償として、演じられる有様を、先ず書いて了《しま》ったわけである。

三

宣長は松坂の商家小津家の出である。

「玉かつま」のなかに「伊勢国」という文があって、「国のにぎはゝしきことは、*大御神の宮にまうづる旅人、たゆることなく、ことに春夏の程は、いと／＼にぎはゝしき事、大かた天ノ下にならびなし、土《ツチ》こえて、稲いとよし、*たなつ物も畑つ物も、大かた皆よし、かくて松坂は、ことによき里にて、里のひろき事は、*山田につぎたれど、富《とめ》る家おほく、江戸に店といふ物を、かまへおきて、*手代といふ物を、おほくあらせて、あきなひせさせて、あるじは、国にのみ居て、あそびをり、*うはべはさしもあらで、うち／＼は、いたくゆたかに、おごりてわたる」「他国の人おほく入こむ国なる故に、よからぬ物もおほく、盗なども多し」「人の心はよくもあらず、おごりてまことすくなし」とある。

小津家は、代々木綿《もめん》業者であり、宣長の曾祖父あたりからは、江戸に出店を持ち、松坂で小津党と呼ばれるもののうちでも、最も有力な「富る家」となっていた。宣長は、享保の生れであるから、*西鶴《さいかく》が「*永代蔵」で、「世に銭程面白き物はなし」と言った町人時代の立っている組織が、いよいよ動かぬものとなった頃、当時の江戸市民に、「伊勢屋、稲荷《いなり》に犬の糞」と言われた、その伊勢屋の蔵の中で生れ、言わば、世に学問程面白きものはなし、と思い込み、初心を貫いた人である。

宣長の晩年（寛政十年）に、「家のむかし物語」と題する手記があり、これに、自家の歴史が詳細に語られている。本居という姓の出所は、恐らく地名であろうが、それは何処《どこ》か、「宣長、わかゝりしほどより、心にかけて、いさゝかもよしありげに聞ゆる事ども」は、みな書いて置いた、それを、ここに記して置くが、結局わからずじまいだ、と言う。無論、家に伝えられた、*桓武《かんむ》天皇から始まる、*型の如き系図などは、殆《ほとん》ど信用されてはおらず、「わが家の遠《とほ》つ祖」は、代々、時々の支配者に仕えていた伊勢の*地侍であり、「*数ならざりしかども、*むげにいやしき民にもあらず」と言って置けば、別に仔細《しさい》はない、という書きざまである。

彼が、「これ吾家の祖也」と言っているのは、本居左兵衛武秀という武士である。松坂の城下町を開いたのは、蒲生《がもう》氏郷《うじさと》であるが、氏郷が、*近江の日野から伊勢に移って、*織田信雄《のぶかつ》の一味と戦った頃から、武秀は、兄延連とともに、その「*加勢の随兵」であり、氏郷に重用された「猛勇の力士」であった。本居兄弟は、秀吉の小田原の陣に、氏郷に随《したが》って従軍したが、戦終って兄は、伊勢に帰り浪人し、弟は、小田原からそのまま*陸奥《むつ》に国替えになった氏郷の下にあって、*会津に転戦した。翌天正十九年、*氏郷南部出陣に際し、武秀は、三十九歳で討死《うちじに》した。時に、その妻は懐妊《かいにん》の身で、男子安産の上は、家名を相続させよ、という夫の遺言を受けていたが、従者に送られ、郷里に帰ると、何故か、兄延連が帰農していた本家には行かず、附近の小津村の木綿業者油屋源右衛門方に身を寄せた。源右衛門一家は、松坂に移り、小津姓を名乗り、松坂小津党の祖をなしたのだが、生れた武秀の遺子は、源右衛門の長女を娶《めと》り、小津家の別家を立てた。これが、宣長の五世の祖である。

武秀の妻は、夫の事も、先祖の事も、子供にも秘して洩《も》らさなかった為に、宣長の代に至るまで、本居家と小津家とは、互に見知らぬ他人で過ごして来たが、事情が判明したのは、宣長の古文書詮索《こもんじょせんさく》の結果である。先祖の妻の秘密は、恐らく、「ものゝふのつら」から「商人のつら」に下ったについての外聞に関係したものだった、と宣長は推定しているが、すると、彼は、外聞を憚《はばか》る要もなくなって、百五十年もつづいた新興の商家の出という事になる。彼が承《う》けついだ精神は、主人持ちの武士のものとは余程違う、当時の言葉で言う町人心であったと言ってよい。因《ちなみ》に、彼の家学を継いだ養子の大平《おおひら》も、松坂の豆腐屋の倅《せがれ》である。

宣長は、享保十五年（一七三〇年）に生れた。十一歳の時、父定利は、江戸の店で死に、弟一人妹二人とともに母お勝の手で育てられた。十九歳になって、山田の紙商今井田家に養子にやられ、紙商人となったが、二十一歳の時、離縁して家に帰った。「家のむかし物語」には、「ねがふ心に、かなはぬ事有しによりて」とある。ねがう心とは、学問をねがう心であったろう。亡父の家業は、かねてから養嗣子《ようしし》と定められていた宣長の義兄定治がついで、家運の挽回《ばんかい》に努めていたのだが、これも、宣長が不縁になって帰った翌年、江戸の店で病死し、倒産した。宣長は、江戸に赴《おもむ》き、義兄の家財を整理し、その妻子の始末もつけ、家督《かとく》を相続したが、江戸の店を失った彼の手元には、親戚の隠居家孫右衛門方に預け入れていた四百両しか残らなかった、と彼は書いている。

「此ぬし（定治）なくなり給ひては、恵勝大姉（母）、みづから家の事をはからひ給ふに、跡つぐ弥四郎（宣長）、あきなひのすぢにはうとくて、たゞ、書をよむことをのみこのめば、今より後、商人となるとも、事ゆかじ、又家の資も、隠居家の店おとろへぬれば、ゆくさきうしろめたし、もしかの店、事あらんには、われら何を以てか世をわたらん、かねて、その心づかひせではあるべからず、然《さ》れば、弥四郎は、京にのぼりて、学問をし、くすしにならむこそよからめ、とぞおぼしおきて給へりける、すべて此恵勝大姉は、女ながら、男にはまさりて、こゝろはかゞしくさとくて、かゝるすぢの事も、いとかしこくぞおはしける、かくおぼしおきてたるもしるく、いくほどもなく、明和元年に、隠居家の店なくなりて、のこれる資もみな、あづかれる手代が、わたくしに引こめてしかば、かのわが家の資も、朝の露とぞ消うせぬる、われもしくすしのわざを、はじめざらましかば、家の産絶はてなましを、恵勝大姉のはからひは、かへすがへすも、有がたくぞおぼゆる、かくて、宝暦二年三月（二十三歳）に、京にのぼりて、まづ景山先生と申せしが弟子になりて、儒のまなびをす」（「家のむかし物語」）

小津家は、宣長の代になると、もう本居家の血筋も絶えていたのだが、宣長が、小津という商家の屋号を捨て、本居の姓を名乗り、宣長と改名し、春庵或《あるい》は舜庵《しゅんあん》と号するに至ったのは、医者に志したからである。

彼は、堀景山の弟子であった武川幸順に、医術を学び、松坂へ帰ると、小児科医を開業したのだが、「源氏物語」の講義も翌年から始っている。なるほど、医は生活の手段に過ぎなかったが、これは、彼の言分を聞いた方がよい。「医のわざをもて、産とすることは、いとつたなく、こゝろぎたなくして、ますらをのほいにもあらねども、おのれいさぎよからんとて、親先祖のあとを、心ともてそこなはんは、いよいよ道の意にあらず、力の及ばむかぎりは、産業を、まめやかにつとめて、家をすさめず、おとさざらんやうを、はかるべきものぞ、これのりながこゝろ也」（「家のむかし物語」）

宣長の初期の思想に影響した伊藤仁斎《じんさい》も、商家に生れて儒者となった人だが、やはり、学問に志した頃、生家の資産傾き、周囲から医を業とする事をすすめられた。その時の仁斎の言葉を、宣長の言葉に比較してみるのも面白い。「今ノ俗、皆医ヲ貴ブコトヲ知リテ、儒ヲ貴ブコトヲ知ラズ、其ノ学ヲナスコトヲ知ルモノ、亦《マタ》医ノ計ノ為ノミ、吾嘗《カツ》テ十五六歳ノ時、学ヲ好ミ、始メテ古先聖賢ノ道ニ志アリ、然《シカ》リ而シテ親戚朋友、儒ノ售《*ウ》レザルヲ以テ、皆曰《イハ》ク、医ヲナスコト利アリト、然レドモ、吾ガ耳、聞カザルガ若《ゴト》クニシテ、応ゼズ、之《コレ》ヲ諫《イサ》ムル者止マズ、之ヲ攻ムル者衰ヘズ、親老イ、家貧シク、年長ジ、計違フニ至リテ、義ヲ引キ、礼ニ拠《ヨ》リ、益々《マスマス》其ノ養ヲ顧ミザルヲ責ム、理屈*シ、詞《コトバ》窮シテ、佯《*イツハ》リ応ズルモノ、亦シバシバナリ、(中略)我ヲ愛スルコト、愈々《イヨイヨ》深キ者ハ、我ヲ攻ムルコト、愈々力《ツト》ム、其ノ苦楚《*クソ》ノ状、猶《ナホ》囚徒ノ*訊ニ就クガ如シ、箠楚《*スキソ》前ニアリ、吏卒《*リソツ》傍ニアリ、迫促訊問、応ゼザルコト能《アタ》ハズ、然リ而シテ吾ガ学ヲ好ムコト篤《アツ》ク、志ヲ守ルコト堅キヲ以テ、而シテ後、今ニ到ルコトヲ得タリ」

(「送㆔片岡宗純還㆓柳川㆒序」)

常に環境に随順した宣長の生涯には、何の波瀾《はらん》も見られない。奇行は勿論《もちろん》、逸話《いつわ》の類《たぐ》いさえ求め難いと言っていい。松阪市の鈴屋《すずのや》遺跡を訪れたものは、この大学者の事業が生れた四畳半の書斎の、あまりの簡素に驚くであろう。彼は、青年時代、京都遊学の折に作らせた、粗末な桐《きり》の白木の小机を、四十余年も使っていた。世を去る前年、同型のものを新たに作り、古い机は、歌をそえて、大平に譲った。「年をへて　此ふづくゑに　よるひると　我せしがごと　なれもつとめよ」。勉強机は、彼の身体の一部を成していたであろう。鈴の屋の称が、彼が古鈴を愛し、仕事に疲れると、その音を聞くのを常としたという逸話から来ているのは、誰も知るところだが、逸話を求めると、このように、みな眼に見えぬ彼の心のうちに、姿を消すような類いとなる。物置を改造した、中二階風の彼の小さな書斎への昇降は、箱形の階段を重ねたもので、これは紙屑《かみくず》入れにも使われ、取外しも自由に出来ている。これは、あたかも彼の思想と実生活との通路を現しているようなもので、彼にとって、両者は直結していたが、又、両者の摩擦や衝突を避けるために、取外しも自在にして置いた。「これのりながこゝろ也」と言っているようだ。

実際、前にあげた「これのりながこゝろ也」の文章にしても、その姿は、この階段にそっくりなのであって、その姿を感じないで、この反語的表現を分析的に判読しようとしてみても、かえって意味が不明になるだろう。宣長は、医というものを、どう考えていたか。「医は仁術《じんじゅつ》也」という通念は、勿論、彼にあっただろうし、一方、当時、「長袖《*ながそで》」或は「方外《*ほうがい》」と言われていた、この生業《なりわい》の実態もよく見えていただろう。すると、彼が「ますらをのほい」と言う観念は、どうも不明瞭なものになる、と言ったような次第だ。だが、彼の肉声は、そんな風には聞えて来ない。言わば、彼の充実した自己感とも言うべきものが響いて来る。やって来る現実の事態は、決してこれを拒まないというのが、私の心掛けだ、彼はそう言っているだけなのである。そういう心掛けで暮しているうちに、だんだんに、極めて自然に、学問をする事を、男子の本懐に育て上げて来た。宣長は、そういう人だった。彼は十六歳から、一年程、家業を見習いの為に、江戸の伯父の店に滞在した事もあるし、既記の如く、紙商人になった事もあるし、倒産の整理に当ったのも彼だった。

宣長が、五年余りの京都遊学を了《お》えて、帰郷したのは、宝暦七年の秋である。「日記」によると、十月三日に、京を「まだ夜ふかく立いづ」とある。東山にも名残《なご》りをおしみたいが、やみの夜で、形も見えず、「いと口をし」と言う。その夜は奈良泊り。奈良も初めて見る都で、いろいろまだ見物したいが、これも「まだ夜ふかく立つ」で、*町屋を過ぎても、「何の*あやめもなし」で残念だ。*初瀬泊り、*阿保《あお》泊り、旅日記には、毎日必ず「まだ夜ふかく立つ」と記され、あわただしい旅で「口をし」とある。そういう次第で、松坂には、予定より一日早く、六日の夕刻着いて了《しま》ったので、出迎えの人も来なかった、と書いている。何をそんなに急ぐのだろう。「日録」を見ると、「十月六日、自㆓*京師㆒、帰㆓松坂㆒、称㆓本居春庵㆒、行㆓医事㆒」とある。夕方還って来て、直ぐ開業というわけだが、手廻しはいいので、彼は、武川幸順の許《もと》で、既に、*薙髪《ちはつ》となり、十徳《じっとく》を着、脇差をさしていたのである。いったんこうと決まれば、事をはこぶに、手間をかけてはいられぬ彼の性分が、現れているとも見られるが、そういう旅の日記の中に、例えば、こんな事を書いている彼の心も面白い。一向に見どころもない小川の橋を渡る時、川中に、*佐保川と書いた杭《くい》の立っているのが、ふと眼についた、なるほどこの辺りには、名所が限りなくあるに違いない、而《しか》も、大方はこの類《たぐ》いの有様であろう、と彼の心はさわぐ。*長谷寺に詣《もう》で、宿をとり、寝ようとして、女に夜着を求めたが、「よぎ」という言葉がわからぬ。「よぎ」を「ながの」と呼ぶのを知り、さまで田舎でもないのに、いぶかしいと、その語源について考え込んでいる。

*佐佐木信綱氏の「松阪の追懐《ついかい》」という文章を読んでいたら、こんな文があった。「場所は*魚町、一包代金*五十銅として『胎毒丸』や『むしおさへ』などが『本居氏製』として売り出された。しかし、初めは患者も少なく、外診をよそおって薬箱を提げ、*四五百《よいほ》の森で時間を消された。『舜庵先生の四五百の森ゆき』の伝説が、近辺の人の口の端《は》にのぼったこともあったという」。出所は知らぬが、信用していい伝説と思われる。いずれ、言及しなければならぬ事だが、開業当時の宣長の心に、既に、学問上の独自な考えが萌《きざ》していた事は、種々の理由から推察される。彼は、もう、自分一人を相手に考え込まねばならぬ人となって、帰郷していたのである。恐らく、「四五百の森ゆき」は、その頃は、未だ出来なかった書斎へ昇る階段を、外す事だったであろう。序《ついで》に、彼が、階段を下りて書いた薬の広告文をあげて置く。まぎれもない宣長の

文体を、読者に感じて貰えれば足りる。

「六味地黄丸功能ノ事ハ、世人ノヨク知ルトコロナレバ、一々コヽニ挙ルニ及バズ、然《シカ》ル処、惣体薬ハ、*方ハ同方タリトイヘドモ、薬種ノ佳悪ニヨリ、製法ノ*精麁《セイソ》ニヨリテ、其功能ハ、各別ニ勝劣アル事、是亦《コレマタ》世人ノ略知ルトコロトイヘドモ、服薬ノ節、*左而已《サノミ》其吟味ニも及バズ、*煉薬《レンヤク》類ハ、殊更《コトサラ》、薬種ノ善悪、製法ノ精麁相知レがたき故、同方ナレバ、何《イツ》れも同じ事と心得、*曾而《カツテ》此吟味ニ及バザルハ、*麁忽《ソコツ》ノ至也、因茲《コレユエ》ニ、此度、*手前ニ製造スル処ノ六味丸ハ、第一薬味を令吟味、何れも極上品を撰《エラ》ミ用ひ、尚又、製法ハ、*地黄を始、蜜ニ至迄、何れも法之通、少しも麁略《ソリャク》無之様ニ、随分念ニ念を入、其功能各別ニ相勝レ候様ニ、令製造、且《カツ》又、*代物《シロモノ》ハ、世間並ヨリ各別ニ引下ゲ、売弘者也」

宣長の晩年の詠に、門人「*村上円方《まどかた》によみてあたふ、——家のなり*なおこたりそね*みやびをの書《ふみ》はよむとも歌はよむ共」（「石上稿《いそのかみこう》」寛政十二年庚申）というのがある。宣長は、生涯、これを怠らなかった。これは、彼の思想を論ずるものには、用のない事とは言えない。先ず生計が立たねば、何事も始まらぬという決心から出発した彼の学者生活を、終生支えたものは、医業であった。彼は、病家の軒数、調剤の服数、謝礼の額を、毎日、丹念に手記し、この帳簿を「済世録《さいせいろく》」と名附けた。彼が、学問上の著作で、済世というような言葉を、決して使いたがらなかった事を、思ってみるがよい。本居清造氏の解説によれば、残存している「済世録」は、享和元年九月、「廿日、兆晴」で筆を擱《お》いているという。彼が死んだのは廿九日《にじゆう》である。帳簿の概略表を見ると、彼の済世の仕事が、一番多忙だったのは、安永十年(五十二歳)で、病家四百四十八軒、調剤八千百六十五服、謝礼九十六両余とある。彼の国学の門人が、諸国にひろがったのは、晩年の事だが、この頃になれば、伊勢だけでも、もう随分の門人があったであろう。講義中、外診の為に、屢々《しばしば》中座したという話も伝えられている。

四

「のり長が、いときなかりしころなどは、家の産、やう〳〵におとろへもてゆきて、まづしくて経しを、のりなが、くすしとなりぬれば、民間にまじらひながら、くすしは、世に長袖とかいふすぢにて、あき人のつらをばはなれ、殊《こと》に、近き年ごろとなりては、吾君のかたじけなき御めぐみの蔭にさへ、かくれぬれば、いさゝか先祖のしなにも、立かへりぬるうへに、物まなびの力にて、あまたの書どもを、かきあらはして、大御国の道のこゝろを、ときひろめ、天の下の人にも、しられぬるは、つたなく賤《いやし》き身のほどにとりては、いさをたちぬとおぼえて、皇神たちのめぐみ、君のめぐみ、先祖たち、親たちのみたまのめぐみ、浅からず、たふとくなん」（「家のむかし物語」）

宣長が、これを書いているのは、寛政十年（六十九歳）で、もう「古事記伝」も書き上げた頃であり、「舜庵《しゅんあん》先生四五百《よいほ》の森ゆき」からは、随分隔《へだ》っているのだが、「物まなびの力」は、全く平凡な松坂の一生活人に、もうすっかり応和して了《しま》ったように見える。吾君のめぐみの蔭にかくれるとは、寛政四年、紀州藩に仕官した事を指すのだが、これは彼が求めたものではなく、天明の凶災の頃、藩の求めに応じて、彼が意見書（「秘本玉匣《たまくしげ》」）を、前藩主の為に書いた、その返礼とも言うべき、五人扶持《ぶち》を給するという、実務を欠いた、ほとんど名目上の招聘《しょうへい》であった。これは、藩主への情誼《じょうぎ》を思えば、拒絶する理由のなかったものだろう。

同じ年に、宣長には、加賀藩からも仕官の話があった。藩校明倫堂《めいりんどう》の落成に際し、国学の学頭として如何か、という照会を受けた。これには、宣長は、自ら文案を作り、門人の名で答えている。「相尋申候処、本居存心は、最早六十歳に余り、老衰致候事ゆゑ、仕官もさして好不レ申、まして遠国などに引越申候義、且又江戸を勤申候義などは、得致間敷候《いたすまじく》、乍レ去、やはり松坂住居歟《か》、又は京住と申様成義に而《て》も御座候はば、*品に寄り、御請申候義も可レ有レ之候、(中略) 右之通、本居被レ申候義に御座候。*左候へば、京住歟、又は松坂住居之まゝに而御座候はゞ、被レ参候義可レ有レ之と奉レ存候。江戸勤は、甚嫌レ之由に、常々も被レ申候事に御座候、且又、御国に引越などの積りに而は、御相談出来申間敷候」

加賀藩で、この返事をどう読んだかを想像してみると、こんな平凡な文も、その読み方はあんまり易《やさ》しくないように思われる。当時の常識からすれば、相手は、ずい分体《てい》のいい、或《あるい》は横柄《おうへい》な断り方と受取ったであろうか。事は、そのまま*沙汰止《さたや》みとなった。しかし、現代人には、そのまことに素直な正直な文の姿はよく見える。それは、ほとんど子供らしいと言ってもいいかも知れない。先方の料簡《りょうけん》などには頓着《とんじゃく》なく、自分の都合だけを、自分の言いたい事だけを言うのは、恐らく彼にとっては、全く自然な事であった。彼は、この事を、いつも借金などして世話をかけている次男春村には、こう報告している。「*禄も乍二内々一*二三百石は賜り可レ申様子に相聞え申候。惣体仕官之事は、兼々《かねがね》好不レ申義に候故、以二其心一此方望事色々申遣し候得ば、いかゞ可レ有レ之哉、*未慥成《いまだたしかなる》義に而は無レ之候得共、先《まづ》以身分に取り、大慶なる事に御座候。御悦可レ賜候」

「物まなびの力」は、彼のうちに、どんな*圭角《けいかく》も作らなかった。彼の思想は、戦闘的な性質の全くない、本質的に平和なものだったと言ってよい。彼は、自分の思想を、人に強《し》いようとした事もなければ、退《ひ》いてこれを固守する、というような態度を取った事もないのだが、これは、彼の思想が、或る教説として、彼のうちに打建てられたものではなかった事による。そう見えるのは外観であろう。彼の思想の育ち方を見る、忍耐を欠いた観察者を惑わす外観ではなかろうか。私には、宣長から或る思想の型を受取るより、むしろ、彼の仕事を、そのまま深い意味合での自己表現、言わば、「さかしら事」は言うまいと自分に誓った人の、告白と受取る方が面白い。彼は「物まなびの力」だけを信じていた。この力は、大変深く信じられていて、彼には、これを操る自負さえなかった。彼の確信は、この大きな力に捕えられて、その中に浸っている小さな自分という意識のうちに、育成されたように思われる。「つたなく賤き身」という彼の言葉に、卑屈な意味合は、恐らく、少しも含まれてはいなかったろう。彼は、鈴の音を聞くのを妨げる者を締め出しただけだ。確信は持たぬが、意見だけは持っている人々が、彼の確信のなかに踏み込む事だけは、決して許さなかった人だ。

佐佐木信綱氏によって発見された「恩頼図」というものがある。これは、大平《おおひら》が、同門の殿村安守の為に、宣長の学問の由来、著述、門人を図解したもので、「安守兄御一笑ニ所図也」とあるが如く、即興の戯図には違いないが、公平な客観的な記述と認められると村岡氏も書いている。これによると、宣長の学問の系譜は、ずい分多岐にわたる事になる。「西山公、屈景山、契沖《けいちゆう》、真淵《まぶち》、紫式部、定家、頓阿《とんあ》、孔子、ソライ、タサイ、東カイ、垂加」と。

大平は、宣長の学問の系譜を列記した中に、「父主念仏者ノマメ心」「母刀自《トジ》遠キ慮《オモンパカ》リ」と記入している。曖昧《あいまい》な言葉だが、宣長の身近にいた大平には、宣長の心の内側に動く宣長の気質の力も、はっきり意識されていた。

「おのれ、いときなかりしほどより、書をよむことをなむ、よろづよりもおもしろく思ひて、よみける、さるは、はか〲しく師につきて、わざと学問すとにもあらず、何と心ざすこともなく、そのすぢと定めたるかたもなくて、たゞ、からのやまとの、くさ〲のふみを、あるにまかせ、うるにまかせて、ふるきちかきをもいはず、何くれとよみけるほどに、十七八なりしほどより、歌よままほしく思ふ心いできて、よみはじめけるを、それはた、師にしたがひて、まなべるにもあらず、人に見することなどもせず、たゞひとり、よみ出るばかりなりき、集どもも、古きちかき、これかれと見て、かたのごとく、今の世のよみざまなりき」（「玉かつま」二の巻）

これは、出来上った宣長の思想を理解しようと努める者には、格別の意味はない告白と見えようが、もし、ここで、宣長自身によって指示されているのは、彼の思想の源泉とも呼ぶべきものではないだろうか、そういう風に読んでみるなら、彼の思想の自発性というものについての、一種の感触が得られるだろう。だがこれには、はっきりした言葉が欠けているという、ただそれだけの理由から、この経験を、記憶のうちに保持して置くのが、大変むつかしいのだ。成る程宣長は学者で、詩人ではないのだし、学説の形を取っている彼の思想を理解しようとすれば、これを一応解体し、抽象化してみる事も必要だろう。彼の学説の中に含まれた様々な見解と、これを廻《めぐ》る当時の、或は過去の様々な見解との間の異同を調べてみるという事は、宣長という人間に近附くのに有力な手段であり、方法であるには違いなかろうが、この方法が、いつの間にか、方法の使用者を惑わす。言わば、方法が、いつの間にか、これを操る人の精神を占領する。占領して、この思想家についての明瞭正確な意識と化して居据《いすわ》る。例えば、研究者が、宣長の思想の系譜を数えて、純粋な国学を言った人にしては、意外に多い、と言うのはいいだろうが、宣長自身にしてみても、しようと思えば、これを他人事のように数える事は出来ただろうし、数えて少いとも言わなかっただろう。とすれば、これはただ勘定が合うだけの話だ。だが、「あるにまかせ、うるにまかせて、ふるきちかきをもいはず、何くれとよみけるほどに」という宣長の個人的証言の関するところは、極言すれば、抽象的記述の世界とは、全く異質な、不思議なほど単純なと言ってもいい、彼の心の動きなのであって、其処《そこ》には、彼自身にとって外的なものはほとんどないのである。彼の文は、「おのが物まなびの有しやう」と題されていて、彼は、「有しやう」という過去の事実を語るのだが、過去の事実は、言わばその内部から照明を受ける。誰にとっても、思い出とは、そういうものであろう。過去を理解する為に、過去を自己から締め出す道を、決して取らぬものだ。自問自答の形でしか、過去は甦《よみがえ》りはしないだろう。もしそうなら、宣長の思い出こそ、彼の「物まなび」の真の内容に触れているという言い方をしても、差支《さしつか》えないだろう。

宣長の告白はつづく。「かくて、はたちあまりなりしほど、学問しにとて、京になんのぼりける、さるは、十一のとし、*父におくれしにあはせて、江戸にありし、家のなりはひをさへに、うしなひたりしほどにて、母なりし人のおもむけにて、くすしのわざをならひ、又そのために、よのつねの儒学をもせむとてなりけり、さて京に在しほどに、*百人一首の改観抄を、人にかりて見て、はじめて*契沖といひし人の説をしり、そのよにすぐれたるほどをもしりて、此人のあらはしたる物、*余材抄、*勢語《せいご》臆断《おくだん》などをはじめ、其外《そのほか》もつぎ〳〵に、もとめ出て見けるほどに、すべて歌まなびのすぢの、よきあしきけぢめをも、やう〳〵にわきまへさとりつ、さるまゝに、今の世の歌よみの思へるむねは、大かた心にかなはず、其歌のさまも、おかしからずおぼえけれど、*そのかみ、同じ心なる友はなかりければ、たゞよの人なみに、こゝかしこの会などにも、出まじらひつゝ、よみありきけり、さて人のよむふりは、おのが心には、かなはざりけれども、*おのがたてゝよむふりは、今の世のふりにも、そむかねば、人は、とがめずぞ有ける」（「玉かつま」二の巻）

たまたま契沖という人に出会った事は、想えば、自分の学問にとって、大事件であった、と宣長は言うので、契沖は、宣長の自己発見の機縁として、語られている。これが機縁となって、自分は、何を新しく産み出すことが出来るか、彼の思い出に、甦っているのは、言わばその強い予感である。彼は、これを秘めた。その育つのを、どうしても待つ必要があったからだ。従って、彼の孤独を、誰一人とがめる者はなかった。真の影響とは、そのようなものである。

宣長は、堀景山の塾で、医学の準備に、「よのつねの儒学」を修めたと言う。景山という人は*藤原惺窩《せいか》の高弟*堀杏庵《きょうあん》の孫であり、代々*芸州侯の儒官で、儒家としては当時の名家であったが、決して凡儒《ぼんじゅ》ではなく、当時の学問の新気運に乗じた学者であった。家学は無論*朱子学だったが、朱子学に抗した新興学問にも充分の理解を持ち、特に徂徠《そらい》を尊敬していた。塾生として、起居を共にした宣長が、儒学から吸収したものは、「よのつねの儒学」の型ではなかった。徂徠の主著は、遊学時代に、大方読まれていた。それよりも、この好学の塾生に幸いしたのは、景山が、国典にも通達した学者だった事だ。景山は、契沖の高弟今井似閑《じかん》の門人樋口宗武《むねたけ》と親交があり、宣長の言う「百人一首改観抄」も、景山が宗武とともに刊行したものである。

景山に「不尽言《ふじんげん》」という著作がある。宣長が、これを読んでいた事には確証があり、研究者によっては、宣長の思想の種本《たねほん》はここにあるという風に、その宣長への影響を強調する向きもあるが、私は、「不尽言」を読んでみて、むしろ、そういう考え方、影響という便利な言葉を乱用する空《むな》しさを思った。「不尽言」から、宣長のものに酷似した見解を拾い出すのは容易な事である。古典の意を得るには、理による解を捨て、先ず古文の字義語勢から入るべき事、詩歌は人情の上に立つという事、和歌という大道に伝授の道はない事、わが国の神道というものも、日本の古語を極めて知るべきものであり、面白く附会して、神道を売り出すのは怪《け》しからぬという事、等々。しかし、このような見解は、すべて徂徠のものであると言う事も出来るし、これに酷似した見解を、仁斎《じんさい》や契沖の著作から拾うのも亦《また》容易なのである。見解を集めて人間を創る事は出来ない。「不尽言」が現しているのは、景山という人間である。例えば、「総ジテ何ニヨラズ、物ノ臭気ノスルハ、ワルキモノニテ、味噌ノ味噌クサキ、鰹節《カツヲブシ》ノカツヲクサキ、人デ、学者ノ学者クサキ、武士ノ武士クサキガ、大方ハ胸ノワルイ気味ガスルモノナリ」、そういう語勢で語る景山であって、その他の人ではない。それは、大藩の儒官として、学芸の中心地に、大《おお》ように暮し、儒学の新旧、流派になずまず、和学の造詣《ぞうけい》も深く、医学にも通じ、琵琶《びわ》の上手で、和歌を好み、詩会とともに歌会も開くという、鋭敏で寛大な、一級の教養人の顔である。こういう人に宰領《さいりよう》された塾の雰囲気の中で勉強し得た宣長の幸運を否《いな》む事は出来ないが、この「物ノ臭気」を嫌った学問上の通人《つうじん》に、彼が驚きを感じた事はなかったろう。

宝暦と言えば、契沖が死んでから五十余年、徂徠が死んでから三十年、最近の学問の変遷の速度から見れば言うに足りぬとしても、もうこの頃になれば、官僚儒学や堂上歌学の崩壊は、明敏な知識人の眼には明らかなものであり、景山のような、偏見から自由になった学者が現れて来るのも当然であった。宣長という魚が、景山という水を得た有様は、宣長の闊達《かつたつ》な「在京日記」に明らかである。と言うのは、彼の日記に書かれているのは、言ってみれば、水の事ばかりだという意味にもなるようである。「日記」を読むと、学問しているのだか、遊んでいるのだかわからないような趣がある。塾の儒書会読については、極く簡単な記述があるが、国文学については、何事も語られていない。無論、契沖の名さえ見えぬ。こまごまと楽し気に記されているのは、四季の行楽や観劇や行事祭礼の見物、市井《しせい》の風俗などの類《たぐ》いだけである。「やつがれなどは、さのみ世のいとなみも、今はまだ、なかるべき身にしあれど、＊境界《きやうがい》につれて、風塵《ふうぢん》にまよひ、このごろは、書籍なんどは、手にだにとらぬがちなり」（宝暦六年十二月二十六、七日）というような言葉も見られるほどで、環境に向けられた、生き生きとした宣長の眼は摑《つか》めるが、間断なくつづけられていたに違いない、彼の心のうちの工夫は、深く隠されている。

歴史の資料は、宣長の思想が立っていた教養の複雑な地盤について、はっきり語るし、これに準じて、宣長の思想を分析する事は、宣長の思想の様々な特色を説明するが、彼のような創造的な思想家には、このやり方は、あまり効果はあるまい。私が、彼の日記を読んで、彼の裡《うち》に深く隠れている或るものを想像するのも、又、これを、かりに、よく信じられた彼の自己と、呼べるように考えるのも、この彼の自己が、彼の思想的作品の独自な魅力をなしていることを、私があらかじめ直知しているからである。この言い難い魅力を、何とか解きほぐしてみたいという私の希《ねが》いは、宣長に与えられた環境という原因から、宣長の思想という結果を明《あき》らめようとする、歴史家に用いられる有力な方法とは、全く逆な向きに働く。これは致し方のない事だ。両者が、歴史に正しく質問しようとする私達の努力の裡で、何処《どこ》かで、どういう具合にか、出会う事を信ずる他はない。

五

学問に対する、宣長の基本的態度は、早い頃から動かなかった。遊学時代のものと推定される、友人達に宛てた、宣長の書状が八通遺《のこ》されているが、皆読みづらい漢文で書かれているし、断簡《だんかん》もあり、重複混雑もあるので、勝手ながら、宣長の当時の考えが、明らかにうかがえると思われる個所を拾って、整理したいと思う。

彼が仏説《ぶっせつ》に興味を寄せているにつき、塾生の一人が、とやかく言ったのに対し、彼はこう言っている。「*不佞《フネイ》ノ仏氏ノ言ニ於ケルヤ、之《コレ》ヲ好ミ、之ヲ信ジ、且ツ之ヲ楽シム、タヾニ仏氏ノ言ニシテ、之ヲ好ミ信ジ楽シムノミニアラズ、*儒墨老荘諸子百家ノ言モ亦《マタ》、皆之ヲ好ミ信ジ楽シム」、自分のこの「好信楽」という基本的な態度からすれば、「凡百雑技」から「山川草木」に至るまで、「天地万物、皆、吾ガ賞楽ノ具ナルノミ」と言う。このような態度を保持するのが、「風雅ニ従」うという事である。*足下《そつか》には風雅というものがわかっていない。「何ゾ其ノ言ノ固ナルヤ、何ゾ其ノ言ノ険ナルヤ、亦*道学先生ナルカナ、*経儒先生ナルカナ」（宝暦七年三月、上柳敬基宛）和歌を好むのを難じた或る塾生に答えた手紙（宝暦某年、清水吉太郎宛）にも、風雅を説いているが、議論はもっと細かくなる。足下は僕の和歌を好むのを非とするが、僕は、ひそかに足下が儒を好むのを非としている、或《あるい》はむしろ哀れんでいる。儒と呼ばれる聖人の道は、「天下ヲ治メ民ヲ安ンズルノ道」であって、「私《ヒソ》カニ自ラ楽シム有ル」所以《ゆえん》のものではない。処《ところ》で、現在の足下にしても僕にしても、為《おさ》むべき国や、安んずべき民がある身分ではない。聖人の道が何の役に立つか。「己ガ身ノ瑣瑣《ササ》タルヲ修ムルガ如キハ、ナンゾ必ズシモコレヲ道ニ求メン」、足下は、「人ニシテ礼義無クンバ、其レ禽獣《キンジウ》ヲ如何《イカン》セン」などと言うが、「聖人ノ書ヲ読ミテ、道ヲ明ラカニシ、而《シカ》シテ後ニ、禽獣タルヲ免レントスルカ、亦*迂《ウ》ナルカナ」、異国人は、そんな考えでいるかも知れないが、自分は日本人であるから、そうは考えていない。一体、人間が人間であるその根拠が、聖人の道にあるとはおかしいではないか。人の万物の霊たる所以は、もっと根本的なものに基く、と自分は考えている。「夫《ソ》レ人ノ万物ノ霊タルヤ、天神地祇《チギ》ノ寵霊《チョウレイ》ニ頼ルノ故ヲ以テナルノミ」、そう考えている。従って、わが国には、上古、人心質朴の頃、「自然ノ神道」が在って、上下これを信じ、礼義自《おのずか》ら備るという状態があったのも当然な事である。この見地よりすれば、聖人の道の、わが国に於ける存在理由は、ただ「風俗漸《ヤウヤ》ク変ジ」「勢ノ已《ヤ》ムヲ得ザル」ものによる必要を出ないものだ、という事になる。自分が*六経《りくけい》論語を読むのも、その文辞を愛玩《あいがん》するだけであり、聖賢の語にしても、「或ハ以テ自然ノ神道ヲ補フ可《べ》キモノアレバ、則《スナハ》チ亦之ヲ取ルノミ」。

孔子は、道を行うのに失敗した人である。晩年、その不可なるを知り、六経を修めて、これを後世に伝えんとした人である。彼ほどの人で、而《しか》も*先王の*礼楽刑政未だ亡びず、その遺化の尚《なお》存する時代に生れて、理想の実現は遂に不可能であった。以後、*思孟の徒も*程朱諸公も、「皆ヨク先王孔子ノ道ヲ以テ自ラ任ジ、而シテ*倨傲僻違《キヨガウヘキヰ》、以テ人ニ驕溢《ケウイツ》ス、タヾ弁論ヲコレ美トスルノミ、而シテ、未ダ嘗《カツ》テ*秋毫《シウガウ》モ天下ニ益セズ、タマタマ以テ俗ヲ惑ハシ、和ヲ滑《ミダ》スニ足ルノミ」。わが国の*伊仁斎《じんさい》も*物徂徠《そらい》も同じ事である。孔子の出来なかった事を為《な》そうとは、いかにもむつかしい事ではないか。足下が聖人の道を学ぶのは、「*屠竜之技《トリヨウノギ》」となる他はあるまい。それは承知だが、自分は自ら道を楽しむだけである、と足下は言うかも知れないが、それは空言だ。先きにも言った通り、聖人の道は、天下を安んずる道であり、これを自ら楽しむと言えるのは、格別の人に属する。「即《スナハ》チ以テ自ラ楽シムハ、是《コ》レ*君師ノ事ナルノミ、士民ハ何ゾ以テ楽シミヲナスヲ得ンヤ」、一体、*逢衣《ほうい》の徒は、好んで自ら楽しむという事を口にするが、道が吾《わ》が身にあり、これを行う事が出来ぬとは、憂《うれ》いには違いないが、楽しいわけがない。自ら思わざるも甚《はなはだ》しい。又、足下は、孔子が道を行えなかったのは、彼が時に遇《あ》い、位を得る事が出来なかったからだという論をなすが、それなら足下は、「孔子ノ時ヲ以テ不可トナシ、而シテ今ノ時ヲ以テ可トナスカ」。孔子より二千有余歳、「時ノ可ナルモノ」が有った事が一度でもあったか。道を巻いてこれを懐《ふところ》にし、時に遇うを期するとは、何と愚かな考えだろう。足下は、何時《いつ》まで長生きする積りか。儒を売り、名を求める為に、心身を苦しめるのは詰らぬ事である。

自分は、幼時から学を好み、長ずるに及んでいよいよ甚しく、六経を読み、年を重ねて、ほぼその大義に通ずるを得た。「乃《スナハ》チ謂《*オモ》ヘラク、美ナルカナ道ヤ。大ニシテハ、以テ天下ヲ治ムベク、小ニシテハ、以テ国ヲ為《ヲサ》ムベシト。然《シカ》レドモ吾ガ儕《*トモガラ》ハ小人ニシテ、達シテ明ラカニスト雖《イヘド》モ、亦何ンノ施ス所ゾヤ」、ここに到って、全く当惑した、と宣長は言う。注意すべきは、この当惑に対し、「論語」が答えてくれた、と彼が言っている事である。彼は、ここで「先進第十一」*にある有名な話にふれる。晩年不遇の孔子と弟子達との会話である。もし世間に認められるような事になったら、君達は何を行うか、という孔子の質問に答えて、弟子達は、めいめいの政治上の抱負を語る。一人曾皙《*そうせき》だけが、黙して語らなかったが、孔子に促されて、自分は全く異なった考えを持っている、とこう対《こた》えた、「暮春ニハ、春服既ニ成リ、*冠者五六人、童子六七人、沂《ギ》（魯《ろ》の首都の郊外にある川の名）ニ浴シ、舞雩《ブウ》ニ風シ（雨乞《あまごい》の祭の舞をまう土壇で涼風を楽しむ）、*詠ジテ帰ラン」。孔子、これを聞き、「*喟然《キゼン》トシテ、嘆ジテ曰《イ》ハク、吾ハ点（曾晳）ニ与《クミ》セン」、そういう話である。孔子を動かし、同感させた曾晳は、孔子の徒ではないか、と宣長は言う。「ソノ楽シム所ハ、先王ノ道ニ在ラズシテ、浴沂詠帰ニ在リ。孔子ノ意、スナハチ亦、此《コ》レニ在リテ、而シテ彼ニアラズ。僕、茲《ココ》ニ取ルアリテ、至ツテ和歌ヲ好ム、独リコレガ為ノミナラズ。僕ノ和歌ヲ好ムハ、性ナリ、又癖ナリ、然レドモ、又見ル所無クシテ、妄《ミダ》リニコレヲ好マンヤ」、「和歌ナルモノハ、志ヲ言フノ大道」であり、これと類を異《こと》にする儒の「天下ヲ安ンズルノ大道」に抗敵しようなどと、自分は考えた事はない。

ここに、既に、宣長の思想の種はまかれている、と言っただけでは、足りない気がする。彼の、後年成熟した思想を承知し、そこから時をさか上って、これらの書簡のうちに、萌芽《ほうが》状態にある彼の思想の姿を見附け出そうと試みる者には、見まがう事の出来ない青年宣長の顔を見て驚くのである。遺言書が書かれた寛政十二年（七十一歳）に、彼は、次のような歌を詠《よ》んでいる。「聖人は　*しこのしこ人　いつはりて　*よき人さびす　しこのしこ人」「聖人と　人はいへども　聖人の　たぐひならめや　孔子《くし》はよき人」。書簡で、直知され、粗描された孔子の像は、生涯崩れはしなかったのである。宣長にとって、所謂《いわゆる》「聖人のたぐひ」と、自分が見て取った「孔子といふよき人」とは、別々のものであった。彼は、当時の儒学の通念を攻撃して止《や》まなかったが、孔子という人間に、文句をつける理由は、見附からなかったであろう。「玉勝間《たまかつま》」のうちに、孔子や「論語」に関する感想が幾つもあるが、注意して読めば、その悉《ことごと》くに、この宣長の考えが、表面に現れていなければ、裏面にかくれているのが感取される。特に、「論語」にふれた数篇（十四の巻）には、筆者の気持ちの動きが、よくうかがえる。彼も亦、当時の新興の儒家達に同じて、広く行われている「論語」の朱註*が、孔子の真意を誤り伝えている事を難ずるのだが、進んで「論語」の文章にまで文句をつけているのが面白い。

孔子の家の厩《うまや》が火事になった。「孔子朝ヨリ退《シリゾ》キテ曰ハク、人ヲ傷《ソコ》ナヒタリヤ、ト。馬ヲ問ハズ」（「郷党第十」）。宣長曰わく、「馬をとはぬが何のよきことかある、是まなびの子どもの、孔丘*《こうきう》が常人にことなることを、人にしらさむとするあまりに、かへりて孔丘が不情をあらはせり、不問馬の三字を削りてよろし」。

微生高という正直者で評判の男があった。これにつき、孔子曰わく、「孰*《タ》レカ微生高ヲ直《ナホ》シト謂《イ》フヤ。或ル人醯*《ス》ヲ乞フ。諸《コレ》ヲ其ノ鄰《トナ》リニ乞ウテ、而シテ之ニ与フ」（「公《こう》冶長《やちよう》第五」)。「聖人の教の*刻酷なることかくの如し、これらは、ただいささかの事にて、さしも不直といふべきほどの事にあらず、かほどの事をさへ、不直といひて、とがむるは、あまりのことなり」と宣長は言う。この孔子の言葉を、正直の徳というものは、微生高のようなだらしのないものではない、と孔子が戒《いまし》めたものとする、一般の解釈に反対なのだ。宣長は「聖人の教の刻酷」を言っているのだが、孔丘の刻酷は言わない。言いたくないのである。この儒家の一般の解釈に、徂徠だけは反対している(「*論語徴」丙)、「詩ヲ学バズ、言ヲ知ラズ」「名ヲ衒《テラ》ヒ、誉ヲ沽《ウ》ル」徒が、孔子も自分の同類だと早合点しているだけだ、「*陋《ロウ》ナル哉」。孔子の言葉は、単なる「反言」であり、「戯言」であると徂徠は言う。当時としては、奇説とも言うべきものだったが、これが、宣長の念頭にあったと想像してみても差支《さしつか》えないだろう。

書簡で語られている「論語、先進篇」の話にしても、孔子が深く同感した曾点の考えについては、儒家の間に、いろいろな解釈が行われていたのだが、言うまでもなく、これは、曾点の「浴沂詠帰」という曖昧《あいまい》な返答を、どのような観念の表現と解すれば、儒学の道学組織のうちに矛盾なく組入れることが出来るか、という問題を出ていない。宣長がそういう儒家の思考の枠に、全く頓着《とんじやく》なく語っているのは、読者が既に見られた通りである。彼は、この「先進篇」の文章から、直接に、曾点の言葉に喟然《きぜん》として嘆じている孔子という人間に行く。大事なのは、先王の道ではない。先王の道を背負い込んだ孔子という人の心だ、とでも言いたげな様子がある。もし、ここに、儒学者の解釈を知らぬ間に脱している文学者の味読を感ずるなら、有名な「物のあはれ」*の説の萌芽も、もう此処《ここ》にある、と言っていいかも知れない。

当時の宣長の儒学観が、徂徠の影響下にあるのは明らかだ。儒学の本来の性格は、朱子学が説くが如き「天理人欲」*に関する思弁*の精にはなく、生活に即した実践的なものと解すべきものだが、それも、品性の陶冶《とうや》とか徳行の吟味とかいう、曖昧で、自己欺瞞《ぎまん》や空言に流れ易《やす》いものにはなく、国を治め、民を安んずるという、はっきりした実際の政治を目指すところに、その主眼がある。これが徂徠の基本的な主張であるが、そうすると、宣長が是認していたのは、当時の最も現実的な儒学観だったと言える。だが、既に見て来たように、彼の書簡は、言わば儒家の申し分のないリアリズムも、自分自身の生活のリアリズムには似合わない、それだけを語っている。書簡のうちに、彼の将来の思想の萌芽がある、というような、先回りした物の言い方は別として、彼が、自分自身の事にしか、本当には関心を持っていない、極めて自然に、自分自身を尺度としなければ、何事も計ろうとはしていない、この宣長の見解というより、むしろ生活態度とも呼ぶべきものは、書簡に、歴然として一貫しているのである。

「君師」に比べれば、遥かに「士民」に近い、自分の「小人」の姿から、彼は、決して眼を離さない。其処《そこ》から、彼の「風雅」という言葉が発音されているので、その語調から推せば、彼の言う「風雅」とは、言わば「小人」の立てた志であって、好事家《こうずか》の趣味というような消極的な意味合は、少しもない事がわかる。「風雅」の中身は、彼が「好信楽」と呼ぶもので充満していたのである。

従って、彼の論戦は、相手を難ずるというより、むしろ自分を語っている。彼に問題なのは、実は、儒学自体ではないので、相手が、儒学を自ら摑《つか》んでいるか、ただ儒学につかまって了《しま》ったに過ぎないのかという、それだけが宣長にとって、切実な問題なのだが、そういう彼の心の動きが、遂に、「論語」に孔子の「風雅」を読んで了うのである。「孔子ノ意、スナハチ亦《マタ》コレニ在リテ、而《シカ》シテ彼ニアラズ」、これは、宣長の自己の投影である。其処から、彼は、「論語」にしばしば使われている、孔子の「楽」という言葉の深さについて考えている。

ある友人が、恐らく、君子に「十楽」ありと言ったような意味の事を、宣長に書き送ったに対し、そんな暢気《のんき》な事を言っているようでは、足下にはまだ孔子の「学習之楽」の意味は解るまい、この「楽」は、＊弦歌優游《ゆうゆう》の尋常楽とは全く質を異にする、孔子には絶対的な楽であり、言ってみるなら、「不楽之楽ヲ楽シム」という趣のものだと言う。友人から、御説は自分もよく承知しているところだ、「不楽之楽」は、自分の言う「十楽」中の一楽である、という返書があったようで、これには、宣長も閉口したらしく、冗談めかして答えている。してみると、足下は、学に志して、既に「聖門之深旨」に通じていると言うべく、孔子を抜く学者になるかも知れぬ、「後世恐ル可シ」、僕は、実は、足下の才を験《けん》ぜんとして、真楽を説いてみたに過ぎないのだが、いや、恐れ入った、御蔭でよく合点がいった、「所謂不楽之楽トハ、コレ*儒家者流中ノ至楽ナルノミ」と。「僕ヤ不佞《フネイ》、又、無上不可思議妙妙之楽有リ、カノ不楽之楽ノ比ニ非《アラ》ザルナリ、ソノ楽タルヤ言フ可カラズ」宣長が文字通り不佞で、口を噤《つぐ》んで了うところが面白い。「和歌ヲ楽ミテ、ホトンド寝食ヲ忘ル」という彼の楽が、やがて自分の学問の内的動機に育つという強い予感、或は確信が、強く感じられるからだ。

六

契沖《けいちゅう》は、既に傍に立っていた。

「コ、ニ、*難波《ナニハ》ノ契沖師ハ、ハジメテ一大明眼ヲ開キテ、此《コノ》道ノ陰晦《インクワイ》ヲナゲキ、古書ニヨツテ、近世ノ妄説ヲヤブリ、ハジメテ本来ノ面目ヲミツケエタリ、大凡《オホヨソ》近来此人ノイヅル迄ハ、上下ノ人々、ミナ酒ニヱヒ、夢ヲミテヰル如クニテ、タハヒナシ、此人イデテ、*オドロカシタルユヘニ、ヤウ〳〵目ヲサマシタル人々モアリ、サレドマダ目ノサメヌ人々ガ多キ也、予サヒハヒニ、此人ノ書ヲミテ、サツソクニ目ガサメタルユヘニ、此道ノ味、ヲノヅカラ心ニアキラカニナリテ、近世ノヤウノワロキ事ヲサトレリ、コレヒトヘニ、沖師ノタマモノ也」（「あしわけをぶね」）

宣長は、「玉かつま」で言っているように、京に出て、初めて、「百人一首改観抄」を見て以来、絶えず契沖の諸本に接していたらしい。契沖の畢生《ひっせい》の仕事であった「万葉」研究にも、在京中、既に通暁《つうぎょう》していたと考えてよい。宝暦七年、京を去る半年ほど前に、景山《けいざん》家蔵の「万葉集」の*似閑《じかん》書入本を写した事が知られている。宣長の奥書に、「契沖伝説ノ義、*代匠記《ダイシヤウキ》ヲ待タズシテ明カナルモノ也」という言葉がある。*久松潜一氏の綿密な研究によれば（*「契沖全集」旧版第九巻、伝記及伝記資料）、この本は、元禄二年に成った契沖自筆の*校讎《こうしゅう》本に拠ったものだが、そうすると、彼が「万葉代匠記」の*初稿本を*水戸義公に献じた後、水戸家から「万葉集」の*校合《きようごう》本を借覧し得て、次いで献ずる「万葉代匠記、*精撰《せいせん》本」について勘考《かんこう》していた時期の作という事になる。のみならず、似閑の書入があったという事になれば、契沖晩年の「万葉」講義を聴聞《ちょうもん》したこの高弟を通じて、契沖の円熟した考えが、其処《そこ》に見られた事になるのであり、要するに、宣長は、当時、民間人で入手出来た、「万葉」研究に関する、先ず最良本に接していたと言ってもいい。

ところで、彼が契沖の「大明眼」と言うのは、どういうものであったか。これはむつかしいが、宣長の言うところを、そのまま受取れば、古歌や古書には、その「本来の面目」がある、と言われて、はっと目がさめた、そういう事であり、私達に、或る種の直覚を要求している言葉のように思われる。「万葉」の古言は、当時の人々の古意と離すことは出来ず、「源氏」の雅言《がげん》は、これを書いた人の雅意をそのまま現す、それが納得出来る為には、先ず古歌や古書の在ったがままの姿を、直《じ》かに見なければならぬ。直かに対象に接する道を阻んでいるのは、何を措《お》いても、古典に関する後世の註であり、解釈である。

「註ニヨリテ、ソノ歌アラレヌ事ニ聞ユルモノ也」（「あしわけをぶね」*）、歌の義を明《あき》らめんとする註の努力が、却《かえ》って歌の義を隠した。解釈に解釈を重ねているうちに、人々の耳には、歌の方でも、もはや「アラレヌ」調べしか伝えなくなった。従って、誰もこれに気が附かない。「夢ヲミテキル如クニテ、タハヒナシ」、だが、夢みる人にとって、夢は夢ではあるまい。古歌を明らめんとして、仏教的、或《あるい》は儒学的註釈を発明する人々は、余計な価値を、外から歌に附会するとは思うまいし、事実、歌は、そういう内在的な価値を持つものとして、彼等に経験されて来たであろう。歌学或は歌道の歴史は、このようなパラドックスを荷《にな》って流れる。これを看破するには、契沖の「大明眼」を要した、と宣長は言うのである。「*紫文要領《しぶんようりよう》」では、「*やすらかに見るべき所を、さま〴〵に義理をつけて、むつかしく事〴〵しく註せる故に、さとりなき人は、*げにもと思ふべけれど、返て、それはおろかなる註也」と言っている。

宣長も契沖も、自分達の学問の方法を、明確に、理論的に規定しようというようなことを、少しも考えてはいなかったのだし、又、その必要を感じてもいなかった。契沖には、「事証」とか「文証」とかいう簡単な言葉があれば足りたのだし、宣長も、素直にこれに倣《なら》って、実際の仕事を詳しくしようとするだけで充分と考えていた。それで彼等は、彼等なりの充実した世界を生きていた事を想えば、そこから生れた、「大明眼」とか「やすらかに見る」とかいう宣長の言葉に、少くとも発言者にとっては、少しも曖昧《あいまい》なものはなかった事を、更《あらた》めて熟考してみるがよい。「やすらかに見る」という言葉を、曖昧と見て、帰納《きのう》的方法とか或は実証的な観察とか言い直してみたところで、「さとりなき人は、げにもと思ふべけれど、返て、それはおろかなる註」ともなりかねない。

「或人、契沖ヲ論ジテ云《イハ》ク、歌学ハヨケレドモ、歌道ノワケヲ、一向ニシラヌ人也ト。予コレヲ弁ジテ云ク、コレ一向歌道ヲシラヌ人ノ詞《コトバ》也。契沖ヲイハバ、学問ハ、申スニヲヨバズ、古今独歩ナリ。歌ノ道ノ味ヲシル事、又凡人ノ及バヌ所、歌道ノマコトノ処ヲ、ミツケタルハ契沖也。サレバ、沖ハ歌道ニ達シテ、歌ヲエヨマヌ人也。今ノ歌人ハ、歌ハヨクヨミテモ、歌道ハツヤ〳〵シラヌ也」(「あしわけをぶね」)

契沖にとって、歌学が形であれば、歌道とは、その心であって、両者は離す事は出来ない。宣長は、これをよく承知していたし、彼自身も二つの言葉を同じ意味に使っている。しかし、その趣意を、世人に理解してもらう事は、まことに難事である。契沖ほどの大歌学者にして、この凡庸《ぼんよう》の歌があるか、と世人は首をひねっている。これに見合って、論者は、歌学と歌道という言葉を使っている。どうこれを弁じたものか、と宣長は当惑している。篤胤《あつたね》にも、次のような言葉がある。

「*県居《あがたゐ》ノ大人《うし》の、実に大人たる所以《ゆゑん》は、古道の意を説き出られし功なるを、其事を称せるは、*鈴屋《すずのや》ノ大人のみ有りて、余りはみな、歌を能《よ》く詠《よま》れしを以て、称《とな》へ申せり、詠歌の上手なりしは、彼の大人にとりては、何ばかりの事にも非《あら》ざるを、不肖なる徒の、大を識《し》らで、小を知るならひとは云ながら、大人の歌に名高きは、いと惜《をし》きことなり、然《しか》るに、鈴屋ノ翁《おきな》の歌はも、難ずべき節こそ無けれ、面白からずと、吾れさへに思ひ、世の歌人らも、然《さ》は云なれど、学問の力に於ては、適《まさ》に*吹毛《すいもう》乃難を云のみにて、凡《すべ》ては舌を巻てぞ有める、是《これ》を思へば、県居ノ翁の歌の面白きは、此の翁の不幸と云べく、鈴屋ノ翁の歌の面白からぬは、此の翁の幸ともいふべくや」（「*玉だすき」九之巻）

これで見ると、篤胤の考え方はさて措《お》き、宣長も亦《また》同じ種類の疑念を、世人に抱かせたとは言えるだろう。宣長の歌稿集「*石上稿《いそのかみこう》」の歌は、八千首を越えるが、契沖の「*漫吟集」も、家集としては大変大きなものであり、恐らく歌の数は、宣長に負けないだろう。二人は、少年時代から、生涯の終りに至るまで、中絶する事なく、「面白からぬ」歌を詠みつづけた点でもよく似ている。今日から見れば、宣長が、首をひねった世人に対し、契沖の為に弁じているのは、将来の自分の為に弁じているようにも見える。彼は、契沖に驚きながら、既に自分を語り始めていたと言っていい。彼が衝突したのは、当時の教養人の心のなかに深く食い入った、歌は詠むものという、歌という伝統的な芸道の通念であった。歌学と言い、歌論と言っても、歌の師範家が握った詠歌の為の形式的な知識を指すのが、当時の教養人の常識であった。「*僕ノ和歌ヲ好ムハ、性ナリ、又癖ナリ、然レドモ、又見ル所無クシテ、妄《ミダ》リニコレヲ好マンヤ」という宣長の言葉は、又契沖の言葉でもあったろう。二人の詠歌は、自在に所懐《しよかい》を述べて、苦吟の跡を、全くとどめぬところ、まさしく「性ナリ、又癖ナリ」の風体《ふうてい》であるが、詠歌は、決して風流や消閑《しようかん》の具ではなかったので、「見ル所」あって努めたものでなければ、あれほど多量の歌が詠めた筈《はず》はない。契沖の書簡を見て行くと、友達に近来の愚詠を賜《たまわ》ると言って、自作に註解を附けているものが、いくつもある。

詠歌の所見について、契沖は、まだ明言していないが、真淵《まぶち》の影響で、歌道が古道の形に発展した宣長にあっては、もうはっきりした発言になる。

「すべて人は、かならず歌をよむべきものなる内にも、学問をする者は、なほさらよまではかなはぬわざ也、歌をよまでは、古《いにし》への世のくはしき意、風雅《ミヤビ》のおもむきは、しりがたし」、「すべて万《よろ》ッの事、他のうへにて思ふと、みづからの事にて思ふとは、深浅の異なるものにて、他のうへの事は、いかほど深く思ふやうにても、みづからの事ほどふかくはしまぬ物なり、歌もさやうにて、古歌をば、いかほど深く考へても、他のうへの事なれば、なほ深くいたらぬところあるを、みづからよむになりては、我ガ事なる故に、心を用ること格別にて、深き意味をしること也、さればこそ師（真淵）も、みづから古風の歌をよみ、古ぶりの文をつくれとは、教へられたるなれ」（「うひ山ぶみ」）

詠歌は、歌学の目的ではない、手段である。のみならず、歌学の方法としても、大へん大事なものだ。これは、当時の通念にとっては、考え方を全く逆にせよと言われる事であった。詠歌は、必ずしも面倒な歌学を要しないとは考えられても、詠歌は歌学に必須の条件とは考え及ばぬことであった。それと言うのも、話は後に戻るのだが、問題は、宣長の逆の考え方が由来した根拠、歌学についての考えの革新にあった。従来歌学の名で呼ばれていた固定した知識の集積を、自立した学問に一変させた精神の新しさにあった。歌とは何か、その意味とは、価値とは、一と言で言えば、その「本来の面目」とはという問いに、契沖の精神は集中されていた。契沖は、あからさまには語ってはいないが、これが、契沖の仕事の原動力をなす。宣長は、そうはっきり感じていた。この精神が、彼の言う契沖の「大明眼」というものの、生きた内容をなしていた。そこで、契沖の「大明眼」には、普通の意味で歌の上手下手などという事は、本質的には関係のないものだ、そう言っただけでは足りない、契沖こそ「歌道ニ達シテ、歌ヲエヨマヌ人也」と言おう、という事になる。だが、宣長は、そんな事で論者が納得したとは決して思っていなかった。感動は伝え難かったのである。話の先きを聞こう。

「サテ又チカゴロ、契沖ヲモモドキテ、ナヲ深ク古書ヲカンガヘ、契沖ノ考ヘモラシタル処ヲモ、考フル人モキコユレドモ、ソレハ力ヲ用ユレバ、タレモアル事也。サレド、ミナ契沖ノ端ヲ開キヲキタル事ニテ、ソレニツキテ、思ヒヨレル発明ナレバ、ナヲ沖師ノ功ニ及バザル事遠シ。スベテナニ事モ、始メヲナスハカタキ事也」（「あしわけをぶね」）

契沖を「もどく」（似せて作る）ことは、才能さえあれば、誰にも出来る。契沖の学問の形式なり構造なりを理解し、利用し、先きに進むことは出来るが、この新学問の発明者の心を想いみることは、それとは別である、と宣長は言うのだ。彼は、ここでも、「他のうへにて思ふと、みづからの事にて思ふとは、深浅の異なるもの」と言えた筈だろう。自分は、ただ、出来上った契沖の学問を、他のうえにて思い、これをもどこうとしたのではない。発明者の「大明眼」を「みづからの事にて思」い、「やすらかに見る」みずからの眼を得たのである、と。だが、「深浅の異なるもの」を説明する適切な言葉は、彼には見つからなかったであろう。「あしわけをぶね」には、契沖の為に弁じているところが幾つもあるが、言葉に窮した宣長の心が、よく感じられる。「沖師ノ説ノ趣ニ本ヅキテ、考ヘミル時ハ、歌ノ本意アキラカニシテ、意味ノフカキ処マデ、心ニ徹底スル也、コレ予心ニ明ラカニサトル事アリテ云ナリ」「カヤウニ云テキカセテモ、ナヲ目ノサメヌ人ハ*是非ナキ事ナリ」（「あしわけをぶね」）

今日、私達が、学問の方法と呼ぶものは、悟性*の正しい使用法という考えを基本としたものであり、従って方法の可否は、直ちに学問の成績を規定するが、宣長が、「学びやうの法」という言葉を使う時、これは、ひどく異った意味合を帯びる。晩年書かれた「うひ山ぶみ*」は、彼の「学びやうの法」を説いたものだが、これを、彼の「学問の方法論」と言って済ます事は出来ない。彼は、門人達の求めに応じて、「やむをえず」これを書いたのだが、このような仕事には、一向気が進まない、と初めにはっきり断っている。説き終って、一首、「いかならむ* うひ山ぶみの あさごろも 浅きすそ野の しるべばかりも」――彼は、「学びやうの法を正す」という事について、深い疑念を持っていた。法は一様であろうが、これに処する人の心は様々である。正しい法を「さして*教へんは、やすきことなれども、そのさして教へたるごとくにて、果してよきものならんや、又思ひの外《ほか》に、さてはあしき物ならんや、実にはしりがたきことなれば、これもしひては定めがたきわざにて、実は、たゞ其人の心まかせにしてよき也」、そういう考えである。

そこで宣長にはっきり断言出来るのは、「詮《せん》ずるところ、学問は、ただ年月長く、倦《ウマ》ず、おこたらずして、はげみつとむるぞ肝要」ということだけになる。これさえ出来ていれば、「学びやうは、いかやうにてもよかるべく、さのみかゝはるまじきこと也」。宣長が、本当に言いたいことは、これだけなのである。しかし、そう言って了《しま》っては、「初心の輩は、取ッつきどころなくして、おのづから倦《ウミ》おこたるはしともなることなれば、やむことをえず」というわけで、話は又同じところにもどる。己れの学問の成熟を確信した大学者が、学問の方法について、何故これほど懐疑的なのか。これは、彼の学問を、現代風に「もどく」ことを中止すれば、愚問に過ぎない。種は、既に「あしわけをぶね」で播《ま》かれている。彼は、それを育てただけである。

「源氏ヲ一部ヨクヨミ心得タラバ、アツパレ*倭文《ワブン》ハカヽルヽ也、シカルニ今ノ人、源氏見ル人ハ多ケレド、ソノ詞一ッモ我物ニナラズ、今日文章カク時ノ用ニタヽズ、タマ〳〵雅言ヲカキテモ、大ニ心得チガヒシテ、アラレヌサマニ、カキナス、コレミナ見ヤウアシク、心ノ用ヒヤウアシキユヘ也、源氏ニカギラズ、スベテ歌書ヲ見ルニ、ソノ詞一〳〵、ワガモノニセント思ヒテ見ルベシ、心ヲ用テ、モシ我物ニナル時ハ、歌ヲヨミ、文章ヲカク、ミナ古人トカハル事ナカルベシ」（「あしわけをぶね」）

宣長の古典研究の眼目は、古歌古書を「我物」にする事、その為の「見やう、心の用ひやう」にあった。「玉かつま」で、彼は、「考へ」とは「*むかへ」の意だと言っている。彼が使う「考へる」という言葉の意の極まるところ、対象は、おのずから「我物」となる筈なのだ。契沖の「説ノ趣ニ本ヅキテ、考ヘミル時ハ」とは、古歌との、他人他物を混えぬ、直かな交わりという、我が身の全的な経験が言いたいのだし、「歌ノ本意アキラカニシテ、意味ノフカキ処マデ、心ニ徹底スル也」とは、この経験の深化は、相手との共感に至る事が言いたいのである。ここに注目すれば、彼が、「学びやうの法」を説こうとして、気がすすまぬ理由も氷解するだろう。文献的事実とは人間の事だ。彼が荷っている「意味ノフカキ処」を知るには、彼と親しく交わる他に道はない。これが、宣長が契沖から得た学問の極意であったと言ってよく、これが、常に宣長の念頭に在って動かぬから、彼は、言うも行うも易《やす》い学問の法を説き渋り、言うは易く行うは難《かた》い好学心、勉学心を説いて了う事になる。好学心、勉学心が、交わりの深化に必須な、無私を得ようとする努力を指すのは言うまでもなかろう。

考える道が、「他のうへにて思ふ」ことから、「みづからの事にて思ふ」ことに深まるのは、人々の任意には属さない、学問の力に属する、宣長は、そう確信していた、と私は思う。彼は、「契沖ノ歌学ニオケル、神代ヨリタダ一人也」とまで言っている。宣長の感動を想っていると、これは、契沖の訓詁《*くんこ》註解の、言わば外証的な正確に由来するのではない、契沖という人につながる、その内証の深さから来る、と思わざるを得ない。宣長は、契沖から歌学に関する蒙《もう》を開かれたのではない、凡《およ》そ学問とは何か、学者として生きる道とは何か、という問いが歌学になった契沖という人に、出会ったというところが根本なのである。

七

＊上田秋成《あきなり》が、契沖が晩年隠棲《いんせい》した＊円珠庵《えんじゅあん》を訪《と》い、契沖の一遺文を写し還《かえ》った。文は、「＊せうとなるものの、＊みまかりけるに」とあって、兄、如水の挽歌《ばんか》に始っている。うちの一首、「いまさらに 墨染ごろも 袖《そで》ぬれて うき世の事に なかむとやする」――もう一つ、「ともし火の のちのほのほを 我身にて ＊きゆとも人を いつまでか見む」

元禄十一年、契沖の死ぬ三年前の事だ。「如水」は晩年の法号であって、＊播州《ばんしゅう》姫路の松平家に仕官していた下川瀬兵衛元氏という武士であった。下川家は、近江の馬淵の出で、契沖の祖父に当る元宜《もとよし》に至って、＊加藤清正の臣となって家を起し、嫡子《ちゃくし》元真も、つづいて清正の子忠広に仕え、高禄を食《は》んだが、加藤家が、寛永の諸大名の＊改易《かいえき》没収に会った時に、下川家も没落した。契沖の父元全は、元宜の末子であったが、浪人して＊北越に客死《かくし》した事は、契沖の歌からわかっている。時に契沖は二十五歳、前年、＊高野山で＊阿闍梨《あじゃり》の位を受けた彼は、父の死を悼《いた》み、「聞きなれし 生れず死なぬ こ

とわりも　思ひ解かばや　かゝる歎に」（「漫吟集類題」巻第十二）と詠《よ》んでいる。兄元氏は、若くから、長子として崩壊した一家を担《にな》って奮闘し、主家閉門後は、仕を求めて武蔵までさまよったが、得る所なく、一家成らず、妻子なく、零落《れいらく》の身を、摂津《せっつ》に在った契沖の許《もと》に寄せた。契沖は、今里妙法寺の住持をして母を養っていた。兄は、如水と名のって、仏徒に伍《ご》するに至ったが、母親の死後、契沖が円珠庵に移っても、常に傍にあって、契沖の仕事を助けて終った。宣長を動かした「勢語《せいご》臆断《おくだん》」も、如水の浄書によって世に出たものである。

さて、遺文によると、契沖は、兄を偲《しの》んで歌を詠み、文箱《ふばこ》をさぐると、武蔵を旅していた兄に宛てた母親の手紙が出て来る。洗い張りも出来ず、さぞくたぶれた着物を着て出歩いているだろう、などと母が「残るくまなく、思ひやれるに、兄《せうと》が事は、傍《かたはら》になりて、ひさしく、落さぬ涙を、もよほされて、とゞまりがたし。――なには潟　たづの親子の　ならび浜　古りにし跡に　ひとり泣くかな」――すると祖父や父親の書いたものも出て来る。契沖は、思い出の中を行く。「元宜は、肥後守《ひごのかみ》加藤清正につかへて、すこし蕭何《せうか》に似たる事の有ければ、豊臣太閤こまをうち給ひし時、清正うでのひとりなりけるに、熊本の城を、あづかりて、守りをり、太郎元真は、役《えだち》の数に有けるとぞ。兄《せうと》元氏のみ、父につきて、其外《そのほか》の子は、あるは法師、あるはをなご、或は人の家に、やしなはれて、さそりの子のやうなれば、それがもとより、氏族の中より、やしなひて、家を嗣《つが》すべきよしを、兄《せうと》がまだ定かなりける日、いひおこせけるに、我はかく病ふせりて、はか〴〵しく、ゆづりあたふべき物もなければ、ともかくも、思ひあへず。さあれ、しかるべからむとならば、*なからむのちにも、はからふべしと、こたへたれば、いかにも、かれこそはからはめと、またさだまれる事なければ、いふにも足《たり》ねど、父が名さへ、*きゆべければ——近江のや　馬淵に出し　下川の　そのすゑの子は　これぞわが父」

読者は、既に推察されたであろうが、私は、契沖の家系が語りたいのではない。むしろ家系とは何かと問う彼の意識であり、父親に手向《たむ》けるものは歌しかなかった彼の心である。これを感じようとするなら、彼の遺文は、彼の家系を知る上に貴重な資料とも映るまいし、その歌も、家系を織り込んだ愚歌とは思うまい。文は、そのままこれを遺《のこ》した人の歎《なげ》きであり、確信でもあり、その辛辣《しんらつ》な眼であり、優しい心である。

契沖は、七歳で、寺へやられ、十三歳、*薙髪《ちはつ》して、高野に登り、仏学を修して十年、阿闍梨位を受けて、*摂津生玉《いくたま》の曼陀羅院《まんだらいん》の住職となったが、しばらくして、ここを去った。水戸藩の*彰考館《しょうこうかん》の寄り人に*安藤為章《ためあきら》という儒者があったが、国学を好み、契沖を敬し、「万葉代匠記」の仕事で、義公の命によって、屢々《しばしば》契沖と交渉した人だ。この人の撰した契沖の伝記によると、寺の「*城市ニ鄰《トナ》ルヲ厭《イト》ヒ、倭歌ヲ作リ、*壁間ニ題シテ、遁《ノガ》レ去ル、一笠一鉢、意ニ随《シタガ》ツテ、周遊ス」（「円珠庵契沖阿闍梨行実」）とある。

どんな歌を作ったかは、わからないが、先きに書いたように、契沖の父親が死んだのは、丁度この頃であり、壁間の歌の心も、「思ひ解かばや　かゝる歎に」という趣のものだったに違いない。僧義剛《ぎごう》が、又、この頃の契沖に就いて書いている。義剛は、高野で、契沖と親交のあった弟子筋の僧であり、これは信ずべき記述であるが、「阿闍梨位ヲ得、時年二十四ナリ、人ト為《ナ》リ清介《セイカイ》、貧ニ安ンジ、素ニ甘ンジ、他ノ信施ニ遇《ア》ヘバ、荆棘《ケイキョク》ヲ負フガ如シ、且《カ》ツ*幻軀《ゲンク》ヲ厭フコト、*蛇聚《ダシユウ》ヲ視ルガ如シ、*室生山南ニ、一巌窟有リ、師ソノ幽絶ヲ愛シ、以為《オモヘラク》、形骸ヲ棄ツルニ堪ヘタリト、乃《スナハ》チ首ヲ以テ、石ニ触レ、脳血地ニ塗《マミ》ル、命終ルニ由《ヨシ》ナク、已《ヤ》ムヲ得ズシテ去ル」（「録二契沖師遺事一」）

契沖は、再び高野に登って修学し、下山して、*和泉の僻村《へきそん》に閑居した。時に三十歳の頃だが、「わが身今　*みそぢもちかの　しほがまに　烟《けむり》ばかりの　立つことぞなき」（「契沖和歌延宝集」雑歌）と詠んでいるから、心はまだ暗かったであろう。彼には一人、心友があった。*下河辺《しもこうべ》長流《ちょうりゅう》である。長流の家柄は不明だが、契沖のように、零落した武家の出だったと推定されている。二人の交遊は、契沖の曼陀羅院時代に始った。当時、中年のこの国学者は、父母兄弟を失い、妻子なく、仕官の道も絶え、独り難波に隠れて、勉強していた。契沖は、放浪の途につくについて、誰にも洩《もら》さなかった様子だが、この友には二首の歌をのこした。

むかし、難波にありて、住ける坊を、卯月《うづき》のはじめに
出《いづ》とて、長流にのこしたる歌

繁りそふ　草にも木にも　思ひ出よ　唯我のみぞ　宿かれにける

郭公《ほととぎす》　難波の杜《もり》の　しのび音を　いかなるかたに　鳴かつくさん

たよりにつけて、おこせたる、かへし　　下河辺長流

出《いで》て行　あるじよいかに　草も木も　宿はかれじと　繁る折しも

語るだに　あかずありしを　こと問ぬ　草木をそれと　いかゞむかはん

時鳥《ほととぎす》　聞しる人を　雲ゐにて　つくさん声は　山のかひやは

（「漫吟集類題」巻第二十）

契沖が高野を下りて、和泉の久井村に落着いたと、風のたよりに知った長流が、歌を贈る。契沖がかえす。会う約束をする。直ぐ贈答である。

春になりて、山ずみとぶらはむと、いひおこせければ

さわらびの　もえむ春にと　たのむれば　まづ手を折りて　日をや数へん

かへし

岩そゝぐ　久井のたるひ*　解なばと　我さわらびの　折いそぐ也

（「漫吟集類題」巻第二十）

二人の唱和は、貞享《じょうきょう》三年、長流が歿《ぼっ》するまで、続くのである。読んでいると、契沖の言う「さそりの子のやうな」境遇に育ち、時勢或は輿論《よろん》に深い疑いを抱いた、二つの強い個性が、歌の上で相寄る様が鮮《あざや》かに見えて来る。「思ひ解かばや」と考えて、思い解けぬ歎きも、解けぬまま歌い出す事は出来る。「我をしる　人は君のみ　君を知る　人もあまたは　あらじとぞ思ふ」（「漫吟集類題」巻第十八）と契沖から贈られている長流にも、同じ想いがあったと見てよい。唱和の世界でどんな不思議が起るか、二人は、それをよく感じていた。孤独者の告白という自負に支えられた詩歌に慣れた今日の私達には、これは、かなり解りにくい事であろう。自分独りの歎きを、いくら歌ってみても、源泉はやがて涸《か》れるものだ。契沖とても同じだが、彼は、歎きのかえしを期している。例えば、

たび〳〵よみかはして後、つかはしける

冬くれば　我がことのはも　霜がれて　いとゞ薄くぞ　成増りける

かへし　　下河辺長流

葛《くず》かれし　冬の山風　声たえて　今はかへさむ　ことの葉もなし

かれぬとは　君がいひなす　ことのはに　霰《あられ》ふるらし　玉の声する
冬かれん　物ともみえず　ことの葉に　いつも玉まく　葛のかへしは

（「漫吟集類題」巻第二十）

「霜枯れ」た「ことの葉」を贈れば、「玉の声」となって返って来る。言葉の遊戯と見るのはやさしいが、私達に、言葉の遊戯と見えるまさに其処《そこ》に、二人の唱和の心は生きていた事を想いみるのはやさしくない。めいめいの心に属する、思い解けぬ歎きが、解けるのは、めいめいの心を超えた言葉の綾《あや》の力だ。言葉の母体、歌というものの伝統の力である。二人に自明だった事が私達には、もはや自明ではないのである。

契沖の研究が、仏典漢籍から、ようやく国典に及んだのは、十年ほどの泉州閑居時代であった。「万葉代匠記」が起稿されたのは、天和三年（四十四歳）頃と推定されているから、契沖の歌学と言われているものは、すべて二十年に足らぬ彼の晩年の成果であったと言ってよい。時期ははっきりしないが、長流は、水戸義公から、その「万葉」註釈事業について、援助を請われた事があった。病弱の為か、狷介《けんかい》な性質の為か、任を果さず歿し、仕事は、契沖が受けつぐ事になった。「代匠記、初稿本」の序で、「かのおきな（長流）が、まだいとわかゝりし時、かたばかりしるしおけるに、おのがおろかなるこゝろをそへて、万葉代匠記となづけて、これをさゝぐ」と契沖は書いている。長流は、契沖にとって、学問上の先輩であったが、長流の「万葉集管見」*と、契沖の「代匠記」とは、同日の談ではないのであるから、無論、これは契沖の謙辞であって、長流の学問は、契沖の大才のうちに吸収され、消え去ったと言っても過言ではあるまい。しかし、長流が、契沖の唯一人の得難い心友であったという事実は、学問上の先達後輩の関係を超えるものであり、惟《おも》うに、これは、契沖の発明には、なくてかなわぬ経験だったのであるまいか。

「代匠記」に着手する以前、契沖には、彼の著作として、後世が見るべきものは、長流と仲好く自選した家集「漫吟集」しかない。詠歌は、長流にとっては、わが心を遣《や》るものだったかも知れないが、契沖には、わが心を見附ける道だった。仏学も儒学も、亦《また》寺の住職としての生活も、自殺未遂にまで追い込まれた彼の疑いを解く事は出来なかったようである。これは、長流の知らぬ心の戦いであり、道は長かったが、遂に、倭歌のうちに、ここで宣長の言葉を借りてもいいと思うが、年少の頃からの「好信楽」のうちに、契沖は、歌学者として生きる道を悟得した。私にはそう思われる。

「少年ノ日、閑寂ニシテ、日ノ消シ難キヲ愁《ウレフ》ルガ為ニ、時々倭歌ヲ作リキ。誠ニ是《コ》レ諺《コトワザ》ニ言ヘルコト有リ、*兎欠《トケツ》ノ者ノ、嘯《ウソブ》キテ情ヲ遣ルト頗《スコブ》ル相似タリ、師ニ随ツテ学バズ、義ヲ覈《シラ》ベテ解セズ」（*「厚顔抄」序）――宣長に比べて、契沖の思い出は暗いのであるが。

　契沖は、元禄九年（五十七歳）、周囲から望まれて、円珠庵で、「万葉」の講義をしたが、その前年、泉州の石橋新右衛門直之という後輩に、聴講をすすめた手紙が遺っている。契沖の行き着いた確信が、どのようなものであったかがわかるであろう。

「（前略）拙僧万葉*発明は、彼集出来以後之一人と存候、且其証古書ニ見え申候、水戸侯御家礼衆之中ニも、左様ニ被レ存方御座候、煙硝も火を不レ寄候時は、不成功候様ニ、少分は因縁を借候て、早ト成ニ大事一習目前之事ニ御座候、あはれ御用事等、何とぞ他へ御たのみ候而、御聴聞候へかしと存事候、世事は俗中之俗、加様《かやう》之義は、俗中之真ニ御座候、一辺闕《か》キ申程ニ無レ之候へバ、勝レタル事ハ難レ成物御座候、貴様御伝置候へバ、泉州歌学不絶地と成可レ申も、知レ申まじく候、必何とぞ可レ被ニ思召立一候、知らせ候はゞ、被レ悦可レ申方、少ト愚意ニ覚候へ共、此方より何とぞと存候は、不レ過ニ二三一候、歯落口窄《すぼま》り、以前さへ不弁舌之上、他根よりも、別而舌根不自由ニ成、難義候へ共、さるにても閉口候はゞ、弥《いよいよ》独り生れて、独死候身ニ同じかるべき故、被レ企候はゞ、堅ク辞退は不レ仕候はんと存候、来月当地へ御越可レ被レ成之由、千万期面候、恐惶《きようくわう》謹言。円珠庵、契沖」（「契沖全集」十六、書簡集）

　読んでいると、宛名は宣長でも差支《さしつか》えないように思われて来る。「勢語臆断」が成ったのは、この手紙より数年前であるが、既に書いたように、これは、二十三歳の宣長が契沖の著作に出会って驚き、抄写した最初のものである。――「*むかし、をとこ、わづらひて、心ちしぬべくおぼえければ、『終《つひ》にゆく　みちとはかねて　聞しかどきのふけふとは　思はざりしを』――たれ〳〵も、時にあたりて、思ふべき事なり。これまことありて、人のをしへにもよき歌なり。後ゝの人、しなんとするにいたりて、こと〴〵しき歌をよみ、あるひは、道をさとれるよしなどをよめる、まことしからずして、いとにくし。*たゞなる時こそ、*狂言綺語《きご》もまじらめ。*今はとあらん時だに、心のまことにかへれかし。業平《なりひら》は、一生のまこと、此歌にあらはれ、後の人は、一生のいつはりをあらはすなり」

契沖は、「狂言綺語」は「俗中之俗、加様之義は、俗中之真ニ御座候」と註してもよかったであろう。宣長は、晩年、青年時の感動を想い、右の契沖の一文を引用し、「*ほうしのことばにもにず、いと〳〵たふとし、やまとだましひなる人は、法師ながら、かくこそ有けれ」(「玉かつま」五の巻)と註した。宣長が言う契沖の「大明眼」という言葉は、実は、「やまとだましひなる人」という意味であったと、私は先きまわりして、言う積りではないが、この言葉の、宣長の言う「本意」「意味ノフカキ処」では、契沖の基本的な思想、即ち歌学は俗中の真である、学問の真を、あらぬ辺りに求める要はいらぬ、俗中の俗を払えば足りる、という思想が、はっきり宣長に感得されていたと考えたい。

義公は、契沖の「代匠記」の仕事に対し、白銀一千両絹*三十匹を贈った。今日にしてみると、どれほどの金額になるか、私にははっきり計算出来ないが、驚くべき額である。だが契沖は、義公の研究援助を、常に深謝していたが、権威にも富にも全く関心がなかった。先きにも挙げた安藤為章の「行実」には、「師以テ自ラ奉《ウ》ケズ、治寺ノ費ニ充《ア》テ、*貧乏ヲ贍《ニギハ》ス」とあるのが、恐らく事実であった事は、契沖の遺言状でわかる。彼は、六ヶ条の、まことに質素な簡明な遺言を認《したた》め、円珠庵に歿した（元禄十四年正月、六十二歳）。それは、契沖の一生のまこと、ここに現れ、と言ってよいもので、又、彼の学問そのままの姿をしていると言えると思うので、引用して置く。

一、何時拙僧相果候共、庵者理元其まゝ居可レ被レ申候。円清旧地間、拙僧罷在《まかりあり》候時ニ相違有レ之まじく候。若《もし》他所へ出申事望ニ候はゞ、飢渇之愁無レ之様、計らひ可レ被レ申候。

一、水戸様より毎年被レ下候飯料、早と何も寄合返納可レ給候。元来申請候事、*野僧非二本意一常と存候へ共、無力蒙二御恩一候。

一、年来得二御意一候何も寄合御相談候而《て》、理元数年之間かつ〳〵相つゞき被レ参候様ニ被レ成被レ遣可レ被レ下候。此僧*無福《むふく》故頼置候。

一、拙僧平生人を益可レ申方を好候て、損可レ申本意無レ之処、先年無調法之事仕出シ、諸人ヘ損を懸申候義、近比《ちかごろ》残念存候。力出来候はゞ、返納可レ仕と存たる甲斐無レ之候。是諸人は、何共思召まじく候へ共、愚僧心底如レ此御座候。

一、妙法寺を退候節、覚心へ銀三枚、深慶へ弐枚、今之玆元へ一枚、故市左衛門、作兵衛へ各一枚可レ遣と、人伝ニ申渡、左様存候処、此庵ニ其銀遣ひ入申候故、是又いつぞ〳〵と心底ニ存居たる迄候。円智、をばなどへも、少は可レ遣と志居申候。其外九兵衛など、別ニ少と遣度存居候つるを、事とは願相違候。

一、歌書、万葉、余材抄等数部は、理元守可レ被レ申候。其他長流筆跡、拙僧写置候物、何も寄合相談ニ而、形見ニ御分取可レ給候。

八

先きにあげた契沖の書簡の中に、「さるにても閉口候はゞ、弥《いよいよ》独り生れて、独死候身ニ同じかるべき故」とあるが、面白い言葉である。当人としては、「万葉集」の*講《こう》筵《えん》を開くに際しての、何気ない言葉だったであろうが、眺めていると、いろいろな事が思われる。これは、学問に対する契沖の基本的な覚悟と取れるが、彼にあっては、学問と人間とは不離なものであるから、言葉はこの人物でなくては言えない姿に見えもする。のみならず、彼の人格は、任意に形成されたというような脆弱《ぜいじゃく》なものではなかった筈《はず》だから、この人が根を下した、時代の基盤というものまで語っているように思われる。地盤は、まだ戦国の余震で震えていたのである。

戦国時代という歴史家の便宜上の時代区分は、簡明な言葉だけに、誤解もされ易《やす》いところがある。応仁*の乱以来、百年以上にわたって、日本中の何処《どこ》かで戦争が起っていない時はなかった、とさえ言っていい。まさに戦国時代であったが、兵乱は、決して文明を崩壊させはしなかったし、文明の流れを塞《せ》き止めもしなかったという、この時代の、言わば内容の方が、余程大事なのだ。群雄が、各地に割拠して、相争う乱世は、彼等が、どうあっても勝たねばならぬという、はっきりした必要に迫られて実践した、めいめいの秩序を内容としていたのである。彼等は、もはや非生産的な往年の守護大名*ではなかった。これに取って代った戦国の大名達は、皆自分の土地人民を持ち、自分の法律を持ち、富国強兵策に、日夜心を砕かねばならなかった新人達であった。彼等が、領国にあって開発した生産力、経済力の蓄積が、桃山時代の花々しい文化となって爆発するには、一豪傑の政治手腕という点火があれば足りた事を思えばよい。

戦国時代を一貫した風潮を、「下剋上《げこくじょう》」と呼ぶ事は誰も知っている。言うまでもなく、これは下の者が上の者に克《か》つという意味だが、この言葉にしても、その簡明な言い方が、その内容を隠す嫌いがある。試みに、「大言海*」で、この言葉を引いてみると、「此語《コノ》、でもくらしいトモ解スベシ*」とある。随分、乱暴な解と受取る人も多かろうと思うが、それも、「下剋上」という言葉の字面を見て済ます人が多いせいであろう。「戦国」とか「下剋上」とかいう言葉の否定的に響く字面の裏には、健全な意味合が隠れている。恐らく、「大言海」の解は、それを指示している。歴史の上で、実力が虚名を制するという動きは、極めて自然な事であり、それ故に健全なと呼んでいい動きだが、戦国時代は、この動きが、非常な速度で、全国に波及した時代であり、為《ため》に、歴史は、兵乱の衣をまとわざるを得なかったが、それも現代人の戦争の概念からすれば、まるで仲間喧嘩《げんか》のようなものだった。この動きの兆候が現れ始めた南北朝時代に、庶民は、いち速く「下剋上」という言葉を発明して、落首《らくしゅ》の上に示した。恐らくこの無邪気な発想には、自棄的なものも、頽廃《たいはい》的なものもなかったのだが、この言葉の、見たところ嘲笑《ちょうしょう》的な色合の裏に、言わば、どんな尤《もっと》もらしい言葉にも動じない、積極的な意味合が育って来るには、長い時間を要したのである。なるほど武力は、「下剋上」の為には一番手っとり早い手段だったが、この時代になると、武力は、もはや武士の特権とは言えなかったのであり、要するに馬鹿に武力が持てたわけでもなく、武力を持った馬鹿が、誰に克てた筈もなかったという、極めて簡単な事態に、誰も処していた。武士も町人も農民も、身分も家柄も頼めぬ裸一貫の生活力、生活の智慧《ちえ》から、めいめい出直さねばならなくなっていた。

日本の歴史は、戦国の試煉《しれん》を受けて、文明の体質の根柢《こんてい》からの改造を行った。当時のどんな優れた実力者も、そんなはっきりした歴史の展望を持つ事は出来なかったであろうが、その種の意識を、まるで欠いていたような者に何が出来るわけもなかった事は、先ず確かな事であろう。乱世は「下剋上」の徹底した実行者秀吉によって、一応のけりがついた。尾張の名もない下民から身を起した男が、関白までのし上ったとは、前代未聞の話であるが、それよりも、当時の人々は、恐らくこれを、何処にも腑《ふ》に落ちぬものの隠されていない、いかにも尤もな話として納得したに相違ない、それを考えてみる方が興味がある。この人間の出世物語が、いろいろに形を変え、今日に至るまで、多くの愛読者を持っているのも、実力で実名を得た人物の努力の、暗さも女々《めめ》しさも雑《まじ》えぬ一貫性、その魅力の現実性には、誰にでも大変わかり易いものがあるからであろう。

しかし、「下剋上」の劇は、天下人秀吉の成功によって幕が下りて了《しま》ったわけではない。「下剋上」という文明の大経験は、先ず行動の上で演じられたのだが、これが反省され自覚され、精神界の劇となって現れるには、又時間を要したのである。秀吉は、「つゆとをち　つゆときえにし　わがみかな　なにはのことは　ゆめのまたゆめ」と詠《よ》んで死んだ。この大行動家の幕切れの台詞《せりふ》を、もはや克つべき相手はなくなった人の嘆きと受取って置いて、大した間違いでないだろう。彼には、家康の時代が待っているという考えは、自然なものだったであろうが、己れに克つという心の大きな戦いには、家康とは全く別種の豪傑が要る、歴史の摂理は、もうこれを用意していたとは、恐らく秀吉の思い及ばぬところであった。

*中江藤樹《とうじゅ》が生れたのは、秀吉が死んで十年後である。藤樹は、近江の貧農の倅《せがれ》に生れ、独学し、独創し、遂に一村人として終りながら、誰もが是認する近江聖人の実名を得た。勿論《もちろん》、これは学問の世界で、前代未聞の話であって、彼を学問上の天下人と言っても、言葉を弄《ろう》する事にはなるまい。秀吉は、手紙に「てんか」*と署名したが、藤樹は、弟子に教えて、「学問は天下第一等、人間第一義、別路のわしるべきなく、

別事のなすべきなしと、主意を合点して、受用すべし」（「*岡山《こうざん》先生示教録」）と言っている。又言う、「剣戟《けんげき》を取て向とても、それ良知の外《ほか》に、何を以て待《タイ》せんや」（同上）。彼は、天下と人間とを、はっきり心の世界に移した。眼に見える下剋上劇から、眼に見えぬ克己《こっき》劇を創り上げた。「厳密に志を立、勇猛に己に克去て、*一毫《いちがう》も艱難《かんなん》苦労を憚《はばか》るべからず。己に克に当ては、其《その》身命をも*顧惜《こせき》すべからず。況《いはん》や其他の小利害をや。所レ謂殺《シ》レ身《ヲ》成《ス》レ仁《ヲ》の義なり。如レ此厳密武毅《ぶき》に力を用て、克去難き人欲あるべけんや」（「送二*岡村子一」）

藤樹の父は、仕官を嫌って近江で百姓をしていたのだが、祖父の徳左衛門吉長は、*伯耆《ほうき》の加藤藩に仕える小身の武士であった。藤樹の在世中、門人によって作られた「藤樹先生年譜」が遺っていて、藤樹の伝記に関する一等資料とされているが、これによると、九歳の時、「祖父小川村ニ来テ、先生ヲ養ハン事ヲ欲ス。父母其一男ナルヲ以テ不レ肯《ウベナハ》。祖父固クコレヲ強《シ》フ。故ニ不レ得レ已《ムコトヲ》シテ遠ク伯州ニ遣ス。先生性頴《エイ》敏《ビン》、豪邁《ガウマイ》ニシテ、幼ヨリ物ニ愛著《アイヂヤク》セズ。故ニ父母ヲ離テ、遠ク行トイヘドモ、一毫《イチガウ》モ哀《カナシ》ム事ナク、能《ヨク》祖父母ニ孝アリ」とある。翌年（元和三年）藩主の転封《てんぽう》で、米子から*伊予の大洲《おおず》に移る。「年譜」から、「*六年庚申。先生十三歳」の項を引用したい。

「是年夏五月、大ニ雨フリ、五穀不レ実《ラ》。百姓饑餓《キガ》ニ及バントス。コレニ因《ヨリ》テ、風早ノ民（風早は大洲藩の飛地で、吉長は土地の奉行であった）、去テ他ニ行カント欲スルモノ衆《オホ》シ。吉長公コレヲ聞テ、カタクコレヲトヾム。郡ニ牢人アリ。其名ヲ須卜ト云。コノ者、クルシマト云大賊ノ徒党ニシテ、形《ナリ》ヲ潜メ、久シクコヽニ住居ス。今ノ時ニ及デ、先ヅ退カントス。彼已《スデ》ニ他ニ行バ、百姓モ亦《マタ》従テ逃ントスルモノ多シ。コレニ因テ、吉長公、僕《シモベ》三人ヲ遣ハシテ、カレヲトヾム。僕等帰ル事遅シ。吉長公怪ンデ、ミヅカラ行テ、カレヲ止メ、且《カ》ツ法ヲ破ル事ヲ罵《ノノシ》ル。須卜、イツワリ謝シテ、吉長公ニ近ヅク。其様体ツネナラズ。コレニ因テ、吉長公馬ヨリ下ントス。須卜刀ヲ抜テ走リカヽリ、吉長公ノ笠ヲ撃ツ。吉長公ノ僕、コレヲ見テ、後ロヨリ須卜ヲ切ル。須卜疵《キズ》ヲ蒙《カウム》ルトイヘドモ、勇猛強力ノモノナレバ、事トモセズ、後ヲ顧テ、僕ヲ逐《オ》フ。コノ間ニ、吉長公鑓《ヤリ》ヲ執テ向フ。須卜亦回リ向フ。吉長公須卜ガ腹ヲ突透ス。須卜ツカレナガラ鑓ヲタグリ来テ、吉長公ノ太刀ノ柄《ツカ》ヲトル。吉長公モ亦自カラノ柄ヲトラヘテ、互ニクム。須卜痛手ナルニ因テ、倒テ乃《*イマシ》死ス。須卜ガ妻、吉長公ノ足ヲトラヘテ倒サントス。吉長公怒テ、亦コレヲ切ル。已《スデ》ニシテ、自ラ其妻ヲ殺ス事ヲ悔ユ。后《ノチ》須卜ガ子、其父母ヲ殺セルヲ以テ、甚ダコレヲ恨ミ、常ニ怨《ウラミ》ヲ報《ムクイ》ントシテ、シバ〳〵吉長公ノ家ニ、火箭《*ヒヤ》ヲ射入ル。其意オモヘラク、家ヤケバ、吉長公驚キ出ン。出バ則《スナハ》チコレヲ殺サント。吉長公其意ヲウカヾヒ知ル。故ニヒソカニ火箭ノ防ヲナス。然《シカ》レドモ、其意乃《イマ》シ尽《コトゴト》ク賊盗等ヲ入テ、アマネク此ヲ殺サント欲ス。故ニ却《カヘリ》テ門戸ヲバ開カシム。乃《イマ》シ先生ニ謂《イヒ》テ曰《イハ》ク、今天下平ニシテ、無《シ》㆓軍*旅之事㆒。爾《ナン》ヂ功ヲナシ、名ヲ揚グベキ道ナシ。今幸ニ賊徒襲入セントス。我賊徒ヲ伐《ウタ》バ、爾彼ガ首ヲトレ、又家辺ヲ巡テ、賊徒ノ入ヲウカヾヘ。先生コヽニオイテ、毎夜独家辺ヲ巡ル事三次ニシテ不ㇾ怠。時ニ九月下旬、須トガ子数人ヲイザナヒ、夜半ニ襲入《オソヒイラ》ントス。吉長公アラカジメ此ヲ知ル。乃《イマシ》僕等ニ謂テ曰、今夜賊徒襲入ントスル事ヲ聞ク。イヨ〳〵門戸ヲ開キ、コト〴〵ク内ニ入シメヨ。我父子マサニ彼ヲ伐タン。爾ヂ等ハ、門ノ傍ニ陰《カク》レ居テ、鉄《テツ》炮《パウ》ヲ持チ、モシ賊逃出バ、コレヲウテ。必ズ入時ニアタツテ、コレヲウツ事ナカレト。夜半、賊徒マサニ入ントス。僕アハテ、先ヅ鉄炮ヲ放ツ。賊驚テ逃グ。吉長公此ヲ逐フ事数町、遂ニ追及ブ事アタワズシテ返ル。於《テ》ㇾ是《ニ》先生ヲシテ、刀ヲ帯セシメ、共ニ賊ヲ待ツ。先生少シモ恐ルヽ色ナク、賊来ラバ伐タント欲スル志面《オモテ》ニアラワル。吉長公、先生ノ幼ニシテ恐ルヽ事ナキ事ヲ喜ブ。冬、祖父ニ従テ、風早郡ヨリ大洲ニ帰ル」

長い引用を訝《いぶか》る読者もあるかも知れないが、この素朴な文は、誰の心裏《しんり》にも、情景を彷彿《ほうふつ》とさせる力を持っていると思うので、それを捕えてもらえれば足りる。藤樹の学問の育ったのは、全くの荒地であった。「年譜」が呈供する情景は、敢《あえ》てこれを彼の学問の素地とも呼んでいいものだ。翌「七年辛酉。先生十四歳。在《リ》二大洲一。或時家老大橋氏諸士四五人相伴テ、吉長公ノ家ニ来リ、終夜対話ス。先生以為《オモヘ》ラク、家老大身ナル人ノ物語、常人ニ異ナルベシト。因テ壁ヲ隔テ陰レ居テ、終夜コレヲ聞クニ、何ノ取用ユベキコトナシ。先生ツイニ心ニ疑テ、コレヲ怪ム」、これが藤樹の独学の素地である。周囲の冷笑を避けた夜半の読書百遍、これ以外に彼は学問の方法を持ち合せてはいなかった。

間もなく祖父母と死別し、やがて近江の父親も死ぬ。母を思う念止《や》み難く、致仕《ちし》を願ったが、容《い》れられず、脱藩して、ひそかに村に還り、酒を売り、母を養った（二十七歳）。名高い話だが、逸話《いつわ》とか美談とか言って済まされぬものがある。家老に宛てた願書を読むと、「母一人子一人」の人情の披瀝《ひれき》に終始しているが、藤樹は、心底は明さなかったようである。心底には、恐らく、学問するとは即ち母を養う事だという、人に伝え難い発明があり、それが、彼の言う「全孝の心法」（「*翁《おきな》問答」）を重ねて、遂に彼の学問の基本の考えとなったと見てよいだろう。これは朱子学でも*陽明学でもあるまい。だが、彼の学説の分析は私の任ではない。全集を漫読し、心動かされたところを書いて置く。

先きにあげた「岡山先生示教録」の中に、こんな言葉がある。「先師何事にてもまねをいたす程の事はなく候。只《タダ》言葉にヅントといふ事を被レ仰候。夫《それ》より外はまね申事無ニ御座一と被レ仰候」。見聞に凝滞《ぎょうたい》してはならない、進んで「体認」しなければ、「体察」しなければ、と彼はくり返し教えているが、それが、藤樹の学問の方法と言えば、ただ一つの方法であり、従って、平たく言えば、詰らない人まねを抜け出すには、踏み込んで、はっきり、しっかりした物の言い方をしようとするのが、一番よい、という事になろう。これは、学問には「厳密武毅に力を用」うるという彼の言葉に通ずるもので、彼の青年期の文章の文体は大変烈《はげ》しいものだ。年とともに、圭角《けいかく》はとれ、温和なものになって行くが、人柄に根ざしたその特質は変らない。有名な「翁問答」にしてもそうだが、特にその「改正篇」などは、なるほど「言葉にヅントといふ」名文と言えよう。

寛永六年、幕府の儒官林羅山《らざん》*が、弟の永喜とともに、法印《ほういん》*の位に叙せられた。羅山は、藤原惺窩《せいか》*の弟子の朱子学者で、藤樹が生れた頃には、既に家康の側近にあった。彼は、若くから宋学*に傾倒した、非常な排仏家だったが、幕府に用いられれば、幕命によって、剃髪《ていはつ》し、道春と改名もしなければならなかった。家康にしてみれば、民間人を側近に登用する為には、羅山を坊主衆の仲間にでも入れる外はなかったまでのことで、勿論、羅山の排仏説なぞ家康の眼中にはなかっただろう。実際の政策に益のない学問などが、家康に必要だったわけはなく、彼が求めたのは、朱子学者ではなかった。儒家ではなく、儒役であったが、この博学気鋭の儒役は、家康の見込み通りの働きをしたらしい。羅山は、用いられて間もなく、大坂夏の陣を起すきっかけを摑《つか》もうと苦慮していた家康の為に、*京都方広寺の鐘銘《しょうめい》に、*家康呪詛《じゅそ》の銘文を発見し、併せて将来の*叙爵《じょしゃく》のきっかけも作った。

法印と言えば、*沙門《しゃもん》の極位である。羅山も心中穏《おだや》かならぬものがあったようで、弁明の詩文を作った。自分の*祝髪《しゅくはつ》は、国俗に従ったまでの事で、*太伯《たいはく》の断髪、*孔子の郷《きょう》服《ふく》と異なるところはない。もとより自分は授位を期望《きぼう》したものではないが、既に*真儒の心印を得ている自分としては、法印も天がこれを命じたかと考えている。「天上ノ瑞雲《ズイウン》、春ト共ニ来ル」云々《うんぬん》。これを読んで藤樹は怒った。「林氏剃髪受位《ノ》弁」は、羅山の文を痛烈に難じて、「朱子ノ謂《イ》ハユル能《ヨ》ク言フノ鸚鵡《アウム》也」とか「*穿窬《センユ》ノ盗ノゴトキカ」とまで言っている。時に、藤樹は二十四歳であり、純粋に学問上の理由から、いよいよとなれば脱落も辞さぬという決心はしていた頃と見てよい。羅山は、恐らく藤樹の文を見なかったであろうし、見ても、田舎の小役人の言葉など歯牙《しが》にもかけなかっただろう。衝突はなかったが、意味合は、隠れて存した。

近世の学問の上で、官学私学の別はよく言われるところだが、この別が、表向きはっきりして来るのは、林家の私塾が、*湯島聖堂にまで発展する元禄期になってからで、この頃は、まだそういう事はない。しかし、若死した藤樹と長命だった羅山とは、同時期の学者と見なしてよいし、二人を私学官学の祖と呼んで差支えないのであるから、衝突こそしなかったが、両人が、それぞれの道を切り開こうとして、明瞭に対立する考えを抱いていたのは見逃せない。藤樹は、儒家の理想主義或《あるい》は学問の純粋性を、羅山は、儒官の現実主義或は学問の実用性を、はっきり表明した。この二つの道、当時の言葉で言えば、この二つの血脈は、長く跡を引くのである。

「藤樹先生行状」によると、藤樹は十一歳の時、初めて*「大学」を読み、「天子ヨリ以テ庶人ニ至ルマデ、壱是《イッシ》ニ皆身ヲ修ムルヲ以テ、本ト為《ナ》ス」という名高い言葉に至って、非常に感動したと言う。「嘆ジテ曰《イハ》ク、聖人学デ至ルベシ。*生民ノタメニ、此経ヲ遺セルハ、何ノ幸ゾヤ。コヽニヲイテ感涙袖《カンルイソデ》ヲウルヲシテヤマズ。是《コレ》ヨリ聖賢ヲ期待スルノ志アリ」と「行状」は記している。伝説と否定し去る理由もないのであり、大洲の摸索《もさく》時代の孤独な感動が人知れぬ工夫によって、後に*「大学解」となって成熟する、むしろそこに藤樹の学問の特色を認める方が自然であろう。「天子、諸侯、卿《ケイ》大夫《タイフ》、士、庶人《ショジン》、五等ノ位尊卑大小差別アリトイヘドモ、其身ニ於テハ、*毫髪《ガウハツ》モ差別ナシ。此身同《オナジ》キトキハ、学術モ亦《マタ》異ナル事ナシ。位ハ譬《タト》ヘバ*大海江河溝洫《コウキョク》ノ如シ。身ハタトヘバ水ノ如シ」（「大学解」）。若い頃の開眼が明瞭化する。藤樹に「大学」の読み方を教えたのは、彼自身の生活であった。

ここで又読者に、彼の学問の種が落ちたあの荒涼たる土地柄を心に描いてもらいたい。今日の学問的環境などは、きっぱりと忘れて欲しいと思う。彼の学問は、無論、誰の命令に従ったものでもなく、誰の真似をしたものでもないが、自身の思い附きや希望に依《よ》ったものでもない。実生活の必要、或は強制に、どう処したかというところに、元はと言えば成り立っていたのである。なるほど、戦国の生活の必要は、人間の型を大きく変えた。この半ば自然力とでも呼ぶべき時の力から、誰も逃れはしなかった。その意味では、誰もが、戦国の生活の強制に応じたと言えるのであり、勝利者は、一番上手に精力的に、時の生活に適応出来た人だった筈だろう。藤樹という人は、この、事の自然な成り行きに適応した人々の無意識性から、決定的に離れた人だ。彼は、時の勢を拒否もしなかったし、これに呑まれもしなかった。ただ眼を内側に向ける事によって、極めて自然に孤立した。その有様が、「藤樹先生年譜」に、よく現れている事を言いたいのである。

「下剋上」の長い経験は、人々に、世間の「位」の力を借らず、ただ吾《わ》が「身」を頼む生活術を教えたが、この教訓は、烈しい競争行為の裡《うち》に吸収され、半ば意識されても、意識として発達する事は大変むつかしいものであった。長い兵乱の末の平和の回復とは、個人の実力と社会的地位との均衡が、かつて誰一人考えも及ばなかった社会の広範囲にわたって、実現した事を意味したのであるが、この国民的な大経験も、外側に眼を向けた人々にとっては、その内側の意味合を考えてみる必要はないものだった。成り行き上、平和が到来すれば、言い代えれば、名ばかりのものに成り下ってい た因襲的諸制度が、新しく育成された実力という内容で一応充《みた》されて了えば、事は終ったと見えた。それが、そのまま家康という事態の大収拾家によって行われた政策である。

これを思うと、藤樹という人が、この時代を生き、これを可能な限り活写した明瞭な意識と映じて来る。そして、「下剋上」という言葉の「でもくらしい」という「大言海」の解も、彼ならよく理解しただろう、そんな考えも浮んで来るのである。少くとも、彼は、戦国の生活経験の実りある意味合を捕えた最初の思想家と言える。「天下ノ万事ハ皆末ナリ。明徳ハ其大本ナリ」(「大学解」)、だが、言葉はどうでもよい。明徳の定義を詮議《せんぎ》してみても仕方がない。定義など彼の著作の何処にも見附からぬ。彼がそう言う時に、いろいろな時代の優れた思想家に起った事が、彼にも亦起ってい た事をよく考えてみるのが大本である。彼は、時代の問題を、彼自身の問題と感じていた。彼が、彼自身の為に選んだ学問の自由は、時代の強制を跳躍台としたものだ。これを心に入れて置けば、「此身同キトキハ、学術モ亦異ナル事ナシ」と言う時の、彼の命の鼓動は聞ける筈だ。これは学説の紹介でもなければ学説の解釈でもない。自分は学問というものを見附けたという端的な言葉である。彼は、自分の発見を信じ、これを吟味する道より他の道は、賢明な道であれ、有利な道であれ、一切断念して了った。それが彼の孤立の意味だが、もっと大事なのは、誰も彼の孤立を放って置かなかった事だ。荒地に親しんで来た人々には、荒地に実った実には、大変よく納得出来るものがあった。「位」の差別も、「其身ニ於テハ、毫髪モ差別ナシ」とは、誰もがやって来た痛切な経験であった。藤樹が説く「学問ノ準的」は、人々にとって、何処か高みに在る原理の如きものではなかった。反省によって、その意味を求めようとすれば、「此身」から昇華して来るものであった。「藤樹先生年譜」は、その文体から判ずれば、藤樹から単なる知識を学んだ人の手になったものではない。

九

宣長を語ろうとして、契沖《けいちゅう》から更にさか上って藤樹に触れて了《しま》ったのも、慶長の頃から始った新学問の運動の、言わば初心とでも言うべきものに触れたかったからである。社会秩序の安定に伴った文運の上昇に歩調を合せ、新学問は、一方、官学として形式化して、固定する傾向を生じたが、これに抗し、絶えず発明して、一般人の生きた教養と交渉した学者達は、皆藤樹の志を継いだと考えられるからだ。それほど、藤樹の立志には、はっきりと徹底した性質があった。学問は「天下第一等人間第一義之意味を御咬出《かみいだ》」す（「与二*国領子一」）以外に別路も別事もない。こんな思い切った学問の独立宣言をした者は、藤樹以前に、誰もいなかったのである。「咬出す」というような言い方が、彼の切実な気持を現しているので、彼にとって、学問の独立とは、単に儒学を、僧侶《そうりよ》、或*《あるい》は博士家の手から開放するというだけの意味ではなかった。何故学問は、天下第一等の仕事であるか、何故人間第一義を主意とするか、それは自力で、彼が屡々《しばしば》使っている「自反」というものの力で、咬出さねばならぬ。*「君子ノ学ハ己レノ為ニス、人ノ為ニセズ」と「論語」の語を借りて言い、「師友百人御座候ても、独学ならでは進不レ申候」とも言う。普通、藤樹の良知説と言われているように、「良知」は彼の学問の準的となる観念であり、又これは、明徳とも大孝とも本心とも、いろいろに呼ばれているのだが、どう呼んでも、「独」という言葉を悟得する工夫に帰するのであり、「独ハ良知ノ殊称、千聖ノ学脈」であると論じられている。

「我ニ在リ、自己一人ノ知ル所ニシテ、人ノ知ラザル所、故ニ之《コレ》ヲ独ト謂《イ》フ」、これは当り前な事だが、この事実に注目し、これを尊重するなら、「卓然独立シテ、倚《ヨ》ル所無シ」という覚悟は出来るだろう。そうすれば、「貧富、貴賤《キセン》、禍福、利害、毀誉《キヨ》、得喪、之ニ処スルコト一ナリ、故ニ之ヲ独ト謂フ」、そういう「独」の意味合も開けて来るだろう。更に自反を重ねれば、「聖凡一体、生死息《ヤ》マズ、故ニ之ヲ独ト謂フ」という高次の意味合にも通ずる事が出来るだろう。それが、藤樹の謂う「人間第一義」の道であった。従って、彼の学問の本質は、己れを知るに始って、己れを知るに終るところに在ったと言ってもよい。学問をする責任は、各自が負わねばならない。真知は普遍的なものだが、これを得るのは、各自の心法、或は心術の如何《いかん》による。それも、めいめいの「現在の心」に関する工夫であって、その外《ほか》に、「向上神奇玄妙」なる理を求めんとする工夫ではない。このような烈《はげ》しい内省的傾向が、新学問の夜明けに現れた事を、とくと心に留めて置く必要を思うのである。

藤樹以後、新学問は急速に発展し進歩する。多様にもなり、精細にもなる。今日の学問の概念に慣れたものの眼に、研究の上での客観的な態度、実証的な性質と映るものが、優れた学者達の仕事の上に、現れて来るようにもなる。研究者達が、何を措《お》いてもこれに注目して、わが国の近世学問の優秀性を其処《そこ》に求めるのも無理もない話だが、事実の分析記述を主とする現代の学問の通念のうちに在って、専《もっぱ》ら古典を対象としていたこの時代の、所謂《いわゆる》訓詁《くんこ》の学の生態を想像してみる事は、決して容易ではない。主観客観という現代風の言葉を使って敢《あえ》て言えば、学問を発展させた学者で、学問が要求する客観性について、最も明瞭な意識を持ったと見做《みな》される人々にも、藤樹の所謂学脈は継承されていた。彼の高弟熊沢蕃山《ばんざん》も、「天地の間に已一人生て在りと思ふべし」(「集義和書」)と言う。この燃え上る主観は、決して死にはしなかったのである。藤樹の学問は、先きに言ったように、「独」という言葉の、極めて実践的な吟味を、その根幹としていたが、契沖の仕事にしても、彼の言う「独り生れて、独死候身」の言わば学問的処理、そういう吾が身に、意味あるどんな生き方があるか、という問に対する答えであった。二人が吾が物とした時代精神の親近性を思っていると、前者の儒学の主観性、後者の和学の客観性という、現代の傍観者の眼に映ずる相違も、曖昧《あいまい》なものに見えて来る。契沖の学問の客観的方法も、藤樹の言うように、自力で「咬出し」た心法に外ならなかった事が、よく合点されて来る。

藤樹は言う、「世俗の学問をそしるにあらず。学者のそしるなり、学者のまねく所なり。しかるを我も人も学問するもののくせにて、世俗の学問をそしるを聞ては、或は腹を立《タテ》或はわらひおとしめて、そのあやまりの已より出る事をわきまへず、是《これ》をもつて見れば、学問の実義に志なき学者は、世俗の学問をそしるよりも、一きはまさりたる聖門のつみ人なるべし」(「翁《おきな》問答」改正篇)。学問が久しく住みなれた博士家という、或は師範家という母屋《おもや》は、戦国の世に、大方は崩壊し去った。壊したのは世俗の力であったが、藤樹は、明らかに、非は世俗の側にはなかったとしている。彼の考えによれば、因襲的な学問の「文芸を高満する病」は*膏肓《こうこう》に入り、これを笑い去った世俗の「活潑《くわつぱつ》融通の心」に、学者が気附き、これと「和睦《わぼく》」しようとしない限り、学問はその「実義」を回復する事は出来ない。そして、まさしくこれが藤樹が率先して実行したところであった。それなら彼の言う「学問の実義」とは、やがて契沖の言う「俗中之真」となるものだったと言ってよいであろう。

　そういう次第で、藤樹の独創は、在来の学問の修正も改良も全く断念して了ったところに、学問は一ったん死なねば、生き返らないと見極めたところにある。従って、「一文不通にても、上々の学者なり」(「翁問答」改正篇)とか、「良知天然の師にて候へば、師なしとても不㆑苦候。道は言語文字の外にあるものなれば、不文字なるもさはり無㆓御座㆒候」(「与㆓森村伯仁㆒」)という烈しい言葉にもなる。学問の起死回生の為には、俗中平常の自己に還って出直す道しかない。思い切って、この道を踏み出してみれば、「論語よみの論語しらず」という諺《ことわざ》を発明した世俗の人々は、「論語」に読まれて已れを失ってはいない事に気附くだろう。「*心学をよくつとむる賤男賤女は書物をよまずして読なり。今時はやる俗学は書物を読てよまざるにひとし」（「翁問答」改正篇）、この態度を承《う》けて蕃山は次のように言う。「家極めて貧にて、独学する事五年なりき。しれる人、母弟妹のあるをしり、饑饉《ききん》の餓死に入なんことを憐《あはれ》みて、仕《ツカヘ》を求めしむ。其比《そのころ》中江氏、*王子の書を見て、良知の旨《むね》を悦《よろこ》び、予にも亦《また》さとされき。これによりて大に心法の力を得たり。朝夕一所にをる傍輩《はうばい》にも、学問したることをしられず、書を見ずして、心法を練ること三年なり」（「集義外書」）

当時、古書を離れて学問は考えられなかったのは言うまでもないが、言うまでもないと言ってみたところで、この当時のわかり切った常識のうちに、想像力を働かせて、身を置いてみるとなれば、話は別になるので、此処《ここ》で必要なのは、その別の話の方なのである。書を読まずして、何故三年も心法を練るか。書の真意を知らんが為である。それほどよく古典の価値は信じられていた事を想わなければ、彼等の言う心法という言葉の意味合はわからない。彼等は、古典を研究する新しい方法を思い附いたのではない。心法を練るとは、古典に対する信を新たにしようとする苦心であった。仁斎《じんさい》は「*語孟《ごもう》」を、契沖は「万葉」を、徂徠《そらい》は「*六経《りくけい》」を、真淵《まぶち》は「万葉」を、宣長は「古事記」をという風に、学問界の豪傑達は、みな已れに従って古典への信を新たにする道を行った。彼等に、仕事の上での恣意《しい》を許さなかったものは、彼等の信であった。無私を得んとする努力であった。この努力に、言わば中身を洞《うつろ》にして了った今日の学問上の客観主義を当てるのは、勝手な誤解である。

「藤樹先生年譜」によれば、三十二歳、「秋論語ヲ講ズ。郷党ノ篇ニ至テ大ニ感得触発アリ。是ニ於テ論語ノ解ヲ作ラント欲ス」とある。彼は、「論語」のまとまった訓詁に関しては、「論語郷党啓蒙翼伝《けいもうよくでん》」しか遺さなかった。この難解な著作を批評するのは、元より私の力を越える事だが、尋常の読者として、何故彼が、特に「郷党篇」を読んで「大ニ感得触発」するところがあったかを想ってみると、この著作は彼の心法の顕著な実例と映じて来る。「学而《がくじ》」*から「郷党」に至る、主として孔子自身の言葉を活写している所謂「上論語」のうちで、普通に読めば、「郷党」は難解と言うよりも一番退屈な篇だ。と言うのは、孔子は、「郷党」になると、まるで口を利《き》かなくなって了う。写されているのは、孔子の行動というより日常生活の、当時の儀礼に従った細かな挙止だけである。孔子の日頃の立居ふるまいの一動一静を見守った弟子達の眼を得なければ、これはほとんど死文に近い。

藤樹に言わせれば、「郷党」の「描画」するところは、孔子の「徳光之影迹」であり、これに光をもたらすものは、ただ読む人の力量にある。「郷党」のこの本質的な難解に心を致さなければ、孔子の教説に躓《つまず》くだろう。道に関する孔子の直《じ》かな発言は豊かで、人の耳に入り易いが、又まことに多様多岐であって、読むものの好むところに従って、様々な解釈を許すものだ。この不安定を避けようとして、本当のところ、彼の説く道の本とは何かを、分析的に求めて行くと、凡《およ》そ言説言詮《げんせん》の外に出て了う。そこで、藤樹は、「天何ヲカ言ハンヤ、愚*按《アン》ズルニ、無言トハ無声無臭ノ道真ナリ」という解に行きつくのである。

「郷党」が、鮮《あざや》かな孔子の肖像画として映じて来るのは、必ずこの種の苦し気な心法を通じてであると見ていい。絵は物を言わないが、色や線には何処《どこ》にも曖昧なものはない。「此ニ於テ、宜《ヨロ》シク無言ノ端的ヲ嘿識《モクシキ》シ、コレヲ吾ガ心ニ体認スベシ」、藤樹は、自分が「感得触発」したその同じものが、即ち彼が「論語」の正解と信ずるものが、読者の心に生れるのを期待する。期待はするが、生むのは読者の力である。その為に有効と思われる手段は出来るだけ講ずる。「啓蒙」では、初学の為に、大意の摑《つか》み方について忠告し、「翼伝」では、専門的な時代考証を試みる。しかし、これら「聖」の観念に関する知的理解は、彼が読者に期待している当のもの、読者各自の心裏に映じて来る「聖像」に取って代る事は出来ない。

私は、これを読んでいて、極めて自然に、「六経ハナホ画ノ猶《ゴト》シ、語孟ハナホ画法ノ猶シ」（「語孟字義」下巻）という、伊藤仁斎の言葉を思い出す。それと言うのも、藤樹が心法と呼びたかったものが、仁斎の学問の根幹をなしている事が、仁斎の著述の随所に窺《うかが》われるからだ。言うまでもなく、仁斎の仕事になると、藤樹のものに比べれば、格段に精《くわ》しいものになる。藤樹がそのまま信じた*四書の原典に*批判が加えられ、*「大学非㆓孔氏之遺書㆒弁」というような劃期《かっき》的な研究も現れるに至った。彼の所謂*古義学を、*近代文献学の先駆と見るのは今日の定説のようだが、この定説の中身には、本当に仁斎という人間が居るのか、或は現代の学問の通念が在るのか、これを一応疑ってみる必要はあろう。

仁斎は「語孟」への信を新たにした人だ、と先きに書いたが、彼の学問の精到は、「語孟」への信が純化した結果、「*中庸《ちゅうよう》」や「大学」の原典としての不純が見えて来た、という性質のものであった。「大学非㆓孔氏之遺書㆒弁」は、「語孟字義」に附された文だが、その中で仁斎はこう言っている。「学者苟《イヤシク》モ此《コノ》二書（「論語」「孟子」）ヲ取ラバ、沈潜反復、*優游饜飫《イウイウエンヨ》、之《コレ》ヲ口ニシテ絶タズ、之ヲ手ニシテ釈《オ》カズ、立テバ則《スナハ》チ其ノ前ニ参ズルヲ見、*輿《ヨ》ニ在レバ則チ其ノ*衡《カウ》ニ倚《ヨ》ルヲ見、其ノ*謦欬《ケイガイ》ヲ承《ウ》クルガ如ク、其ノ肺《ハイ》腑《フ》ヲ視《ミ》ルガ如ク、手ノ之ヲ舞ヒ、足ノ之ヲ踏ムコトヲ知ラズ。夫《ソ》レ然《シカ》ル後ニ、能《ヨ》ク孔孟ノ血脈ヲ識《シ》リ、衆言ノ*淆乱《カウラン》スルモ、惑ハサレザルヲ得ン」。仁斎は、その批判的な仕事の物差を持っていたわけではない。孔孟の血脈を自得した喜びが、自分の仕事の原動である事を固く信じた。「語孟」の字義の分析的な解は、この喜び自体の分化展開であったと見てよい。この喜びを知らぬ学者は、「*筌《セン》ヲ認テ魚ト為《ナ》シ、*蹄《テイ》ヲ取テ以テ兎《ウサギ》ト為ス」徒に過ぎず、そのような「語録精義等ノ学ハ徒《イタヅラ》ニ訓詁之雄ノミ、何ゾ以テ学トスルニ足ラン」（「読二宋史道学伝一」）と笑っている。

彼の考えによれば、書を読むのに、「学ンデ之ヲ知ル」道と「思テ之ヲ得ル」道とがあるので、どちらが欠けても学問にはならないが、書が「含蓄シテ露《アラハ》サザル者」を読み抜くのを根本とする。書の生きている隠れた理由、書の血脈とも呼ぶべきものを「思テ得ル」に至るならば、初学の「学ンデ知ル」必要も意味合も、本当にわかって来る。この言わば、眼光紙背《しはい》に徹する心の工夫について、仁斎自身にも明瞭な言葉がなかった以上、これを藤樹や蕃山が使った心法という言葉で呼んでも少しも差支《さしつか》えはない。心法という言葉は、宋学伝来以来の所謂「*儒釈不二」の考えの伝統の中から、藤樹が拾い上げ、悟道者流の臭気を払底《ふってい》して、その意味を全く新たにしたものだ。蕃山が面白い事を言っている。「古今異学の悟道者と申は、上古の愚夫愚婦なり。上古の凡民には狂病なし。其悟道者には此病あり。先《まづ》地獄極楽とて、なき事をつくりたるにまよひ、又さとりとて、やう〳〵地獄極楽のなきといふことをしりたるなり。*無懐《ブクワイ》氏《シ》の民には、本より此まよひなし。是を以て、さとり得て、はじめて、むかしのたゞ人《ビト》になると申事に候。たゞ*人《ビト》なれば、せめてにて候へども、其上に*自満出来て、人は地獄に迷ふを、我は迷はずとおもひぬれば、地獄のなきと云一事を以て、何をもかをもなしとて、いみはゞかる所なく候。儒仏共に、世中に此《コノ》無の見《ケン》はやりものにて候」

(「集義和書」巻二)

*東涯《とうがい》が父親を語ったところ(「先府君古学先生行状」)によると、仁斎も青年時代、この「はやりもの」に、真剣な関心を持ったようだ。「*嘗《カツ》テ白骨ノ観法ヲ修ス、之ヲ久クシテ、山川城郭悉《コトゴト》ク空想ヲ現ズルヲ覚ユ、既ニシテ其ノ是ニ非《アラ》ザルヲ悟《サトリ》テ*醇如《ジュンジョ》タリ」とある。やがて「*宋儒性理之説」の吟味に専念したが、宋儒の言う心法も「明鏡《めいきょう》止水《しすい》」に極まるのに、深い疑いを抱き、これを「仏老之*緒余《しょよ》」として拒絶するに至った。藤樹が心法を言う時、彼は一般に心の工夫というものなど決して考えてはいなかった。心とは自分の「現在の心」であり、心法の内容は、ただ藤樹と「たゞの人」だけで充溢《じゅういつ》していたのである。仁斎の学問の環境は、もう藤樹を取囲んでいた荒地ではなく、「訓詁ノ雄」達に満ちていたが、仁斎にとっても、学問の本旨とは、材木屋の

倅《せがれ》に生れた自分に同感し、自得出来るものでなければならなかった。彼は、孤立した自省自反の道を、一貫して歩いたのだが、言うまでもなく、彼の内観の世界が、自慢で閉じなかったのは、古典という研究の対象に向って常に開かれていたからである。

もう少し彼の言うところを聞こう。「同志会筆記」で、自ら回想しているところによると、彼は十六歳の時、*朱子の四書を読んで既にひそかに疑うところがあったと言う。「熟思体翫」の歳月を積み、三十歳を過ぎる頃、漸《ようや》く宋儒を抜く境に参したと考えたが、「心窃《ヒソカ》ニ安ンゼズ。又之ヲ陽明、*近渓等ノ書ニ求ム。心ニ合スルコト有リト雖《イヘド》モ、益々安ンズル能《アタ》ハズ。或ハ合シ或ハ離レ、或ハ従ヒ或ハ違フ。其幾回ナルヲ知ラズ。是ニ於テ、悉ク語録註脚ヲ廃シテ、直ニ之ヲ語孟二書ニ求ム。*寤寐《ゴビ》ヲ以テ求メ、*跬歩《キホ》ヲ以テ思ヒ、従容《シヨウヨウ》体験シテ、以テ自ラ定ルコト有リテ醇如タリ」、私が繰返すのではない、仁斎自身が、自著の到るところで、繰返している事だ。「孔孟之学註家ニ厄スルコト久シ」、自分には註脚を離脱する事がどんなに難かしい事であったかを、彼は繰返し告白せざるを得なかったのである。「語孟字義」が、一時代を劃《かく》した学問上の傑作である所以《ゆえん》は、彼がとうとうそれをやり遂げたところにある。

彼は、ひたすら字義に通ぜんとする道を行く「訓詁ノ雄」達には思いも及ばなかった、言わば字義を忘れる道を行ったと言える。先人の註脚の世界のうちを空《むな》しく摸索して、彼が悟ったのは、問題は註脚の取捨選択にあるのではなく、凡そ註脚の出発した点にあるという事であった。世の所謂孔孟之学は、専ら「学ンデ知ル」道を行った。成功を期する為には、「語孟」が、研究を要する道徳学説として、学者に先ず現れている事を要した。学説は文章から成り、文章は字義からなる。分析は、字義を綜合すれば学説を得るように行われる。のみならず、この土台に立って、与えられた学説に内在する論理の糸さえ見失わなければ、学説に欠けた論理を補う事も、曖昧な概念を明瞭化する事も、要するにこれを一層精緻《せいち》な学説に作り直す事は可能である。

宋儒の註脚が力を振ったのは其処であった。仁斎が気附いたのは、「語孟」という学問の与件*は、もともと学説というようなものではなく、研究にはまことに厄介な孔孟という人格の事実に他ならぬという事であった。そう気附いた時、彼は、「独リ語孟ノ正文有テ、未ダ宋儒ノ註脚有ラザル国」に在ったであろう。ここで起った事を、彼は、「熟読精思」とか、「熟読翫味」とか、「体験」とか「体翫」とか、いろいろに言ってみているのである。

十

仁斎は、「*童子問」の中で、「論語」を「最上至極宇宙第一書」と書いている。「論語」の註解は、彼の畢生《ひっせい》の仕事であった。「*改竄補緝《カイザンホシフ》、*五十霜ニ向ツテ、稿凡《オホヨ》ソ五タビ易《カハ》ル、*白首紛如タリ」（「刊二論語古義一序」）とは、東涯《とうがい》の言葉である。*古義堂文庫の蔵する仁斎自筆稿本を見ると、彼は、稿を改める毎《ごと》に、巻頭に、「最上至極宇宙第一書」と書き、書いては消し、消しては書き、どうしたものかと迷っている様子が、明らかに窺《うかが》えるそうである。私は見た事はないが、かつてその事を、*倉石武四郎氏の著書で読んだ時、仁斎の学問の言わば急所とも言うべきものは、ここに在ると感じ、心動かされ、*一文を草した事がある。

「論語古義」が、東涯によって刊行されたのは、仁斎の死後十年ほど経《た》ってからだ。刊本には、「最上至極宇宙第一書」という字は削られている。「先府君古学先生行状」によると、そんな大袈裟《おおげさ》な言葉は、いかがであろうかというのが門生の意見だったらしく、仁斎は門生の意見を納れて削去したと言《い》う。そうだっただろうと思う。彼は穏《おだや》かな人柄であった。穏かな人柄だったというのも、恐らくこの人には何も彼《か》もがよく見えていたが為であろう。「論語」が聖典であるとは当時の通念であった。と言う事は、言うまでもなく、誰も自分でそれを確めてみる必要を感じていなかったという意味だ。ある人が、自分で確めてみて驚き、その驚きを「最上至極宇宙第一書」という言葉にしてみると、聖典と聞いて安心している人々の耳には綺語《きご》と聞えるであろう。門生に言われるまでもなく、仁斎が見抜いていたのは、その事だ。この、時代の通念というものが持った、浅薄で而《しか》も頑固な性質であった。彼にしてみれば、「最上至極宇宙第一書」では、まだ言い足りなかったであろう。まだ言い足りないというような自分の気持が、どうして他人に伝えられようか。黙って註解だけを見て貰《もら》った方がよかろう。しかし、どう註解したところで、つまりは「最上至極宇宙第一書」と註するのが一番いいという事になりはしないか。そんな事を思いながら、彼は、これを書いては消し、消しては書いていたのではあるまいか。恐らくこれは、ある人間の立派さを、本当に信ずる事が出来た者だけが知るためらいと思われる。軽信家にも狂信家にも、軽信や狂信を侮る懐疑家にも亦《また》、縁のない躊《ため》いであろう。

「論語古義」の「総論」に在るように、仁斎の心眼《しんがん》に映じていたものは、「其ノ言ハ至正至当、徹上徹下、一字ヲ増サバ則《スナハ》チ余リ有リ、一字ヲ減ズレバ則チ足ラズ」という「論語」の姿であった。「道ハ此ニ至ツテ尽キ、学ハ此ニ至ツテ極《キハマ》ル」ところまで行きついた、孔子という人の表現の具体的な姿であった。この姿は動かす事が出来ない。分析によって何かに還元できるものでもなく、解釈次第でその代用物が見附かるものでもない。こちら側の力でどうにもならぬ姿なら、これを「其ノ謦欬《ケイガイ》ヲ承《ウ》クルガ如ク、其ノ肺腑《ハイフ》ヲ視《ミ》ルガ如ク」というところまで、見て見抜き、「手ノ之《コレ》ヲ舞ヒ、足ノ之ヲ踏ムコトヲ知ラズ」と、こちらが相手に動かされる道を行く他はないのである。

＊光琳《こうりん》と＊乾山《けんざん》とは、仁斎の＊従兄弟であったが、仁斎の学問に関する基本的な態度には、光琳や乾山が、花や鳥の姿に応接する態度に通ずるものがあったと考えてよい。道徳的価値の世界に住む者と審美《しんび》的価値の世界に居る者との別を言ってみてもよいだろうが、それも曖昧《あいまい》な哲学的用語を使ってみるだけの事かも知れない。両者の世界には、従兄弟同士の血が通っていたと言って置けばいい事だろう。因《ちなみ》に、仁斎に、「書㆓良秀ガ事ヲ㆒」という文がある（「古学先生文集」巻六）。良秀という仏画師が、不動の火焔《かえん》を描きあぐんでいたが、たまたま自家の火事に会い、喜んでこれを見物したという物語を書いている。「見ル者驚キ、以テ狂ト為《ナ》ス。――秀曰《イ》ハク、……今我忽《タチマ》チ画法三昧《ザンマイ》ヲ得テ、自ラ手ノ之ヲ舞ヒ、足ノ之ヲ踏ムコトヲ知ラザルノミ。我豈《アニ》資財ヲ愛セザランヤ。意《オモ》フニ彼ヲ以テ此ニ易《カ》フルコト能《アタ》ハザルノミ」

仁斎の学問を承けた一番弟子は、*荻生徂徠《おぎゅうそらい》という、これも亦独学者であった。「大学定本」「語孟《ごもう》字義」の二書に感動した青年徂徠は、仁斎に宛てて書いている。「烏虖《アア》、茫茫タル海内《カイダイ》、豪杰幾何《ガウケツイクバク》ゾ、一ニ心ニ当ルナシ。而《シカ》シテ独リ先生ニ郷《ムカ》フ」（「与二伊仁斎一」「徂徠集」廿七）、仁斎も亦、雑学者は多いが聖学に志す豪傑は少い、古今皆然《しか》りと嘆じている（「童子問」下）。ここで使われている豪傑という言葉は、無論、戦国時代から持ち越した意味合を踏まえて、「卓然独立シテ、倚《ヨ》ル所無キ」学者を言うのであり、彼が仁斎の「語孟字義」を読み、心に当るものを得たのは、そういう人間の心法だったに違いない。言い代えれば、他人は知らず、自分は「語孟」をこう読んだ、という責任ある個人的証言に基いて、仁斎の学問が築かれているところに、豪傑を見たに違いない。読者は、私の言おうとするところを、既に推察していると思うが、徂徠が、「独リ先生ニ郷《ムカ》フ」と言う時、彼の心が触れていたものは、藤樹によって開かれた、「独」の「学脈」に他ならなかった。

仁斎の「古義学」は、徂徠の「*古文辞学《こぶんじがく》」に発展した。仁斎は「住家ノ厄」を離れよと言い、徂徠は「今文ヲ以テ古文ヲ視ル」な、「今言ヲ以テ古言ヲ視ル」なと繰返し言う（「*弁名」下）。古文から直接に古義を得ようとする努力が継承された。これを、古典研究上の歴史意識の発展と呼ぶのもよいだろうが、歴史意識という言葉は「今言」である。今日では、歴史意識という言葉は、常套語《じょうとう》に過ぎないが、仁斎や徂徠にしてみれば、この言葉を摑《つか》む為には、豪傑たるを要した。藤樹流に言えば、これを咬出した彼等の精神は、卓然として独立していたのである。言うまでもなく、彼等の学問は、当時の言葉で言えば、「道学」であり、従って道とは何かという問いで、彼等の精神は、卓然として緊張していたと見てよいわけであり、そこから生れた彼等の歴史意識も、この緊張で着色されていた。徂徠になると、「学問は歴史に極まり候事ニ候」（「答問書」*）とまで極言しているが、人生如何《いか》に生くべきか、という誰にも逃れられない普遍的な課題の究明は、帰するところ、歴史を深く知るに在ると、自分は信ずるに至った、彼はそう言っているのである。「経」と「史」という二つの言葉は、彼にあっては、重なり合って離す事が出来ない。これは面倒な問題だった。

彼はこう言っている。「果して程朱《*ていしゅ》之説是《これ》ニ候はば、程朱は孔子にまさる事分明に候。若《もし》又古《いにしへ》之聖人之教法至極ニ候はば、程朱之説は、別に一流と申物にては無レ之候哉《や》。論こゝに至り候得ば、多くは時代之不同などとすべらかし*候事、後世利口之徒之申事に候。是は古書に熟し不レ申候故、古今之差別は曾而《かつて》無レ之事と申事を不レ存故に候。古の聖人之智は、古今を貫透して、今日様〻の弊《ヘイ》迄明に御覧候。古聖人之教は、古今を貫透して、其教之利益、上古も末代も聊《いささか》之替目無レ之候。左無二御座一候而《て》は、聖人とは不レ被レ申事ニ候」（「答問書」下）

ここでは一見、古今を貫透する「道」が、強調されているが、その裏面には、古今の別ある「歴史」が、これに、決して対立するものではないという考えが隠されている。徂徠にとって、「道」に関する信は、極めて自然なものであるが、対立の方はそうではない。対立は、この信の弛緩《しかん》によって生ずる人為的な、空想的な産物に過ぎないとさえ、恐らく彼は言いたいのである。「後世利口之徒」は、「時代之不同」を云々《うんぬん》するが、確信あっての主張でも何でもない。実は道とは何かと問う精神の緊張に堪えられず、話を歴史に「すべらか」すだけの事だと徂徠は見る。歴史を問うのではなく、歴史に逃げる。道を問えぬ者が、歴史に問えるわけもない。彼等は、歴史を避難所に利用した代償に、今日の言葉で言えば歴史の相対性という不毛な知識を得る。何故そういう事になるか。徂徠の返答は、大変簡単で、彼等が「古書に熟し不レ申候故」であると言う。

「世ハ言ヲ載セテ以テ遷《ウツ》リ、言ハ道ヲ載セテ以テ遷ル。道ノ明カナラザルハ、職*トシテ之ニ是レ由《ヨ》ル」（「学則」二）、既に過ぎ去って、今は無い世が直接に見えるわけがない。歴史を知ろうとする者に現に与えられているものは、過去の生活の跡だけだとは、わかり切った事だ。この所謂《いわゆる》歴史的資料にもいろいろあるが、言葉がその最たるものであるのに疑いはないし、他の物的資料にしても、歴史資料と呼ばれる限り、言葉を担《にな》った物として現れる他はあるまい。歴史を考えるとは、意味を判じねばならぬ昔の言葉に取巻かれる事だ。歴史を知るとは、言を載せて遷る世を知る以外の事ではない筈《はず》だ。ところで、生き方、生活の意味合が、時代によって変化するから、如何に生くべきか、という課題に応答する事が困難になる。道は明かには見えて来ない。これは当然であるが、困難や不明は、課題の存続を阻みはしないし、道という言葉がそれが為に、無意味になるわけでもない。「言ハ道ヲ載セテ以テ遷ル」のである。道は何を載せても遷らぬ。道は「古今ヲ貫透スル」と徂徠は考えた。歴史を貫透するのであって、歴史から浮き上るのではない。歴史が展望出来る一定の観点というような便利なものではない。「一定ノ*権衡《ケンカウ》ヲ懸ケテ、以テ*百世ヲ*歴詆《レキテイ》スルハ亦《マタ》易々《イイ》タルノミ。是レ己ヲ直《ナホ》クシテ其ノ世ヲ問ハズ、乃《スナハ》チ何ゾ史ヲ以テ為サン」（「学則」四）と言う。

私達が現に暮している世が、一定の原理（たとい聖と呼ぼうと）に還元して了《しま》えるものなら、原理とは空言であろう。歴史は、「事物当行之理」でもなければ、「天地自然之道」でもない（「答問書」下）。本質的に人間という「活物」の道である。徂徠の著作には、言わば、変らぬものを目指す「*経学」と、変るものに向う「史学」との交点の鋭い直覚があって、これが彼の学問の支柱をなしている。これは、既に「人ノ外《ホカ》ニ道無ク、道ノ外ニ人無シ」（「童子問」上）と言った仁斎が予感していたところとも言えるのだが、徂徠の学問には、この「人」に「歴史的」という言葉を冠《かぶ》せてもいい程、はっきりした意識が現れるのであり、それが二人の学問の、朱子学という*窮理《きゆうり》の学からの転回点となった。この支柱が、しっかりと摑まれた時、徂徠が学問の上で、実際に当面したものが、「文章」という実体、彼に言わせれば、「文辞」という「事実」、或《あるい》は「物」であった。彼は言う。「*惣而《そうじて》学問の道は文章の外無レ之候。古人の道は書籍に有レ之候。書籍は文章ニ候。能《よく》文章を会得《ゑとく》して、書籍の儘《まま》済し候而、我意を少も雑《まじ》え不レ申候得ば、古人の意は、明に候」（「答問書」下）。仁斎は、そこまで敢《あえ》て言わなかった。仁斎から多くのものを貰いながら、徂徠が仁斎の「古義学」に対し、自分の学問を「古文辞学」と呼びたかった所以《ゆえん》も、其処《そこ》にある。

私はここで、二人の思想に深入りする積りはない。ただ、其処に現れた歴史意識と呼んでいいものの性質、特に徂徠が好んで使った歴史という言葉の意味合を、彼自身の言ったところに即して言うに止めるのだが、それも、既に出来上ったものとして一覧出来る彼の著作から、適当に言葉を拾う事が出来る後世の評家の便宜に頼ったまでの事だ。無論、徂徠は、歴史哲学について思弁を重ねたわけではないし、又、学問は歴史に極まり、文章に極まるという目標があって考えを進めたわけでもない。そういう着想はみな古書に熟するという黙々たる経験のうちに生れ、長い時間をかけて育って来たに違いないのであり、その点で、読書の工夫について、仁斎の心法を受け継ぐのであるが、彼は又彼で、独特な興味ある告白を遺《のこ》している。

「愚老が経学は、*憲廟《けんべう》之御影《おかげ》に候。其子細は、憲廟之命にて、*御小姓衆四書五経*素読之忘れを吟味仕候。夏日之永に、毎日両人相対し、素読をさせて承候事ニ候。始の程は、忘れをも咎《とが》め申候得共《えども》、毎日明六時より夜の四時迄之事ニて、食事之間大小用之間計《ばかり》座を立候事故、後ニは疲果《ツカレハテ》、吟味之心もなくなり行、読候人は只《ただ》口に任て読被レ申候。致ニ吟味一候我等は、只偶然と書物を詠《ナガ》め居申候。先きは紙を返せども、我等は紙を返さず、読人と吟味人と別ゝに成、本文計を年月久敷《ひさしく》詠暮し申候。如レ此注をもはなれ、本文計を、見るともなく、読ともなく、うつら〱と見居候内に、あそこゝに疑共出来《しゅつらい》いたし、是を種といたし、只今は経学は大形《おほがた》如レ此物と申事合点参候事に候。注にたより早く会得いたしたるは益あるやうニ候へども、自己の発明は曾而《かつて》無レ之事ニ候。此段愚老が懺悔《ざんげ》物語に候。夫故《それゆゑ》門弟子への教も皆其通に候」(「答問書」下)

例えば、岩に刻まれた意味不明の碑文でも現れたら、誰も「見るともなく、読ともなく、うつら〱と」詠《なが》めるという態度を取らざるを得まい。見えているのは岩の凹凸ではなく、確かに精神の印しだが、印しは判じ難いから、ただその姿を詠めるのである。その姿は向うから私達に問いかけ、私達は、これに答える必要だけを痛感している。これが徂徠の語る放心の経験に外なるまい。古文辞を、ただ字面を追って読んでも、註脚を通して読んでも、古文辞はその正体を現すものではない。「本文」というものは、みな碑文的性質を蔵していて、見るともなく、読むともなく詠めるという一種の内的視力を要求しているものだ。特定の古文辞には限らない。もし、言葉が、生活に至便な道具たるその日常実用の衣を脱して裸になれば、すべての言葉は、私達を取巻くそのような存在として現前するだろう。こちらの思惑でどうにでもなる私達の私物ではないどころか、私達がこれに出会い、これと交渉を結ばねばならぬ独力で生きている一大組織と映ずるであろう。これが、徂徠の「世ハ言ヲ載セテ以テ遷《ウツ》ル」という考えの生れた種だと合点すれば、歴史の表面しか撫《な》でる事が出来ないのは、「古書に熟し不レ申候故」であるという彼の言分も納得出来るだろう。

「世ハ言ヲ載セテ」とは、世という実在には、いつも言葉という*符丁《ふちよう》が貼られているという意味ではない。徂徠に言わせれば、「辞ハ事ト*嫺《ナラ》フ」（「答二屈景山一書」*）、言は世という事と習い熟している。そういう物が遷るのが、彼の考えていた歴史という物なのである。彼の著作で使われている「事実」も「事」も「物」も、今日の学問に準じて使われる経験的事実には結び附かない。思い出すという心法のないところに歴史はない。それは、思い出すという心法が作り上げる像、想像裡《り》に描き出す絵である。各人によって、思い出す上手下手はあるだろう。しかし、気儘《きまま》勝手に思い出す事は、誰にも出来はしない。私達は、しようと思えば、「海」を埋めて「山」とする事は出来ようが、「海」という一片の言葉すら、思い出して「山」と言う事は出来ないのだ。それで徂徠には充分だっただろう。彼には、歴史に至る通路としての歴史資料という考えはなかったであろうし、「文章」が歴史の権化《ごんげ》と見えて来るまで、これを詠めるだけが必要だったのである。

十一

歴史意識とは「今言」である、と先きに書いた。この意識は、今日では、世界史というような着想まで載せて、言わば空間的に非常に拡大したが、過去が現在に甦《よみがえ》るという時間の不思議に関し、どれほど深化したかは、甚《はなは》だ疑わしい。「古学」*の運動がかかずらったのは、ほんの儒学の歴史に過ぎないが、その意識の狭隘《きょうあい》を、今日笑う事が出来ないのは、両者の意識の質がまるで異なるからである。歴史の対象化と合理化との、意識的な余りに意識的な傾向、これが現代風の歴史理解の骨組をなしているのだが、これに比べれば、「古学」の運動に現れた歴史意識は、全く謙遜《けんそん》なものだ。そう言っても足りない。仁斎や徂徠を、自負の念から自由にしたのは、彼等の歴史意識に他ならなかった。そうも言えるほど、意識の質が異なる。

ここで既に書いた徂徠の言葉を思い出して貰ってもいいが、彼は、歴史は「事物当行之理」でもなく「天地自然之道」でもないという、はっきりした考えを持っていた。彼に言わせれば、歴史の真相は、「後世利口之徒」に恰好《かっこう》な形に出来上っているものではないのであった。これは、歴史の本質的な性質が、対象化されて定義される事を拒絶しているところにある、という彼の確信に基く。この確信は何処《どこ》で育ったかと言えば、それは、極く尋常な歴史感情のうちに育ったと言うより他はない。過去を惜しみ、未来を希《ねが》いつつ、現在に生きているという普通人に基本的な歴史感情にとって、歴史が吾が事に属するとは、自明な事だ。自明だから反省されないのが普通だが、歴史がそういうものとして経験される、その自己の内的経験が、自省による批判を通じて、そのまま純化されたのが徂徠の確信であった、と見るのが自然である。

この尋常な歴史感情から、決して遊離しなかったところに、「古学」の率直で現実的な力があったのであり、仁斎にしても徂徠にしても、彼等の心裡《しんり》に映じていたのは儒学史の展望ではない。幼少頃から馴《な》れ親しんで来た学問の思い出という、吾が事なのであり、その自省による明瞭化が、即ち藤樹の言う「学脈」というものを探り出す事だった。仁斎は、これを「血脈」と呼んだ。血脈という言葉は、当時の仏家から出たもので、法脈或《あるい》は法灯を守るという意味合に通じていた。彼等の意識が集中していたのは、過去の学問的遺産の伝承にあったのだから、これを歴史意識と呼ぶより、伝統意識と呼ぶ方が適当なわけだが、この言葉を軽んじて、殆《ほとん》ど瀕死《ひんし》の状態にまで追い込んで了《しま》った私達の時代から、彼等のうちに生きていた伝統の生態を想像してみるのが、大変むつかしいだけなのである。

彼等が、所謂《いわゆる》博士家或は師範家から、学問を解放し得たのは、彼等が古い学問の対象を変えたり、新しい学問の方法を思い附いたが為ではない。学問の伝統に、彼等が目覚めたというところが根本なのである。過去の学問的遺産は、官家の世襲*の家業のうちに、あたかも財物の如く伝承されて、過去が現在に甦るという機会には、決して出会わなかったと言ってよい。「古学」の運動によって、決定的に行われたのは、この過去の遺産の蘇生《そせい》である。言わば物的遺産の精神的遺産への転換である。過去の遺産を物品並みに受け取る代りに、過去の人間から呼びかけられる声を聞き、これに現在の自分が答えねばならぬと感じたところに、彼等の学問の新しい基盤が成立した。

今日の歴史意識が、その抽象性の故に失って了った、過去との具体的と呼んでいい親密な交りが、彼等の意識の根幹を成していた。

だが、そう言っただけでは足りまい。「経」という過去の精神的遺産は、藤樹に言わせれば、「生民ノタメニ、此《コノ》経ヲ遺セルハ、何ノ幸ゾヤ」へ、仁斎に言わせれば、「手ノ之《コレ》ヲ舞ヒ、足ノ之ヲ踏ムコトヲ知ラズ」と、そういう風に受取られていた。過去が思い出されて、新たな意味を生ずる事が、幸い或は悦《よろこ》びとして経験されていた。悦びに宰領《さいりょう》され、統一された過去が、彼等の現在の仕事の推進力となっていたというその事が、彼等が卓然独立した豪傑であって、而《しか》も独善も独断も知らなかった所以《ゆえん》である。彼等の遺した仕事は、新しく、独自なものであったが、斬新《ざんしん》や独創に狙いを附ける必要などは、彼等は少しも感じていなかった。自己を過去に没入する悦びが、期せずして、自己を形成し直す所以となっていたのだが、そういう事が、いかにも自然に、邪念を交えず行われた事を、私は想わずにはいられない。彼等の仕事を、出来るだけ眼を近附けて見ると、悦びは、単に仕事に附随した感情ではなく、仕事に意味や価値を与える精神の緊張力、使命感とも呼ぶべきものの自覚である事が合点されて来る。言うまでもなく、彼等の言う「道」も、この悦びの中に現じた。道は一と筋であった。ここでも亦《また》、先きに触れた「経」と「史」との不離という、徂徠の考えを思い出して貰ってよいのである。

随分廻り道をして了ったようで、そろそろ長い括弧《かっこ》を閉じなければならないのだが、廻り道と言っても、宣長の仕事に這入《はい》って行く為に必要と思われたところを述べたに過ぎず、それも、率直に受取って貰えれば、ごく簡明な話だったのである。「学」の字の字義は、象《カタド》り効《ナラ》うであって、宣長が、その学問論「うひ山ぶみ」で言っているように、「学問」とは、「物まなび」である。「まなび」は、勿論《もちろん》、「まねび」であって、学問の根本は模倣《*もこう》にあるとは、学問という言葉が語っている。従って、正確な認識を基本動機とする「科学」という今言から、これを解こうとするのは無理だ。

宣長を語ろうとして、藤樹までさか上るというこの廻り道を始めたのも、宣長の仕事を解体してこれに影響した見易《みやす》い先行条件を、大平《おおひら》の「恩頼図」風に数え上げて見たところで、大して意味のある事ではあるまいという考えからであった。見易くはないが、もっと本質的な精神の糸が辿《たど》れるに違いない、それが求めたかった。近世の訓《くん》詁《こ》の学の自立と再生とに、最も純粋に献身した学者達の遺した仕事を内面から辿ってみれば、貫道する学脈というものは見えて来るのである。そして、この学脈の発展を、先きに言った、学問の字義通りの意味合での純化、その基本的動機の一と筋の洗煉《せんれん》、と合点して仔細《*しさい》はないと考えた。彼等にとって、古書吟味の目的は、古書を出来るだけ上手に模倣しようとする実践的動機の実現にあった。従って、当然、模倣される手本と模倣する自己との対立、その間の緊張した関係そのものが、そのまま彼等の学問の姿だ。古書は、飽くまでも現在の生き方の手本だったのであり、現在の自己の問題を不問に附する事が出来る認識や観察の対象では、決してなかった。つまり、古書の吟味とは、古書と自己との、何物も介在しない直接な関係の吟味に他ならず、この出来るだけ直接な取引の保持と明瞭化との努力が、彼等の「道」と呼ぶものであったし、例えば徂徠の仕事に現れて来たような、言語と歴史とに関する非常に鋭敏な感覚も、この努力のうちに、おのずから形成されたものである。例えば仁斎の「論語」の発見も亦、「道」を求める緊張感のうちでなされたものに相違ないならば、向うから「論語」が、一字の増減も許さぬ歴史的個性として現れれば、こちらからの発見の悦びが、直ちに「最上至極宇宙第一書」という言葉で、応じたのである。

もう少し附け加えて置こう。

宣長の学者生活は、京都遊学から還ってから死ぬまで、殆ど松坂での研究と講義とに明け暮れた。歿年《ぼつねん》の享和元年に至って、在京の門人達の勧誘黙《もだ》し難く、初めて京で公開の講義を行って、二ヶ月余り逗留《とうりゆう》した。*春庭に宛てた*手紙によると、「我等事、其後次第に大当りに而《て》、*堂上方地下《ぢげ》共追々古学行ハレ、扨々《さてさて》致二大慶一候」とあるが、その堂上方の招待や講釈聴聞《ちようもん》やらで、「色々と事多く、心配に而くたびれ申候」、「あまり〳〵心くばり多く、気分つかれ、暑さにも成候故、一日も早く度レ帰《かへりたく》も存候」と言っている。たまたま、*妹の訃報《ふほう》に接し、即日、講義を中止し、間もなく帰郷した。県居《あがたい》門の、宣長の後輩に、*伊勢外宮《げくう》の神官の出で、*荒木田久老《ひさおゆ》という人があった。宣長と親交があったが、宣長に拮抗《きつこう》して一家の古学を唱え、豪放不羈《ふき》で鳴っていた。宣長が帰省して間もない頃、久老は、友人宛に長い書状を書いている（佐佐木信綱氏「和歌史の研究」）。書状には、「御覧後早々*御火中可レ被レ下候」とか「必《かならず》〳〵御他見御無用ニ御座候」とかいう文句があって、久老は、当時の学者気質について、日頃の憤《ふん》懣《まん》を、遠慮なく語っている。「己《おのれ》浅識*管見といへども、万葉一部におきては、天の下に己が右に出づる者誰かはある」、そう自分は考えているが、それも自分の学問は「是《これ》全く己より考へ出」したものと信じているからである。ところが今時の「すべて都会の学者、口腹《こうふく》の為に虚名を売ひろめて学才なく、己が考とては一つも無」いと腹を立てている。宣長の京での講演に触れ、「宣長逗留中、多く寄集し輩も、皆真心に学するものにあらず。宣長*発足後、段々不評判なるは、京師《けいし》の人情也。己その情を知りて、去年京師逗留中、*他行《たぎやう》の札を張置しはこれが故也。宣長は学者にて律義者なり。己は放蕩《はうたう》にて、中々《なかなか》京師の薄情には欺《あざ》むかれず候。こゝをもて、京師人は弥《イヨイヨ》にくみ可レ申歟《か》。いかに申すとも更に厭《いと》ひ不レ申候」とある。

憤懣のとばちりは、宣長の上にも及んでいる。「宣長は、*皇朝学におきては*魁《くわい》たる者に候得《え》共《ども》、近き年頃は、老くれ候故か、又は天の下におのれに勝れる者なしと思ひ誇れる故か、かゝる臆断《おくだん》*ひが言多く候。されども、天の下の古学の徒、宣長がいへる言としいへば、すべて金玉としてもてはやし、己等が説に、当れる事有をも、奇説或は僻説《へきせつ》と*いひけちて、其善悪をも考ふる者なし。宣長に従へる彼《かの》*十哲の徒、被ニ仰下一候如く、いと〳〵愚也。宣長は、よく愚をいざなひて、天の下に名を得し者也。是実に豪傑といふべく候。親鸞《しんらん》日蓮が、愚者をいざなひて、法を説きひろめし如く、皇朝学は、宣長に興りて、天の下に広ごりにたれど、其学する愚者共の、宣長が*廓内に取込られて、其廓を出る事能《あた》はず。故ニ、皇朝学は宣長に廃《すた》るものといふべし。可レ惜可レ歎候」。これは宣長論ではないが、宣長の傍に立っていた人間に映じていた、その生きた感覚が現れているところが面白い。

話を前に戻すが、宣長が、宝暦二年（二十三歳）、学問の為に京に上った時には、既に、彼の学問への興味は、殆ど万学に渉《わた》っていたと言って過言ではない。富裕な町人の家に生れた彼が、幼少の頃から受けた教養は、上方風或は公家《くげ》風とも呼ぶべき、まことに贅沢《ぜいたく》なものであったが、十九歳の時（寛延元年十一月）、伊勢山田の紙商今井田家の養子となる、大体、その頃から、町家の実用には何の関係もない彼の好学心は、いよいよ募ったらしい。養子に行く一と月前、彼は松坂の菩提寺《ぼだいじ》で、五重相伝血脈*を承《う》け、法号*を与えられているから、少くとも浄土宗に関する仏書類には、既に通じていたと見なければならないが、神書の類については、「神書といふすぢの物、ふるき近き、これやかれやとよみつるを、はたちばかりのほどより、わきて心ざし有し」（「玉かつま」二の巻）云々《うんぬん》という後年の回想がある。彼に関心ある事柄だけを記した簡単な養子時代の「日記」が遺っているが、それによると、参宮*の記事は、三年間の山田滞在中に十九回の多きに達しているが、商売上の記事はただ一回しか見当らぬ。彼は、山田に落ちつき、年が変ると、早速詠歌や歌書を正式に学ぶ為に、師についている。「日記」には「専ラ歌道ニ心ヲヨス」とある。儒学についても同様で、六経素読《りくけい》の為に、自ら進んで師を選んだのも同じ年である。離縁して今井田家を去った理由について、宣長自身は、「ねがふ心にかなはぬ事有しによりて」（「家のむかし物語」）と言っているだけだが、町人として身を立てる事の不可能は、既に心中深く刻まれたであろう。

殆ど無秩序とも言える彼の異常な好学心は、そのままの形で、京都遊学の時期までつづいたと見てよいならば、在京中の宣長の書簡に、「好ミ信ジ楽シム」という言葉がしきりに出て来るに就いては、既に述べたが、この言葉の含蓄するところは、もはや明らかであろう。宣長が求めたものは、如何《いか》に生くべきかという「道」であった。彼は「聖学」を求めて、出来る限りの「雑学」をして来たのである。彼は、どんな「道」も拒まなかったが、他人の説く「道」を自分の「道」とする事は出来なかった。従って、彼の「雑学」を貫道するものは、「之ヲ好ミ信ジ楽シム」という、自己の生き生きとした包容力と理解力としかなかった事になる。彼は、はっきり意識して、これを、当時の書簡中で「風雅」と呼んだのであり、これには、好事家《こうずか》の風流の意味合は全くなかったのは、既に書いた通りである。

宣長は、堀景山の塾で、初めて学問上の新気運に、間近に接した。即ち「古学」や「古文辞学」によって行われた、言わば窮理の学から人間の学への、大変意識的な、鋭敏な転回によって生じた気運である。仁斎によって、大胆に打出された考え、「卑《ヒク》ケレバ則《スナハ》チ自《オノヅカ》ラ実ナリ、高ケレバ必ズ虚ナリ、故ニ学問ハ卑近ヲ厭フコトナシ。卑近ヲ忽《ユルガセ》ニスル者ハ、道ヲ識《シ》ル者ニ非《アラ》ザルナリ」(「童子問」上)、「人ノ外《ホカ》ニ道ナシ」、或は進んで「俗ノ外ニ道ナシ」とまで言う「童子問」を一貫したこの考えは、徂徠によってしっかりと受止められて、徹底化された。しかし、この二人の抜群の思想家の自己に密着した独創は、容易に人目につくような性質のものではなかったろう。学問上の新気運を創り出した原動力の性質を見極めるよりも、醸成された新気運を享受する方が、誰にとっても、遥かに易《やさ》しい事だったに違いない。

事実、在京中の宣長を取巻いていた学問の雰囲気は、漠然とした解放感、自由感に宰領され、急速に弛緩《しかん》した所謂《いわゆる》文人気質を育てていたと見て差支《さしつか》えない。宣長がこれを看破していたと言っては言い過ぎであろうが、彼の仕事を、この気運の影響によるものと言うのは適切ではあるまい。むしろ彼は、この気運に抗したとさえ言える。気運に係わらず、正直に、直《じ》かに、物が見えていた人である。徂徠の歿後、遺ったものはただ*蘐園《けんえん》学派と呼ばれる一種の精神的雰囲気だけであった。宣長は、やがてこの雰囲気に対して、論難の矢を向ける事になるのだが、矢が徂徠自身に向って放たれたことは一度もない。彼は、徂徠の見解の、言わば最後の一つ手前のものまでは、悉《ことごと》く採ってこれをわが物とした。という事は、最後のものは、徂徠自身の信念であり、自分のものではない事を、はっきり知っていたという事であろう。宣長は、景山を通じて徂徠を知った。景山は徂徠風の着物を着ていたが、徂徠を熟読したのは宣長の裸心であった。徂徠という豪傑の姿は、徂徠とは全く別途を行った宣長に、却《かえ》って直かに映じていた、と想像してみてもいいように思う。

どんなに理論的な思想でも、一度人間に取りつけば、不思議な劇を演ずるものである。徂徠は仁斎から、実に沢山なものを得たが、仁斎風の衣のうちに温《ぬく》もりはしなかった。二人の著作をよく読めば、仁斎の真価を一番よく知っていたのは、仁斎を一番痛烈に批判した徂徠であった、と合点せざるを得ない。そこで、どういう事になるか。簡明と言えば大変簡明な事になりはしないか。学問とは物知りに至る道ではない、己れを知る道であるとは、恐らく宣長のような天才には、殆ど本能的に摑《つか》まれていたのである。彼には、周囲の雰囲気など、実はどうでもいいものであった。むしろ退屈なものだったであろう。卑近なるもの、人間らしいもの、俗なるものに、道を求めなければならないとは、宣長にとっては、安心のいく、尤《もっと》もな考え方ではなかった。俗なるものは、自分にとっては、現実とは何かと問われている事であった。この問いほど興味あるものは、恐らく、彼には、どこにも見附からなかったに相違ない。そうでなければ、彼の使う「好信楽」とか「風雅」とかいう言葉は、その生きた味《あじわ》いを失うであろう。

十二

「玉かつま、七の巻」で、宣長は「おのれとり分て人につたふべきふしなき事」と題して、次のように言っている。「おのれは、道の事も歌の事も、あがたゐのうしの教のおもむきによりて、たゞ古《いにしへ》の書共《ふみども》を、かむがへさとれるのみこそあれ、其家の伝へごととては、うけつたへたることさらになければ、家々のひめごとなどいふかぎりは、いかなる物にか、一ッだにしれることなし、されば又、人にとりわきて、殊《こと》に伝ふべきふしもなし、すべてよき事は、いかにも〳〵、世にひろくせまほしく思へば、いにしへの書共を、考へてさとりえたりと思ふかぎりは、みな書にかきあらはして、露ものこしこめたることはなきぞかし、おのづからも、おのれにしたがひて、物まなばむと思はむ人あらば、たゞ、あらはせるふみどもを、よく見てありぬべし、そをはなちて外《ほか》には、さらにをしふべきふしはなきぞとよ」

まことに平明な文である。自分は、新思想を発明したわけではなし、人には容易に覗《うかが》い難い卓見を持っていると自負してもいない。彼の考えでは、まことの学問とは、そういうものなのであり、古書を直《じ》かに味読して、その在るがままの古意を得ようと努める他に、別に仔細《しさい》はないものだ。全く無私な態度で、古書に推参《すいさん》すれば、古書は、誰にも納得のいく平明な真理を、向うから明かす筈《はず》であり、こちら側から事々《ことごと》しい解釈を加えるのは余計な事だ。学者達が古書講釈の名の下に私智を誇るのは、学問の本筋とは何の関係もない事柄である。

だが、これを平明な文と受取るだけでは済むまい。これは七十歳の頃書かれた、いかにも宣長らしい平明な文体でもあるのだ。文体は平明でも、平明な文体が、平明な理解と釣合《つりあ》っているわけではない。文体というものは、はっきり割り切れた考え方では捕えられぬ、不透明な奥行を持つ。

宣長は、「いかにも〳〵、世にひろくせまほし」いものが、私智を混えぬ学問上の真である事を信じていたし、そういう学問の組織なり構造なりは、「露ものこしこめ」る必要のない、明らさまなものと考えていた。読んで、そのように合点する読者が、其処《そこ》に、学問に関する結論なり要約なりを語る、宣長の晩年の淡々たる口調を聞き分けるなら、それが、彼の青年期の学問の出発や動機を、逆に照し出しているのが見えて来るであろう。それが、文体の奥行の暗示するところである。

宣長が、「あがたゐのうしの教のおもむきにより」と言っている「あがたゐのうし」とは、言うまでもなく、賀茂真淵《かものまぶち》である。宣長が、真淵に名簿《*みょうぶ》を送って、正式にその門人となったのは、宝暦十四年正月（宣長三十五歳、真淵六十八歳）であり、真淵はこの年から県居《あがたい》と号したのだが、五年を経て歿した。宣長は、自ら「県居大人之霊位」と書した掛軸を作り、忌日《きにち》には書斎の床《とこ》に掲げて、終生、祭を怠らなかった。確かに宣長の学問は、「あがたゐのうしの教のおもむきにより」、「かむがへさとれるのみこそあれ」というものであったが、その語調には、学問というものは広大なものであり、これに比べれば自分はおろか、師の存在も言うに足りないという考えが透けて見える。それが二人が何の妥協もなく、情誼《じょうぎ》に厚い、立派な人間関係を結び得た所以《ゆえん》なのだが、これについては、いずれ触れる事になろう。

ここでは、先ず、宣長の学問の独特な性格の基本は、真淵に入門する以前に、既に出来上っていた事について書かなければならない。有名なこの人の「物のあはれ」論がそれである。或《あるい》は一応そう言って差支えないほど、これは有名なものだ。これには既に多くの研究家達の論があり、私も出来る限り眼を通し、啓発されるところが少くなかったのだが、その上で、私に新解釈があると思うから、私の「物のあはれ」論を書こうとするのではない。「たゞ、あらはせるふみどもを、よく見てありぬべし」と宣長に言われ、その文を前にして、頭を働かすより、むしろ眼を働かして見てみようとするのである。

宣長は、京都留学時代の思索を、「あしわけ小舟《おぶね》」と題する問答体の歌論にまとめたが、この覚書き風の稿本《こうほん》は、篋底《きょうてい》に秘められた。稿本の学界への紹介者佐佐木信綱氏によれば、松坂帰還（宝暦七年）後、書きつがれたところがあったにせよ、大体在京時代に成ったものと推定されている。「物のあはれ」論は、もうここに顔を出している。「物のあはれ」と言う代りに、情、人情、実情、本情などの言葉が、主として使われているが、「歌ノ道ハ、善悪ノギロンヲステテ、モノノアハレト云事ヲシルベシ、源氏物語ノ一部ノ趣向、此所ヲ以テ貫得スベシ、外ニ子細ナシ」と断言されていて、もう後年の「紫文要領」*にまっ直ぐに進めばよいという、はっきりした姿が見られるのである。「石上私淑言《いそのかみささめごと》」*と「紫文要領」が成ったのは、宝暦十三年である。「石上私淑言」で、恐らく宣長は、「あしわけ小舟」という往年の未定稿を書き直そうとしたのだが、果さず、中途で筆は絶たれた。だが、「物のあはれ」論は、其処で（特に巻一、巻二）一層整理されたし、「紫文要領」では、「源氏」の本質論という明瞭な形式の御蔭で、完結した形を取ったのである。

「あしわけ小舟」の文体をよく見てみよう。これは、筆の走るにまかせて、様々な着想を、雑然と書き流した覚書には相違ないが、宣長自身、後年その書直しを果さなかったように、これは二度と繰返しの利《き》かぬ文章の姿なのである。歌とは何かとは、彼にとっては、決して専門家の課題ではなかった。歌とは何かという小さな課題が、彼の全身の体当りを受けたのである。受けると、これを廻《めぐ》って様々な問題が群り生じた。歌の本質とは何か、風体とは何か、その起源とは、歴史とは、神道や儒仏の道との関係から、詠歌の方法や意味合に至るまで、あらゆる問題が、宣長に応答を一時に迫った。この意識の直接な現れが、「あしわけ小舟」の沸騰する文体を成している。そのままが、この大学者の初心の姿であって、初心は忘れられず育成されたが、意識的に修繕や改良の利く性質のものではなかったのである。

宣長の学問上の開眼が、契沖《けいちゅう》の仕事によって得られた事は、既に書いた。繰返さないが、契沖の「大明眼」を語る宣長の言葉は、すべて「あしわけ小舟」からの引用であった事を、ここで思い出して欲しい。彼は、契沖の学問の方法と精神との違いを、はっきり見ていた。契沖の訓詁《くんこ》の新しい方法を「もどく」(真似る)事は容易だとしても、その新しい精神を語る事はむつかしかった。宣長は、もどかしそうに口ごもったのである。契沖は、学問の本意につき、長年迷い抜いた末、吾が身に一番間近で親しかった詠歌の経験のうちに、彼の所謂《いわゆる》「俗中之真」を悟得するに至った。だが古歌と上代を愛するに至ったいきさつに就き、彼が人に語った跡はない。恐らくこの大才にとっては、そのような事は、全く私事に属したのである。歌とは何か、風雅の道とは何かに関する折々の所懐は、彼の著作にばら撒《ま》かれてはいるが、まともな一篇の歌論すら、彼は遺さなかった。考証訓詁の精到を期する営々たる努力の裏に、それは秘めて置けば、足りるものであった。宣長が直覚し、吾が物とせんとしたのは、この契沖の沈黙である。

契沖の所懐とは、例えば次のようなものだ。「仮令《タトヒ》儒教ヲ習ヒ、*釈典ヲ学べドモ、詩歌ニ心ヲオカザル族《ヤカラ》ハ、俗塵《ゾクヂン》日日ニ堆《ウヅタカ》ウシテ、*君子ノ跡、十万里ヲ隔テ、追ガタク、*開士ノ道、*五百駅ニ障《サハ》リテ、疲レヤスシ」（「万葉代匠記《だいしょうき》」雑説）、これが、契沖によって抑制された風雅論の限界であった。宣長が突破したかったのは、この限界である。歌には歌の自立した道がある。何故そうなのか。歌は、歌の独自な存在理由を、歌の裡《うち》から引出せるのか。一層高次な問いは、必至なのである。問いを抑制する何の理由もない。

「問、和歌ハ吾邦ノ大道也ト云事イカヾ、答、非ナリ、大道ト云ハ、儒ハ聖人之道ヲ以テ大道トシ、*釈氏ハ仏道ヲ大道トシ、*老荘ハ道徳自然ニシタガフヲ大道トシ、ソレ〴〵ニ、我道ヲ以テ大道トス、吾邦ノ大道ト云時ハ、自然ノ神道アリ、コレ也、自然ノ神道ハ、天地開闢《カイビヤク》神代ヨリアル所ノ道ナリ、今ノ世ニ、神道者ナド云モノノ所謂神道ハ、コレニコト也、サテ和歌ハ、鬱情《ウツジヤウ》ヲハラシ、思ヒヲノベ、*四時《シジ》ノアリサマヲ形容スルノ大道ト云時ハヨシ、我国ノ大道トハイハレジ、儒ハ、身ヲ修メ、家ヲト、ノヘ、国天下ヲオサムルノ大道也、仏ハマヨヒヲトキ、悟リヲヒラキ、凡夫ヲハナレ、成仏スルノ大道也、カクノゴトク心得ル時ハ、ミナソレ〴〵ニ大道ナリトシルベシ」（「あしわけをぶね」）

「あしわけ小舟」は、問題を満載していた。ここまでは、どうなるものでもない。文学の本質につき、出来る限り明瞭な観念を規定してみる事、歌の大道を、徹底的に分析したなら、その先きに、新しい展望は、おのずから開けるに違いない。宣長は、「ものゝあはれ」論という「あしわけ小舟」の楫《かじ》を取った。

十三

通説では、「ものゝあはれ」の用例は、「*土佐日記」まで溯《さかのぼ》る。*鹿児《かこ》の崎《さき》を船出しようとして、人々、歌を詠《よ》みかわし、別れを惜しむ中に、「楫とり、ものゝあはれも*知らで、おのれし酒をくらひつれば」とあるその用法で、*貫之《つらゆき》が示したかったのは、「ものゝあはれ」と呼べば、歌の心得ある人は、誰も納得すると彼が信じた、歌に本来備わる一種の情趣である。周知のように、貫之の「*古今集」序は、「人麿《ひとまろ》なくなりにたれど、歌の事、とどまれるかな」という自信に溢《あふ》れた、歌の価値や伝統に関する、わが国最初の整理された自覚である。当然、宣長は、「もの〻あはれ」論を書く起点として、これを選んだ。

「古今序に、やまと歌は、ひとつ心を、たねとして、万《よろづ》のことのはとぞ、なれりける、とある。此こゝろといふがすなはち物のあはれをしる心也。次に、世中にある人、ことわざしげきものなれば、心に思ふ事を、みる物きく物につけて、いひいだせる也、とある、此心に思ふ事といふも、又すなはち、物のあはれをしる心也。上の、ひとつ心をといへるは、大綱をいひ、こゝは其いはれをのべたる也。同真名《まな》序に、思慮易〻遷、哀楽相変といへるも、又物のあはれをしる也」(「石上私淑言《いそのかみささめごと》」巻一)

言うまでもなく、これは論の起点であって、これだけでは何も言わぬに等しいのだが、引用によって、私が、読者の注意をうながしたかったのは、他でもない、宣長が取りあげた「もの〻あはれ」という言葉は、貫之によって発言されて以来、歌文に親しむ人々によって、長い間使われて来て、当時ではもう誰も格別な注意も払わなくなった、極く普通な言葉だったのである。彼は、この平凡陳腐な歌語を取上げて吟味し、その含蓄する意味合の豊かさに驚いた。その記述が、彼の「もの〻あはれ」論なのであって、漠然たる言葉を、巧妙に定義して、事を済まそうとしたものではない。ひたすら自分の驚きを、何物かに向って開放しようと願ったとは言えても、これを、文学の本質論の型のうちに閉じ込めようとしたとは言い難い。

宣長は、「あはれ」とは何かと問い、その用例を吟味した末、再び同じ言葉に、否《いや》応《おう》なく連れ戻された。言わば、その内的経験の緊張度が、彼の「ものゝあはれ」論を貫くのである。この言葉の多義を追って行っても、様々な意味合をことごとく呑み込んで、この言葉は少しも動じない。その元の姿を崩さない。と言う事は、とどの詰り、この言葉は自分自身しか語ってはいない。彼は、この平凡な言葉の持つ表現性の絶対的な力を、はっきり知覚して驚くのである。私は、勝手な思い附きを述べるのではない。宣長自身の言うところを聞いた方がいいだろう。

「恋せずば　人は心も　なからまし　物のあはれも　これよりぞ知る」という俊成*の有名な歌につき、或る人が宣長に、この「あはれ」と言うのは、如何《いか》なる義かと訊《たず》ねた。質問者は、語をつづけ、「物ノアハレヲ知ルガ、即チ人ノ心ノアル也、物ノアハレヲ知ラヌガ、即チ人ノ心ノナキナレバ、人ノ情ノアルナシハ、只《タダ》物ノアハレヲ知ルト知ラヌニテ侍《ハベ》レバ、此ノアハレハ、ツネニタゞ、アハレトバカリ心得ヰルマヽニテハ、センナクヤ侍ン」と言った。宣長曰《い》わく、「予、心ニハ解《サト》リタルヤウニ覚ユレド、フト答フベキ言ナシ、ヤ、思ヒメグラセバ、イヨ〱アハレト云言ニハ、意味フカキヤウニ思ハレ、一言二言ニテ、タヤスク対ヘラルベクモナケレバ、重ネテ申スベシト答ヘヌ、サテ其人ノイニケルアトニテ、ヨク〳〵思ヒメグラスニ従ヒテ、イヨ〳〵アハレノ言《コトバ》ハ、タヤスク思フベキ事ニアラズ、古キ書又ハ古歌ナドニツカヘルヤウヲ、*オロ〳〵思ヒ見ルニ、大方其ノ義多クシテ、一カタ二カタニツカフノミニアラズ、サテ、彼《カ》レ是《コ》レ古キ書ドモヲ考ヘ見テ、ナヲフカク*按《アン》ズレバ、大方歌道ハ、アハレノ一言ヨリ外《ホカ》ニ、余義《ヨギ》ナシ、神代ヨリ今ニ至リ、*末世無窮《ブキウ》ニ及ブマデ、ヨミ出ル所ノ和歌ミナ、アハレノ一言ニ帰ス、サレバ此道ノ極意ヲタヅヌルニ、又アハレノ一言ヨリ外ナシ、*伊勢源氏ソノ外アラユル物語マデモ、又ソノ本意ヲタヅヌレバ、アハレノ一言ニテ、コレヲ蔽《オホ》フベシ、孔子ノ、*詩三百一言以蔽レ之曰ク思無レ邪トノ*玉ヘルモ、今コヽニ思ヒアハスレバ、似タル事也」(「安波礼弁《あわれのべん》」)。「安波礼弁」は、宝暦八年(宣長二十九歳)に成った稿本である。

貫之にとって、「ものゝあはれ」という言葉は、歌人の言葉であって、楫《かじ》とりの言葉ではなかった。宣長の場合は違う。言ってみれば、楫とりから、「ものゝあはれ」とは何かと問われ、その正直な素朴な問い方から、問題の深さを悟って考え始めたのである。彼は、「古今集」真名序の言う「幽玄」などという言葉には眼もくれず、仮名序の言う「心」を、「物のあはれを知る心」と断ずれば足りるとした。この歌学の基本観念が、俊成の「幽玄」、定家の「有心《うしん》」という風に、歌の風体論の枠内で、いよいよ繊細に分化し、歌人の特権意識のうちに、急速に、衰弱する歴史が見えていたが為である。それも、元はと言えば、自分は楫とりに問われているので、歌人から問われているのではないという確信に基く。「あはれ」という歌語を洗煉《せんれん》するのとは逆に、この言葉を歌語の枠から外し、ただ「あはれ」という平語に向って放つという道を、宣長は行ったと言える。貫之は「土佐日記」で、「楫とり、もののあはれも知らで」と書いたが、一方、楫とり達の取り交わす生活上の平語のリズムから、歌が、おのずから生れて来る有様が、鮮やかに観察されている。だが、貫之は、この問題の深さに、特に注目しなかった。

さて、ここで、「源氏物語」の味読による宣長の開眼に触れなければ、話は進むまい。開眼という言葉を使ったが、実際、宣長は、「源氏」を研究したというより、「源氏」によって開眼したと言った方がいい。彼は、「源氏」を評して、「やまと、もろこし、いにしへ、今、ゆくさきにも、たぐふべきふみはあらじとぞおぼゆる」(「玉のをぐし」二の巻)と言う。異常な評価である。冷静な研究者の言とは受取れまい。率直は、この人の常であるから、これは在りのままの彼の読後感であろう。彼は「源氏」を異常な物語と読んだ。これは大事な事である。宣長は、楫とりの身になった自分の問いに、「源氏」は充分に答えた、と信じた、有りようはそういう事だったのだが、問題は、彼自身が驚いた程深かったのである。

「土佐日記」という、王朝仮名文の誕生のうちに現れた「もの丶あはれ」という片言《かたこと》は、「源氏」に至って、驚くほどの豊かな実を結んだ。彼は、「あはれ」の用例を一つ一つ綿密に点検はしたが、これを単に言語学者の資料として扱ったわけではないのだから、恐らく相手は、人の心のように、いつも問う以上の事を答えたのであろう。ここでも、彼自身の言葉を辿《たど》ってみる。――「すべて人の心といふものは、からぶみに*書るごと、一《ト》かたに、つきゞりなる物にはあらず、深く思ひしめる事にあたりては、とやかくやと、くだ〳〵しく、めゝしく、みだれあひて、さだまりがたく、さま〴〵のくまおほかる物なるを、此物語には、さるくだ〳〵しきくま〴〵まで、のこるかたなく、いともくはしく、こまかに書あらはしたること、くもりなき鏡にうつして、むかひたらむがごとくにて、大かた人の情《ココロ》のあるやうを書るさまは、――」という文に、先きにあげた「やまと、もろこし」云々《うんぬん》の言葉がつづくのである。

してみると、彼の開眼とは、「源氏」が、人の心を「くもりなき鏡にうつして、むかひたらむ」が如くに見えたという、その事だったと言ってよさそうだ。その感動のうちに、彼の終生変らぬ人間観が定著《ていちゃく》した――「おほかた人のまことの情といふ物は、女童《めのわらは》のごとく、みれんに、おろかなる物也、男らしく、きつとして、かしこきは、実の情にはあらず、それはうはべをつくろひ、かざりたる物也、実の心のそこを、さぐりてみれば、いかほどかしこき人も、みな女童にかはる事なし、それをはぢて、つゝむとつゝまぬとのたがひめ計《ばかり》也」(「紫文要領」巻下)。だが、そこまで話を拡げまい。これは、いずれ触れなければならない。手近かな所から、話を進める。

彼は、非常な自信をもって言っている、「此物がたりをよむは、*紫式部にあひて、まのあたり、かの人の思へる心ばへを語るを、くはしく聞ㇰにひとし」、「作りぬしの、みづから、すぐれて深く、物のあはれをしれる心に、世ノ中にありとある事のありさま、よき人あしき人の、心しわざを、見るにつけ、きくにつけ、*ふるゝにつけて、そのこゝろをよく見しりて、感ずることの多かるが、心のうちに、むすぼゝれて、しのびこめては、やみがたきふし〴〵を、その作りたる人のうへによせて、くはしく、こまかに書顕《かきあら》はして、おのが、よしともあしとも思ふすぢ、*いはまほしき事どもをも、其人に思はせ、いはせて、*いぶせき心をもらしたる物にして、よの中の、物のあはれのかぎりは、此物語に、*のこることなし」(「玉のをぐし」二の巻)。宣長は、此の物語をそういう風に読んだ。彼の心のうちで、作者の天才が目覚める、そういう風に読んだ。これは分析の近附き難い事柄だ。むしろ方向を変えて問おう。

今日では、文は人なりぐらいの事は誰でも承知しているが、宣長のような経験が、誰にも容易になったとは、決して言えまい。むしろ大変困難になったと言った方がいいかも知れない。文学の歴史的評価という概念は、反省を進めてみれば、反省の重荷には到底堪えられぬ、疑わしい脆弱《ぜいじゃく》な概念なのであるが、実際には、文学研究家達の間で、お互の黙契《もっけい》の下に、いつの間にか、自明で充分な物差しのような姿を取っている。文学史は、過去の文学作品の成立事情を調査し、作品の歴史的位置を確定するのだが、これによって、作品の魅力、実際に様々に人々を動かす作品の力が、その平均値を得て固定して了《しま》う傾向は避け難い。過去の作品に到る道は平坦《へいたん》となって、もはや冒険を必要としないように見えるが、作品にもいろいろある。幾時《いつ》の間にか、誰も古典と呼んで疑わぬものとなった、豊かな表現力を持った傑作は、理解者、認識者の行う一種の冒険、実証的関係を踏み超えて来る、無私な全的な共感に出会う機会を待っているものだ。機会がどんなに稀《ま》れであろうと、この機会を捕えて新しく息を吹き返そうと願っているものだ。物の譬《たと》えではない。不思議な事だが、そう考えなければ、或る種の古典の驚くべき永続性を考える事はむつかしい。宣長が行ったのは、この種の冒険であった。

言うまでもなく、「源氏」の時代性については、彼は大変鋭敏な人であった。——

「皇国《みくに》は皇国、今は今、むかしはむかしなるを、儒者などは、ひたぶるにもろこしの国俗《クニブリ》を本として、物をさだめ、今の人は、今のならはしになれて、昔をあやしむ」（「玉のをぐし」二の巻）、「すべて其時のならひを、よくしるべき事、ものがたりを見る一つの心得也」（同上）、――宣長の「源氏」論が、この「一つの心得」から生れたわけはない。「一つの心得」など超えて行かなければ、「此物語の外に歌道なく、歌道の外に此物語なし」（「紫文要領」巻下）と明言したわけはない。

だが、この自分の「源氏」経験を、一般的な言葉で言うのは、彼には、大変面倒な事であった。彼は、「紫文要領」のなかで、それを試みているがうまくいっていない。彼は、「物のあはれさへしらば、歌はよまるべし、又歌さへよまば、物の哀はしるべし、然《しか》るに、何とて此物語を見て、歌道の本意をしれとはいふや」という試問を、特に設けて説いている。理窟《りくつ》の上では、誰にも解っている話になる、それが困るというのが、宣長の考えなのである。古人の風儀人情を知らなければ、古歌はわからぬと言えば、それは承知だと言う。古人の風儀人情を知るには、「源氏」が最上の物語だと言えば、それも尤《もっと》もな事だが、此の物語を読まなくても、古歌をよくよく味《あじわ》えば、古人の風儀人情は、おのずから知られる以上、是非とも見ねばならない物語ではあるまい、特にこれが、歌道の極意を語っている物語とまでは言い切れまい、そういう論になる。「今の歌人は、みな是《これ》なり」と宣長は言っている。そして、仕方がないから、こんなたとえ話をする――「たとへば、よき細工人のつくりたる、*めでたき器物あらんに、今一ッそれと同じさまに、つくらんとするに、それを見てつくるがごとし、見たる所は、すこしもたがはね共《ども》、よく〳〵心をつけて見、又はつかふて見るときに、*さらに同じ物ならず、（中略）此もの語をよく見て、いにしへの中以上の人情風儀を、よく〳〵心得、その境界に、心をなして、さて其いにしへの歌をよく見てよむ歌は、かの細工人のもとへゆきて、作りやうを、くはしくまなび、とひきゝて、さてかの器物を見て、其かたにつくるがごとし、是、其つくりやうの本をよく考へしりて、作れる故に、はじめのうつはとかはる事なし」

しかし、宣長のたとえ話を、ただその場の思い附きと考えるわけにはいかない。「紫文要領」を熟読すれば、彼の比喩の奥行は深いのである。彼は、「源氏」を、「めでたき器物」と見た。それ自身で完結している制作物と見た。これは物語としては、比類のない事で、普通、物語と言えば、「ただあやしく、めづらしき事をかける書をのみ好」む、「物の心もしらぬ、愚なる人」が目当てのものだが、此の物語は、そのような読者の娯楽や好奇心の助けをかりて生きてはいない。ただ「なだらかに、哀をみせたる」自身の世界に自足している。而《しか》も、感想文学、日記文学に見られるような、作者の個人的経験の誇示もない。独りよがりの告白や感想に寄りかかり、もたれ掛かる弱さもない。その表現世界は、あたかも「めでたき器物」の如く、きっぱりと自立した客観物と化している。のみならず、宣長を驚かしたのは、この器物をよく見る人には、この「細工人」がその「作りやう」を語る言葉が聞えて来るという事であった。なるほど名歌は、誰の眼にも、「めでたき器物」の自立した姿と映ずるだろうが、この器の極度に圧縮され、単純化された形式は、細工人の作りようを、秘めて明かさない。もし歌の道というものが在るならば、名歌は歌の道を踏んではいようが、歌の道について語りはしまい。「源氏」という名物語は、その自在な表現力によって、物語の道も同時に語った。物語の道という形で、歌の道とは何かと問う宣長に、答えた。言うまでもなく、「源氏」を、そこまで踏込んで読んだ人はなかった。

「*蛍の巻」で、長雨に降りこめられ、所在なさに、絵物語を読む*玉鬘《たまかずら》を、源氏が音ずれ、物語について話し合う。宣長は、この会話を、式部が此の物語の本意を寓したものと見て、全文について精《くわ》しい評釈を書いている。「此段、表はたゞ何となく、源氏君と玉かづらの君との物語なれ共、下の心は、式部が此源氏物語の大綱総論也、表は、たはむれにいひなせる所も、下心は、こと〴〵く意味有て、*褒貶《ほうへん》抑揚して、論定したるもの也、しかも、文章*迫切ならず、たゞ何となく、なだらかにかきなし、又一部の始めにもかゝず、終りにもかゝずして、何となき所に、ゆるやかに、大意をしらせ、さかしげに、それとはいはねど、それと聞せて、書あらはせる事、*和漢無双の妙手といふべし」（「紫文要領」巻上）。宣長の読みは深く、恐らく進歩した現代の評釈家は、深読みに過ぎると言うであろうが、宣長が古典の意味を再生させた評釈の無双の名手だった所以《ゆえん》は、まさに其処《そこ》にあったとすれば、これは別の話になる。長いので、全文の引用は止《や》めるが、彼の深読みの意味合は書いて置かなければならない。

会話は、物語に夢中になった玉鬘をからかう源氏の言葉から始まる。「*あなむつかし、女こそ、物うるさがりせず、人にあざむかれんと、生れたるものなれ」――そう言って了っては、身も蓋《ふた》もないが、物語には、「まこと」少く、「空ごと」が多いとは知りながら読む読者に、「*げに、さもあらんと、哀をみせ」る物語作者の事を思えば、これは、よほど口の上手な、「空言《そらごと》をよくしなれたる」人であろう、いかがなものか、という源氏の言葉に、玉鬘は機嫌を損じ、「げに、いつはりなれたる人や、さま〴〵に、さもくみ侍らん、たゞ、いと、まことのことこそ、思ひ給へられけれ」とやり返す。

会話の始まりから、作者式部は、源氏と玉鬘とを通じて、己れを語っている、と宣長は解している。と言う事は、評釈を通じて、宣長は式部に乗り移って離れないと言う事だ。すると、どういう事になるか。宣長の考えによれば、式部は、物語とは、女《め》童子《わらわ》の娯楽を目当てとする俗文学であるという、当時の知識人の常識を、はっきり知っていて、これに少しも逆わなかったという事になる。もし、式部に、この娯楽の世界が、高度に自由な創造の場所と映じていたなら、何処《どこ》に逆う理由があったろう、という事になる。従って、一方、玉鬘の源氏に対する抗議だが、当然、玉鬘の物語への無邪気な信頼を、式部は容認している筈《はず》である。認めなければ、物語への入口が無くなるだろう。「まこと」か「そらごと」かと問う分別から物語に近附く道はあるまい。先ず必要なものは、分別ある心ではなく、素直な心である。宣長は、玉鬘の返答を評釈し、ここには、特に、式部の「下心」は見えないが、言ってみれば、「君子はあざむくべし」という言葉を思えという心はある、と書いている。

無論、これは「論語、雍也篇《ようや》」に出て来る話を指していると解してよい。或る人が、いくら仁者《じんしゃ》だからと言って、井戸に落ちた者があると聞いただけで、それは大変と、飛び出して行くほどの馬鹿ではあるまい、と言ったところが、孔子は、「馬鹿を言え、だまされて、直ぐ飛び出して行く、ただ、井戸には落ちないだけの話だ」と答えた。

要するに、「君子欺ク可キ也《*アザムベ》、罔フ可カラザル也《*シ》」と知れと孔子は言うのである。恐らく、宣長は、彼の所謂《いわゆる》「よき人孔子」の、この場合の発言の意を汲《く》んでくれる人があるならば、此の物語を読むには君子たるを要する、と言っても差支えない、と考えていたであろう。少くとも玉鬘は「罔フ可カラザル《シ》」君子ではないが、「欺ク可キ」君子の心は持っている。「思邪シマ無シ《ヨコ》」という詩の世界に、それとは知らず、這入《はい》っている。式部は、それをよく知っていた、と宣長は解する。

ところが、ここで、ひどく機嫌を損じた玉鬘の様子に、源氏は笑い出して、冗談を言う。この辺りを、宣長が式部を無双の妙手とするところだろうが、宣長は、源氏の冗談に、式部の「下心」を読む。これは、とんだ悪口を言って了った、物語こそ「神代より、よにある事を、しるしをきけるなり、日本紀などは、たゞ、かたそばぞかし、これらにこそ、みち〳〵しく、くはしきことはあらめ、とてわらひ給」——作者は、その自信を秘めて現さなかった。源氏君を笑わせなければ、読者の笑いを買ったであろう。「人のきゝて、さては、神世よりの事を記して、道〳〵しく、くはしく、日本紀にもまされる物のやうに思ひて、作れるかと、あざけられん事を、くみはかりて、その難を、のがれん為に、かくいへる也」と宣長は言う。

騙《だま》されて、玉鬘が、物語を「まこと」と信ずる、その「まこと」は、道学者や生活人の「まこと」と「そらごと」との区別を超えたものだ。それは宣長が、「そら言ながら、そら言にあらず」と言う、「物語」に固有な「まこと」である。此の物語は、「世にふる人の有様」につき、作者の見聞を記したものだが、宣長の解によれば、作者が実際に見聞した事か、見聞したと想像した事かは問題ではない。ただ、源氏君に言わせれば、「みるにもあかず、聞にもあまること」と思った、作者の心の動きを現わす。作者は、この思いが、「心にこめがたくて、いひをきはじめたる也」と。宣長の註によれば、「人にかたりたりとて、我にも人にも、何の益もなく、心のうちに、こめたりとて、何のあしき事もあるまじけれ共、これはめづらしと思ひ、是はおそろしと思ひ、かなしと思ひ、おかしと思ひ、うれしと思ふ事は、心に計《ばかり》思ふては、やみがたき物にて、必《かならず》人々にかたり、きかせまほしき物也」、「その心のうごくが、すなはち、物の哀をしるといふ物なり、されば此物語、物の哀をしるより外なし」。だが、先きを急ぐまい。

十四

源氏君の話は、冗談の後では、真面目な物語の弁護になるのだが、飽くまでも、この会話に、作者の下心を追おうとする宣長は、式部とともに考える。源氏君の冗談に託して、思い切った事を言って了《しま》えば、後はその穏やかな議論の袖《そで》の蔭に、隠れていればよいと。源氏君は、物語の肩を持ち、いろいろと物語の為に取りなすが、言い張りもせず、言い切りもせず、「よくいへば、すべて何事も、むなしからずなりぬやと、物語を、いと、わざとの事に、の給ひなしつ」で、話は終って了う。

だが、宣長は、「此一節、下心は、式部が卑下の詞《ことば》也、右の如く、此源氏の物語を、心ありげにはまうせども、所詮《しょせん》は、はかなき、あだ事也と、卑下して、筆をとゞめたり」と註せずにはいられない。「源氏物語」が明らかに示しているのは、大作家の創作意識であって、単なる一才女の成功ではない。これが宣長の考えだ。自分の書くこの物語こそ「わざとの事」、と本当に考えていたのは式部であって、源氏君ではない。式部の「日記」から推察すれば、「源氏」は書かれているうちから、周囲の人々に争って読まれたものらしいが、制作の意味合についての式部の明瞭な意識は、全く時流を抜いていた。その中に身を躍らして飛び込んだ時、この大批評家は、式部という大批評家を発明したと言ってよい。この「源氏」味読の経験が、彼の「源氏」論の中核に存し、そこから本文評釈の分析的深読みが発しているのであって、その逆ではないのである。

源氏君は言う、「人のみかどの、ざえ、つくりやうかはれる、おなじやまとの国のことなれど、むかし、今のにかはるなるべし、深きこと、あさきことのけぢめこそあらめ、ひたぶるに、そらごとといひはてむも、ことの心、たがひてなん有ける」。書物を作る人の才智も、作りようも、異国とわが国とでは違う、同じわが国でも、昔と今とでは違う。次の「深きこと、あさきことのけぢめこそあらめ」という文を、宣長は評して、「深き浅きといはずして、こととい へるに心をつくべし」と言う。「深きことは、深きことばにて、異国の書物又は日本紀のたぐひの書也、浅きことは、物語類也、深き浅きは、作りやう、文章の花麗《くわれい》たくみにして、心を用たるをいふ、浅きは、女もじにて、何となく、しどけなくかけるをいふ」、「文章詞の深浅こそ有べけれ、心は深さ浅さのけぢめあるべからざれば、一向に、空言也とて、すてんも相違也と也、心の深浅はあるべからぬといふことは見えね共《ども》、けぢめこそあらめ、といへる語勢にて、其心を、言外にふくめることしられたり」。宣長の評釈は、今日の言葉で言えば、はっきりした文学様式論による物語弁護なのである。先きに書いたが、物語を知るには「其時のならひ」を知らなくてはならず、「其時のならひ」を知るには「源氏」は最上の物語だと、彼は考えていた。この場合、彼が「時のならひ」という言葉を使う時、今日流行の歴史の制約とか歴史の限界とかいう考えは、勿論《もちろん》、彼の念頭には全くなかった事を忘れまい。

王朝の物語には、どれも「其時のならひ」を映して、「何となく、しどけなく書ける」型があると見る事と、「其時のならひ」を出来るだけ意識的に生きて、これを自己の内的表現の素材と化した作家の努力を見るという事とは異なる。「其時のならひ」を知るには、「源氏」が最上であると宣長が言う時、「其時のならひ」に完結した意味を与え得た「和漢無双の妙手」を、彼は思っていたのであって、彼が、「源氏」について、何を置いても語りたかったのは、この「めでたき器物」の「めでたさ」の秘密である。その表現の充実と完璧との力であり、「其時のならひ」を吾が物とした作家の制作の自由である。この考えを、しっかり心に入れて置けば、私達は、いま挙げた宣長の評釈にも、彼の下心を読まざるを得まい。人為的な一定の規範をかかげて文学を評価してはならない、時代による文学様式の在るがままの相違を容認しなくてはならない、と源氏君は物語を弁護する。「時のならひ」により、「作りやう」には「深きこと、あさきことのけぢめ」はあろうが、「心は、深さ浅さのけぢめあるべから」ずと宣長は評釈する。表は、源氏君の言葉の評釈だが、下心は、少しも卑下するには当らぬ、と式部に語りかけているのである。

「源氏」の歴史的位置を、外側から計り、指す事は出来ようが、この位置について、精いっぱいの体験を語って、これを完成した姿に創り上げたのは、式部の自己の内部の出来事に属する。宣長が「無双の妙手」という言葉を使う時に、はっきり感得していたのはその出来事であり、従って、この妙手によって、その時代の為に仕上げられた「おろかに、未練なる」「児女子《じぢよし》の如くはかなき」物語が、後世に向って通路を開き、そのまま人心の変らぬ深処を照明するもの、と彼に映じたのは当然な事だ。それは、彼が無私の名の下に、自己を傾け尽そうとする学問の制作過程の内部で起った、全く自然な出来事だったと言ってよい。

さて、この辺りで、「物のあはれ」という言葉の意味合についての、宣長の細かい分析に這入《はい》った方がよかろうと思う。

「あはれ」も「物のあはれ」も「同じこと」だ（「玉のをぐし」二の巻）、と宣長は言う。言葉は、使われているうちに、言わばおのずから形を転ずるもので、その「いさゝか転じたるいひざま」が、「物のあはれ」なのであり、「物」は「物言ふ」「物語る」「物まうで」「物見」などいうたぐいの「物」で、「ひろく言ふときに、添ることばなり」と言う。それだけの説明からすれば、言いざまは「物のあはれ」よりもむしろ「物あはれ」と転じそうだが、「紫文要領」では、「源氏」に使われる「物あはれ」という言葉も、同じことと解されている。研究者の間では、いろいろ議論があるようだが、宣長自身にしてみれば、言葉の文法的構造の区別をどうこう言うより、「あはれ」の「いさゝか転じたるいひざま」と言って置けば事は済むと考えていたであろう。実際、そんな事より、言いたい事は、彼の心に溢《あふ》れていたのである。

宣長は、和歌史の上での「あはれ」の用例を調査して、先ず次の事に読者の注意を促す。

「阿波礼といふ言葉は、さま〴〵いひかたはかはりたれ共、其意は、みな同じ事にて、見る物、きく事、なすわざにふれて、情《ココロ》の深く感ずることをいふ也。俗には、たゞ悲《ヒ》哀《アイ》をのみ、あはれと心得たれ共、さにあらず、すべてうれし共、おかし共、たのし共、かなしとも、こひし共、情に感ずる事は、みな阿波礼也。されば、おもしろき事、おかしき事などをも、あはれといへることおほし」（「石上私淑言《いそのかみささめごと》」巻一）

「あはれ」と使っているうちに、何時《いつ》の間にか「あはれ」に「哀」の字を当てて、特に悲哀の意に使われるようになったのは何故か。「うれしきこと、おもしろき事などには、感ずること深からず、たゞかなしき事、うきこと、恋しきことなど、すべて心に思ふにかなはぬすぢには、感ずること、こよなく深きわざなるが故」（「玉のをぐし」

二の巻）である、と宣長は答える。「石上私淑言」でも同じように答えて、「新古今」から「うれしくば　忘るゝことも　有なまし　つらきぞ長き　かたみなりける」を引用し、「コレウレシキハ、情ノ浅キユヘナリ」と言っている。この考えは、彼の「物のあはれ」の思想を理解する上で、極めて大事なものと思える。彼は、ただ「あはれ」と呼ぶ「情の感《ウゴ》き」の分類などに興味を持ったわけではない。「阿波礼といふ事を、情の中の一ッにしていふは、とりわきていふ末《スヱ》の事也。その本《モト》をいへば、すべて人の情の、事にふれて感《ウゴ》くは、みな阿波礼也」（「石上私淑言」巻一）

問題は、人の情というものの一般的な性質、更に言えば、その基本的な働き、機能にあった。「うれしき情」「かなしき情」という区別を情の働きの浅さ深さ、「心に思ふすぢ」に、かなう場合とかなわぬ場合とでは、情の働き方に相違があるまでの事、と宣長は解する。何事も、思うにまかす筋にある時、心は、外に向って広い意味での行為を追うが、内に顧みて心を得ようとはしない。意識は「すべて心にかなはぬ筋」に現れるとさえ言えよう。心が行為のうちに解消し難い時、心は心を見るように促される。

心と行為との間のへだたりが、即ち意識と呼べるとさえ言えよう。宣長が「あはれ」を論ずる「本《モト》」と言う時、ひそかに考えていたのはその事だ。生活感情の流れに、身をまかせていれば、ある時は浅く、ある時は深く、おのずから意識される、そういう生活感情の本性への見通しなのである。放って置いても、「あはれ」の代表者になれた悲哀の情の情趣を説くなどは、末の話であった。そういう次第で、彼の論述が、感情論というより、むしろ認識論とでも呼びたいような強い色を帯びているのも当然なのだ。彼の課題は、「物のあはれとは何か」ではなく、「物のあはれを知るとは何か」であった。「此物語は、紫式部がしる所の物のあはれよりいできて、(中略)よむ人に物の哀をしらしむるより外《ほか》の義なく、よむ人も、物のあはれをしるより外の意なかるべし」(「紫文要領」巻下)

彼の説明は次の通りだ。

「目に見るにつけ、耳にきくにつけ、身にふるゝにつけて、其よろづの事を、心にあぢはへて、そのよろづの事の心を、わが心にわきまへしる、是《これ》事の心をしる也、物の心をしる也、物の哀をしる也、其中にも、猶《なほ》くはしくわけていはば、わきまへしる所は、物の心、事の心をしるといふもの也、わきまへしりて、其しなにしたがひて、感ずる所が、物のあはれ也」(「紫文要領」巻上)

説明は明瞭を欠いているようだが、彼の言おうとするところを感得するのは、難かしくはあるまい。明らかに、彼は、知ると感ずるとが同じであるような、全的な認識が説きたいのである。知る事と感ずる事とが、ここで混同されているわけではない。両者の分化は、認識の発達を語っているかも知れないが、発達した認識を尺度として、両者のけじめもわきまえぬ子供の認識を笑う事は出来まい。子供らしい認識を忘れて、大人びた認識を得たところで何も自慢になるわけではない。「感ずる心は、自然と、しのびぬところよりいづる物なれば、わが心ながら、わが心にもまかせぬ物にて、悪《あ》しく邪《よこしま》なる事にても、感ずる事ある也、是は悪しき事なれば、感ずまじとは思ひても、自然としのびぬ所より感ずる也」（「紫文要領」巻上）、よろずの事にふれて、おのずから心が感《ウゴ》くという、習い覚えた知識や分別には歯が立たぬ、基本的な人間経験があるという事が、先ず宣長には固く信じられている。心というものの有りようは、人々が「わが心」と気楽に考えている心より深いのであり、それが、事にふれて感《ウゴ》く、事に直接に、親密に感《ウゴ》く、その充実した、生きた情《ココロ》の働きに、不具も欠陥もある筈《はず》がない。それはそのまま分裂を知らず、観点を設けぬ、全的な認識力である筈だ。問題は、ただこの無私で自足した基本的な経験を、損《そこな》わず保持して行く事が難かしいというところにある。難かしいが、出来る事だ。これを高次な経験に豊かに育成する道はある。それが、宣長が考えていた、「物のあはれを知る」という「道」なのである。彼が、式部という妙手に見たのは、「物のあはれ」という王朝情趣の描写家ではなく、「物のあはれを知る道」を語った思想家であった。

宣長は、情と欲とは異なるものだ、と言っている、「欲バカリニシテ、情ニアヅカラヌ事アリ、欲ヨリシテ、情ニアヅカル事アリ。又情ヨリシテ、欲ニアヅカル事アリ。情バカリニシテ、欲ニアヅカラヌ事アリ。コノ内、歌ハ、情ヨリイヅルモノナレバ、欲トハ別也。欲ヨリイヅル事モ、情ニアヅカレバ、歌アル也。サテ、ソノ欲ト情トノワカチハ、欲ハ、タヾネガヒモトムル心ノミニテ、感慨ナシ、情ハ、モノニ感ジテ慨《ガイ》歎《タン》スルモノ也。恋ト云モノモ、モトハ欲ヨリイヅレドモ、フカク情ニワタルモノ也」（「あしわけをぶね」）

「情」は定義されてはいないが、「欲」ではないというはっきりした限定は受けている。「欲」と「情」とは、現実生活では、わかち難いものだが、原理的には区別があるとしてみれば、自分の使う「情」とか「あはれ」とかいう言葉についての誤解が避けられよう、と宣長は考えたに相違ない。「情」の特色は、それが感慨であるところにあるので、感慨を知らぬ「欲」とは違う。「欲」は、実生活の必要なり目的なりを追って、その為に、己れを消費するものだが、「情」は、己れを顧み、「感慨」を生み出す。生み出された「感慨」は、自主的な意識の世界を形成する傾向があり、感動が認識を誘い、認識が感動を呼ぶ動きを重ねているうちに、豊かにもなり、深くもなり、遂に、「欲」の世界から抜け出て自立する喜びに育つのだが、喜びが、喜びに堪えず、その出口を物語という表現に求めるのも亦《また》、全く自然な事だ。

宣長は、「紫文要領」で、更に、次のような試問を設けている。「儒仏の道」や「尋常の了簡《りょうけん》」からする物語は、教誡《きょうかい》の書ではないのであるから、「たゞ人情の有のまゝを書しるして、みる人に、善悪の評価にはあずからぬものだ。「たゞ人情の有のまゝを書しるして、みる人に、人の情はかくのごとき物ぞ、といふ事をしらする也、是物の哀をしらする也」、それが物語の道であるという説は承知したが、それならば、紫式部の本意は、「物のあはれしるを、よき人とし、しらぬを、あしき人とす」という事になる筈だが、それがよく合点出来ない、と質問者は言う。何故かと言うと、「源氏」の「巻〳〵に、ひたすらあだなるを、あしき事にいひ、まめなるを、ほめたる心ばへのみ見えて、あだなる人を、よしとせる心は見えず、いかゞ」——宣長答えて言う、「あだなるをよしとすとは、たれかはいへる。あだなるを、いましむるは、尋常の論はさらにもいはず、物語にてもいはば、あだなるは、物の哀しらぬにちかし。されば、いかでそれをよしとはせむ。まへにもいへる如く、物のあはれをしると、あだなるとは別の事にて、たがひにあづからぬ事也、但し、物語の本意は、まめなるとあだなるとは緊要にあらず。物のあはれをしるとしらぬが、よしあしの緊要関鍵なり」。

「物のあはれを知る」と「あだなる」とは別事であるという宣長の答は、「情」と「欲」との考えを混同してはならぬ、という考えの延長線上にあるのだが、質問者は、理解しようとはしない。現実の心理の動きにかまけ考えようとする質問者の誤解を解く事は出来ない。宣長が考えていたのは、彼が「物語の本意」と認めた「物のあはれを知る」という「道」である。個々の経験に与えられた、心情の動き、「あだなる」動きも「実《マメ》なる」動きも、「道」を語りはしない。宣長は、「道」という言葉で、先験*的な原理の如きものを、考えていたわけではなかったが、個々の心情の経験に脈絡をつけ、或《あるい》る一定の意味に結び、意識された生き方の軌道に乗せる、基本的な、或は純粋な、と呼んでいい経験は、思い描かざるを得なかったのである。これは「道」を考える以上、当然、彼に要請されている事であった。ここに宣長と質問者との間の行き違いがある。

しかし、問う者だけを責められない。宣長も、勝手に、「物のあはれ」に、限定された意味を附しながら、このどうとでも取れる曖昧《あいまい》な言葉以外の言葉を持ってはいないからである。平俗に質問されれば、彼は平気で、同じ言葉を平俗に使っている。従って、この辺りの宣長の評釈文は、一見混乱しているのだが、宣長自身が、問いを設けた文章である以上、混乱は、筆者によく意識されているのであって、その意のあるところを推察して読めば、極めて微妙な文と見えて来るのである。

さて納得しない相手は、話を続ける。――「*帚木《ははきぎ》」に、妻としての理想の女性について論じ合う「*雨夜の品定」と言われている有名な文があるが、質問者は、これに触れる。*左馬頭《ひだりのうまのかみ》が「*指くひの女」「*木枯の女」という、女性の「実《マメ》なる」型と「あだなる」型を持ち出して、精《くわ》しく論評しているところなど、式部の人間評価がよく現れていると見たいが、明らかに式部には、「実なる」を取り、「あだなる」をいましめる心ばえがあると思われるが如何《いかが》なものか。宣長は繰り返される愚問に、相手の考え方に寄添って答える、――よくよく本文を読めば、左馬頭の言うところも曖昧なのである。「『品定』は、展転反覆して、或はまめなるをたすけて、あだなるをおとし、又は物の哀しらぬ事を、つよくいきどをり、さま〴〵に論じて、一決しがたきやうなれ共」、終《しま》いには、*頭中将に「いづれと、つゐに思ひさだめずなりぬるこそ世の中や」と言わせている。この遂に断定を避けているところに、式部の「極意」があるのであり、本妻を選ぶという実際の事に当り、左馬頭が「指くひの女」の「まめなる方」を取ると言うのとは話が別だ。これは「せんかたなき故のしわざにして、それをよしとするにはあらず」と。

ところが、面白い事には、宣長は、飽くまで相手に、勝手な問いをつづけさせ、自ら窮地に陥って見せている。明らかに、問題の微妙に、読者が気附いて欲しいというのが、宣長の下心なのである。相手は、食い下がる、「しからば、やむことをえざるときは、物の哀をば、まづさしをきて、まめなるかたにつくなれば、まめなるをよしとするが本意なるべきにや」――宣長は答える、「いかに物の哀をしるを本意とすればとて、物の哀さへしらば、あだ〳〵しく共よしとは、いかでかいはるべき。こゝは、式部が心になりても見よかし。我執をはなれ、人情にしたがへるかきざま、とりもなをさず、物の哀を知れる書ざま也。まめなれ共、物の哀しらぬ女を妻にする、やむ事なきところにして、しばらく人情にしたがひ、我思ふ本意をとをさず、かくのごとしといへ共、いたく口おしく思ふ心ばへ、前にひける文《ブン》共にも見え、又言外にも、其意いちじるし。いはんや終りに、いづれと思ひさだめずなりぬといひ、難ずべきくさはひまぜぬ人は、いづこにかはあらむといひ、又いづかたに、よりはつ共なく、はて〳〵は、あやしき事共になりて、あかし給つとかきとぢめたるにて、本意は物の哀にある事をしるべし」。

宣長は語をつづけ、「品定」の間、居眠りなどして、人々の話に、殆《ほとん》ど無関心な源氏君の姿に注意を促す。彼は、話題に上る女性達とは比較にならぬ、*藤壺《ふじつぼ》の人柄を独り思っている。――「足らず、又、さし過ぎたることなく、物し給ひける哉《かな》と、ありがたきにも、いとゞ胸ふたがる」と式部は、源氏の心中を書いているではないか。ここで、宣長は、既に説いたところを重ねて説く。

「*夕霧」で、宣長は、*夕霧と*女二宮との仲を聞いた源氏君が、*紫の上に、自分の死後は、君の御心も、うしろめたしと心配して話しかけるところがあるが、紫の上は、「女ばかり、身をもてなすさまも、*所せう、あはれなるべきものはなし」と述懐する。そして、式部は、紫の上に、「わが心ながらも、よき程には、いかで保つべきぞ」と言わせている。藤壺も紫の上も、式部が、作中で一番好意を寄せて描いた女性であり、「物のあはれ」を知る「よき人」の典型であるが、その紫の上が、「わが心ながらも」、これを「よき程に保つ」事は、まことに困難だと嘆く意味合は、源氏君が、藤壺の「足らず、又、さし過ぎたること」のない心を思って、稀有《けう》の事と嘆ずる言葉に通ずるものだ、と宣長は説くのである。そして、この「足らず、又、さし過ぎたることなく」、「よき程に」という言葉を誤解してはならない、「あまり、物の哀をしり過ては、あだ〳〵しきによりて、よきほどに、物の哀をしれ」という意味に解しては間違いである。「物の哀をば、いかにも深くしりて、さて、あだ〳〵しからぬやうにたもつを、よきほどといふ也。物の哀をしればとて、あだなるべき物にもあらず、しらねばとて、実《マメ》なるべき物にもあらず。されど、そこをよくたもつ人はなきものにて、物の哀をしり過れば、あだなるが多きゆへに、かくいへる也」

宣長が、「物の哀をしる」という言葉で、念頭に描いていた「物語の本意」とは、現実には「有り難き」理想であったと言ってもいいだろう。ただそれは、現実には、「有り難き」、まさに其処《そこ》に、理想の観念としての力があるという純粋な意味合での理想であって、現実に固執する者が、自分の都合で拾ったり捨てたりする理想でも目的でもない。宣長は、それが言いたい。現実に照して、「よき程に」理想を知るなどとは意味を成さぬ。無論、あまり理想を深く知り過ぎると言うのも、意味を成さぬ道理である。式部は、この事をはっきり知っていたが、その「本意」を表には現さなかったと宣長は解する。なるほど物語には、「物のあはれしり過ぐす」という用例が見られるが、これは、物語という制約の命ずる心理的な用例であって、作者の「本意」は、裏面に隠れて了っているのである。そこに着目し、作者の「本意」を汲めば、「過る」という言葉の意味合は、「よろづの事に、物の哀をしりがほつくりて、けしきばみ、よしめきて、さし過たる事也。それは、誠に物の哀しれるにはあらず。必《かならず》しらぬ人に、さやうなるが多きもの也」と解すべきものだ、と宣長は言う。

ところで、この評釈で、宣長が出会っているもう一つの困難がある。彼は確かに、「物の哀をしる」とは、いかに深く知っても、知り過ぎる筈のない理想と見極めたのだが、現実を見下す規範として、これを掲げて人に説くという事になれば、嘘になり、空言となる。これも式部がよく知っていた事だ、と彼は解する。だから、「式部が心になりても見よかし」と言うのである。誠に「物のあはれ」を知っていた式部は、決してその「本意」を押し通そうとはしなかった。通そうとする賢《さか》しらな「我執」が、無心無垢《むく》にも通ずる「本意」を台なしにして了うからである。それに気附かないのが、世の劣者《わろもの》の常だ。宣長は言う、式部は、言っているではないか、「すべて男も女も、わろものは、わづかにしれるかたの事を、のこりなく見せつくさむと思へるこそ、いとおしけれ」。*

十五

そういう次第で、宣長の論述を、その起伏に逆わず、その抑揚に即して辿《たど》って行けば、「物の哀をしる」という言葉の持つ、「道」と呼ぶべき性格が、はっきり浮び上って来る。そしてこれが、彼の「源氏」の深読みと不離の関係にある事を、読者は、ほぼ納得されたと思うが、もう一つ、「紫文要領」から例をあげて、説明を補足して置きたい。

「品定」の中の、左馬頭の言葉、「ことが中に、なのめなるまじき、人のうしろみのかたは、物の哀しりすぐし、はかなきついでのなさけあり、おかしきにすゝめるかた、なくてもよかるべし、と見えたるに、――」。この文は、例えば、谷崎潤一郎氏の現代語訳によれば、「女の仕事の中で、何よりも大切な、夫の世話をするという方から見ると、もののあわれを知り過ぎていて、何かの折に歌などを詠《よ》む心得があり、風流の道に賢いというようなところは、なくてもよさそうに思えますけれども、――」となる。

これは普通の解だが、宣長は、そうは読まなかった。彼は、文中の「物のあはれ」という言葉を、「うしろみの方の物のあはれ」と解した。「物の哀といふ事は、万事にわたりて、何事にも、其事〳〵につきて有物也。故に、うしろみのかたの物の哀といへり。是《これ》は、家内の世話をする事につきて、其方の万事の心ばへを、よく弁知したる也。世帯《セタイ》むきの事は、ずいぶん心あるといふ人也。世帯むきさへよくば、花紅葉《はなもみぢ》の折節のなさけ、風流なるかたはなくても、事かくまじきやうなる物なれ共、――」、そう読んだ。恐らく、彼にしてみれば、無理は承知で、そう読みたかったから、そう読んだとも言える。「あはれ」という片言について、思い詰めていた彼の心ばえを思えば、これは当然の事であった。

「あはれ」という言葉の本質的な意味合は何かという問いのうちに摑《つか》まれた直観を、

彼は、既に書いたように、「よろづの事の心を、わが心にわきまへ知り、その品にしたがひて感ずる」事、という簡単な言葉で言い現したが、「あはれ」の概念の内包を、深くつき詰めようとすると、その外延《がいえん》*が拡がって行くという事になったのである。「物の心を、わきまへしるが、則《すなはち》物の哀をしる也。世俗にも、世間の事をよくしり、ことにあたりたる人は、心がねれてよきといふに同じ」とまで言う事になったのだから、「世帯をもちて、たとへば、無益のつゐへ*なる事などのあらんに、これはつゐへぞといふ事を、わきまへしるは、事の心をしる也。其つゐへなるといふ事を、わが心に、あゝ是はつゐへなる事かなと感ずる」事は、勿論《もちろん》、「うしろみのかたの物の哀」と呼んでいいわけだ。

折口信夫《おりくちしのぶ》氏は、宣長の「物のあはれ」という言葉が、王朝の用語例を遥かに越え、宣長自身の考えを、はち切れる程押しこんだものである事に注意を促しているが(「日本文学の戸籍」)、世帯向きの心がまえまで押込められては、はち切れそうにもなる。宣長は、この事に気附いている。そして、はち切れさすまいと説明を試みるのだが、うまくいかない。うまくはいかないが、決してごまかしてはいないのである。説明に当って、彼は、「理《コトワリ》」という言葉を使っている。どんなに深く知っても、知り過ぎる筈はない「あはれ」の「理」がある。「あはれ」の理は、「あはれ」の事実のうちにはないが、事実との対決は避けられない。「あはれ」の諸事実の照明を受けて崩れるような理は空言であろう。従って、「うしろみのかたの物の哀」が取上げられる。取上げてみるが、これは「物の哀」の「一端」に過ぎない、と彼は断わらざるを得ない。「其理はかはらね共、物語の本意とする物の哀」ではないと言わざるを得なくなる。同じ物の哀でも、物語では、その「趣」が変って来て、「うしろみの方の物の哀しれるをば、物の哀しらぬ人」とも言う事になる。「同じ義理にして、其事によりて、かやうに表裏の相違ある事は、たとへば火の用の如し」、薪《まき》にたくのも、家屋につくのも同じ火である、と彼の説明は苦しくなる。これは、「紫文要領」を殆《ほとん》どそのまま踏襲した「玉の小櫛《おぐし》」*の総論では、読者の誤解を恐れてか、削除されているところだが、宣長が、「物の哀」を、単なる一種の情趣と受取る通念から逃れようとして、説明に窮する程、心を砕いていた事は知って置いた方がよいのである。日常生活の心理の動きが活写されたこの「物語」に、彼は、「あはれ」という歌語が、「あはれ」という日常語に向って開放される姿を見た。そして、その日常の用法の真ん中で、この言葉の発生にまで逆上りつつ、この言葉の意味を摑み直そうとした。この努力が、彼の「源氏」論に一貫しているのであって、これを見失えば、彼の論述は腑抜《ふぬ》けになるのである。

歌、物語の「本意ヲタヅヌレバ、アハレノ一言ニテ、コレヲ蔽《オホ》フベシ」という宣長の断言を、そのまま、今日の人々の耳に入り易い、文芸は感情の表現だという言葉で言い直してみてもいいだろうが、ただ、私達には、感情という言葉の、現代風の受取り方はあるわけだ。近代の認識論は、心性の認識機能の構造を、分析的に考え、理性と呼べないものは、感情と呼ばざるを得ないという考え方と馴《な》れ合った上で、宣長の感情主義を言ってみたところで、殆ど意味を成さない。

宣長が、「情」と書き「こゝろ」と読ませる時、「心性」のうちの一領域としての「情」が考えられていたわけではない。彼の「情」についての思索は、歌や物語のうちから「あはれ」という言葉を拾い上げる事で始まったのだが、この事が、彼の「情《ココロ》」と呼ぶ分裂を知らない直観を形成した。この直観は、曖昧《あいまい》な印象でも、その中に溺《おぼ》れていればすむ感情でもなく、眼前に、明瞭に捕える事が出来る、歌や物語の具体的な姿であり、その意味の解読を迫る、自足した表現の統一性であった。これは、何度でも考え直していい事なのである。

言うまでもなく、彼は、「情《ココロ》」の曖昧な不安定な動きを知っていた。それは、「とやかくやと、くだ〳〵しく、めゝしく、みだれあひて、さだまりがたく」、決して「一《ト》かたに、つきゞりなる物にはあらず」と知ってはいたが、これを本当に納得させてくれたのは、「源氏」であった。その表現の「めでたさ」であったというところが、大事なのだ。彼は、この「めでたさ」を、別の言い方で、「人の情《ココロ》のあるやうを書るさま」、「くもりなき鏡にうつして、むかひたらむがごとくにて」とも言った。この迫真性が、宣長の「源氏」による開眼だったのだが、言葉を代えて言ってみれば、自分の不安定な「情《ココロ》」のうちに動揺したり、人々の言動から、人の「情《ココロ》」の不安定を推知したりしている普通の世界の他に、「人の情《ココロ》のあるやう」を、一挙に、まざまざと直知させる世界の在る事が、彼に啓示されたのだ。

彼は、啓示されたがままに、これに逆らわず、極めて自然に考えたのである。即ち、「物語」を「そらごと」と断ずる、不毛な考え方を、遅疑《ちぎ》なく捨てて、「人の情《ココロ》のあるやう」が、直《じ》かに心眼に映じて来る道が、所謂《いわゆる》「そら言」によって、現に開かれているとは何故か、という、豊かな考え方を取り上げた。取り上げれば、当然、物語には「そら言にして、そら言にあらず」とでも言うべき性質がある事、更に進んで、物語の本質は、表現の「めでたさ」を「まこと」と呼んで、少しも差支《さしつか》えないところにある事を、率直に認めざるを得なかったのである。

「源氏」は、作者の見聞した事実の、単なる記録ではない。作者が源氏君に言わせているように、「世にふる人の有様の、みるにもあかず、聞にもあまる」味《あじわ》いの表現なのだ。そして、この「みるにもあかず、聞にもあまる」という言い方を、宣長はいかにも名言と考えるのである。事物の知覚の働きは、何を知覚したかで停止せず、「みるにもあかず、聞にもあまる」という風に進展する。事物の知覚が、対象との縁を切らず、そのまま想像のうちに育って行くのを、事物の事実判断には阻む力はない。宣長が、「よろづの事にふれて、感《ウゴ》く人の情《ココロ》」と言う時に、考えられていたのは、「情《ココロ》」の感《ウゴ》きの、そういう自然な過程であった。敢《あえ》て言ってみれば、素朴な認識力としての想像の力であった。

彼は、これを、「源氏」に使われている「あぢはひを知る」という、その同じ意味の言葉で言う。「よろづの事を、心にあぢはふ」のは、「事の心をしる也、物の心をしる也、物の哀をしるなり」と言う。なるほど漠然とした物の言い方だ。しかし、事物を味識する「情《ココロ》」の曖昧な働きのその曖昧さを、働きが生きている刻印と、そのまま受取る道はある筈だ。宣長が選んだ道はそれである。「情《ココロ》」が「感《ウゴ》」いて、事物を味識する様を、外から説明によって明瞭化する事は適《かな》わぬとしても、内から生き生きと表現して自証する事は出来るのであって、これは当人にとって少しも曖昧な事ではなかろう。現に、誰もが行っている事だ。殆ど意識せずに、勝手に行っているところだ。そこでは、事物を感知する事が即ち事物を生きる事であろうし、又、その意味や価値の表現に、われ知らず駆られているとすれば、見る事とそれを語る事との別もあるまい。

宣長が、「源氏」に、「人の情《ココロ》のあるやう」と直観したところは、そういう世界なのであって、これは心理学の扱う心理の世界に還元して了《しま》えるようなものではない。もっと根本的な、心理が生きられ意味附けられる、ただ人間であるという理由さえあれば、直ちに現れて来る事物と情《ココロ》との緊密な交渉が行われている世界である。内観による、その意識化が、遂に、「世にふる人の有様」という人生図を、式部の心眼に描き出したに違いなく、この有様を「みるにもあかず」と観ずるに至った。この思いを、表現の「めでたさ」によって、秩序づけ、客観化し得たところを、宣長は、「無双の妙手」と呼んだ。

だが、彼は詩人として、この妙手の秘密に推参し、これに肖《あやか》ろうとしたわけではないのだから、「無双の妙手」という言葉で、彼が考えていたのは、むしろ匿名《とくめい》の無双の意識であったと言った方がいいであろう。彼が、学者として、見るにもあかずと観じたのは、子供でも知っている、「みるにもあかず」という言葉の姿であった。もしこの全く実用を離れた、純粋な情《ココロ》の感《ウゴ》きが、ただ表現のめでたさを食として、一と筋に育つなら、「源氏」の成熟を得るであろう。「風雅」とは、歌人が、人の情《ココロ》のうちに、格別な国を立てて閉じこもるというような事では決してないのである。「此物語の外に歌道なし」と言った時に、彼が観じていたものは、成熟した意識のうちに童心が現れるかと思えば、逆に子供らしさのうちに、意外に大人びたものが見える、そういう「此物語」の姿だったに違いない、と私は思っている。

説明の補足と言って、ここまで書いて来て、心に思い浮ぶがままに、もう一つ説明の補足めいた事を書こう。

それは、*浮舟入水《じゅすい》のくだりの浮舟評であり、浮舟が「思ひみだれて、*身をいたづらになさん」としたのは、「*薫《かをる》のかたの哀をしれば、*匂宮《にほふのみや》の哀をしらぬ也、匂宮の哀をしれば、薫のあはれをしらぬ也、故に思ひわびたる也、かの*蘆屋《あしや》のをとめも、此心ばへにて、身を生田の川にしづめて、むなしうなれり、是いづかたの物の哀をも、すてぬといふ物也、一身を失《ウシナフ》て、二人の哀を全くしるなり、浮舟君も、匂宮にあひ奉《たてまつ》りしとて、あだなる人とはいふべからず、これも一身を失て、両方の物の哀を全くしる人也」(「紫文要領」巻下)――「物の哀をしる」という意味合についての、恐らく宣長の一番強い発言であるが、これも「玉の小櫛」になると、浮舟評を「あだなる人とはいふべからず」で、とどめ、「一身を失て、両方の物の哀を全くしる人也」という肝腎《かんじん》な言葉は削除される。何故の遠慮であったか、と宣長の下心を推察すれば、やはり「うしろみの方の物の哀」の場合と同じ気味合の事が起ったと考えざるを得ない。ささやかな言葉が、又、はち切れそうになったのである。

彼は、「*夢浮橋《ゆめのうきはし》」という巻名は、「此物語のすべてにもわたるべき名也」（「玉のをぐし」九の巻）と書いている。但し、古註が考えたように、「世の中を、夢ぞとをしへたるにはあら」ず、「たゞ、此物語に書たる事どもを、みな夢ぞといふ意」であり、その「けぢめ」を間違えてはならぬとはっきり言う。それにしても、「光源氏ノ君といひし人をはじめ、何も〳〵、こと〴〵く、夢に見たりし事のごとくなるを、殊《こと》に、はてなる此巻の、とぢめのやうよ、まことにのこりおほくて、見はてずさめぬる夢のごとくにぞ有ける」と、当時の物語としては全く異様な、その結末に注意している。だが、宣長がここで言う夢とは、夢にして夢にあらざる、作者のよく意識された構想のめでたさであって、読者の勝手な夢ではない。見はてぬ夢を見ようとした後世の「*山路の露」にも、延《ひ》いては「源氏」という未完の大作を考える最近の諸論にも、宣長の「源氏」鑑賞は何の関係もない。「夢浮橋」という巻名は、物語全巻の名でもある、という彼の片言からでも明らかなように、式部の夢の*間然《かんぜん》する所のない統一性というものの上に、彼の「源氏」論は、はっきりと立っていた。此の物語の一見異様に見える結末こそ、作者の夢の必然の帰結に外ならず、夢がここまで純化されれば、もうその先きはない。夢は果てたのである。宣長はそう読んだ筈なのである。「宇治十帖」の主人公が薫であるとは、ただ表向きの事だ。内省家薫と行動家匂宮との鮮《あざや》かな性格の対比は、誰も言うところで、これには別段読み方の工夫も要るまいが、言わば逆に、二人の貴公子を生き生きと描き分けたのも、性格などはてんで持ち合わさぬ、浮舟という「生き出でたりとも、怪しき不用の人」（「手習」）を創り出す道具立てに過ぎなかった、とそのように読むのには、「式部が心になりても見よかし」と念じて読む宣長の眼力を要する。浮舟は、作者の濃密な夢の中に、性格を紛失して了った女性である。薫は匂宮とともに、作者の夢の周辺にいるので、その中心部には這入《はい》れない。這入れない薫の軽薄な残酷な感想が、鋭利な鋏《はさみ》のように、長物語の糸をぷつりと切って了う。宣長は、薫の感想を、さり気なく評し去り、歌を一首詠んでいる。「なつかしみ　又も来て見む　つみのこす　春野のすみれ　けふ暮ぬとも」（「玉のをぐし」九の巻）――作者とともに見た、宣長の夢の深さが、手に取るようである。

此の物語の「本意」につき、「極意」につき、もう摘み残したものはない、と信じた時、彼の心眼に映じたものは、式部が、自分の織った夢に食われる、自分の発明した主題に殉ずる有様ではなかったか。私には、そんな風に思われる。「物の哀をしる」とは、理解し易く、扱い易く、持ったら安心のいくような一観念ではない。詮《せん》じつめれば、これを「全く知る」為に、「一身を失ふ」事もある。そういうものだと言いたかった宣長の心を推察しなければ、彼の「物のあはれ」論は、読まぬに等しい。だが、彼は、そうは言ってみたが、その言い方の「道々しさ」に気附かなかった筈もあるまい。「玉の小櫛」で、「*若紫」までの註釈を終えて、彼は、こんな事を言っている。「我身、七十ちかくなりて、*いとゞ、けふあすもしらぬ、*よはひの末に、*むねと物する、古事記の*ちうさくなどはた、いまだえ物しをへざるうへに、何やくれやと、むつかしく、まぎるゝことどもはた、いと多くてなん、思ひの外に、今しばし、ながらふるやうも有て、心もほけず、いとまもあらば、又々も、おもひおこして、*すぎ〳〵、しるしもつぎてんかし」——このような心境のうちで、嘗《かつ》ての「道々しき」評釈は、「なつかしみ 又も来て見む」という穏《おだや》かな歌に変じた。深読みに過ぎると取られるかも知れないが、私としては、ただ、宣長の僅《わず》かばかりの言葉でも、自分の心に、極く自然に反響するものは追わねばならないまでだ。

薫と匂宮とに契《ちぎ》った浮舟は、恋敵《こいがたき》同士の争いが烈《はげ》しくなるにつれ、進退に窮して、死のうと思う。しかし、作者は死なさない。初めから、死ねるような女には描いていないのである。入水を決心はするが、とどのつまりは、われとわが決心に「おどろかされて、先立つ涙を、つゝみ給ひて、物も言はれず」という事で、「浮舟の巻」は閉じられて了う。追いつめられた女には、発狂しか残っていないのだが、読者は、他の登場人物等とともに、浮舟の行方不明を知らされるだけだ。真相は、「手習」に至って、はじめて語られる。宣長が言っているように、「いとおもしろき書ざま」(「玉のをぐし」九の巻)なのだが、これも、作者の構想の必然であって、作者の本意は、読者の興味だけを目指してはいなかったであろう。浮舟は、「物の怪《け》」に抱かれ、さまよい出て、失神するのだが、われに還った彼女の記憶によれば、「物の怪」は、初めて彼女に恋情をよび覚ました、匂宮の姿をしていた。「物の怪」は、彼女自身の内部の深所から現れる。浮舟には、匂宮の肉体の「匂ひ」は、薫の教養の「薫り」より、実は深いものであった。無論、これを知っているのは作者であって、浮舟ではない。彼女は、僧の祈禱《きとう》で、意識を取戻してみると、「たゞ、いたく年経にける尼七八人ぞ、常の人にてはありける」草庵《そうあん》の一室にいる。決して自分で求めた事ではない。「つひに、かくて、生き返りぬるかと、思ふも、くちをし」と嘆く彼女の言葉は、僧都《そうず》の祈禱も、言ってみれば、彼女の外部の深所から現れた「物の怪」と異ならない、という事にもなろう。なるほど、彼女は、自ら希望して尼となるのだが、その点でも、作者の眼は極めて正確であって、「尼になし給ひてよ。＊さてのみなむ、生くやうもあるべき」と言うのが、浮舟には精一杯のところで、明瞭な、積極的な出家の理由などありはしない。老尼達にしても、天降ったかぐや姫を見つけたように驚きはするが、浮舟に対して働かすものは、浮舟に無関係な、利己心と世間智だけだ、そのように描かれている。庵主《あんじゆ》の留守中、庵主の尼は、死んだ娘の婿《むこ》だった中将と浮舟との間を取りもとうとする。中将に執拗《しつよう》に誘われた浮舟は、老衰した大尼君の部屋に、身を避ける。鼾声《いびき》をあげて寝乱れた老尼達の姿は、この世の人とも思われぬ。「今宵《こよひ》、この人々にや、食はれなん」と恐ろしい。「夜中ばかりにや、なりぬらんと、思ふ程に、尼君、咳《せ》きおぼほれて、起きにたり。火影《ほかげ》に、頭つきは、いと白きに、黒き物を被《かづ》きて、この君（浮舟）の臥《ふ》し給へるを、怪しがりて、鼬《いたち》とかいふなる物が、さる業《わざ》する、額に手をあてゝ、怪し、これは、誰ぞと、執念《しふね》げなる声にて、見おこせたる、更に、たゞいま、＊食ひてんとするとぞ、おぼゆる」――「いみじき様にて、生き返り、人になりて、また、ありし、いろ〳〵の憂《う》きことを、思ひ乱れ、（言い寄る中将を）＊むつかしとも、（鼬の真似をする大尼君を）恐ろしとも、物を思ふよ。＊死なましかば、これよりも、恐ろしげなる、物の中にこそは、あらましか」

これだけの文章でも、熟視するなら、この全く性格を紛失して了ったように見える浮舟を、生き生きと性格附けているのは、式部の文体そのものに他ならぬと合点するだろう。浮舟が、痛切に明瞭に感じているのは、「生き出でたりとも、怪しき不用の人」という意識なのだが、式部の表現のめでたさが証しているのは、むしろ、小さな弱い浮舟を取って食った、作者の大きな強い意識そのものの姿である。浮舟は、それから逃げられない。こんな女にも生きる理由がある、と作者が信じていなければ、「手習」も「夢浮橋」も書かれた筈がない。浮舟は、この、自分には定かならぬ理由によって、たど〳〵しい自己表現を強いられるのだが、「手習」という象徴的な題名の示す通り、彼女の述懐も、詠歌も、読経《どきよう》さえ、無心な子供の*「手習」の如き形を取らざるを得ない。そして、浮舟自身は何にも知らないが、この「女童《めのわらは》のごとく、みれんに、おろかなる」女の情《ココロ》は、世間に生きる理由を、よく心得た大人達の、「情《ココロ》のあるやうを」「くもりなき鏡にうつして、むかひたらむがごと」き姿をとっているのである。

薫は、とうとう浮舟の居所を突き止める。彼の煮え切らぬ恋情は、匂宮の激情のようには燃えつきない。浮舟を、出家させた僧都に会い、事情を語り、浮舟との再会の手引を頼む。僧都としては、浮舟の身分も知らず、出家させて了った自分の軽率が悔やまれるし、薫大将から、「*心のうちは、聖《ひじり》に劣り侍《はべ》らぬ物を」と、立派な口を利《き》かれては、拒む事は出来ない。還俗《げんぞく》して、昔どおりの夫婦の契りを結ぶよう、浮舟宛の手紙を認《したた》めるが、「*一日の出家《すけ》の功徳《くどく》、はかりなき物なれば、なほ、たのませ給へ」と、これも立派な口は利く。二人の教養人の善意の配慮が、浮舟をめぐる細心な陰謀のような気味合を帯びているのが面白い。尤《もっと》も、私は、少々ひねくれた物の言い方をしてみるまでで、作者の眼がひねくれていると言うのではない。

二人の手紙を託され、使者として、浮舟の弟の何も知らない子供が選ばれる。薫の手紙には、は、弟の姿を見て、幼時を懐かしみ、会いたいのは母親だけだと思う。薫の手紙には、浮舟会って、「浅ましかりし、世の夢語《ゆめがたり》」がしたいとあるが、浮舟は「怪しう、いかなりける夢にか」と思うだけだ。紛《まが》うことのない薫りがして、歌が書かれている、「*法《のり》の師と　たづぬる道を　*しるべにて　思はぬ山に　踏み惑ふかな」。浮舟は、少しも人を恨んではいないし、世を疑ってもいないのだが、もう応答する元気が残っていない。茫然《ぼうぜん》として、あらぬ方を眺める彼女の姿を、傍の尼は、「物の怪にや、をはすらむ」と見る。弟は、文字通り子供の使で、手ぶらで還って来る。これを迎えた薫には、これをどう考えていいか見当がつかぬ。確かに*小野の里に生きてはいるが、やはり「行方も知らず消えし蜻蛉《かげろふ》」なのであった。「*人の、かくし据ゑたるにやあらむ」――これが、薫には唯一の筋の通った解釈であった。この薫の一と言で、長篇の糸は切られる。薫に切られた事を確めるように、作者の「地の文」が、直ぐつづくのである。――「人の、かくし据ゑたるにやあらむと、わが御心の、思ひ寄らぬ隈《くま》なく、落し置き給へりし習ひに、とぞ」*

匂宮という「あだなる人」も、薫という「まめなる人」も、浮舟というあわれな女性の内には這入れない。作者は、浮舟の背後に身を隠し、読者に語りかけるようである。御覧の通りこの女は子供だが、子供は何にも知らないとは、果して本当の事であろうか、と。宣長は、作者の声に応じ、「なつかしみ　又も来て見む」と歌ったであろう。

十六

「蛍の巻」の中の源氏と玉鬘《たまかずら》との会話に、宣長が、式部の物語観を執拗《しつよう》に読み取ろうとした事は、既に書いたが、*会話中の源氏の一番特色ある言葉を、ここでもう一度思い出してみるのもよいと思う。

「(元来物語というものは) 神代よりよにある事を、しるしをきけるななり、日本紀などは、たゞ、かたそばぞかし、これら (物語) にこそ、みち〳〵しく、くはしきことはあらめ」。この、源氏が「たはぶれての給ふ」言葉の裏面に、作者の物語に関する自信が隠れている、と宣長は解した。式部にしてみれば、そうでもするより他致し方がなかった、まともに自信を語るわけにはいかない、それほど式部の物語についての基本的な考え方は、当時の常識とは異なっていた、そう宣長は解した。では、冗談の衣を脱がせてみれば、源氏君の言葉から、どんな意味合が現れるか。宣長は、註釈の上で、そこまで書かなかった。が、それは、彼に充分に感得されていたであろう。私は、彼の「源氏」論を、その論理を追うより、むしろその文を味う心構えで読んだのだが、読みながら、彼の文の生気は、つまるところ、この物語の中に踏み込む、彼の全く率直な態度から来ている事が、しきりに思われた。言うまでもなく、宣長は、「蛍の巻」の物語論に着目した、最初の「源氏」研究者であったが、彼が現れるまで、「蛍の巻」を避けて、八百年の歳月が流れた、とは今日から思えば不思議な事である。

「我が国には、物語という一体の書有て、他の儒仏百家の書とは、又全体類のことなる物也。――世にありとある、よき事あしき事、めづらしき事おもしろきこと、おかしき事あはれなることの、さま〴〵を、しどけなく女もじ*にかきて、絵をかきまじへなどして、つれ〴〵のなぐさめによみ、又は心のむすぼゝれて、物思はしきときの、まぎらはしなどにするもの也」(「紫文要領」巻上)。「玉の小櫛《おぐし》」では、「中むかし*のほど、物語といひて、一くさのふみあり」と書かれている。「一体の書」とか、「一くさのふみ」とか、まことに曖昧《あいまい》な書ざまであるが、文学史研究の進んだ今日でも、当時昔物語とか古物語とか言われていたものの性質が、格別明瞭になったとも言えないであろう。

式部と同時代の人の簡明な言葉によれば、「物の語と云て、女の御心をやる物也」(「三宝絵*」序)とある。「御心」と敬語を使ったのも、宮廷で女房達が姫達を相手に昔話をしているうちに、物語は、次第に洗煉《せんれん》され、形を整えるに至った事情に立っているだけの話で、つづいて、「大荒木《おほあらき》の森の草よりしげく、荒磯《ありそ》の浜の真砂より多けれど」と、侮蔑《ぶべつ》的口吻《こうふん》になる。文学以前に属する女性のおしゃべりなど、幾つあっても、やがて消え去るのは、当然の事と考えられていたであろうし、事実、その大部分は消滅して、私達に遺《のこ》されているのは、「絵合の巻*」に言う「物語の出で来はじめの親なる竹取の翁《おきな》*」以下若干の筆録に過ぎない。それとても、文学という概念の内容が漢詩文の解読にあった当時の知識人の眼には、女房が物語の為に利用した話の筋書程度のもの、と映っていたと考えてもよいであろうし、まして口上手の女房によって、これらの筋書が、どんな生気を得たかに至っては、私達に知る由《よし》もない事だ。それはともかく、この文学の埒外《らちがい》にあった物語の世界から、型の上ではこの世界を踏襲しつつ、

「源氏物語」という劃期《かっき》的な文体を持った物語文学が、*一女房の手によって突如として創作されたと言う事が、後の文学研究者達に、面倒な問題を残した。「*更級《さらしな》日記」の作者は、少女時代、「叔母なる人」から「源氏五十余巻」をもらい、「一の巻よりして、人もまじらず、*几帳《きちやう》のうちに、うち臥《ふ》して、ひき出でつゝ見る心地、后《きさき》の位も、何にかはせん」と言ったが、そのような無邪気だが真率な鑑賞に、この物語の流布《るふ》の原動力があった事は、まず間違いあるまい。作者など問題にもならぬ物語の直接の魅力には、男も女も抗する事は出来なかったようである。作者は何者かという考えが浮んで来ても、「さてもこの源氏作り出でたることこそ、思へど思へど、この世一つならずめづらかにおもほゆれ。誠に仏に申し請ひたりける験《しるし》にや、とこそ覚ゆれ」（*「無名草子《むみようぞうし》」）と言ってみるのが、考えの行き詰りで、そこから引返して、あわれとか、めでたしとか、作中人物の品定めをやっているに過ぎない。

俊成女《しゅんぜいのむすめ》作と伝えられた「無名草子」は、「源氏」評論の最も古いものとされているが、これは「源氏」が現れてから二百年経っても、批評は一向進歩していない事を語っている。だが、それよりもむしろ批評なぞ少しも必要としない愛読者が、少くとも宮廷の周囲には、幾らいたかわからぬ事を、暗に語ってもいるであろう。拙《まず》い評論が現れた事より、誰が言い出したものともわからぬ、所謂《いわゆる》紫式部堕地獄伝説が、*源平大乱の頃には、既にはっきりした形に出来上っていたという事の方が、余程大事な事と思われる。上流男女の乱脈な交会《こうかい》の道を、＊狂言綺語《きご》を弄《ろう》して語った罪により、作者は地獄の苦患《くげん》に在るのは必定《ひつじよう》であるから、供養《くよう》をしてやらねばならない、このような考えが、いつの間にか形成されたという事は、時代の通念に従い、婦女子の玩物《がんぶつ》として、「源氏」を軽蔑していながら、知らぬ間に、その強い魅力のいけどりになっている知識人達の苦境を、まことに正直に語っているからだ。

「源氏」についての、まともな文学上の評価は、＊俊成の有名な＊歌合判詞《はんし》、「源氏見ざる歌詠みは、遺恨の事なり」から始まったと言われるが、彼が「源氏」に動かされて、苦境に立たなかったのは、歌道という堅固な防壁のうちに居たからだ。無論、防壁などと、彼自身夢にも考えていたわけはない。わが国の正統文学の指導者を以て任じていた人に、たまたま「源氏」が目にとまったというに過ぎない。王朝文化総崩れの期に際し、＊「古今」以来の勅撰集《ちよくせんしゆう》の流れに、新生命を吹込もうと、心を砕いていた俊成の審美眼《しんびがん》は、ひどく気難かしいものであったが、「源氏」の高度の文体は、これに充分に答えるものと見えた、ただそれだけの事であった。低級な物語の類《たぐ》いのうち、何故「源氏」だけが格別なものなのか。何故、作者は、日常生活の起伏を物語るのに、あれほど精緻《せいち》な文体を必要としたのか。この種の疑問は、俊成には、少しも必要ではなかった。詠歌の資料として、歌学の参考書として、「源氏」が部分的に利用出来れば、足りたのであった。言うまでもなく、*定家も父親の流儀に従ったのであり、当時の歌宗によって始められたこの「源氏」評価の流儀は、宣長が、「今世中に、あまねく用ふるは*湖月抄《こげっせう》也」(「玉のをぐし」一の巻)と言った、江戸期の「湖月抄」まで続くのである。

武家の世となり、宮廷は衰微し、和歌も*堂上風御家《おいえ》風という事で、少数貴族仲間の、内輪のすさび事として、いよいよ固定したものになれば、その参考書も、これに準ずるわけで、やがて「*古今伝授」が現れる勢いになれば、「源氏伝授」が言われるようにもなる。もはや婦女子の玩物どころではない。伝授にもあずかれぬ婦女子には、読めもしない遥かなる古典である。公家達が宮廷の盛事をしのぶには、「源氏」を見るのが第一という事になれば、研究註釈が要る。そうなれば、狂言綺語どころの段でもない。「源氏」は、すべて故事来歴を踏まえた物語である。たとえ怪し気なところがあっても、例えば「*花鳥余情《かちょうよせい》」の作者のように、「か様な事は、国史なども、記し落す事もありぬべし。この物語に書ける上は、疑ふべきにあらず」とまで言う事になる。それが、*旧註時代にやかましく言われた、此の物語の所謂「*准拠《じゅんきょ》説」というものの正体であった。嘗《か》つて、「更級日記」の作者は、「光るの源氏の*夕顔、宇治の大将の浮舟の女君のやうにこそあらめ」と希《ねが》ったが、身勝手な動機を物語のうちに持込む点では、公家達の准拠説もさして変りはない。この物語のうちに、歌の情趣を拾う事とは別に、作者は何が物語りたかったかが気になっても、「君臣の交《まじはり》仁気の道、好色の媒《なかだち》*菩提《ぼだい》の縁にいたるまで、これをのせずにいふ事なし」（*「河海抄《かかいしよう》」）と言った類いの事しか考えられない。これも准拠説の一種なのである。*諸抄の著者達は、自分達の教養上の通念を、物語に投影して、物語の登場人物達の言行の意味合の准拠を、儒書仏典に求めたに過ぎない。

「雖《いへども》ニ狂言綺語一、*鴻才《こうさい》所レ作、*仰レ之弥高、鑽レ之弥堅」（*「明月記」）と定家は、「源氏」を評して書いた。まことに「狂言綺語」という通念は牢固《ろうこ》たるものであった。先ずこの観念を、何とか始末しなければならない。狂言綺語と見えるもののうちにも、歌道の妙趣は見分けられるし、准拠した史実も発見出来るという風に、通念の合理的な処理を考えなければ、作者の鴻才を発見し、これを合理的に評価する事は出来なかったのである。では、狂言綺語を、「たゞ、いと、まことの事とこそ、思ひ給《しま》へられけれ」と言った玉鬘の、無邪気に口ごもった「源氏」鑑賞法は、何処《どこ》に行って了ったか。何処へも行きはしなかった。「源氏」の原本が存する限り、いつでも黙って、これに連添っていただろう。恐らく、「源氏」研究者達の心の一隅に押込められても、其処《そこ》に存したであろう。ただ、玉鬘の言葉を、「君子はあざむくべし」と評した宣長に、拾い上げられるのを待っていただけの話だ。「此物がたりをよむは、紫式部にあひて、まのあたり、かの人の思へる心ばへを語るを、くはしく聞ヮにひとし」(「玉のをぐし」二の巻)という宣長の言葉は、何を准拠として言われたかを問うのは愚かであろう。宣長の言葉は、玉鬘の言葉と殆《ほとん》ど同じように無邪気なのである。玉鬘は、「紫式部の思へる心ばへ」のうちにしか生きてはいないのだし、この愛読者の、物語への全幅の信頼が、明瞭に意識化されれば、そのまま直ちに宣長の言葉に変ずるであろう。

さて、「源氏」旧註で行われて来た所謂准拠説を、宣長はどう考えたかを、見てみよう。

「此物語は、さらに跡かたもなき事を作りたる物なれ共、みなより所ありて、現に有《ヨ》し事になぞらへてかける事多し」、それを考えてみるのが准拠の説なのであるが、更によく考えてみれば、「およそ准拠といふ事は、たゞ作者の心中にある事にて、後に、それを、ことぐ\く考へあつるにもをよばぬ事なれ共、古来沙汰《さた》有事ゆへ、其おもむきを、あらぐ\いふ也。緊要の事にはあらず」(「紫文要領」巻上)。准拠の説について、このようにはっきりした考えを持つ事は、誰にも出来なかったのである。契沖《けいちゅう》も真淵《まぶち》も、「湖月抄」の自由な批判から、「源氏」に近附いたのだが、そこまで言切る事は出来なかった。だが、宣長が、思い切ってやってのけた事は、作者の「心中」に飛込み、作者の「心ばへ」を一たん内から摑《つか》んだら離さぬという、まことに端的な事だった。宣長は、「源氏」を精《くわ》しく読もうとする自分の努力を、「源氏」を作り出そうとする作者の努力に重ね合わせて、作者と同じ向きに歩いた。「およそ准拠といふ事は、たゞ作者の心中にある事」とは、その歩きながらの発言なのである。

彼は、在来の准拠の沙汰に精通していたし、「河海抄」を「源氏」研究の「至宝」とまで言っているのだし、勿論《もちろん》、頭からこれを否定する考えはなかったが、ただこの説を、「緊要の事にはあらず」と覚《さと》ったものがいなかった事は、どうしても言いたかったのである。註釈者達が物語の准拠として求めた王朝の故事や儒仏の典籍は、物語作者にすれば、物語に利用されて了った素材に過ぎない。ところが、彼等は、これらを物語を構成する要素と見做《みな》し、これらで「源氏」を再構成出来ると信じた。宣長が、彼の「源氏」論で、極力警戒したのは、研究の緊要ならざる補助手段の、そのような越権なのである。外部に見附かった物語の准拠を、作者の心中に入れてみよ、その性質は一変するだろう。作者の創作力のうちに吸収され、言わば創作の動機としての意味合を帯びるだろう。宣長が、「源氏」論で採用したのは、作者の「心ばへ」の中で変質し、今度は間違いなく作品を構成する要素と化した准拠だけである。彼のこのやり方は徹底的であった。

　手近な「蛍の巻」の会話を見ても、例えば、源氏君の会話のうちにある「*方等経《ほうどうきょう》」という准拠は、玉鬘に理解出来る限りでの、又、源氏君の物語論につながる此の物語の「本意」を照明する限りでの「方等経」であって、其他の意味合は、きっぱりと拒絶されている。更に、宣長は、ここで「日記」に現れた、式部の「気質」という准拠をあげているが、その扱い方は、慎重であって、それも言わば彼が直覚した、物語の「本意」全体から照らされて初めて浮び上ってくる。「日記」を書いたのも、「物語」を書いたのも、なるほど同一人物だが（宣長はそう認めた）、「物語」に現れた作者の「心ばへ」は、「日記」に現れた式部の気質の写しではない。要するに、従来の准拠の説に対する宣長の抵抗は、「跡かたもなき」式部の物語の世界は、彼女の「現《ヨ》に有し」生活世界を超えたものだ、という強い考えの上に立つ。「日記」によれば、式部は非常に意識的な生活者であったし、自分の気質も、反省によって知悉《ちしつ》していた。だが、そういう反省的事実も、物語作者としては、直ちに物語が発する源泉とは、認めるわけにはいかないだろう。そういう所で、宣長は、言語表現という問題に直面せざるを得なかった。この大きな問題には、いずれ、又先きで触れねばならない。というより、むしろ問題は、宣長の仕事とともに発展するので、又しても、其処に立ちかえらなければならないという事になろう。

ここでは、宣長の視点が、作者の創作動機のうちにあった事が、しっかり納得出来ればよい。式部が、創作の為に、昔物語の「しどけなく書ける」形式を選んだのは、無論「わざとの事」だった。彼女は、紫の上に仕える古女房＊の語り口を演じてみせたのだが、恐らくこの名優は、観客の為に、古女房になり切って演じつつ、演技の意味を自覚した深い自己を失いはしなかった。物語とは「神代よりよにある事を、しるしをきけるなり」という言葉は、其処から発言されている、言わば、この名優の科白《せりふ》なのであって、これを動機づけているものは、「史記＊」という大事実談が居坐った、当時の知識人の教養などとは何の関係もない。式部は、われ知らず、国ぶりの物語の伝統を遡《さかのぼ》り、物語の生命を、その源泉で飲んでいる。

物語は、どういう風に誕生したか。「まこと」としてか「そらごと」としてか。愚問であろう。式部はただ、宣長が「物のあはれ」という言葉の姿を熟視したように、「物語る」という言葉を見詰めていただけであろう。「かたる」とは「かたらふ」事だ。相手と話し合う事だ。「かた」は「言《こと》」であろうし、「かたる」と「かたらふ」とどちらの言葉を人間は先きに発明したか、誰も知りはしないのである。世にない事、あり得ない事を物語る興味など、誰に持てただろう。そんなものに耳を傾ける聞き手が何処に居ただろう。物語が、語る人と聞く人との間の真面目な信頼の情の上に成立つものでなければ、物語は生れもしなかったし、伝承もされなかったろう。語る人と聞く人とが、互に想像力を傾け合い、世にある事柄の意味合や価値を、言葉によって協力し創作する、これが神々の物語以来変らぬ、言わば物語の魂であり、式部は、新しい物語を作ろうとして、この中に立った。これを信ずれば足りるという立場から、周囲を眺め、「日本紀などは、たゞ、かたそばぞかし」と言ったのである。ここで言われる「日本紀」とは、無論、やがて*六国史《りっこくし》となる正史*、「紀」でもあり「道」でもある「日本書紀」を指す。「これら（物語）にこそ、*みち〳〵しく、くはしきことはあらめ」、――「道々しき」とは、「*三史五経の道〳〵しきかた」（「帚木《ははきぎ》」）という用例に従って解して置けば、よいのだが、もし、周囲の知識人の世界が、彼女の極めて自然な情《ココロ》に、その人為的に歪《ゆが》められた姿を映し出していなければ、式部には、そんな反語めいた物の言い方をする必要は、少しもなかったのである。

十七

「光源氏、名のみ*ことごとしう、*言ひ消たれたまふ咎《とが》おほかなるに、（源氏自身も）『いとゞ、かゝるすきごとゞもを、末の世にも聞きつたへて、*かろびたる名をや流さむ』と、忍び給ひける*かくろへごとをさへ、語りつたへけん、（世の）人の*物言ひさがなさよ。さるは、いといたく世をはゞかり、*まめだち給ひけるほど、なよびかに、*をかしきことはなくて、（例えば）*交野《かたの》の少将（の如き昔物語の好色家）には、笑はれ給ひけんかし」――「帚木《ははきぎ》」の冒頭に出て来る、この唐突《とうとつ》にも見え、曖昧《あいまい》にも見える文は、研究者の間で、今もいろいろ議論の多いものだが、この文を、「見るに心得べきやうある也」として、初めて注目したのは宣長であった（「玉のをぐし」五の巻）。「蛍の巻」の源氏と玉鬘《たまかずら》との会話に、「物語の大綱総論」を読み取ったのと同じ性質の彼の注意力が、ここにも働いた。文の内容は、源氏の*元服《げんぷく》、結婚までを語った「*桐壺《きりつぼ》」には関係のないもので、「源氏ノ君の壮年のほどの事を、まづとりすべて、一つに評じたる」、その恋物語の「序のごとき」もの、皆、これから先きの巻々で物語ろうとする事柄を指す、そこが、「見るに心得べきやうある」ところだ、と宣長は言う。

「語りつたへけん、人の物言ひさがなさよ」と言っているのだから、当時、既に、語り伝えられた源氏の物語があった、と解するのが自然であり、「河海抄《かかいしょう》」の作者もこれに注意していた事は、勿論《もちろん》、宣長の念頭にあった筈《はず》だが、此の物語の所謂《いわゆる》准拠とは、すべて「たゞ作りぬしの心のうちにある事」という宣長の信念は、ここでも動かなかった。素早く見抜かれたのは、やはり作者の「下心」、今まで誰一人思いも及ばなかった仕事の難かしさを、よく知った作者の「心ばへ」であった。式部は、古女房に成りすまして語りかける、――光源氏の心中も知らぬ「物言ひさがなき」人の言うところを、真に受けてくれるな、「をかしき方」に語られた「交野少将」並みの人物と思ってくれるな、源氏という人を一番よく知っている自分の語るところを信じて欲しい、――宣長は、古女房の眼を打ち守る聞き手になる。源氏という人間につき、作者が聞き手の同意を求めて、親しげに語りかけ、聞き手と納得ずくで遊ぶ物語という格別の国を作ろうと言うのなら、喜んで、その共作者になろうと身構える。

何故、このような事を、繰り返し書くかというと、「源氏」による彼の開眼は、彼が「源氏」の研究者であったという事よりも、先ず「源氏」の愛読者であったという、単純と言えば単純な事実の深さを、繰り返し思うからだ。「帚木」発端の文を、「物語一部の序のごときもの」と言う宣長の真意は、この文の意味を分析的に理解せず、陰《いん》翳《えい》と含蓄とで生きているようなこの文体が、そっくりそのまま、決心し、逡巡《しゅんじゅん》し、心中に想い描いた読者に、相談しかけるような、作者の「源氏」発想の姿そのものだ、というところに根を下している。更に言えば、この文の表現構造は、源氏という物語の主人公を描き出す、作者の技法の本質的なものを規定していて、それが、宣長の、源氏という人物の評価に直結している事を思うからである。

女房は、尚《なお》、念でも押すような語り口で、つづける。「——さしもあだめき、目馴《めな》れたる、うちつけのすき〳〵しさなどは、このましからぬ御本性にて、稀《まれ》には、あながちに（本性を）引きたがへ、心づくしなる事を、御心におぼしとゞむる癖なん、あ*やにくにて、さるまじき御ふるまひも、うちまじりける」——あなた方の「目馴れた」昔物語の主人公とは、恐らく大変違った人間を語る事になるだろうが、既に、「桐壺」で仄《ほの》めかして置いたように、彼の恋物語は、暗いと言ってもいいほど、大変真面目なもので、「すき〳〵しさなどは」その本性に似合わぬものだが、そうと知りつつ、われとわが本性を「引きたがへ」る性行もあるとは困った事だ、云々《うんぬん》。要するに難かしい人物だ、と断って置きたい。源氏という人間を理解するには、「あだなる」とか「まめなる」とかいう浅薄な標準で評価しても駄目である、という宣長の考えは既に書いたが、これが、この「帚木」の一文を踏まえたものである事を、ここでは附言する要もあるまい。

源氏という人物の、辛辣《しんらつ》な品定めをした最初の人は*契沖《けいちゅう》であった（「*源註拾遺《げんちゅうしゅうい》」大意）。「源氏の*薄雲《うすぐも》にことありしは、父子に付ていはゞ、何の道ぞ。君臣に付ていはゞ、又何の道ぞ。*匂兵部卿《にほふひやうぶきやう》の浮舟におしたち給へるは、朋友《ほういう》に付て、何の道ぞ。夕霧薫《かをる》のふたりは、共にまめ人に似たれど、夕霧は*落葉宮におしたちて、*柏木《かしはぎ》の霊に信なく、かほるの*宇治中君の匂兵部卿に迎られての後、度ゝたはぶれしも、罪すくなからず。*春秋の*褒貶《ほうへん》は、善人の善行、悪人の悪行を、面ゝにしるして、これはよし、かれはあしと見せたればこそ、勧善懲悪あきらかなれ。此物語は、一人の上に、美悪相まじはれる事をしるせり。何ぞこれを春秋等に比せん」――言葉が烈《はげ》しくなっているのは、幾百年の間固定していた、「源氏」のもつ教誡《きょうかい》的価値という考えと、絶縁せざるを得なかったが為だ。「式部が、此物語をかくに、人を引てあしくせんとは思ふまじけれど、其身女にて、一部始終、好色に付てかけるに、損ぜらるゝ人も有べし。又聖主賢臣などに准《なず》らへてかける所に、叶《かな》はずして、罪を得たればにや、地獄には入にけん」、物語を在りのままに読みたがらぬ註釈家達の卓説よりも、世間の俗説の方が増しだと言うのである。だが、それなら、此の物語を、どう読んだらいいかという事になると、「定家卿云、可翫詞花言葉。かくのごとくなるべし」と言っただけで、契沖は口を噤《つぐ》んだ。

この公平な研究家には、「源氏」を軽んずる心は少しもなかったが、「万葉代匠記《だいしょうき》」に精神は集中され、「源氏」研究は余技に属した。必ずしも卑下して、「拾遺」と呼んだわけではなかった。ところが、真淵《まぶち》となると大変様子が変って来る。この熱烈な万葉主義者は、はっきりと「源氏」を軽んじた。「皇朝の文は古事記也。其中に、上《かみ》つ代中つ代の文交りて在《あ》るを、其上つ代の文に及《しく》ものなし。中つ代とは、飛鳥藤原などの宮の比《ころ》をいふ。さて奈良の宮に至ては劣りつ。かくて今京よりは、たゞ弱に弱みて、女ざまと成にて、いにしへの、をゝしくして、みやびたる事は、皆失たり。かくて後、承平天暦の比より、そのたをやめぶりすら、又下りて、遂に源氏の物語までを、下れる果とす。かゝれば、かの源氏より末に、文てふものは、いさゝかもなし。凡をかく知て、物は見るべし。その文の拙《つたな》きのみかは、意も言も、ひがことのみ多く成りぬ」(「帰命本願抄言釈」上)

彼の考えでは、平安期の物語にしても、「源氏」は、「伊勢」「大和」の下位に立つ。「伊勢」は勿論だが、「大和」でもまだ「古き意」を存し、人を教えようとするような小賢《こざか》しいところはないが、「源氏」となると、「人の心に思はんことを、多く書きしかば、事にふれては、女房などのこまかなるかたの教がましき、たま〳〵なきにしもあらず。これはた世の下りはてゝ、心せばく、よこしまにのみなりにたるころの女心よりは、さる事をもいひ思へるなるべし」（「大和物語直解」序文）と言う。彼は、なるほど*「源氏物語新釈」という大著を遺したが、「源氏」を「下れる果」とする彼の根本の考えは、少しも動きはしなかった。仕事は、*田安宗武の命による、よんどころないものであった。彼は、気の進まぬままに、「*湖月抄《こげつしょう》」書入本を差出すのに、数年を費《つい》やしたらしい。「かの物語の抄ども、いか成事にか、おほくは、ことはりのたがひあるは、ことはりたらはでなん有を、こたびは、こと少なにて、心明かならん様にとの御事故《ゆゑ》に、いよゝ書にくゝ侍《はべ》り。おのがむかしよりの心には、いかで万葉などを、書明らめなんことをこそ、おもひ侍るに、かゝる事に、年を経ば、さるのぞみもえせで、終りなんぞ、口をしうなん」（書簡、宝暦五年、*鵜殿余野子《うどのよのこ》宛）、「万葉考」に何時《いつ》着手出来るかを思えば、真淵は気もそぞろであった。

彼は、「源氏」を「下れる果」と割り切ってはいたが、実際に「源氏」の註釈をやってみると、言ってみれば、「源氏より末に、文てふものは、いさゝかもなし」という問題に、今更のように直面せざるを得なかった。この方は、手易《たやす》く割り切るわけにはいかない。その真淵の不安定な気持が、「新釈」の「惣考」を読めば直知出来るのである。この物語の「文のさま」は、「温柔和平の気象にして、文体雲上に花美也」と賞《ほ》めてはみるが、上代の気格を欠いて、弱々しいという下心は動かないのだから、文体の妙について、まともな問題は、彼に起りようがない。そこで方向を変え、「只《ただ》文華逸興をもて論ぜん人は、絵を見て、心を慰むるが如し。式部が本意にたがふべし」、と問題は、するりと避けられる。では、「式部が本意」を、何処《どこ》に見たかというと、それは、早くも「帚木」の「品定」に現れている、と見られた。この女性論は、「実は式部の心をしるした」もので、式部は、「此心をもて一部を」書いたのであり、この品定めの文体は「一部の骨髄にして、多くの男女の品、此うちより出る也」とした。「万葉」の「ますらをの手ぶり」を深く信じた真淵には、「源氏」の如き「手弱女《たわやめ》のすがた」をした男性の品定めは、もとより話にならない。まして、一篇の骨髄は、女性による女性論にある。もし作者「此英才をもて、男なりせば、*実録をあらはし、万世の鏡ともなすべきを、*父の嘆のごとく、一たびは惜むべし」。しかし、紫の上を初めとして、多くの女性を語り出した、そのこまやかに巧みな語り口には、男には出来ぬ妙があり、これらはすべて、婦徳の何たるかを現して、遺憾《いかん》がない。それも、特に教えを言い、道を説くという、「漢なる所見えず、本朝の語意にうつして、よむ人をして、あかざらしむ」。要するに、人情を尽しているのだが、これを、いかにも真淵らしい言い方で言う。「私の家々の事にも、人の交らひにも、各《おのおの》*いはでおもふ事の多かるを、いはざれば、各みづからのみの様におもはれて、人心のほど、しりがほにして、しらざる物也。和漢ともに、人を教る書、丁寧に、とくといへど、むかふ人の、いはでおもふ心を、あらはしたる物なし。只、此ふみ、よく其心をいへり」と。*誨淫《かいいん》の書というのは当らぬ。物語られているところは、「人情の分所《ブンショ》」なのであるから、「これをみるに、*うまずしてよくみれば、そのよしあし、自然に心よりしられて、男女の用意」、或《あるい》は「心おきて」ともなるものだ。自分の「惣考」は、*年山安藤為章《たためあきら》の「*紫家七論」に負うところが多いが、源氏と藤壺《ふじつぼ》との間の、あの「*まぎれ」の事にしても、遂に大事に至らずに済んだ、とした作者の書ざまには、「女の筆にて、なだらかなる物」があり、「宮中のおきて正しからず、人情をよくしろしめさぬ故に、まぎれあめり」という意を含んでいると見てよい。「此意を、よく*かうがへむ人は、身をふるはすべきもの也」と言い、更に、「日本の神教其物を以て、*諷喩《ふうゆ》する也」とまで言う。

以上不充分な要約、それも真淵の意を汲《く》もうとした、かなり勝手な要約だが、齢《よわい》を重ねるにつれて、いよいよ強固なものに育った真淵の古道の精神と、彼の性来の柔らかな感性との交錯を、読者にここから感じ取って貰《もら》えれば足りる。真淵の真っ正直な心が、「源氏」という大作の複雑な奥行のうちに投影される様は、想い見られるであろう。宣長は、「玉の小櫛《おぐし》」（寛政八年）に至って、初めて真淵の「新釈」に言及しているが、*先師にこの註釈のあるのは「はやくよりきけれど、いまだ其書をえ見ず。たゞその総考といふ一巻を見たり。その趣、大かた契沖為章がいへるにたり」と言っているに過ぎない。要するに、「源氏」理解については、「いまだゆきたらはぬ」「うはべの一わたりの」「しるべのふみ」の一つ、と考えられているのであるから、「惣考」が何時読まれたかは問題ではあるまい。「新釈」の仕事が完了したのは、宝暦九年だから、大体、「あしわけ小舟《おぶね》」が書き上げられたのと同じ頃である。数年後に成った「紫文要領」は、「新釈」とは全く無関係な著作であった、と見ていいであろう。ただ、宣長を語る上で、無視するのが不可能な真淵である、という理由から、その「源氏」観に触れた。

*秋成《あきなり》も、*藤原宇万伎《うまき》を通じてではあるが、真淵の門下と言っていいのだし、*宣長との論争は、やがて書かねばならないのだし、序《つい》でながら、この人の「源氏」論である*「ぬば玉の巻」について、ここで書いて置くのも無用ではあるまい。「ぬば玉の巻」が書かれたのは、「紫文要領」より十数年の後の事だ。秋成が「紫文要領」を読んでい

たかどうかはわからないが、それは、ここで問題とするには当らない。「ぬば玉の巻」は、まともな「源氏」論ではなく、「源氏」に心酔し、「源氏」を書写している或る法師が、夢に現れた*柿本の大神と語り合い、「源氏」の読み方について蒙《もう》を啓《ひら》かれる、という体裁になっているが、論旨の曖昧は、体裁によるというより、むしろ作者の基本的な考え方に由来しているように思われる。

光源氏について、秋成は、こう言っている。「ひたぶるに情深く」「よろづゆき足れる」人物と一見思われるが、実は、「執念《しうね》く、ねぢけたる所ある」人物で、*秋好《あきこのむ》の宮や玉鬘との関係を見ても、「かゝる心ぎたなき人の、世のまつりごと執《と》るをこそ、眉《まゆ》ひそめらるれ」――「*賢木《さかき》の巻」で「*文王の子、*武王の弟と*ずんじたるは、みづから許して、*周公になずらふとや、いとかたはら痛き」――*須磨《すま》の左遷に見られる無反省も、「教なき*山がつが心なり」――。主人公ばかりではない。物語に登場する男女の心性《こころぐせ》を見れば、皆「同じつらなるあだ人にて、いひもてゆけば、一人《ひとり》として道々しきはあらず」、「人ひとりがうへに、善きと悪《あ》しき打ちまじりたるは、今も求めんに、億兆の中、多くは其人なるべし。それがうへを書き出でたりとて、何ばかりの益《やく》かあらん」。道徳的批判に全く堪えぬような本に、事々《ことごと》しい意味合を附会して尊ぶ事は愚かである。「彼《か》の物語は、いかにもその世の有様を打ちはへて、いと面白く作りなしたれば、世の人の目を喜ばしむるさかしわざなれど、強《し》ひては何ばかりの益《やく》なき、いたづら言なり。かうやうの書《ふみ》は、京極*の中納言の、たゞ詞花言葉をのみもてあそべと、さだし置かれたるぞ、げにことわりなりける」――これは、明らかに、契沖の考え方、その言い方まで踏襲したものである。

「源氏」の詞花言葉については、恐らく秋成は真淵より鋭敏だった、と言ってもよかろう。彼が、これを翫《もてあそ》んで、「雨月物語《*うげつ》」を書いた事は、その序を読んだだけでも明らかな事だ。彼は物語作者として、「読ム者ノ心気ヲシテ洞越*タラシム」という「源氏」の名文を、素直に範とすれば足りた。範として成った自作を、「鼓腹之閑話*」と反語的に評価して置けば足りた。だが、学者として「源氏」を評価するとなれば、これは別事であった。「ぬば玉の巻」を書きながらも、作者秋成が顔を出し、「もろこしにさへ、比べ挙ぐべきはいと稀なる」「たぐひなき上衆《じやうず》の筆」と式部の文才を称《たた》えるまでは易《やさ》しかったが、物語の内容に触れ、物語の「大旨」を問うという事になれば、むつかしい事になった。難かしいままに、彼は真淵の考えに助けを求め、「一部のおほむね」は、作者が「雨夜の物語」を書いた「筆のすさみの行くに任せて、そこはかとなく書きひろめたる」所にあるとした。「妹夫《*いもせ》の中」を語るのが主であるから、話は自《おのずか》ら男の上に、その世の栄えにまで及ぶのだが、実は作者自身の、「げにもめゝしき心の限りを書きつくしたるなりけり」とする。この物語には、父為時《ためとき》＊の筆が加っていたと言う人もあるが、「ふみの心のめゝしきを思はゞ、さる論がましき事の、益《やく》なく思ふのみ」、「強ひて、是《これ》よまん心しらひを求めば、男も女も、世にある人のうへを語り出でたるが、おほよそ隠るゝ隈《くま》＊なく、あなぐり出でしかば、読む人、おのれ〳〵がきたなき心根を、書きあらはされて、今よりを慎しむべき戒ともなりなまし」。尤《もつと》もこれは、強いて言えばというだけの話であって、作者は、それが目的で物語を書くような愚かな女性ではなかった。彼女の聡明は否定し難いのであり、「蛍の巻」に、「これら（物語）にこそ、みち〳〵しく、くはしきことはあらめ」という言葉があるが、「空言《そらごと》書くもの、詞《ことば》の花々しきにて」、式部当人が、そんな事を考えていた筈はない。

わが国の「人の道の教」というものは、元はと言えば「もろこし＊の聖《ひじり》の君の教というが始なるべし」、しかし、「おのが常のねがひに違ひ、事毎《ことごと》に情《こころ》を枉《ま》げられ、読む程にさへ、聞くばかりにさへ、息づきのみせらるゝには、誰かは是を身に行はん」。それならば、教えを「学ぶといふは、古《いにしへ》の例《ためし》どもを、広く知るのみのいたづら事なりけり」、従って、「おのづからなる大和魂は、物学ばぬ人のみにとゞまりて、儒士《はかせ》、法師とて物いふ人には、さらに〳〵あらずなりにたり」、恐らく式部は、その事をよく知っていた女性であった、と秋成は考える。知ってはいたが、「たゞ、時の勢の推すべからぬをおそり、又おほやけの聞しめしを憚《はばか》りつゝ、いかにも〳〵うちかすめ、あだ〳〵しく作りなせるは、*ざえある人のしわざ」と言わねばならぬ。ただ、何分にも女の身の事であるから、「めゝしき心もて、書きたるには、所々ゆきあはず、且《かつ》おろかげなる事も多」いのは致し方がない。そこを思って読めば、「秋の夜の長きを、明かしかぬる心なぐさには、成りぬべき物」だが、それを「思ひかねては、深きに過ぎ、さかしらに耽《ふけ》りて、とざまかうざまにもてつけて云ふ」のが、愚かだと言うのである。

さて、これも亦《また》序《つい》でながら言う事だが、谷崎潤一郎氏の晩年の随筆集に、*「雪後庵夜話」がある。その中に、この、現代で最も「源氏」に関心を寄せた作家の、率直な意見が見られる。光君と呼ばれた人物は、谷崎氏には、よほどやり切れない男と映っていたらしく、秋成の「執念《しうね》く、ねぢけたる所ある君」と言う、その言い方に大変よく似た書ざまなのが面白い。例えば、須磨へ流されたこの男の詠《よ》んだ歌にしても、本心なのか、口を拭《ぬぐ》っているのか、「前者だとすれば随分虫のいい男だし、後者だとすればしらじらしいにも程がある、と言いたくなる」、「源氏の身辺について、こういう風に意地悪くあら捜しをしだしたら際限がないが、要するに作者の紫式部があまり源氏の肩を持ち過ぎているのが、物語の中に出てくる神様までが源氏に遠慮して、依怙《えこ》贔屓《ひいき》をしているらしいのが、ちょっと小癪《こしやく》にさわるのである」、「それならお前は源氏物語が嫌いなのか、嫌いならなぜ現代語訳をしたのか、と、そういう質問が出そうであるが、私はあの物語の中に出てくる源氏という人間は好きになれないし、源氏の肩ばかり持っている紫式部には反感を抱かざるを得ないが、あの物語を全体として見て、やはりその偉大さを認めない訳には行かない」――これで見ると、谷崎氏には、秋成の場合とほぼ同じように、言わば作家と批評家との分裂が起った、と言えそうである。同じ文章の終りで、谷崎氏は、鷗外の「源氏」悪文説に触れている。婉曲《えんきょく》な言い方ではあるが、はっきりした抗議を蔵しているものと察せられる。「*細雪《ささめゆき》」は、「*源氏」現代語訳の仕事の後で書かれた。谷崎氏が「源氏」の現代語訳を試みた動機、自分には一番切実なものだが、人に語る要もない動機は、恐らく「源氏」の名文たる所以《ゆえん》を、その細部にわたって確認し、これを現代小説家としての、自家の技法のうちに取り入れんとするところにあったに相違あるまい、と私は思っている。作家潤一郎にとっては、別して「源氏」の偉大さを論じてみなくても、それで充分であったろう。が、「源氏」の作者の「めゝしき心もて」書かれた人性批評の、「おろかげなる」様は記して置かねばならなかった。そういう次第で、秋成を書いていて、潤一郎を聯想《れんそう》するのは、私には自然な事だが、谷崎氏の「源氏」経験というものは、今日の文学界では、想えば大変孤独な事件なのである。谷崎氏が触れた鷗外の「源氏」悪文説にしても、

*与謝野晶子《よさのあきこ》の「*新訳源氏物語」の*序に由来するものと思われるが、これは、鷗外の名声が、話を大げさに仕立て上げて了《しま》ったというだけの事らしく、鷗外自身には、特に「源氏」悪文説を打出す興味さえなかったであろう。本文を読めば、一向に気のない、遠慮勝ちなその書きざまに、鷗外の「源氏」への全くの無関心を読み取るのは易しいのである。これに漱石の名を加えるなら、わが国の近代文学の二大先達に見られるこの無関心は、今日も尚続いていると言って過言ではあるまい。「光源氏、名のみこと〳〵しう」と言えよう。

「源氏物語」、特にその「後篇たる宇治十帖の如きは、形式も描写も心理の洞察も、欧洲近代の小説に酷似し、千年前の日本にこういう作品の現われたことは、世界文学史の上に於て驚嘆すべきことである」。これは、昭和九年に発表された「文学評論」のうちにある、*正宗白鳥氏の言葉だ。無論、正宗氏の意見は、「源氏」に驚嘆した上でのことであって、ここに引用したのも、谷崎氏の孤独な経験を除くと、作家らしい、個性的な「源氏」経験を、はっきり表明している人は、正宗氏の外《ほか》の著名な作家には、見当らないからである。

谷崎氏が「源氏」に惹《ひ》かれたのはわかるが、正宗氏とは意外である、というような、お座なりな事は言わぬがよい。「雪後庵夜話」の中に、「夢の浮橋」の思い出があるが、正宗氏の、これを評した亡くなる数年前の文中に曰《い》わく、「この作者は純日本の文学境地に徹しているらしく、翻訳的人生観、翻訳的文学鑑賞に累《わずら》わされていない。こういう純粋味の作家は今後は出現しないのであろう。私は、幾つかの現代作家論を書いているが、まだ谷崎潤一郎論は書いていない。そして、人としても、作家としても、私自身と全く異っているこの作家に異様な興味を覚えるのを不思議に思っている。そして、それを一度解決して見たいと思っている」と。解決はされなかったようだが、その辺の事は、正宗氏に倣《なら》って、不思議と言って置く方がいいだろう。正宗氏は、鷗外と違って、全く率直な「源氏」悪文論者である。いや、論者とは言えないかも知れない。たまたまウェレイ*の「源氏」英訳に接し、これを、原文の退屈と曖昧とを救った「名訳」と感じ、この「創作的翻訳」を通じて、はじめて「源氏」に感動することを得た、と言う。「紫式部の『物語』には随《つ》いて行けない気がして、この舶来の『物語』によって、新《あらた》に発見された世界の古文学に接した思いをしている」という、まことに勝手な経験談が語られるのである。そして、谷崎氏が口籠《くちごも》った「源氏の偉大さ」について、このように言う。「日本にもこんな面白い小説があるのかと、意外な思いをした。小説の世界は広い。世は、バルザックやドストエフスキーの世界ばかりではない。のんびりした恋愛や詩歌管絃《かんげん》にふけっていた王朝時代の物語に、無限大の人生起伏を感じた。高原で星のきらめく広漠たる青空を見たような気がした」(「最近の収穫」)と。*

十八

余談はもうこの辺で切り上げようと思うが、必ずしも道草を食ったわけではない。賢明なる読者には、余談にかまけた、私の下心は既に推察して貰えたと思うが、「定家卿云、可翫詞花言葉。かくのごとくなるべし」という契沖が遺した問題は、誰の手も経ず、そっくりそのまま宣長の手に渡った。宣長がこれを解決したと言うのではない。もともと解決するというような性質の問題ではなかった。なるほど契沖の遺したところは、見たところほんの片言に過ぎない。事実、真淵のような大才にもそう見えていた。「源氏」は物語であって、和歌ではない、これを正しく理解するには、「只文華逸興をもて論」じてはならぬ、という考えから逃れ切る事が出来なかった。宣長は、言わば、契沖の片言に、実はどれほどの重みがあるものかを慎重に積ってみた人だ。曖昧な言い方がしたいのではない。そうでも言うより他はないような厄介な経験に、彼は堪えた。「源氏」を正しく理解しようとして、堪え通してみせたのである。宣長の「源氏」による開眼は、研究というよりむしろ愛読によった、と先きに書いた意味もここにつながって来る。「源氏」という物に、仮りに心が在ったとしても、時代により人により、様々に批評され評価されることなど、一向気に掛けはしまい。だが、凡《およ》そ文芸作品という一種の生き物の常として、あらゆる読者に、生きた感受性を以て迎えられたいとは、いつも求めて止《や》まぬものであろう。一般論による論議からは、いつの間にか身をかわしているし、学究的な分析に料理されて、死物と化する事も、執拗《しつよう》に拒んでいるのである。作品の門に入る者は、誰もそこに掲げられた「可翫詞花言葉」という文句は読むだろう。しかし詞花言葉を翫《もてあそ》ぶという経験の深浅を、自分の手で確かめてみるという事になれば、これは全く別の話である。

＊坪内逍遥《しょうよう》は、「＊小説神髄」で、欧洲の近代小説の発達に鑑《かんが》み、我が国の文人ももう一度小説の何たるかを反省するを要すると論じた。文学史家によって、我が国最初の小説論とされているのは、よく知られている。作家は、小説の作意を、娯楽、或は勧＊《かん》懲《ちょう》に発する、という長い間の迷夢から醒《さ》め、「畢竟《ひっきょう》、小説の旨《むね》とする所は、専《もっぱ》ら人情世態の描写にある」事を悟るべきである。その点で、「玉のをぐし」にある物語論は、まことに卓見であり、「源氏」は、「写実派」小説として、小説の神髄に触れた史上稀《け》

有《う》の作である。この意見は有名で、「源氏」や宣長を言う人達によって、屢々《しばしば》言及されるところだが、逍遥が、「源氏」や宣長の著作に特に関心を持っていたとは思えないし、ただ小説一般論に恰好《かっこう》な思い附きを出ないのだが、逍遥の論が、文学界の趨勢《すうせい》を看破した上でのものだった事には間違いはないのだから、思い附きも時の勢いに乗じて力強いものとなった。ここでは、大ざっぱに言って置けば足りるので、大ざっぱに言うのだが、写実主義とか現実主義とか呼ばれる、漠然とはしているが強い考えの波に乗り、詩と袂《たもと》を分った小説が、文芸の異名となるまで、急速に成功して行く、誰にも抗し難い文芸界の傾向のうちに、私達はいる。「源氏」の詞花が、時が経るに従い陳腐となり、難解となる、と皆他人事《ひとごと》のように考えているが、実は、そうなる事を、私達が先ず欲していなければ、決してそうなりはしない。「源氏」は、逍遥の言うように、写実派小説でもなければ、白鳥の言うように、欧洲近代の小説に酷似してもいないが、そう見たい人にそう見えるのを如何《いかん》ともし難い。鷗外によって早くも望まれた、現代語訳という「源氏」への架橋は、今日では「源氏」に行く一番普通な往還となったが、通行者達は、街道が、写実小説と考えられた「源氏」にしか通じていない事を、一向気に掛けない。これは、わが国の古典の現代語訳、西洋文学の邦訳の今日に於ける効用性とは、一応切離して考えられる事であり、もし詞《ことば》より詞の現わす実物の方を重んずる、現実主義の時代の底流の強さを考えに入れなければ、潤一郎や白鳥に起った、一見反対だが同じような事、つまり、どんな観点も設けず、ただ文芸作品を文芸作品として自由に味わい、動かされていながら、その経験の語り口は、同じように孤独で、ちぐはぐである所以《ゆえん》が合点出来ない。私は、ここで、時の勢いをとやかく言っているのでもないし、自分流の「源氏」論を語ろうとするのでもない。ただ、「源氏」の理解に関して、私達が今日、半ば無意識のうちに追込まれている位置を意識してみる事は、宣長の仕事を理解する上で、どうしても必要だと思っているだけなのだ。

専門化し進歩した「源氏」研究から、私など多くの教示を得ているのだが、やはり其処《そこ》には、詞花を翫《もてあそ》ぶというより、むしろ詞花と戦うとでも言うべき孤独な図が、形成されている事を思わざるを得ない。研究者達は、作品感受の門を、素速く潜《くぐ》って了《しま》えば、作品理解の為の、歴史学的社会学的心理学的等々の、しこたま抱え込んだ補助概念の整理という別の出口から出て行って了う。それを思ってみると、言ってみれば、詞花を翫ぶ感性の門から入り、知性の限りを尽して、又同じ門から出て来る宣長の姿が、おのずから浮び上って来る。出て来た時の彼の自信に満ちた感慨が、「物語といふもののおもむきをばたづね」て、「物のあはれといふことに、心のつきたる人のなきは、いかにぞや」（「玉のをぐし」一の巻）という言葉となる。

「源氏ヲ一部ヨクヨミ心得タラバ、アツパレ倭文《ワブン》ハカヽルヽ也。シカルニ今ノ人、源氏見ル人ハ多ケレド、ソノ詞一ツモ我物ニナラズ、（中略）源氏ニカギラズ、スベテ歌書ヲ見ルニ、ソノ詞一〳〵、ワガモノニセント思ヒテ見ルベシ」。これは「あしわけ小舟」の中にあった文だが、早くから訓詁《くんこ》の仕事の上で、宣長が抱いていた基本的な考えであった。彼の最初の「源氏」論「紫文要領」が成った頃に、「*手枕《たまくら》」という擬古文《ぎこぶん》が書かれたという事実は、看過する事が出来ない。

周知のように、*六条御息所《ろくじようのみやすどころ》という女性は、「物の怪《け》」の役をふられて、「物語」の運びに深く関係して来る登場人物であるが、彼女は、「夕顔の巻」で、源氏君の枕上に、突然「いとをかしげなる女」の姿で坐る。読者は勿論《もちろん》、源氏自身にも、その正体はわからない。物語は、そういう風に書かれている。この女君と源氏との間にあった過去の情交については、何も書かれていない。もし作者の省筆を補うなら、「*空蟬《うつせみ》」と「夕顔」との間に、もう一巻挿入出来るであろうという想像が、宣長の「手枕」となった。宣長は、「夕顔」の唐突な書き出しに不審を抱いたわけではない。物語には、今は伝わらぬ欠巻が存したかも知れぬというような考えは、彼にはなかった。恐らく、彼の眼には、作者の省筆が、類《たぐ》いまれなる妙手にして、はじめて可能であった物語の趣向と映っていたに相違ないのであって、「手枕」は、彼自身には、上梓《じょうし》の意など少しもなかった純然たる戯作《げさく》と見るより他はない。言葉を代えれば、「手枕」をものした彼の動機は、ひたすら「源氏」の詞花言葉を翫《もてあそ》ばんとしたところにあったのであり、事実、その詞を我物にした宣長の姿を、これを読む者は納得せざるを得ない。「源氏」の詞に熟達しよう、これを我物にしようとする努力を自省すれば、そこから殆《ほとん》ど自動的にどんな意味が生じて来るか、それが彼が摑《つか》んだ「物のあはれといふ心附き」である。彼の「源氏」理解という経験は、享受と批評という人為的な区別を、少しも必要とはしていなかったのである。

宣長は「源氏」を「歌物語」と呼んだが、これには彼独特の意味合があった。「歌がたり」とか「歌物がたり」とかいう言葉は、歌に関聯《かんれん》した話を指す、「源氏」時代の普通の言葉であるが、宣長は、「源氏」をただそういうもののうちの優品と考えたわけではない。この、「源氏」の詞花の執拗な鑑賞者の眼は、「源氏」という詞花による創造世界に即した真実性を、何処《どこ》までも追い、もし本質的な意味で歌物語と呼べる物があれば、これがそうである、驚くべき事だが、他にはない、そう言ったのである。

では彼は、この後にも先きにもない詞花の構造の上で、歌と物語が、どんな風に結び附いているのを見たか。「歌ばかりを見て、いにしへの情を知るは末也。此物語を見て、さていにしへの歌をまなぶは、其古《いにしへ》の歌のいできたるよしをよくしる故に、本が明らかになるなり」（「紫文要領」巻下）、彼はそういう風に見た。情*

「源氏」は、ただ歌を鏤《ちりば》め、歌詞によって洗煉《せんれん》されて美文となった物語ではない。情に流され無意識に傾く歌と、観察と意識とに赴く世語りとが離れようとして結ばれる機微が、ここに異常な力で捕えられている、と宣長は見た。彼が、末とか本とかいう言葉で言いたかった真意は、恐らく其処にある。彼の「源氏」論全体から推して、そう解していいと思う。「源氏」の内容は、歌の贈答が日常化し習慣化した人々の生活だが、作者は、これを見たままに写した風俗画家ではなかった。半ば無意識に生きられていた風俗の裡《うち》に入り込み、これを内から照明し、その意味を摑み出して見せた人だ。其処に、宣長は作者の「心ばへ」、作品の「本意」を見たのであるが、この物語に登場する人達は、誰一人、作者の心ばえに背《そむ》いて歌は詠めていないのである。歌としての趣向を凝《こら》して自足しているようなものは一つもないし、と言って、其の場限りの生活手段、或は装飾として消え去るような姿で現れているものもない。すべては作者に統制され、物語の構成要素として、生活の様々な局面を点綴《てんてい》するように配分されている。

例えば、作者が一番心をこめて描いた源氏君と紫の上との恋愛で、歌はどんな具合に贈答されるのか。まことに歌ばかり見て、恋情を知るのは末なのである。いろいろな事件が重なるにつれて、二人の内省家は、現代風に言って互に自他の心理を分析し尽す。二人の意識的な理解は行くところまで行きながら、或はまさにその故に、互の心を隔てる、言うに言われぬ溝が感じられる。孤独がどこから現れ出たのか、二人とも知る事が出来ない。出来ないままに、互に歌を詠み交わすのだが、この、二人の意識の限界で詠まれているような歌は、一体何処から現れて来るのだろう。それは、作者だけが摑んでいる、この「物語」という大きな歌から配分され、二人の心を点綴する歌の破片でなくて何であろう。そんな風な宣長の読み方を想像してみると、それがまさしく、彼の「此物語の外に歌道なく、歌道の外に此物語なし」という言葉の内容を成すものと感じられて来る。

彼が歌道の上で、「物のあはれを知る」と呼んだものは、「源氏」という作品から抽《ひ》き出した観念と言うよりも、むしろそのような意味を湛《たた》えた「源氏」の詞花の姿から、彼が直《じ》かに感知したもの、と言った方がよかろう。彼は、「源氏」の詞花言葉を翫《もてあそ》ぶという自分の経験の質を、そのように呼ぶより他はなかったのだし、研究者の道は、この経験の充実を確かめるという一と筋につながる事を信じた。この道を迷わすものを、彼は「魔」という強い言葉で呼んだ。「抑《そもそも》いましめのかたに、ひきいるゝを、此物語の魔也といふいはれはいかにといふに、いましめの心をもて見るときは、物語のさまたげとなる故に、しかいふ也。なにとてさまたげとはなるぞといふに、いましめの方に見るときは、物の哀《あはれ》をさます故也。物のあはれをさますは、此物語の魔にあらずや。又歌道の魔にあらずや」（「紫文要領」巻下）。ここで、彼が特に「いましめの方」を言っているのは、「河海抄《かかいしよう》」以来「紫家七論」に至るまで、「源氏」研究の大勢は、この観点に立ったものだったからだ。それよりも、ここで使われている「魔」という言葉の意味の方が、余程強い事を考えた方がよい。

「魔」は「物の哀」をさますと言う。では、「物の哀」とは夢であり、現実の側から現れる「魔」によって醒めるのか。誤解しなければ、そう言っても少しも差支《さしつか》えはあるまい。詞花の工夫によって創り出された「源氏」という世界は、現実生活の観点からすれば、一種の夢というより他はない。質の相違した両者の秩序の、知らぬうちになされる混同が、諸抄の説の一番深いところにある弱点である事を、宣長は看破していた。「源氏」が精緻《せいち》な「世がたり」とも見えたところが、人々を迷わせたが、その迫真性は、作者が詞花に課した演技から誕生した子であり、その点で現実生活の事実性とは手は切れている。「源氏」という、宣長の言う「夢物語」が帯びている迫真性とは、言語の、彼の言う「歌道」に従った用法によって創り出された調べに他ならず、この創造の機縁となった、実際経験上の諸事実を調査する事は出来るが、先ずこの調べが直知出来ていなければ、それは殆ど意味を成すまい。「源氏」が作者不詳の作であっても、その価値に変りはないし、作者の「日記」も、作に照らされなければ、その意味を完了しまい。

光源氏という人間は、本質的に作中人物であり、作を離れては何処にも生きる余地はない。宣長は、これを認識した最初の学者であったが、又、個性的な開眼を孕《はら》んだ、その認識の徹底性に於いて、最後の人だったとも言える。光源氏を、「執念《しうね》く、ねぢけたる」とか、「虫のいい、しらじらしい」とかと評する秋成《あきなり》や潤一郎の言葉を、宣長が聞いたとしても、この人間通には、別段どうという事はなかったであろうが、「源氏」を理解しようとする良心からすれば、そのような人物評は冗談に過ぎない、とは、はっきり言ったであろう。彼は、「源氏」を論じて、この種の光源氏の品定め、実生活を拠《よ》りどころとする品定めを一切しなかった。作者の「心ばへ」、この主人公を生けるが如く描き出した、作者の創作の方法が、これを拒んでいると見たからだ。「雨夜の品定」に、当時の社会人たる式部の女性観を見るのはよいが、「源氏」の作者としての式部が、其処にどのような趣向を意識していたかは別の話だ。宣長は、「雨夜の品定」の、自由で繊細な実際生活に立つ人物評が、遂に挫折《ざせつ》するのを見た。いや挫折させたのが作者の趣向であり、「極意」であったと見た事は、既に書いた通りである。

作者は、「よき事のかぎりをとりあつめて」源氏君を描いた、と宣長が言うのは、勿論、わろき人を美化したという意味でもなければ、よき人を精緻に写したという意味でもない。「物のあはれを知る」人間の像を、普通の人物評のとどかぬところに、詞花によって構成した事を言うのであり、この像の持つ疑いようのない特殊な魅力の究明が、宣長の批評の出発点であり、同時に帰着点でもあった。彼が使った「いましめの方」の「いましめ」という言葉は広義であり、今日では、まず「思想」という言葉と受取っても差支えなかろう。とすれば、彼は、式部を無論、思想家とは考えなかったし、源氏君に備わる、その表現性は、全く純一であって、思想という知的に構成された異物は、少しも混っていないと断言したと言える。彼はこれを、「もろこしの書の習気のうせぬあひだは、此物語の意味は、えしるまじき事也」という言葉で現した。*

式部は、当時の一流知識人として儒仏の思想に通じていた事に間違いないし、恐らくこれを素直に受け納れていたであろう。宣長に、それくらいの事が見えていなかった筈《はず》はないが、彼は、そういうものの影響から、「此物語の意味」を知る事は不可能である事を、もっとよく見ていた。影響にもかかわらず、何故式部は此の物語を創り得たかに、彼の考えは集中していたとまで言ってよい。この、宣長の「源氏」論の、根幹を成している彼の精神の集中は、研究の対象自体によって要請されたものであった。それは、詞花言葉の工夫によって創り出された、物語という客観的秩序が規定した即物的な方法だったので、決して宣長の任意な主観の動きではなかった。彼は、「源氏」を、漠然と感動的に読んだのではない。

「源氏」という物が直接に示す明瞭な感動性、平凡な日常の生活感情の、生き生きとした具体化を為し遂げた作者の創造力或は表現力を、深い意味合で模倣してみるより他に、此の物語の意味を摑む道は考えられぬとした。この徹底性に着目すれば、彼の「源氏」論を、文芸の自律性を説いたものと、解りやすく要約して了う事は出来ない。「源氏」を成立させた最大で決定的な因子は、この、言語による特殊な形式に関し、この作家に与えられた創造力にあるのであり、これに比べれば、この作家の現実の生活や感情の経験など言うに足りない、そういう、今日でも猶《なお》汲み尽す事の出来ないむつかしい考えが、宣長の「源氏」論を貫き、これを生かしているのである。

彼の言う「あはれ」とは広義の感情だが、なるほど、先ず現実の事や物に触れなければ感情は動かない、とは言えるが、説明や記述を受附けぬ機微のもの、根源的なものを孕んで生きているからこそ、不安定で曖昧なこの現実の感情経験は、作家の表現力を通さなければ、決して安定しない。その意味を問う事の出来るような明瞭な姿とはならない。宣長が、事物に触れて動く「あはれ」と、「事の心を知り、物の心を知る」事、即ち「物のあはれを知る」事とを区別したのも、「あはれ」の不完全な感情経験が、詞花言葉の世界で完成するという考えに基く。これに基いて、彼は光源氏を、「物のあはれを知る」という意味を宿した、完成された人間像と見たわけであり、この、言語による表現の在るがままの姿が、想像力の眼に直知されている以上、この像の裏側に、何か別のものを求めようとは決してしなかったのである。

光源氏は、言わば宣長の信ずる「歌道」の達人の役をふられて演技するのであるから、演技の法則に従って、「雲隠」れしたのを、宣長は当然の事とした。本文を欠き、巻名ばかりが古来伝えられているという、文学史家にとっては訝《いぶか》しい問題の詮議《せんぎ》などには、宣長は何の興味も示していない。彼は自分の方法に従って、「巻の名に、源氏君のかくれ給へることをしらせて、其事をば、はぶきてかゝざるにて、紫式部の、ふかく心をこめたること也」(「玉のをぐし」八の巻)と断言して、少しも疑わなかった。*もし、かなしさの限りを尽したこの人物の、「かなしさをかゝむとせば、たがうへのかなしみにかはかくべき」（「玉のをぐし」八の巻）。源氏君は、人情風儀に従い、力の限り、忍耐強く、作者が、「あやしきまで、御心長く」（「若菜」上）と言った役柄を演じ終れば、＊嵯峨《さが》院の隠棲《いんせい》生活の、現実の時間を無視していい筈であった。浮舟も亦《また》、「あやしき不用の人」として「雲隠」れしたではないか。

「源氏」による宣長の開眼は、彼自身には端的なものであったが、説明しようとなると大変困難なものであった。「物のあはれを知る」という言葉も、不器用な説明語に過ぎない事を、彼自身よく知っていた事については、既に彼の「物のあはれ」論を書いた時に言及した。

歌人にとって、先ず最初にあるものは歌であり、歌の方から現実に向って歩き、現実を照らし出す道は開けているが、これを逆に行く道はない。これは、宣長が、「式部が心になりても見よかし」と念じて悟ったところであって、従って、「物のあはれを知る」とは、思想の知的構成が要請した定義でも原理でもなかった。彼の言う「歌道」とは、言葉という道具を使って、空想せず制作する歌人のやり方から、直接聞いた声なのであり、それが、人間性の基本的な構造に共鳴する事を確信したのである。彼は、「いましめの方」から、この確信に達したのではないが、この確信から出発すれば、「いましめの方」に向って自由な視点は開けていた。「法師の物のあはれしらぬといふいはれは（中略）それはもと仏の深く物の哀をしれる御心より、此世の恩愛につながれて、生死をはなるゝ事あたはざるを、哀とおぼすよりの事なれば、しばらく此世の物の哀は、しらぬものになりても、実は深く物の哀をしる也。儒道も心ばへは同じ事也。されば是《これ》等は、つねの物の哀しらぬ人と、一口にはいひがたし。儒仏は物の哀しらぬやうなるが其道にして、畢竟《ひつきやう》は、それも物の哀しるよりおこれる事也。物語は、さやうの教誡《けうかい》の書にはあらざるゆへに、たゞその眼前《メノマヘ》の物の哀をしり、又その仏の慈悲、聖人の仁義の心をも、物の哀としるゆへに、とかく一偏《ヒトムキ》にかたよることはなく、とにかくに物の哀をしる事をかける也」（「紫文要領」巻上）。「孔子もし是を見給はば、*三百篇ノ詩をさしをきて、必《かならず》此物語を、*六経《りくけい》につらね給ふべし。孔子の心をしれらん儒者は、*必まろが言を*過称とはえいはじ」（「紫文要領」巻下）

十九

「宣長三十あまりなりしほど、*県居《あがたゐ》ノ大人《うし》のをしへをうけ給はりそめしころより、古事記の注釈を物せむのこゝろざし有て、そのこと、うしにも*きこえけるに、さとし給へりしやうは、われもともとより、*神の御《ミ》典《フミ》をとかむと思ふ心ざしあるを、そはまづ*からごゝろを清くはなれて、古《いにし》へのまことの意を、たづねえずばあるべからず。然《しか》るに、そのいにしへのこゝろをえむことは、古言を得たるうへならではあたはず。古言をえむことは、万葉をよく明らむるにこそあれ。さる故に、吾は、まづもはら万葉をあきらめんとする程に、すでに年老て、のこりのよはひ、今いくばくもあらざれば、神の御ふみをとくまでにいたることえざるを、*いましは年さかりにて、行さき長ければ、今よりおこたることなく、いそしみ学びなば、其心ざしとぐること有べし。たゞし、世ノ中の物まなぶともがらを見るに、*皆ひきゝ所を経ずて、*まだきに高きところにのぼらんとする程に、ひきゝところをだに、*うることあたはず。まして高き所は、*うべきやうなければ、みな*ひがことのみすめり。此むねをわすれず、心にしめて、まづひきゝところより、よくかためおきてこそ、たかきところにはのぼるべきわざなれ。わがいまだ神の御ふみをえとかざるは、もはら此ゆゑぞ。*ゆめ*しなをこえて、まだきに高き所を*なのぞみそと、*いとねもころになん、いましめさとし給ひたりし、此御さとし言の、いとたふとくおぼえけるまゝに、いよ〳〵万葉集に、心をそめて、深く考へ、くりかへし問ヒたゞして、いにしへのこゝろ詞《ことば》をさとりえて見れば、まことに世の物しり人といふものの、神の御ふみ説《トケ》る趣は、みなあらぬ*から意のみにして、*さらにまことの意はええぬものになむ有ける」（「玉かつま」二の巻）

右は、晩年の宣長が、「あがたゐのうしの御さとし言」として回想したところである。その通りだったであろう。ただ、こういう事は言える。学問の要は、「古言を得る」という「低《ひき》き所」を固めるにある、これを怠って、「高き所」を求めんとしても徒事である、そう真淵《まぶち》から言われただけで、宣長が感服したわけはない。その事なら、宣長は早くから契沖《けいちゅう》に教えられていたのだし、真淵にしても、この考えを、自家の発明と思っていたわけではない。この晩成の大学者が、壮年期、*郷里を去って身を投じた江戸の学問界は、*徂徠《そらい》学の盛時に当っていた。「心法理窟《りくつ》の沙汰《さた》」の高き所に心を奪われてはならぬ、「今日の学問はひきくひらたく只《ただ》文章を会得《ゑとく》する事に止り候」(「徂徠先生答問書」下)と思え。これが、古文辞《こぶんじ》学の学則であった。だが、学則の真意は、これを実行した人にしか現れはしないし、「低《ひき》き所をかためる」為に、全人格を働かせてみて、其処《そこ》に現れて来る意味が、どんなに豊かなものかを悟るには、大才を要するであろう。真淵が「万葉」について行ったのはそれである。ここに彼の経験談を引いて置く。読者は、*仁斎《じんさい》の使った「体翫」という言葉を、そっくりそのまま真淵の「万葉」体翫と使ってよい事を、納得されるであろう。

「万葉を読んには、今の*点本《てんぽん》を以て、意をば求めずして、五行《タビ》よむべし。其時、大既訓例も語例も、前後に相照されて、おのづから覚ゆべし。さて後に、意を大かたに吟味する事一行《タビ》して、其後、活本に今本を以て、字の異を傍書し置て、*無点にて読べし。初はいと心得がたく、又はおもひの外《ほか》に、先訓を思ひ出られて、よまるゝ事有べし。極めてよまれぬ所〳〵をば、又点本を見るべし。実によくよみけりとおもはるゝも、其時に多かるべし。かくする事数篇に及で後、古事記以下*和名抄までの古書を、何となく見るべし。其古事記、日本紀或は*式の*祝詞《のりと》ノ部、代々の*宣命《せんみやう》の文などを見て、又万葉の無点本を取て見ば、独《ひとり》大半明らかなるべし。それにつきては、今の訓点かく有まじきか、又はいとよく訓ぜし、又は決て誤れりといふ事を知、且《かつ》文字の誤、*衍字《エンジ》、脱字ならんといふ事をも、疑出来べし。疑ありとも、意におもひ得んとすれば、また僻事《ひがごと》出来るなり。千万の疑を心に記し置時は、書は勿論《もちろん》、今時の諸国の方言俗語までも、見る度《たび》聞ごとに得る事あり。さて後ぞ、案をめぐらすに、おもひの外の所に、定説を得るものなり。然《しか》る時は、点本はかつて見んもうるさくなるべし、其心を得る人も、傍訓にめうつりして、心づくべき所も、よみ過さるゝ故に、後には訓あるは害なり」（「*万葉解通釈并《ならびに》釈例」）――形は教えだが、内容は告白である。宣長は、「源氏」体翫の、自身の経験から、真淵の教えの内容が直知出来なかった筈《はず》はない。それが、「此御さとし言の、いとたふとくおぼえける」と言う言葉の意味なのである。

尤《もつと》も宣長の宝暦十三年の「日記」にも、「五月廿《にじふ》五日、*岡部衛士当所*新上屋一宿、始対面《テス》」とあるだけで、二人の間で、実際どんな話が交わされたか知る由《よし》はない。右にあげた真淵の「万葉解」は、彼の畢生《ひっせい》の大作「万葉考」の先駆、その総説とも言うべきものだが、*上野寛永寺の宮の命によって、*倉卒《そうそつ》のうちに書かれたものであり（寛延二年）、無論、宣長の眼に触れていたわけはない。が、両人会見の頃は、真淵は「万葉考」の第一篇の仕上げに専念していたし、「万葉」を談じて、右のような話をしなかったとは言えない。ともあれ、その辺りに当然存する事の機微は、宣長自身の語るところから聞き分ける他はない。幸いにして、彼の遺した回想文は、充分私達の味読に堪えるものである。少々長くなるが、いかにも宣長らしい、言わば何気ない姿をした名文であるから、読んで欲しいと思う。

「京に在しほどに、*百人一首の改観抄を、人にかりて見て、はじめて*契沖といひし人の説をしり、そのよにすぐれたるほどをもしりて、此人のあらはしたる物、*余材抄、*勢語臆断《せいごおくだん》などをはじめ、其外もつぎ〳〵に、もとめ出て見けるほどに、すべて歌まなびのすぢの、よきあしきけぢめをも、やう〳〵にわきまへさとりつ。さるまゝに、今の世の歌よみの思へるむねは、大かた心にかなはず、其歌のさまも、おかしからずおぼえけれど、そのかみ、同じ心なる友はなかりければ、たゞよの人なみに、こゝかしこの会などにも、出まじらひつゝ、よみありきけり。さて人のよむふりは、おのが心には、かなはざりけれども、*おのがたててよむふりは、今の世のふりにもそむかねば、人はとがめずぞ有ける。そは*さるべきことわりあり。*別にいひてん。さて後、国にかへりたりしころ、江戸よりのぼれりし人の、近きころ出たりとて、*冠辞考《くわんじかう》といふ物を見せたるにぞ、県居ノ大人の御名をも、始めてしりける。かくて其ふみ、はじめに一わたり見しには、さらに思ひもかけぬ事のみにして、あまりことほく、あやしきやうにおぼえて、さらに信ずる心はあらざりしかど、猶《なほ》あるやうあるべしと思ひて、立かへり今一たび見れば、まれ〱には、げにさもやとおぼゆるふし〲も、いできければ、又立かへり見るに、いよ〱げにとおぼゆることおほくなりて、見るたびに、信ずる心の出来つゝ、つひに、いにしへぶりのこゝろことばの、まことに然る事をさとりぬ。かくて後に、思ひくらぶれば、かの契沖が万葉の説《トキゴト》は、なほいまだしきことのみぞ多かりける。おのが歌まなびの有リしやう、大かたかくのごとくなりき。さて又道の学びは、まづはじめより、神書《しんしよ》といふすぢの物、ふるき近き、これやかれやとよみつるを、はたちばかりのほどより、わきて心ざし有しかど、とりたてて、*わざとまなぶ事はなかりしに、京にのぼりては、わざとも学ばむと、こゝろざしはすゝみぬるを、かの契沖が歌ぶみの説になずらへて、皇国《みくに》のいにしへの意をおもふに、世に神道者といふものの説《トク》おもむきは、みないたくたがへりと、はやくさとりぬれば、師と頼むべき人もなかりしほどに、われいかで古《いにし》へのまことのむねを、かむがへ出む、と思ふこゝろざし、深かりしにあはせて、かの冠辞考を得て、かへす〲、よみあぢはふほどに、いよ〱心ざしふかくなりつゝ、此大人をしたふ心、日にそへて、せちなりしに、*一年《ひととせ》此うし、*田安の殿の仰《おほ》せ事をうけ給はり給ひて、此いせの国より、*大和山城など、こゝかしこと尋ねめぐられし事の有しをり、此松坂の里にも、二日三日とゞまり給へりしを、*さることつゆしらで、後にきゝて、いみじくくちをしかりしを、*かへるさまにも、又一夜やどり給へるを、うかゞひまちて、いと〱うれしく、いそぎ、やどりにまうでて、はじめて、見え奉《たてまつ》りたりき。さてつひに、*名簿《みやうぶ》を奉りて、教へをうけ給はることにはなりたりきかし」（「玉かつま」二の巻）

宝暦十三年という年は、宣長の仕事の上で一転機を劃《かく》した年だとは、誰も言うところである。宣長は、「源氏」による「歌まなび」の仕事が完了すると、直ちに「*古事記伝」を起草し、「道のまなび」の仕事に没入する。「源氏」をはじめとして、文学の古典に関する、終生続けられた彼の講義は、京都留学を終え、松坂に還って、早々始められているのだが、「日記」によれば、「*神代紀開講」とあるのは、真淵の許《もと》への入門と殆《ほとん》ど同時である。まるで真淵が、宣長の志を一変させたようにも見える。だが、慎重に準備して、機の熟するのを待っていなかった者に、好機が到来する筈はなかったであろう。

彼の回想文のなだらかに流れるような文体は、彼の学問が「歌まなび」から「道のまなび」に極めて自然に成長した姿であり、歌の美しさが、おのずから道の正しさを指すようになる、彼の学問の内的必然の律動を伝えるであろう。「歌まなび」と「道のまなび」との二つの観念の間に、宣長にとって飛躍や矛盾は考えられていなかった。「物のあはれ」を論ずる筋の通った実証家と、「神《かむ》ながらの道」を説く混乱した独断家が、宣長のうちに対立していたわけではない。だが、私達の持っている学問に関する、特にその実証性、合理性、進歩性に関する通念は、まことに頑固なものであり、宣長の仕事のうちに、どうしても折合のつかぬ美点と弱点との混在を見附け、様々な条件から未熟たらざるを得なかった学問の組織として、これを性急に理解したがる。それと言うのも、元はと言えば、観察や実験の正確と仮説の合法則性とを目指して、極端に分化し、専門化している今日の学問の形式に慣れた私達には、学者であることと創造的な思想家である事とが、同じ事であったような宣長の仕事、彼が学問の名の下に行った全的な経験、それを想い描く事が、大変困難になったところから来ている。

さて、宣長が回想文で、われ知らず追っているものは、言わば書物という対象のうちに、已れを捨ててのめり込む精神の弾力性であり、その動きの中で、真淵の「冠辞考」が、あたかも思いもかけず生じた事件の如く、語られている。そして、それが「歌まなび」から、「道のまなび」に転ずる切っかけを作ったと言うのだが、事件の性質については、はっきりした説明を欠いている。一体何が起ったのか。

真淵の呼ぶ冠辞とは、言うまでもなく、今日普通枕詞《まくらことば》と言われているもので、「記紀」「万葉」等から、枕詞三百四十余りを取り出し、これを五十音に排列《はいれつ》集成して、その語義を説いたのが「冠辞考」である。既に長流も契沖もこの特殊な措辞《そじ》を枕詞と呼んで、その研究に手を染めてはいたが、真淵の仕事は、長年の苦心経営に成る綿密な組織的なもので、この研究に期を劃した。板行《はんこう》とともに、早速松坂に居た宣長が、これを読んだと言うのだから、余程評判の新刊書だったに相違ない。事実、語義考証の是非について、いろいろな議論が、学界を賑《にぎ》わしたのである。ところが、宣長の回想によると、彼のこの書の受取り方には、この書の評判の外にある、何か孤独なものが感じられる。彼は、これを一読して、「さらに思ひもかけぬ」「あまりこととほく、あやしき」ものと見たが、この「さらに信ずる心はあらざりし」という著作が、次第に信じられ、遂に、かの契沖の「万葉」研究も、「なほいまだしきこと」と言えるようになるまで、長い間の熟読を要したと言うのは、どういう意味であろう。
恐らく、宣長の関心は、紙背《しはい》に感じられた真淵の精神にあった。書中から真淵の強い精神が現れるのが見えて来るには手間がかかった、と語っていると解する他はないように思う。「冠辞考」には、専門家の調査によると、例えば、＊延約略通の音韻《おんいん》変化というような、大変無理な法則が用いられていて、「冠辞考」を信じた宣長は、その為に、後日、多くの失考を「古事記伝」の中に持ち込む事となったという（＊大野晋氏、＊「古事記伝解題」）。そうには違いないとしても、私の興味は、無理を信じさせた真淵の根本思想の方に向く。仕事の企図《きと》を説いてはいるが、直観と情熱とに駆られて、走るが如き難解な、真淵の序文を、くり返し読みながら、私は、そういう事をしきりに思った。

真淵が、この古い措辞を、改めて吟味しようとした頃には、この言葉は既に殆ど死語と化して、歌人等により、意味不明のままに、歌の本意とは関係なく、ただ古来伝世の用例として踏襲されていた。死語は生前どんな風に生きていたか。例えば、冠辞の発明、活用にかけて、人麿《ひとまろ》は「万葉」随一の達人ではあったが、彼が独力でこれに成功したわけはなかろう。彼が歌ったように「＊言霊《ことだま》の佐《たす》くる国」に生きる喜び、自国に固有な、長い言語伝統への全幅の信頼が、この大歌人の才を保証していたであろう。

真淵がひたすら想い描こうとしたのはそれである。

枕詞とは何か。

「たれやし人か、心に得まくほりせざらん、しかはあれど、下《しも》つ世のならはしもて、思ひはからば、違ふ事おほかるべし、故《かれ》ひたぶるに、上《かみ》つ世の心ことばをしるべき也。譬《たとへ》ば冠をあふぎて、その位をしり、面《おもて》にむかひて、その人をしり、衣を見て、その姿をしるときは、それがあまりは、そらにしもしらるゝが如し」と真淵は言う。「万葉」の世界で、豊かに強く生きていたこの措辞の意味を、後世のさかしら心に得ようとしてもかなわぬ。強いて定義しようとすれば、その生態が逃げて了《しま》うであろう。この言葉の姿をひたぶるに感ずる他はない。真淵はそう言いたいのである。彼は感じたところを言うだけだ、冠辞とは、「たゞ歌の調《しら》べのたらはぬを、とゝのへるより起て、かたへは、詞を飾《かざ》るもの」であると。事は、歌の調べ、詞の飾りの感じ方に関わる。真淵は言う、「いとしもかみつ世には、人の心しなほかりければ、言語《こととひ》も少なく、かたち、よそひも、かりそめになん有けらし」。それが、やがて「身に冠《かうむ》りあり、衣あり、沓《くつ》あり、心にうれしみあり、悲しみあり、こひしみあり、にくしみあり」という事になる。詞の飾りに慣れ、これを弄《もてあそ》ぶ後世人は、詞の飾りの発生が、身のよそおいと同じく、いかに自然であり、生活の上で必要であったかを忘れている。

冠辞が普通五音から成っているのも、わが国の歌が五七調を基調としているからであり、詞の飾りも、真淵に言わせれば、「おのづから天《あめ》つちのしらべ」に乗らざるを得なかった。歌が短歌の形に整備された「万葉」の頃となっても、「おもふこと、ひたぶるなるときは、言《こと》たらず」という状態は依然として続いていたのであって、この状態を土台として、歌人等にあって、冠辞という一種の修辞の盛行を見たというのが真淵の考えだ。時代は下ったが、「心は上つ世の片歌《かたうた》にことならず、ひたぶるに真《ま》ごゝろなるを、雅言《みやびごと》もて飾《かざ》れゝば也、譬《たとへ》ば貴人《うまびと》のよき冠りのうへに、うるはしき花挿《させ》らんが如し」。

真淵の基本的な考えは、「おもふこと、ひたぶるなるときは、言《こと》たらず」という言葉にあると言ってよいと思う。真淵は、「冠辞考」を書くに際し、当時普通に使われていた枕詞という言葉を捨て、先師荷田春満《*かだのあずままろ》が言い出した冠辞という言葉を用いた。何故かと言うと、「枕詞*とては、古きみやび言とも聞えず。まくらは夜の物にてかたより、冠りは日のものにて、もはら也。物の上におくことを冠らすといふも、いにしへ今に通へる語なれば、是《これ》によれり」とあるだけだ。一読して、これでは理由ともならぬように見えるが、「おもふこと、ひたぶるなるときは、言たらず」という考えが根柢《こんてい》にあったと見れば、肯《うなず》けるであろう。彼は又こうも言っている、「心ひたぶるに、言のすくなきをおもへば、名は後にして、事はさきにし有べし」――冠辞という名が生れて来る必然性は、「心ひたぶるに、言のすくなき」という歌人の健全な、緊張した内的経験に由来するのである。冠辞は、勿論理論にも実用にも無関係な措辞だが、思い附きの贅語《ぜいご》でもない。ひたすら言語の表現力を信ずる歌人の純粋な喜び、尋常な努力の産物である。それが、「冠りは日のものにて、もはら也」と言う真淵の下心であろう。冠辞という呼称についての真淵の直観は、春満の場合より遥かに深いのである。

古く「源氏」にも、枕言《マクラゴト》という言葉は見えるが（「桐壺《きりつぼ》」）、真淵はこれに触れ、冠辞の性質に言及している。「源氏」にある枕言とは、「古ごとを藉《しき》もて、今の思ひをいふ故の語」であるが、自分が冠辞と呼びたい上代の措辞には、「こを本として、下の意をいふ」性質は全くないものだ。それは、歌の調べに鋭敏な歌人の半分無意識な欲求から生れたものであり、その生き生きとした表現の自主性に、後世の人々は次第に鈍感になった。鈍感になってから、人々は枕言とか、歌枕とか、枕草子とかいう類《たぐ》いの言葉を使い出したのである。そういう話の種としての、思い述べる拠《よ》りどころとしての、それ自身は表現力の薄弱な、便宜的な説明語と冠辞とは全く違うものだ。

「おもふこと、ひたぶるなるときは、言たらず、言したらねば、思ふ事を末にいひ、仇《あだ》し語《こと》を本《もと》に冠ら」す、――調べを命とする歌の世界では、そういう事が極く自然に起る。適切な表現が見つからず、而《しか》も表現を求めて止《や》まぬ「ひたぶるなる思ひ」が、何よりも先ず、その不安から脱《のが》れようとするのは当り前の事だ。自身の調べを整えるのが先決であり、思う事を言うのは末である。この必要に応ずる言葉が見附かるなら、「仇し語」であっても差支《さしつか》えあるまい。或はこの何処《どこ》からとは知れず、調べに送られて現れて来る言葉は、なるほど「仇し語」に違いあるまいとも言えよう。それで歌の姿がととのえば、歌人は、われ知らず思う事を言った事になろう。いずれにせよ、言語の表現性に鋭敏な歌人等は、「言霊の佐くる国」「言霊の幸《さきは》ふ国」*を一歩も出られはしない。冠辞とは、「かりそめなる冠」を、「いつとなく身にそへ来たれるがごと」く用いられた措辞であり、歌人は冠辞について、新たな工夫は出来たであろうが、冠辞という「よそほひ」の発生が必至である言語構造自体は、彼にとっては、絶対的な与件であろう。

冠が頭につくが如く、「あしびきの」という上句は、「このかた山に」という下句に、しっくりと似合う。真淵の用語で言えば、「おこすことば」と「たすけことば」という別々のものが、互に相映じ、両者の脈絡は感じられるが、決して露《あら》わにではない。真淵が抱いていた基本的な直観は、今日普通使われている言葉で言えば、言語表現に於けるメタフォーアの価値に関して働いていたと言ってよいであろう。どこの国の文学史にも、詩が散文に先行するのが見られるが、一般に言語活動の上から言っても、私達は言葉の意味を理解する以前に、言葉の調べを感じていた事に間違いあるまい。今日、私達が慣れ、その正確と能率とを自負さえしている散文も、よく見れば遠い昔のメタフォーアの残骸《ざんがい》をとり集めて成っている。これは言語学の常識だ。素朴な心情が、分化を自覚しない未熟な意識が、具体的で特殊な、直接感性に訴えて来る言語像に執着するのは、見やすい理だが、この種の言語像が、どんなに豊かになっても、生活経験の多様性を覆《おお》うわけにはいかないのだから、その言語構造には、到るところに裂け目があるだろう、暗所が残っているだろう。「おもふこと、ひたぶるなるときは、言たらず」という真淵の言葉を、そう解してもよいだろう。

ところで、この種の言語像への、未熟なと呼んでも、詩的なと呼んでもいい強い傾きを、言語活動の不具疾患と考えるわけにはいかないのだし、やはりそこに、言語活動という、人々の尋常な共同作業が行われていると見なす以上、この一見偏頗《へんぱ》な傾きも、誰にも共通の知覚が求めたいという願いを、内に秘めていると考えざるを得まい。この秘められた知性の努力が、メタフォーアを創り出し、言葉の間隙《かんげき》を埋めようとするだろう。メタフォーアとは、言わば言語の意味体系の生長発展に、初動を与えたものである。真淵が、「万葉集」を穴のあくほど見詰めて、「ひたぶるに真ごゝろなるを、雅言《みやびごと》もて飾れ」る姿に感得したものは、この初動の生態だったと考えていい。

以上、「冠辞考」の序を、くりかえし読むうちに、思い得たところを書いて来たまでだが、敢《あえ》て言えば、宣長がそのように「冠辞考」を読んだと想像してもいる。やがて言及するが、宣長は既に「あしわけ小舟」のうちで、言語について非常に鋭敏な考えを述べている事だし、私の勝手な想像も、そう見当はずれのものではあるまいと考えている。因《ちなみ》に、宣長の枕詞に関する考えは、「玉勝間《たまかつま》」に見える。吾《わが》師真淵の冠詞《カウブリコトバ》という呼称は、ことわりに適《かな》っているが、枕詞とは今日誰も言い習わしている事だし、又、この言葉の意味合をよく考えてみれば、枕詞で別段仔細《しさい》はない、というのが宣長の意見である。「是を枕としもいふは、かしらにおく故と、たれも思ふめれど、＊さにはあらず。枕はかしらにおく物にはあらず。かしらをさゝゆるものにこそあれ。さるはかしらのみにもあらず、すべて物のうきて、間《アヒダ》のあきたる所を、さゝゆる物を、何にもまくらとはいへば、名所を歌枕といふも、一句言葉のたらで、明《アキ》たるところにおくよしの名と聞ゆれば、枕詞といふも、＊そのでうにてぞ、いひそめけんかし」（八の巻）

二十

宣長にしてみれば、師と頼むはただこの人と、兼ねて思っていた人に会う好機を摑《つか》み、入門を果したのであるが、真淵の方は、松坂の名も無い医師に英才を発見したのは、全く思いもかけぬ驚きだったに相違ない。恐らく彼には、この舜庵《しゅんあん》と名のる医師を、わが最大の弟子と見抜くに、一夜の歓語《かんご》*で足りたのであろう。真淵は、よほど嬉しかったとみえて、松坂から帰ると、門弟等を招き、祝いの宴をひらいて、宣長を讃《ほ》めた（川口常文、「本居宣長大人伝」）、と伝えられている。

「万葉集」に関する師弟の間の文通による質疑応答が、早速始まるのだが、これは、真淵死去の前年まで五年間、「万葉集」二十巻にわたり、前後二回くり返されている。私達が、宣長全集によって読むことが出来る「万葉集問目」がその成績であり、質疑は宣長謹問、或《あるい》は敬問とあって、師弟の礼は取られてはいるが、互にその蘊蓄《うんちく》が傾けられ、厳守されているのは、雑念を交えぬ学者の良心なのである。

その姿は、例えば次のようなものだ（「万葉集問目」十二）。「コノ伊ノ字ノ事、前ニ問申セシニ、何カ耶カ我ノ誤ナラン、カヽル所ニ、伊ノ助辞アルベクモナシトノタマへリ、(中略)サルヲ、オシカヘシ、二タビ三タビ申スハ、イトモ〳〵*カシコケレド、疑ハシキヲ云ズテ、心ニノミコメタランハ、*ナカ〳〵ニ罪重カリヌベケレバ、又シモ問申ス」と言って「*続日本紀宣命」からいろいろと例をあげ、「ソガ中ニハ、ガト云テハ、語ヲ成サヌ所見エタリ。コレラモ猶《ナホ》誤字ナランカ。アナカシコ〳〵」——真淵の応答、「かへす〴〵問給へり。必《かならず》助辞とおぼさば、*さて有なん。おのれは、惣《すべ》ての辞を思ふに、此助辞、必有まじき事と思へば、何《カ》、我《ガ》、耶《ヤ》等の誤字とのみせり。他に某何などいふ言なきならば、*さともすべし。いくらも有からは、右は誤字とす」。

宣長の質疑は、私案を交え、初めから難訓難釈に関していたし、真淵は、難問に接して、常に「是はむつかし」「此事、疑あり」という率直な態度をとっていたし、「問目」は尋常の問答録を越え、「万葉」の、最先端を行く共同研究という形を為《な》した。「廿巻竟以後、又々初より御再問之事致二承知一候。万葉はとかく四十年之熟覧ならでは成落いたしがたし。既出し候冠辞考も、追々誤謬《ごびう》有レ之、再々改正いたす事也」(明和四年正月五日、宣長宛)、「万葉再問、此度にて終候事珍重御事也。但万葉の考は、二度三度などにて、尽べからねど、さのみ一書に泥《なづ》むべからねば、先《まづ》此上は、他にうつり給ふがよき事也」(明和五年六月十七日、宣長宛)、宣長の「問目」は「続日本紀宣命」にうつる。

真淵は明和六年十月に歿《ぼっ》した。宣長に会って「のこりのよはひ、今いくばくもあらざれば」と語った通りになったのだが、真淵の余生は、ただもう「万葉」との戦いに明け暮れた。明和五年十月に至って、漸《ようや》く「*万葉六巻迄草を終候」と宣長に報じている。彼は、「万葉集」の現在所伝の形に、不信を抱いていた。今の一、二、十三、十一、十二、十四の六巻だけが、「上《かみ》つ代より奈良の宮の始めまでの歌を」「此のおとゞ（*橘諸兄《たちばなのもろえ》）撰《えら》みて、のせられし物也」（「万葉集大考」）と信じていた。この「万葉集」の原形と考えられるものの訓釈だけでも、急いで仕上げて置きたかった。仕事が訖《おわ》って宣長に言い送る、――「猶再見候へば、ちりを払ふが如く、改むべき事出来候。此事は、四十年来之願ながら、*無レ閑且《かつ》はいまだしければ、不レ開レ口候ひしを、もはや命*旦暮《たんぼ》に迫り候へば――」。宣長宛の真淵の書簡を次々に見て行くと、「衰老は年々に増候」、「老年あすもしらねば、心急ぎも申候事也」の類いの言葉が相つぎ、「学事は昼夜筆のかはく間なく候へども、諸事埒《らち》明ぬものにて、何ほどの功も出来候はず」、「世間の俗事は、一向不レ致候へ共、雅事も重り過れば、さて〳〵苦敷《くるしく》候也」とあって、「万葉考」という重荷を負い、日暮れて道遠きに悩む老学者の姿が彷彿《ほうふつ》として来るのである。

最後の手紙（明和六年五月九日、宣長宛）から、最後の部分を引いて置こう。――

「*我朝之言、古歌に残り、古事記その書ながら、歌は句調の限り有て、助辞の略あり。記も漢字に書しは、全からず。たゞ祝詞宣命《のりとせんみやう》に、助辞は見ゆてふ事、已いまだいはざる事にて、甚《はなはだ》感服いたし候。此宣命考出来候はゞ、序に書れ候へ。且宣命等を先訖《まづをはり》候て後、古事記の考を可レ被レ問との事、是則《すなはち》既にいひし万葉より入、歌文を得て後に、記の考をなすべきは*拙が本意也。天下の人、大を好て、大を得たる人なし。故に、已は小を尽て、大に入べく、人代を尽て、神代をうかゞふべく思ひて、今まで勤たり。其小を尽、人代を尽さんとするに、先師ははやく物故《ぶつこ》、同門に無レ人、*羽倉在満《ありまろ》は、才子ながら、令律官位等、から半分之事のみ好候へば、相談に不レ全候。孤独にして、かくまでも成しかば、今老極、*憶事皆失、遅才に成候て、遺恨也。併、かの*宇万伎《うまき》、*黒生《くろなり》などは、御同齢ほどに候へば、*向来被ニ仰合一て、此事成落可レ被レ成候。但*令義《りやうのぎ》解《げ》、*職原抄、古装束、古器物等之事も、一往心得ざれば、不足に候。此事も、末には何とぞ書入候。本にても伝へ可レ申候也。是はむつかしかれど、*物方《はう》なれば、得やすし。只《ただ》皇朝之丸《まる》様の意こそ、得がたけれ。猶可ニ申述一候へども、余繁文多事故遺候也。五月九日、まぶち。宣長兄。――是も臥学灯下之状御推察可レ被レ成候。万葉巻三

（「万葉考」巻三）之清書判料を、書かゝり申候。さて〳〵労候也」

宣長は、入門とともに、「古事記」原本の校合《きようごう》を始め、ついで真淵から「古事記」の書入本を度々借覧し、「古事記伝」の仕事を着々進めていたが、上の書簡集に明らかなように、質疑の方は、「万葉」より「宣命」に入り、「古事記」を問おうとする段となって、師の訃《ふ》に接したのである。宣長の「日記」（明和六年十二月四日）には、「師賀茂県主《あがたぬし》、去十月晦日《みそ》酉刻《かとりのこく》卒去之由《よし》、自二同門楫取魚彦《*かとりなひこ》一告レ之。其状今日到来。不レ堪二哀惜一」とある。魚彦の書状には、「当年は、別而《べつして》被レ哀候と被レ覚候哉、万葉考取しきり被レ考、既八月中梓行《*しかう》之節（巻一、巻二、同別記）宇万伎は京都に居、野生《*やせい》は旅行、補助之人無レ之候故、壱人にて校合等、畢竟《ひつきやう》病根は万葉集にて、生涯此事に被レ終候」とある。——真淵の力は、「万葉」に尽きたのである。

真淵は、「万葉集」から、万葉精神と呼んでいいものの特色を、鮮《あざや》かに摑み出して見せた。彼の「万葉」研究は、今日の私達の所謂《いわゆる》文学批評の意味合で、最初の「万葉」批評であり、この歌集の本質を突いている点で、後世の批評も多くの事は附加出来ぬとさえ言える。

「万葉集の歌は、およそますらをの手ぶり也」（「にひまなび」）*という真淵の説は、宣長の「物のあはれ」の説とともに、よく知られてはいるが、これも、宣長の場合と同じく、この片言は真淵の「万葉」味読の全経験を、辛《から》くも包んでいるのであり、それを思わなければ、ただ名高いばかりの説になるだろう。「万葉」の歌にもいろいろあるのだから、無論「ますらをの手ぶり」にもいろいろある。宣長宛の書簡のうちから引けば、「風調も、人によりてくさ〲也。古雅有、勇壮悲壮有、豪屈有、寛大有、隠幽有、高而和有、艶而美有、これら、人の生得の為まゝなれば、何《いづ》れをも得たる方に向ふべし」（明和三年九月十六日）という事になる。真淵に言わせれば、「万葉」の底辺で、人により時期により、とりどりの風調に分れているものの目指している頂上が、人麿《ひとまろ》という抜群の歌人の調べとなる。「柿本朝臣《あそみ》人麻呂は、古《いにし》へならず、後ならず、一人のすがたにして、荒魂和魂《あらたまにぎたま》いたらぬくまなんなき。そのなが歌*、いきほひは、雲風にのりて、み空行竜《たつ》の如く、言《ことば》は、大うみの原に、八百潮《やほしほ》のわくが如し。短うた*のしらべは、*葛城《かづらき》のそつ彦真弓《ひこまゆみ》を、ひき鳴《なら》さんなせり。ふかき悲しみをいふときは、ち*はやぶるものをも、歎《なか》しむべし」（「万葉集大考」）――「ますらをの手ぶり」という真淵の言葉は、無論、知的に識別出来る観念ではないのだから、「万葉集大考」が批評というより、寧《むし》ろ歌の形をとったのも尤《もつと》もな事なのである。

真淵の「万葉」批評が、「万葉」讃歌の形をとったのは、彼の感情が大変烈《はげ》しいものだったが為だろう。取るに足らぬ私達の気分にも、快不快は伴うところを見れば、感情とはすべて価値感情であると言えるであろうが、「万葉」に関する、真淵の感情経験が、はっきりと「万葉」崇拝という方向を取ったのは、学問の目的は、人が世に生きる意味、即ち「道」の究明にあるという、今まで段々述べて来た、わが国の近世学問の「血脈」による。が、その研究動機について、真淵自身の語っているところを聞いた方がよい。

「掛*まくも恐《かし》こかれど、すめらみ*ことを崇《たふと》みまつるによりては、世中の平らけからんことを思ふ。こを思ふによりては、いにしへの御代ぞ崇まる。いにしへを崇むによりては、古へのふみを見る。古へのふみを見る時は、古への心言を解かんことを思ふ。古への心言を思ふには、先いにしへの歌をとなふ。古への歌をとなへ解んには、万葉をよむ」（「万葉考」巻六序）。――彼が、「大を好み」「高きに登らん」としたわけではなく、凡《およ》そ学問という言葉に宿っている志が、彼を捕えて離さなかったのである。「高きところを得る」という彼の予感は、「万葉」の訓詁《くんこ》という「低《ひき》きところ」に、それも、冠辞だけを採り集めて、考えを尽すという一番低いところに、成熟した。その成果を取り上げ、「万葉」の歌の様式を、「ますらをの手ぶり」と呼んだ時、その声は、既に磁針が北を指すが如く、「高く直《なほ》き心」を指していたであろう。

「万葉」を「解かん」とする事は、これを「となへん」とする事と、彼には、初めから区別はなかった、と言って了《しま》えばそれまでだが、事は決して簡単ではなかった。四十年の労苦の末、「万葉」という「いとしも大なる木」の「*秀枝《ほつえ》下枝《しづえ》の数々」を尽して、彼は自信をもって言う、「いでや、*千《ち》いほ代《よ》にもかはらぬ、天地《あめつち》にはらまれ生《おふ》る人、いにしへの事とても、心こと葉の外やはある。しか古へを、おのが心言《ことば》にならはし得たらんとき、身こそ後の世にあれ、心ことばは、上つ代にかへらざらめや。世の中に生としいけるもの、こゝろも声も、す倍《べ》て古しへ今ちふことの無を、人こそならはしにつけ、さかしらによりて、異《こと》ざまになれる物なれば、立かへらんこと、*何かかたからむ」(「万葉集大考」)――ところが、宣長には、こう言い送っているのである。

「さて、凡《おほよそ》文字ヲ用うる時代より後に、書る文は堅し。其以前とおぼしきほめ言など、飛鳥《あすか》藤原の朝の人の不レ及レ言ども、古事記にも、紀にも、祝詞にも有を見給へ。此事をよく見得てより、いよ〳〵上古之人の風雅にて、弘大なる意を知也。宮殿を高く、又地をかためぬる事を、*高天原《たかまのはら》に垂木《ちぎ》高敷《たかしき》、下つ岩根に宮柱ふとしりて*ふ言、又祈年祭に、田夫の田作る事を、*手なひぢに、水沫《みなわ》かき垂《た》り、*向《むか》ももに、*ひぢりこかきよせて、とりつくれる、おくつみとしを(年は稲の事也)てふ言の類、いと多し。是を考へ給へ。人まろなどの及ぶべき言ならぬを知るる也。神代紀も、よく古言古文を心得て、今の訓のなかばを、用ゐ合せて、よむ時は、甚妙誉の文也。今は文字にのみ依故に、其文わろし。故に古事記の文ぞ大切也。是をよく得て後、事々は考給へ。已先にもいへる如く、かの工夫がましき事を、にくむ故に、只文事に入ぬ。遂に其実をいはんとすれば、老衰存命旦暮に及べれば、すべ無し。ここにも藤原宇万伎（加藤大助といふ大番与力也）*わが流を伝へて、ことに古事記神代の事を好めり。いまだ其説は、口をひらかねど、終にはいひ出べき人也。向来御申合候而、野子命後は、*此御事を、はたし給へかしと願事也。ここにも可ㇾ然門人多かりしを、或は死、或は病発、或は官務にて廃多くして、即今多からず候。向来は、かの大助など御文通もあれかし。そのよし今日も談置候也。已三十歳より今七十一歳まで、学事不ㇾ廃候へども、万事はかゆかぬものなるを歎候事のみ也」（明和四年十一月十八日、宣長宛）*

真淵は、ただ老衰と「万葉考」との重荷を託《かこ》つのではない。彼の苦しみは、もっと深いところにあった事を、この書簡を読むものは、思わざるを得まい。更に言えば、その苦しみは、当人にも定かならぬものではなかったかと、感ぜざるを得まい。「かの工夫がましき事を、にくむ故に、只文事に入ぬ」という、その文事とは、勿論《もちろん》「万葉」であろう。「遂に其実をいはんとすれば、老衰存命旦暮に及べれば、すべ無し」

とは何か。もし「ますらをの手ぶり」と言ったのでは「其実」を言った事にならないのなら、彼の言う「実」とは一体何なのか。そう問われているのは、むしろ真淵自身ではなかったか。問いは、彼が捕えたと信じた「実」から生れて、彼に向ったのではあるまいか。「道」とは何かとは、彼にとって、そのような気味合の問題として現れていたように見える。人麿の「古へならず、後ならず、一人のすがた」として、現に心に映じている明確な像が揺ぐのである。

「道」とは、何処《どこ》からか聞えて来る、誰のものともわからぬ、あらがう事の出来ぬ、真淵が聞いていた内心の声だったと言えるが、それはソクラテスのダイモン*のように、決して命令の形をとらず、いつも禁止の声だったように思われる。真淵の意識を目覚めさした声も、何が「道」ではないかだけしか、彼に、はっきりと語らなかったらしい。「ますらをの手ぶり」とは思えぬものを「手弱女《たわやめ》のすがた」と呼び、これを、例えば、「*迮細《サクサイ》」にして「*鄙陋《ひろう》」なる意を現すものとでも言って置けば、きっぱりと捨て去る事は出来たが、取り上げた「ますらをの手ぶり」の方は、これをどう処理したものか、真淵のダイモンは口を噤《つぐ》んでいたようである。

彼は、これを「高く直きこゝろ」「をゝしき真ごゝろ」「天つちのまゝなる心」「ひたぶるなる心」という風に、様々に呼んではみるのだが、彼の反省的意識は安んずる事は出来なかった。「上古之人の風雅」は、いよいよ「弘大なる意」を蔵するものと見えて来る。「万葉」の風雅をよくよく見れば、*藤原の宮の人麿の妙歌も、*飛鳥岡本の宮の歌の正雅に及ばぬと見えて来る。源流を尋ねようとすれば、「それはた、*空かぞふおほよそはしらべて、いひつたへにし古言《ふること》も、風の音のごととほく、とりをさめましけむこゝろも、日なぐもりおぼつかなくなんある」(「万葉集大考」)という想いに苦しむ。あれを思い、これを思って言葉を求めたが、得られなかった。

真淵晩年の苦衷を、本当によく理解していたのは、門人中恐らく宣長ただ一人だったのではあるまいか。「人代を尽て、神代をうかゞはんとするに――老い極まり――遺恨也」という真淵の嘆きを、宣長はどう読んだか。真淵の前に立ちはだかっているものは、実は死ではなく、「古事記」という壁である事が、宣長の眼にははっきり映じていなかったか。宣長は既に「古事記」の中に踏み込んでいた。彼の考えが何処まで熟していたかは、知る由もないが、入門の年に起稿された「古事記伝」は、この頃はもう第四巻までの浄書を終えていた事は確かである。「万葉」の、「みやび」の「調べ」を尽そうとした真淵の一途《いちず》な道は、そのままでは「古事記」という異様な書物の入口に通じてはいまい、其処《そこ》には、言わば一種の断絶がある、そう宣長には見えていたのではなかろうか。真淵の言う「文事を尽す」という経験が、どのようなものであるかを、わが身に照らして承知していた宣長には、真淵の挫折《ざせつ》の微妙な性質が、肌で感じられていたに相違あるまい。そしてその事が、彼の真淵への尊敬と愛情との一番深い部分を成していたと想像してみてもよい。それは、真淵の訃を聞いた彼が、「日記」に記した「不堪哀惜」というたった一と言の中身を想像してみることにもなろう。この大事な問題については、いずれ改めて書かねばならぬ事になろう。

二人は、「源氏」「万葉」の研究で、古人たらんとする自己滅却の努力を重ねているうちに、われしらず各自の資性に密着した経験を育てていた。「万葉」経験と「源氏」経験とは、まさしく経験であって、二人の間で交換出来るような研究ではなかったし、当人達にとっても、二度繰返しの利《き》くようなものではなかった。真淵は、「万葉」経験によって、徹底的に摑み直した自己を解き放ち、何一つ隠すところがなかったが、彼のこの烈しい気性に対抗して宣長が己れを語ったなら、師弟の関係は、恐らく崩れ去ったであろう。弟子は妥協はしなかったが、議論を戦わす無用をよく知っていた。彼は質問を、師の言う「低《ひき》き所」に、考証訓詁の野に、はっきりと限り、そこから出来るだけのものを学び取れば足りるとした。意識的に慎重な態度をとったというより、内に秘めた自信から、おのずとそうなったと思われるが、それでも、真淵の激情を抑えるのには難かしかったのである。

真淵が先ず非難したのは、宣長の歌である。「御詠為二御見一猶後世意をはなれ給はぬこと有レ之候。一首之理は皆聞え侍《はべ》れど、風躰《ふうてい》と気象＊とを得給はぬ也」（明和二年三月十五日、宣長宛）。歌を批評して貰《もら》おうという気持は、恐らく宣長には、少しもなかったであろう。詠草《えいそう》を見参に入れて、添削《てんさく》を請うという、当時の門下生の習慣に従ったまでの事だったろう。先きに引いた「玉勝間」中の回想文で言っているように、宣長は、在京時代、既に詠歌について、或る確信を得ていた。「人のよむふりは、おのが心には、かなはざりけれども、おのがたててよむふりは、今の世のふりにもそむかねば、人はとがめずぞ有ける」――咎《とが》める人が現れても、今さら「よむふり」を改めようもなかったし、改める必要を認めなかった。真淵にしてみれば、古詠を得んとせず、「万葉」の意を得んとするのは、考えられぬ事であり、平然として、同じ風体の詠草を送りとどけて来る弟子の心底を計りかねた。「是は新古今＊のよき歌はおきて、中にわろきをまねんとして、終に後世の連歌よりもわろくなりし也。右の歌ども、一つもおのがとるべきはなし。是を好み給ふならば、万葉の御問も止給へ。かくては万葉は、何の用にたゝぬ事也」（稿本全集、詠草添削）。だが、宣長は一向気にかけなかった様子である。「万葉」の問いを止めるどころか、間もなく「万葉集重載歌及び巻の次第」と題する一文を送り、歌集成立の問題について、「敬問」に及んでいる。これは、契沖《けいちゅう》に従って、全二十巻を*家持私《やかもちし》撰《せん》と主張して、真淵の説に、真っ向から反対したもので、時代、*部《ブ》立《ダテ》、書《カキ》ざまから見て、撰は前後二回行われたものとし、又これによって、現行本の巻の次第も改めるべきものとする意見である。

これが真淵を怒らした。「是は、甚小子が意に違《たが》へり。いはゞいまだ万葉其外《そのほか》古書の事は知給はで、異見を立らるゝこそ、不審なれ。加様《かやう》の御志に候はゞ、向後小子に、御問も無用の事也。一書は、二十年の学にあらで、よくしらるゝ物にあらず。余りにみだりなる御事と存候。小子が答の中にも、千万の古事なれば、小事には誤りも有べく侍れど、其書の大意などは、定論の上にて申なり。惣《すべ》て、信じ給はぬ気、顕《あら》はなれば、是までの如く、答は為《す》まじき也。しか御心得候へ。若猶《もしなほ》、此上に御問あらんには、兄《けい》の意を、皆書て、問給へ。万葉中にても、自己に一向解ことなくて、問はるゝをば、答ふまじき也。されども、信無きを知るからは、多くは答まじく候也。此度の御報に、如レ此御答申も、無益ながら、さすが御約束も有上《あるうへ》なればいふ也。九月十六日」（明和三年、宣長宛）

これでは、殆《ほとん》ど破門状である。公平に見て、真淵の説が、「定論の上にて申」す説だったとは言えないし、宣長の提案が、「みだりなる事」だったとも思えない。書簡で爆発しているのは、たしかに真淵の感情だが、彼に女々《めめ》しい心の動きがあった筈《はず》もないのだから、やはりこれは、その信念の烈しさを語っているものであろう。「万葉」は橘諸兄《たちばなのもろえ》撰になるものという真淵の考えは、ただ古伝の考証に立った説ではない。上代の、「高く直きこゝろ」さながらの姿を写し出した「万葉集」の原形というものを、どうあっても想定したい、その希《ねが》いによって育成された固い信念でもあった。従って、六巻の「万葉」と、「万葉ならざる」爾余《じよ》十四巻の「家々の歌集」との別、という自分の基本的な考えに対し、これを否定するはっきりした根拠も示さず、「二十巻ともに家持の撰也」と書き送って来る宣長の態度が、真淵には心外であった。それが、「自己に一向解ことなくて、問はるゝをば、答ふまじき也」という言葉の意味であろう。しかし、「惣て、信じ給はぬ気、顕はなれば、是までの如く、答はすまじき也」というような真淵の激語の依って来るところは、恐らくもっと深いところにあった。この書簡の前文でも、「詠歌の事、よろしからず候。既にたび〳〵いへる如く――」とあって、「巧みなるはいやし」と宣長の歌の後世風を難じている。宣長側の書簡が遺っていないので、推察に止るが、宣長も、たびたびの詰問《きつもん》に、当らず触らずの弁解はしていたらしい。だが、真淵は用捨《ようしや》しなかった。「貴兄は、いかで其意をまどひ給ふらんや。前の友有ば、捨がたきとの事聞えられ候は、論にも足らぬ事也。おのれ三十年以前、東都*へ下りし時、千万人挙て、異端とて悪《にく》みしを、不レ改レ操して、十年ばかり経るほどに、其悪みし人、多くは来て、門下に入れり。又世間を偽る歌人多けれど、一旦繁昌すれど、終に何ほどの功も立ずして、死せるのみ」。真淵は疑いを重ねて来たのである。この弟子は何かを隠している。鋭敏な真淵が、そう感じていなかったとは考えにくい。従えないのではない、従いたくはないのだ。「信じ給はぬ気、顕は」也と断ずる他はなかったのである。

二十一

破門状を受取った宣長は、事情の一切を感じ取ったであろうし、その心事は、大変複雑なものだったに違いない。だが、忖度《そんたく》は無用であろう。彼が直ちにとった決断を記すれば足りる。彼は、「県居大人《あがたゐのうし》の御前にのみ申せる詞」と題する一文を、古文で草して真淵に送った。私の考えは端的である。宣長は、複雑な自己の心理などに、かかずらう興味を、全く持っていなかったと思う。これは書簡ではない。むしろ作品である。全文を引用して置いても無駄ではあるまい。

「さき〴〵万葉集に、いぶかしきくさ〴〵、書きつらねて、つぎつぎに、問ひあきらめ、又宣長がつたなき心に、*おふけなく思ひ得たる事どもをも、かつ〴〵書きまじへて、よきあしき断り給へと、こひ申せる、条々《ヲヂ〳〵》の中に、いと横さまに強《し》ひたることども、これかれ交れり。今より後、かくさまのことは、謹みてよと、深くいさめ給ふ、刈《かり》*命《ミコト》*をかゞふりて、いとも〳〵かしこみ、はぢ思ふが中に、かの集の巻のつぎ〳〵、菰《こも》の乱れてあるを、*浅茅原《アサヂハラ》つばら〳〵に、分きため正し給へる、大人《ウシ》の御心にたがひて、これはた、おのが思《オモホ》しきまに〳〵、ことさまにしも、論《あげつら》ひさだめて、こゝろみに、見せ奉《たてまつ》りし事はしも、いま思へば、いと礼《キヤ》なく、かしこきわざになも有ける、かれ*、今のみの詞をさゝげて、かしこまり申す事を、平らけく、*きこしめさへ、又うたがはしき事は、猶《なほ》*はらぬちに、積みたくはひ置きて、開く時をし待つべきものぞと、教へ給へる、まことに然《さ》はあれども、しか疑ひつゝのみあらむに、おろかなる心は、いつかも晴るく時あらまし、然るに今大人の、御盛りに上つ代の道を唱へます世に、生れあひて、雲ばなれ退《ソ》きをる身は、御むしろの端つ方にも、*えさもらはぬものから、其人かずには、数まへられ奉りて、心ばかりは、朝よひ去らず、御許《おもと》に行きかひつゝ、百重山重《かさ》なる道の長手はあれど、玉*づさのたよりにつけては、とひ申す事どもを、いさゝかもかくさふ事なく、菅*の根のねもごろに、教へ給ひ、さとし給へば、しぬばしき古《いにし》への事は、ますみの鏡に向へらむ如くに、*霊幸《タマヂハ》ふ神の御世まで、残るくまなくなも有ける、かゝるさきはひをしも、えてしあれば、おろかなる心に、つもる疑ひは、おのづから開けむ世を、待つべきにしあらずと思へば、かつ〴〵も思ひよれるすぢは、さらに心に残すことなく、おもほしきまに〳〵、申しこゝろみ、あげつらふになも、そが中には、強ひたるもひがめるも、多かるべけれど、本より*墨染《すみぞめ》のくらき心には、それはた、えしもわきまへ知らねば、よきもあしきも、たゞ明らけき大人のことわりを待ちてこそと、ひたぶるに打ちたのみてなも、かれ今行くさきも、なほさる*ふしのあらむには、しかおもほしなだらめて、罪おかし、あやまてらむをも、*神直日《かむなほび》大直日《おほなほび》に、見直し、聞直したまへと、かしこみ〳〵も申す」（「鈴屋《すずのや》集」六）

真淵は、これに、「前に万葉次第の事により、所レ存申進候を、御丁寧に被レ仰聞候。左様に候はゞ、隔意申まじく候。惣《すべ》ていまだしき御考多し。随分御考或はつゝしみ候て、御問は有べき事也」（明和四年正月五日）と答えた。宣長の文の、あたかも再入門の誓詞《せいし》の如き姿を見て、これを率直に受容《うけい》れれば、真淵にはもう余計な事を思う必要はなかったであろう。意見の相違よりもっと深いところで、学問の道が、二人を結んでいた。師弟は期せずして、それを、互に確め合った事になる。これは立派な事だ。

宣長が、「草菴集玉箒《そうあんしゆうたまははき》」を刊行したのは、*明和四年の秋である。言うまでもなく、「*草菴集」は、*二条家の歌道中興の歌人と言われる*頓阿《とんあ》の歌集であり、宣長は、その中から歌を選んで詳しく註した。「玉箒」は彼の最初の註解書だ。すると早速、真淵から詰問がとどく。「――草庵集之注出来の事、被ㇾ仰越致承知候。併《しかし》拙門にては、源氏迄を見せ候て、其外は諸記録今昔物語などの類は見せ、後世の歌書は禁じ候へば、可否の論に不ㇾ及候。元来、後世人の歌も学もわろきは、立所の低ければ也。己が先年、或人の乞にて書し物に、ことわざに、野べの高がや、岡べの小草に及ばずといへり。その及ばぬにあらず、立所のひくければ也と書しを、こゝの門人は、よく聞得侍り。*已《すでに》彫出されしは、とてもかくても有べし。前に見せられし歌の低きは、立所のひくき事を、今ぞしられつ。頓阿など、歌才有といへど、かこみを出るほどの才なし。*かまくら公こそ、古今の秀逸とは聞えたれ、――」（明和六年正月廿七日）

これでは、弟子は、本を贈るわけにもいかない。勿論、宣長は詰問を予期していたであろうし、初めから本を贈ろうとも考えてはいなかったと見てよい。だいぶ後になるが、「*続草菴集玉箒」も刊行されているし、宣長は、この仕事に自信があったのである。「古事記」「万葉集」を目指す学者の仕事ではないというような考えは、彼には少しもなかった。「野べの高がや」たる事が、何故いけないか。彼は「玉箒」の序文で、明言している——「此ふみかけるさま、言葉をかざらず、今の世のいやしげなるをも、あまたまじへつ。こは、ものよみしらぬわらはべまで、聞とりやすかれとて也」。この有名な歌集の註解は、当時までに、いろいろ書かれていたが、宣長に気に入らなかったのは、契沖によって開かれた道、歌に直《じ》かに接し、これを直かに味わい、その意を得ようとする道を行った者がない、皆「事ありげに、あげつら」う解に偏している、「そのわろきかぎりを、えりいで、わきまへ明らめて、わらはべの、まよはぬたつき*とする物ぞ」と言う。真淵は、契沖の道をよく知っていたが、わが目指す読者は「わらはべ」であるとまで、その考えを進めてはみなかった。宣長は、自分の仕事には、本質的に新しい性質がある事を自覚していた。しかし、これを言おうとすれば、誤解は、恐らく必至であろうと考えていた。彼は言う、「そも頓阿などを、もどかん*は、人の耳おどろきて、大かたは、うけひく*まじきわざなれど、おろかなる今ならひに、まよはで*、誠に歌よく見しれらん人は、かならずうなづきてん*」。

真淵に限らず、当時の識者達の眼は、歌道の因習に皆敵対していた。伝授とか堂上地下《じげ》とかいう言葉が、既に死語と化した今日、近世堂上派歌人の偶像となっていた処であり、彼の見るところは違っていた。旧套《きゆうとう》を脱し、新機運を望むのはよい。しかし、議論や希望で、歌の現状は救う事は出来まい。

言うまでもなく、宣長は、頓阿を大歌人と考えていたわけではない。「中興の歌」として、さわがれてはいるが、「新古今*ノコロニクラブレバ、同日ノ談ニアラズ、オトレル事ハルカ也」。これは当り前な事だが、「玉箒」を書く宣長には、もっと当り前な考えがあった。歌道の「オトロヘタル中ニテ、スグレタル」頓阿の歌は、おとろえたる現歌壇にとって、一番手近な、有効な詠歌の手本になる筈だ。頓阿の歌は、所謂《いわゆる》「正風《しようふう》」であって、異を立てず、平明暢達《ちようたつ》を旨《むね》としたもので、その平明な註釈は、歌の道は、近きにある事、足下にある事を納得して貰う捷径《しようけい》であろう。「あしわけ小舟」に見える見解に照してみれば、恐らくそれが宣長の仕事の中心動機を成していた考えである。彼のこのような、現実派或は実際家たる面目は、早くから現れて、彼の仕事を貫いているのであって、その点で、「古事記伝」も殆ど完成した頃に、「古今集遠*《とお》鏡《かがみ》」が成った事も、注目すべき事である。これは、「古今」の影に隠れていた「新古今」を、明るみに出した「美濃家*《みののいえ》づと」より、彼の思想を解する上で、むしろ大事な著作だと私は思っている。

「草菴集」の如きを、今更取上げるとは奇怪な事である。これは宣長の予期していたこの「古学」「古道学」の大家に、「古今集」の現代語訳があると言えば、意外に思う人も、あるかも知れないが、実際、「遠鏡」とは現代語訳の意味であり、宣長に言わせれば、「古今集の歌どもを、こと〴〵く、いまの世の俗言《サトビゴト》に訳《ウツ》せる」ものである。宣長は、「古今」に限らず、昔の家集の在来の註解書に不満を感じていた。なるほど註釈は進歩したが、それは歌の情趣の知的理解の進歩に見合っているに過ぎない。歌の鑑賞者等は、「物のあぢはひを、甘しからしと、人のかたるを聞」き、それで歌が解ったと言っているようなものだ。この、人のあまり気附かぬ弊風《へいふう》を破る為には、思い切った処置を取らねばならぬ。歌の説明を精《くわ》しくする道を捨てて、歌をよく見る道を教えねばならぬ。而《しか》も、どうしたらよく見る事が出来るかなどという説明も、有害無益ならば、直かに「遠《トホ》めがね」を、読者に与えて、歌を見て貰う事にする。歌を説《ト》かず、歌を訳《ウツ》すのである。

「遠き代の言の葉の、くれなゐ深き心ばへを、やすくちかく、手染の色に、うつして見するも、*もはら、このめがねのたとひに、かなへらむ物をや」、使いなれた京わたりの言葉に、訳《ウツ》されたのが目に見えれば、「詞のいきほひ、てにをはのはたらきなど、こまかなる趣」が、「物の味を、みづからなめて、しれるがごとく」であろう、というのが宣長の考えである。

「遠めがね」の徹底したやり方は、原本について味わうほかはないが、ここでは、一例をあげて置く。――「巻十九、旋頭歌《せどうか》、かへし、――春されば　野べにまづさく見れどあかぬ花　まひなしに　たゞなのるべき　花の名なれや――コレハ春ニナレバ　野ヘンニマヅ一番ガケニサク花デ　見テモ〳〵見アカヌ花デゴザルガ　其名ハ*何ンゾツカハサレネバ　ドウモ申サレヌ　タヾデ申スヤウナ　ヤスイ花ヂヤゴザラヌヘ、〳〵、〳〵」。このような仕事に、「うひ学び」の為、「ものよみしらぬわらはべ」の為に、大学者が円熟した学才を傾けたのは、まことに面白い事だ。

右のような次第で、真淵と宣長との歌に関する考え方の相違は、ほぼ明らかになったと思うが、「あしわけ小舟」に即して、もう少し精しく書いてみよう。宣長の、和歌史論は、「あしわけ小舟」で最も精しいのだが、洞見に充ちているとは言え、何分にも雑然と書かれた未定稿であるから、整理を要する。以下、引用に書名を略したものは、皆「あしわけ小舟」からの引用と知られたい。

先ず歌の歴史性というものが強調され、歌が「人情風俗ニツレテ、変易《ヘンエキ》スル」のは、まことに自然な事であって、「コノ人ノ情ニツル、ト云事ハ、*万代不易《フエキ》ノ和歌ノ本然也トシルベシ」とまで言い切っている。これに対し、「ミナ〳〵富貴ヲネガヒ、貧賤《ヒンセン》ヲイト」うというように、人情は古今変る事はない、と考える方が本当ではないか、と問者は言う。宣長は答える、いや、本当とは言えぬ、「コレ、ソノカハラヌ所ヲ云テ、カハル所ヲ云ハザル也」、それだけの話だ。「タトヘテイハバ、人ノ面ノ如シ」、その変らぬ所を言えとならば、「目二ッアリ、耳フタツアリ」とでも言って置けば済む事だが、万人にそれぞれ万人の表情があるところを言えと言われたら、どうするか。「云フニイハレヌ所ニ、カハリメガアリ」という事に気が附くであろう。歌でも亦《また》同じ事であり、「タトヘバ、ムカシ春来ルト云ヒシ事ヲ、今ハ春往クトモイハズ、——ムカシ花咲クト云ヒシ事ハ、今モ花サクト云」う。

変らざるところは、はっきり言えるが、世の移るとともに移る歌の体については、誰も正確な述言を欠くのである。総じて、時代により、或は国々によって異なる歌の風体は、はっきり定義出来ぬものだが、われわれは、これを感じ取ってはいるのである。「書面言句ヲ、サシヲキテ、和漢ノ書物ヲ、ヨク〳〵ミレバ、心ニウカビテ、云フニイハレヌ所ノチガヒハ知ル、事也」。宣長にとって、歌を精しく味わうという事は、「世ノ風ト人ノ風ト*経緯ヲナシテ、ウツリモテユク」、その巨《おお》きな流れのうちにあって、一首々々掛け代えのない性格を現じている、その姿が、いよいよよく見えて来るという事に他ならない。「和歌者流ト成ツテ」歌の巧拙ばかりを言う狭い了簡《りようけん》を捨てて、広く歌の変易を味わう道を徹底的に歩いてみる事が大事なのである。彼は、歴史には「かはる所」と「かはらざる所」との二面性があると言っているのではない。自分にとっては、歌を味わう事と、歴史感覚とでも呼ぶべきものを練磨する事とは、全く同じ事だと、端的に語っているだけである。歌を味わうとは、その多様な姿一つ一つに直かに附合い、その「えも言はれぬ変りめ」を確かめる、という一と筋を行くことであって、「かはらざる所」を見附け出して、この厄介な多様性を、何とかうまく処分して了《しま》う道など、全くないのである。宣長は議論しているのではない。自分は、言わば歌に強いられたこの面倒な経験を重ねているうちに、歌の美しさがわが物になるとは、歌の歴史がわが物になるという、その事だと悟るに至った、と語るのだ。

宣長は「新古今集」を重んじた。「此道ノ至極セル処ニテ、此上ナシ」「歌ノ風体ノ全備シタル処ナレバ、後世ノ歌ノ善悪勝劣ヲミルニ、新古今ヲ的ニシテ、此集ノ風ニ似タルホドガヨキ歌也」。ずい分はっきりした断定で、これだけ見ていれば、真淵の万葉主義に対して、宣長の新古今主義とよく言われるのも、一応尤《もつと》もなように聞えるが、それは当らない。何故かというと、この宣長の断定は、右に述べて来た意味合での「和歌ノ本然」という、真淵には到底見られない歴史感覚の上に立っていたからだ。宣長は「歌ノ本然」と言ってみたり、「自然ノ理」とか「道理」とか言ってみたりしているが、これは、用語を、概念上慎重に選ぶ興味など、彼にはなかったと考えて置けば足りる事だ。

「記紀」にある上代の歌は、「上手ト云事モナク、下手ト云事モナク、ヨマヌモノモナク、ミナ思フ心ヲタネトシテ、自然ニヨメル也」。その内に、次第に「ヨキ歌ヨマムトタクム心」が自然に生じ、「万葉」の頃になると、「ハヤ真ノ情ヲヨムト、タクミヲ本トスル事ト、大方半ニナレル也」、其後「漢文モツパラ行ハレテ」、詠歌とは「歌道ト云テ、一ッノ道」であるという自覚は、容易に得られなかったが、「古今」の*勅撰《ちよくせん》によって、漸《ようや》くその機が到来したのも「自然ノ勢」だ。ところで、「凡《オホヨ》ッ万《ヨロヅ》ノ事、ナニ事モ、世々ヲヘテ全備スル事也、聖人ノヲシヘナドモ、*三代ノ聖人ヲヘテ、*周ニ至テ全備セルゴトクニ、此道モ世々ヲヘテ、新古今ニ至テ全備シタレバ、此上ヲカレコレ云ハ邪道也」という事になった。

しかし、「歌道ノ盛ハ、定家ニキハマルトイヘドモ、衰ハハヤ俊成ヨリ兆《キザ》シアリ。タトヘバ、五月ノ中ニハ、イマダ暑気ノ盛ニハイタラザレドモ、ハヤ陰気ノキザス如ク、十二月ノ大寒ヲマタズシテ、十一月ヨリ、ハヤ一陽来復《イチヤウライフク》スルガ如シ」――宣長が言う「衰の兆し」とは、歌道と家筋との繫《つなが》りと云う考えの兆しである。定家は、家の伝えによって名人になった人ではない。「身一ッ」から、「ワガ心ョリ」歌を生んだ「自然ノ歌仙」であったが、「世ノ人ハ、ソノ道理ニクラ」く、歌道の父子相伝という、歌道自体には何の関係もない偶然事ばかりに、目を附けるようになった。歌の家筋を崇《とうと》ぶ悪風は、一たん生ずると、止まるところを知らない。「堂上ノ歌ノ家ノ内ニテ、カレコレスル」事が、「道ヲ大切ニスル」事になれば、「返テ道ノヲトロフルシカタ」を、いよいよ進める事になったからだ。そうなれば、「上手ハ貴賤ヲエラバズ、所ヲキラハズ」という「心得ヤスキ道理」も捨てられ、「カツハ、抜群ノ人ハ、ソレヲ心ウク思ヒテ、歌ニ志アルモノモ、外ノ芸ニウツルヤウニナリテ、タヾ、ラチノアカヌ、マナコノクラキモノ計《バカリ》ガ、堂上ノ弟子ニナリテ、ソノ下知《ゲヂ》ニシタガフユヘニ、ヲノヅカラ地下《ヂゲ》ニ歌人ハイデコヌヤウニ」なった。頓阿などの努力も、さしたる効果もなく、遂に「御伝授」*という「此道ノ大厄」が到来して、今日に至った。

これが、宣長の眼に映じていた歌の伝統の姿であったが、彼にしてみれば、それは、直知という簡明な形のものだったに相違ないが、面倒は、その説明にあった。現在が過去を支え、過去が現在に生きるとは、伝統を味識《みしき》している者にとっては、ごく当り前な心の経験であろうが、そのような伝統の基本性質でさえ、説明を求められれば、窮するであろう。伝統に関する知は、伝統と一体を成しているとも言えるからだ。「紫文要領」で、「あはれ」の説明に苦しんだと同様な事が、「あしわけ小舟」の問答体で既に起っているのが面白い。私にとっても面倒な事だが、これに注目しないと、順序なく書き流されたこの草稿のうちに、宣長の歴史観なり言語観なりの発想が、既に明らかな形で宿っている事を見損《みそこな》う。

宣長が、「新古今」を「此道ノ至極セル処」と言った意味は、特に求めずして、情と詞とが均衡を得ていた「万葉」の幸運な時が過ぎると、詠歌は次第に意識化し、遂に情詞ともに意識的に求めねばならぬ頂に登りつめた事を言う。登り詰めたなら、下る他はない、そういう和歌史にたった一度現れた姿を言う。この姿は越え難いと言うので、完全だと言うのではない。「歌ノ変易」だけが、「歌ノ本然」であるとする彼の考えのなかに、歌の完成完結というような考えの入込む余地はない。変易のうねりの頂は、又危険な場所でもある。「アマリニ道ノ頂上ヘ、ノボリタルユヘニ、ソノ中ニハ、アラヌサマニ、ヨコシマニナル事多クシテ、大ニ古ヘノ心ヲ失ヒタル事多シ――ワレモ〳〵ト、粉骨ヲツクスホドニ、名人多キ事モ、此時ニシクハナシ、サレバソノ名人トテモ、歌ゴトニ、秀逸ハイデキガタキモノナルニ、スグレテ人ニヌケイデテ、ヨマム〳〵トスルホドニ、コトヤウナル事モ多シ」と言う。

もし真淵の「万葉」尊重が、「新古今」軽蔑と離す事が出来ないと言えるなら、宣長の「新古今」尊重は、歌の伝統の構造とか組織とか呼んでいいものと離す事が出来ない、と言った方がよいのであり、「ますらをの手ぶり」「手弱女《たわやめ》のすがた」という真淵の有名な用語を、そのまま宣長の上に持込む事は出来ない。歌の自律的な表現性に関し、歌人等の意識が異常に濃密になった一時期があったという歴史事実の体得が、宣長にあっては、歌の伝統の骨格を定めている。和歌の歴史とは、詠歌という一回限りの特殊な事件の連続体であり、その始まりも終りも定かならず、その発展の法則性も、到底明らかには摑む事が出来ない、そういう言わば取附く島もない、生まな歴史像が、「新古今」の姿の直知によって、目標なり意味なりが読み取れる歌の伝統という像に、親しく附合える人間のような面貌《めんぼう》に、変じているのである。従って、真淵が「万葉」に還れと言う、はっきりした意味合では、宣長に、「新古今」に還れと言える道理はなかった。実際、彼は、そんな口の利き方を少しもしていないし、却《かえ》って、詠歌の手本として、「新古今」は危険であると警告している。「新古今ニ似セントシテ、コノ集ヲウラヤム時ハ、玉葉風雅ノ風ニオツル也」、或は「うひ山ぶみ」から引用すれば、「これは、此時代の上手たちの、あやしく得たるところにて、さらに後の人の、おぼろげに、まねび得べきところにはあらず、しひて、これをまねびなば、えもいはぬすゞろごとに、なりぬべし。いまだしきほどの人、ゆめ〳〵このさまを、したふべからず」。

二十二

「うひ山ぶみ」を書く頃になると、真淵の亜流を、はっきり意識して、「今の人は、口には、いにしへ〳〵と、たけ〴〵しく、よばはりながら、古《いにし》への定まりを、えわきまへざるゆゑに、古へは、定まれることはなかりし物と思ふ也」と笑っている。歌の伝統の姿の、退っ引《のび》きならぬ定まりが、眼に映じてもいない者が、復古を口にしてみたところで、空《むな》しい事だ。歌は、主義や観念から生れはしない。詠歌とは長い伝統の上を、今日まで生きつづけて来た、具体的な言葉の操作である。「今の世」「今の心」の、それも歌道の衰退した現在の現れという、実際問題である。この宣長の考えは、「あしわけ小舟」「うひ山ぶみ」を通じて一貫している。詠歌の手本として、「新古今」は危険であるし、「万葉」は、「世モノボリテ、末ノ世ノ人ノ耳ニ、トヲクシテ、心ニ感ズル事スクナシ」、「上古ノ歌ノサマヲミ、詞《コトバ》ノヨツテオコル所ヲ考ヘナドスル、歌学ノタメニハ、ヨキ物ニテ、ヨミ歌ノタメニハ、サノミ用ナシ」。そうなると、詠歌の実際問題としては、「歌の真盛《マサカリ》」を達成した定家の、「モッパラ三代集ヲ用ヒテ手本ニセヨ」という考えは、「中古以来ノオキテ」として、今も動かない。だがこれとても、動かす必要がないというだけの話で、手本として絶対だと言うのではない。「うひ山ぶみ」では、「代々の集を見渡すことも、初心のほどのつとめには、たへがたければ、まづ世間にて、頓阿《とんあ》ほふしの草庵集といふ物などを、会席などにも、たづさへ持て、題よみのしるべとすることとなるが、いかにもこれよき手本也」と言っている。明らかに、これは宣長自身そうして来た事を、正直に語っているのである。宣長は、自身の実際の経験に即した事しか、人に教えなかったとも言えよう。

ここに、詠歌の上で、歌学をどう心得るかについての、彼の意見を引用しておくもよかろう。

「今の世にいたりても、歌学のかたよろしき人は、大抵いづれも、歌よむかたつたなくて、歌は、歌学のなき人に、上手がおほきもの也。こは専一にすると、然《しか》らざるとによりて、さるだうり*も有ルにや。さりとて、歌学のよき人のよめる歌は、皆必ズわろきものと、定めて心得るは、ひがごと也。此二すぢの心ばへを、よく心得わきまへたらんには、歌学いかでか歌よむ妨ゲとはならん。妨ゲとなりて、よき歌をえよまぬは、そのわきまへのあしきが故也。然れども、歌学の方は、大概にても有べし。歌よむかたをこそ、むねとはせまほしけれ。*歌学のかたに、深くかゝづらひては、仏書からぶみなどにも、広くわたらでは、事たらはぬわざなれば、其中に、無益の書に、功《テマ》をつひやすことも、おほきぞかし」(「うひ山ぶみ」)――これも、自分の事を言っているのだと思えば面白い。宣長は、歌学者であって歌人ではなかった。そう言うと、従って、彼にとっては、詠歌は、歌学の為の手段に過ぎなかったと、苦もなく言葉を続けたがるが、大事なのは、この手段という言葉の、彼にとっての意味合なのだ。歌に行く道は、歌を好み信じ楽しむ人にしか開かれていない。歌を知るには、歌を詠《よ》むという大道があるだけで、他に簡便な近道はない。この考えは、宣長にとっては、殆《ほとん》ど原理の如きものであって、遂に歌人となって、歌学が手段となるか、歌学者に成長して、詠歌が手段となるかは、それから先きの話なのである。詠歌は歌学の骨格を成すものであり、詠歌の上で、古風後世風を、自在に詠み分けられないようでは、歌学者とは言えない。その点で、彼は、はっきりした自信を持っていたし、歌学者として、この自信があれば足りるとしていたので、名歌を詠もうとも、自作が名歌だとも、考えてはいなかった。彼の歌は、大部分後世風のものだとは言えるが、新古今風のものとは言えない。古学を事とする者が、何故後世風の歌を、多く詠むかという質問に対しても、彼の答えは、まことにはっきりしている。「古風は、よむべき事すくなく、後世風は、よむ事おほきが故也。すべていにしへは、事すくなかりしを、後世になりゆくまに〳〵、万《よろづ》の事しげくなるとおなじ」（「うひ山ぶみ」）、理由は、簡単明瞭だ、自分は後世に生れ合せたからだ、と言うのである。

私達は、「万の事しげ」き今の世に生きているので、これをどうしようもない。宣長は、文中に、次のような問いを設けている、「モシ、マハリトヲク、今日ニウトキヲ、キラハバ、和歌モ同ジ事也。誹諧《ハイカイ》コソ、今日ノ情態言語ニシテ、コレホド人ニ近ク、便ナルハアラジ。何ゾコレヲトラザル」、答えて曰《い》わく、「スベテ、我方ニテ、連歌誹諧謡《ウタヒ》浄瑠璃《ジヤウルリ》小歌童謡ノルイ、音曲ノルイハ、ミナ和歌ノ内ニテ、其中ノ支流、一種ノ音節体製ナレバ、コレラニ対シテ、和歌ヲ論ズベキニアラズ。其中ニツイテ、雅俗アルヲ、風雅ノ道、ナンゾ雅ヲステテ、俗ヲトラン。本ヲオイテ、末ヲモトメンヤ。サレドモ又、コレモソノ人ノ好ミニ、マカスベシ」。その人の好みにまかすべし、という言葉は、此処《ここ》だけではない。文中幾つも出て来る。「詩ガマサレリト思ハバ、詩ヲツクルベシ、歌ガオモシロシト思ハバ、歌ヨムベシ。又詩歌ハ事情ニトヲシ、誹諧ガ、今日ノ世情ニチカシト思ハバ、ソレニナラフベシ。又詩歌連誹《レンパイ》、ミナ無益トオモハバ、何ニテモ、好ムニシタガフベシ」。こういう言い方は、宣長の明瞭な時代意識を示す。

学問界も、＊正学《せいがく》の権威は、既に地に落ちて、「甲の説を、乙はそしり、東の論をば、西にてやぶり、かの升《ます》にはかり、車につむべきやから、さま〴〵の説を、いひのゝしり、湯の沸くがごとく」（＊「花月草紙」二の巻）と、やがて＊松平定信に言わせ、＊「異学の禁」を招く情勢を準備していた。宣長が「ソノ人ノ好ミニ、マカスベシ」と言うのは、自分は自分の好みに従うという意味である。自分も、諸君の流儀で、自分の好む歌学に従い、自分の信ずる見解を述べるだけだが、学問の方法まで、自分の好みに従ってくれるとは夢にも思っていない。自分の歌学では、歌の雅俗という審美《しんび》的判断と、歌の伝統の本流支流という歴史的認識とは、同じものだ。彼はそう言いたいのだ。

さて、この辺りで、宣長が、自分の見解の説明に、苦労している見本を示しても、読者に唐突の感を与える事はあるまい。

「今ハ人ノ心、イツハリカザル事多ケレバ、歌モ又イツハリカザル事多キガ、即チ人情風俗ニツレテ、変易《ヘンエキ》スル、自然ノ理ニカナフ也。サレバ、コノ人ノ情ニツルヽト云事ハ、万代不易《フエキ》ノ和歌ノ本然也トシルベシ。サレバ、今ノ世ニテ、此道ニタヅサハリ、和歌ヲ心ガクル者ハ、トカクマヅ今ノ人情ニシタガヒテ、イツハリカザリテナリトモ、随分古ノ歌ヲマナビ、古ノ人ノ詠ジタル歌ノ如クニ、ヨマム〳〵ト心ガクレバ、ソノ中ニ、ヲノヅカラ、平生見聞スル古歌古書ニ心ガ化セラレテ、古人ノヤウナル情態ニモ、ウツリ化スルモノ也。ソノ時ハ、マコトノ思フ事ヲ、アリノマヽニヨムト云モノニナル也。コレ何ンゾナレバ、カノ古ヘノ歌ノマネヲシテ、カザリツクリテ、ヨミナラヒ、見ナラヒタル、ソノ徳ナラズヤ。コレ和歌ノ功《ク》徳《ドク》ニヨリテ、我性情モ、ヨク化スルト云モノ也。然《シカ》ルヲ、後世ノ歌ハ、偽リカザリテ、マコトニ非《アラ》ズ、上代ノ質朴ナルガ、実情ナリトテ、今ノ世ニテモ、思フ事ヲ、アリノマヽニヨミ出タラバ、エモイハレヌ、ミグルシキ歌ドモノミ、出来ベシ。今ノ人情ノイツハリ多キヲ悪《ニクミ》ナガラ、其ノ情ヲ、アリノマヽニヨメトハ、如何《イカ》ナル心得チガヒゾヤ。予ガ教フルハ、大ニコレニ異ニシテ、コノ裏ナリ。予ガ教フルハ、今ノイツハリ多キ情ノマヽニ、ソノ情ニテ、ムカシノ人ノマネヲシテヨミナラヒテ、サテ古ノ人ノヤウニ、自然ニ化スル也。コレ大ナル*氷炭ノチガヒナリ。ヨク〳〵考ヘ思フベシ」

明らかに、宣長は、当時歌を論ずる人々を捕えている通念に抗して、物を言っているのだが、「予ガ教フルハ、コノ裏ナリ」と言ってみても、残念乍《なが》ら、通念という馬鹿の一つ覚えには、表も裏もないのである。それが、宣長を苛立《いらだ》てているとは言うまい。そんな事より文の曖昧《あいまい》は、筆者の言わんとするところが微妙だという事から生じているのを考えた方がよい。一見不透明な文を、透かして見るのが必要だろう。歌が、人情につれて変易するのは、「自然ノ理」とも呼んでいいほど、誰にも解り切った事だが、この変易を、変易として、率直に在りのままに受納《うけい》れる事が、実は大変難かしい。歌を論ずる人々は、変易に冠せた偽り飾るという言葉に、知らぬまに躓《つまず》き、躓いて知らぬ間に、変易の外側に立って、これを悪《にく》んでいるではないか。

歌の変易という「自然ノ理」は、歌を論ずる傍観者達の理に見合っているものではない。宣長は、「今ノ世ニテ、此道ニタヅサハリ、和歌ヲ心ガクル者」の立場を、飽くまでも離れない。詠歌という経験を、各自が反省してみれば、遠い過去からの歌詞の累積《るいせき》を背負わずに、現在の詠歌という言語表現は成り立たない事は明らかであろう。ただ反省に深浅の程度があって、これに応じて、背負ったものが資源とも重荷とも意識されよう。もし歌人が、歌学者としての明瞭な歴史意識を持つならば、詠歌とは、歌の伝統の流れの内部の出来事であり、これから逸脱は出来ない事を、認めざるを得まい。詠歌という行為は、自由ではあろうが、任意ではない。今日の詠歌を、「イツハリカザル」風と言いたいのなら、言ってもよい。それなら、「今ノ人情ニシタガヒテ、イツハリカザリテナリトモ、随分古ノ歌ヲマナ」ぶべきである。現在に生れ変ろうと希《ねが》っている過去の歌詞の資源に出会おうと、道を開いて置かなければ、詠歌の未来に向う道も閉ざされるだろう。この考えは、伝統主義とは言えるが、復古主義とは呼べまい。

だが、面倒は、その先きにある。古歌をまなぼうと努力しているうちに、古歌に「心ガ化セラレ」るという事が起る。——「ソノ時ハ、マコトノ思フ事ヲ、アリノマヽ、ニヨムト云モノニナル也」——何故かというと、——「古ヘノ歌ノマネヲシテ、カザリツクリテ、ヨミナラヒ、見ナラヒタル、ソノ徳ナラズヤ。コレ和歌ノ功徳ニヨリテ、我性情モ、ヨク化スルト云モノ也」——と続く。ここに、はっきり見て取れるのは、「和歌ノ功徳」という宣長の考えだ。言うまでもなく、彼は、歌の目的は、性情を化するにあるとは考えていない。歌は歌である事で充分なものだ。この歌の自律性と、人の心が深い交渉を持つなら、心は、知らぬ間に、歌に化せられるという、そういう歌固有の価値、或《あるい》は働きの問題が、宣長の歌学の問題なのである。「和歌ハ言辞ノ道也。心ニオモフ事ヲ、ホドヨクイヒツヾクル道也」という彼の言葉は、歌は言辞の道であって、性情の道ではないというはっきりした言葉と受取らねばならない。歌は「人情風俗ニツレテ、変易スル」が、歌の変易は、人情風俗の変易の写しではあるまい。前者を後者に還元して了《しま》う事は出来ない。私達の現実の性情は、変易して消滅する他はないが、この消滅の代償として現れた歌は、言わば別種の生を享《う》け、死ぬ事はないだろう。「心ニオモフ事」は、これを「ホドヨクイヒツヾクル」ことによって死に、歌となって生れ変る。歌の功徳は、勿論《もちろん》歌の誕生と一緒であるから、「心ニオモフ事」のうちに在る筈《はず》はない。この事を念頭に置くなら、宣長は、こう言っている事になる、――もし「心ニオモフ事ヲ、ホドヨクイヒツヾクル」詠歌の手続きが、正常に踏まれ、詠歌が成功するなら、誕生したその歌の姿は、「マコトノ思フ事ヲ、アリノマヽ、ニヨムト云モノニナル也」と。彼は、歌の味《あじわ》い、歌の功徳以外の事を語っているのではない。

これは、歌という「言辞ノ道」が孕《はら》んでいる謎めいた性質だが、「あしわけ小舟」を書き始めようとして、先ず、宣長は、この難解な性質に直面した。詠歌は、詠歌以外の何を目当てとするものではない。「只《タダ》ソノ意ニシタガフテヨムガ歌ノ道也。姦邪《カンジャ》ノ心ニテヨマバ、姦邪ノ歌ヲヨムベシ。好色ノ心ニテヨマバ、好色ノ歌ヲヨムベシ。仁義ノ心ニテヨマバ、仁義ノ歌ヲヨムベシ。タヾ〳〵歌ハ、一偏ニカタヨレルモノニテハナキナリ。実情ヲアラハサントオモハバ、実情ヲヨムベシ。イツハリヲイハムトオモハバ、イツハリヲヨムベシ。詞ヲカザリ、面白クヨマントオモハバ、面白クカザリヨムベシ。只意ニマカスベシ。コレスナハチ実情也。秘スベシ〳〵」――彼には、難問が露《あら》わな形で、見えていた。避けて通る事は出来ないし、手際《てぎわ》のいい回答は拒絶されている。「秘スベシ〳〵」とは、問題に、言わば当って砕けるより他はない、という彼の態度を示す。この態度から、磨かれぬ宝石のような言葉が、ばらまかれて行くのだが、私が、煩《はん》をいとわず、これを追うのも、私の仕事の根本は、何度くり返して言ってもいいが、宣長の遺《のこ》した原文の訓詁《くんこ》にあるので、彼の考えの新解釈など企てているのではないからだ。

「ヨキガ中ニモ、ヨキヲエラビ、スグレタルガ中ニモ、スグレタル歌ヲ、ヨミイデムトスルガ、歌ノ最極無上ノ所也。歌ノヨシアシヲイハヌ時ハ、論ズル事モナク、マナブ事モイラヌ也。ヨキ歌ヲヨマムト思フ心ヨリ、詞ヲエラビ、意ヲマフケテ、カザルユヘニ、実ヲウシナフ事アル也。ツネノ言語サヘ、思フトヲリ、アリノマヽニハ、イハヌモノ也。況《イハン》ヤ歌ハ、ホドヨク、*ヘウシオモシロク、ヨクヨマムトスルユヘ、我実ノ心トタガフ事ハ、アルベキ也。ソノタガフ所モ、スナハチ実情也。(中略)タトヘバ、花ヲミテ、サノミオモシロカラネド、歌ノナラヒナレバ、随分面白ク思フヤウニヨム、面白ト云ハ、偽リナレド、面白キヤウニ、ヨマムト思フ心ハ、実情也。シカレバ、歌ト云モノハ、ミナ実情ヨリ出ル也。ヨクヨマムトスルモ実情也。ヨクヨマムトオモヘド、ヨクヨメバ、実情ヲウシナフトテ、ワルケレドアリノマヽニヨム、コレ、ヨクヨマムト思フ心ニタガフテ偽也。サレドモ、実情ヲウシナフ故ニ、アリノマヽ、ニヨマムト思フモ、又実情也」

ここでも、宣長の考えの重点は、実の心と歌の実とは、質の異なる秩序に属し、両者は直《じ》かに連続してはいないというところにある。歌の実とは、飽くまでも「歌ノヨシアシ」に関する実であって、実の心の側から照らせば、忽《たちま》ち偽りと変じて了うというその事が示すように、既知の実の心の側からは説明のつかぬ新しい実である。詠歌の「最極無上」とする所は、自足した言語表現の世界を創り出すところにある。この世界の魅力とは、この世界の誕生とともに創り出された、歌の実に他ならないのなら、歌人が、秀歌を得んとして、偽りも甘受して努力するのは当然な事であろう。この当然な事が、歌には歌の道があると、一応解ったような口の利き方をしている人々にも、実は解っていない。そこで、宣長の問答体の文では、「実情」という言葉が浮動して、詭弁《きべん》めいた姿を取るのである。宣長の「和歌ハ言辞ノ道也」という言葉には、凡《およ》そ言語活動の枠を成すものは歌だという宣長の確信がある。言語の最大の機能は、その創造的な表現力にあるという意識がある。それが、「ツネノ言語サヘ、思フトヲリ、アリノマヽニハ、イハヌモノ也」という言葉の裏側にじっと据《すわ》っていると見てよい。

詠歌にあっては、「コトバ第一ナリ」という宣長の考えは大変強いのである。「古人トテモ、歌ハ、トカク思フ心ヲ、ホドヨクイヒト丶ノフルモノ也。サレバ、ソノ思フ心ハ、シゼント、モトメズシテアル也。思フ心アリテ後、ウタヲヨム也。サレバ、モトムル所ハ、辞ヲト丶ノフルニアリ。イニシヘナヲシカリ。況《イハン》ヤ今ハ、心詞トモニモトメテ、歌ヲヨム事也。必シモ、心ニ思フ事ニアラザレドモ、アルヒハ題ヲトリナドシテ、心詞ヲモトメヨム、コレ今ノ歌ヨムサマ也。題ヲトリテ、マヅ情ヲモトメ、サテ詞ヲト丶ノフル也。コノ時ニアタツテ、情ヲモトムル事、先《サキ》ニアレドモ、ジタイ情ハモトムルモノニハアラズ。情ハ自然也。タヾ求ルハ詞也。コノ故ニ、詞ヲト丶ノフルガ第一也トハ云也」

彼に言わせれば、「思フ心アリテ後、ウタヲヨム」とは、誰の眼にも、詠歌の「順道」なのであり、古えは「順道」がおのずから行われていたから、「情ハ自然ナレバ、モトムル事ナシ、只詞ヲモトム」という事も、当り前な事だったのであり、何も特に「コトバ第一ナリ」と教える必要はなかった。ところが、詠歌の意識が複雑になり、「中古以来ノ歌ハ、情辞トモニモトム」という面倒な事になった。題詠が悪いと言うのではない。先ず題によって情を求めるという迂路《うろ》を取るようになったまでの話だ。悪いのは、題詠の習慣化で、題が与えられれば、歌人等は情を求める手間を省くようになった。そこで、「先達《センダツ》ノ、専ラ情ヲサキトシテ、詞ヲツギニセヨト、フカクイマシメラレタル也」、つまり教えの方も逆になって了ったのだが、詠歌の歴史の変易を、変易として素直に受取るなら、詠歌の「順道」が分裂したからと言って逆にはならぬ、「コトバ第一ナリ」の鉄則は崩れないと悟るであろう。「情ハアサケレドモ、ヨキ歌多シ。詞アシクテ、ヨキ歌ハカツテナキ也」

勿論、宣長は、歌の表現性とか表現力とかいう言葉は使っていない。「トカク思フ心ヲ、ホドヨクイヒト、ノフル」事と言うのだが、「コトバ第一ナリ」という考えをつき詰めて行くと、ここで、もっと強い言葉が必要になって来るのである。

「詠歌ノ第一義ハ、心ヲシヅメテ、妄念ヲヤムルニアリ」と言う。「ソノ心ヲシヅムルト云事ガ、シニクキモノ也。イカニ心ヲシヅメント思ヒテモ、トカク妄念ガオコリテ、心ガ散乱スルナリ。ソレヲシヅメルニ、*大口《ダイク》訣《ケツ》アリ。マヅ妄念ヲシリゾケテ後ニ、案ゼントスレバ、イツマデモ、ソノ妄念ハヤム事ナキ也。妄念ヤマザレバ、歌ハ出来ヌ也。サレバ、ソノ大口訣トハ、心散乱シテ、妄念キソヒオコリタル中ニ、マヅコレヲシヅムル事ヲバ、サシヲキテ、ソノヨマムト思フ歌ノ題ナドニ、心ヲツケ、或ハ趣向ノヨリドコロ、辞ノハシ、*縁語ナドニテモ、少シニテモ、手ガ、リイデキナバ、ソレヲハシトシテ、トリハナサヌヤウニ、心ノウチニ、*ウカメ置テ、トカクシテ、思ヒ案ズレバ、ヲノヅカラコレヘ心ガトヾマリテ、次第ニ妄想妄念ハシリゾキユキテ、心シヅマリ、ヨク案ジラル、モノ也。(中略)マヅ心ヲスマシテ後、案ゼントスルハ、ナラヌ事也。情詞ニツキテ、少シノテガヽリ出来ナバ、ソレニツキテ、案ジユケバ、ヲノヅカラ心ハ定マルモノトシルベシ。トカク歌ハ、心サハガシクテハ、ヨマレヌモノナリ」でこれは、歌人等の普通われ知らず経験しているところで、何も詠歌の「大口訣」でもないわけだが、宣長が、特に「大口訣」という言葉が使いたかった意を推察してみれば、彼が着目しているところは、歌人等の言語意識の不徹底にあった事は明らかであろう。反省が徹底していれば、言語表現に、本来備っているとしか考えられぬ謎めいた力が、露わに見えて来る筈だ、宣長はそう考える。まだ「歌の実」という表現性を得ない「実の心」の単なる事実性などは、敢《あ》えて「妄念」とか「散乱した心」とか呼ぶがよろしい、と宣長は言うのである。

「情ハ自然也」と言っただけでは足りない。「自然と求めずして在る」心は、そのままでは、「心散乱シテ、妄念キソヒオコ」る状態を抜けられるものではない。言葉という「手がかり」がなければ、心は心で、どう始末のつけようもないものだ。思う心を「ほどよく言ふ」では言い足りない。一歩すすめて、乱れる心を「しづむ」「すます」「定むる」と言うべきだ。「石上私淑言《いそのかみささめごと》」では、「むねにせまるかなしさを、はらす」と、同じ意味合で「はらす」という言葉が使われている。悲しみを詠むとは、悲しみを晴らす事だ。悲しみが反省され、見定められなければ、悲しみは晴れまい。言葉の「手がかり」がなくて、どうしてそれが人間に出来よう。「トカク歌ハ、心サハガシクテハ、ヨマレヌモノナリ」という言葉につづけて、仮りに宣長が、「心さはがしくては、つねの言語さへなきものなり」と書いていたとしても、私は少しも驚かないだろう。

二十三

「歌」「詠」の字は、古来「うたふ」「ながむる」と訓じられて来たが、宣長の訓詁《くんこ》によれば、「うたふ」も「ながむる」も、もともと声を長く引くという同義の言葉である。「あしわけ小舟」にあるこの考えは、「石上私淑言《いそのかみささめごと》」になると、更にくわしくなり、これに「なげく」が加わる。「なげく」も「長息《ナガイキ》」を意味する「なげき」の活用形であり、「うたふ」「ながむる」と元来同義なのである。

「あゝ、はれ——あはれ」という生まの感動の声は、この声を「なげく」「ながむる」事によって、歌になる。言うまでもなく、歌の本質を、そんな所に求めた歌学者はなかったので、これがわかりにくい考えである事は、宣長自身も承知していた。「あしわけ小舟」を整理した「石上私淑言」も問答体に書かれているが、その中でも、この考えを容易に納得しない「問者」を設けて説いている。

歌を、何もむつかしく定義しなくてもよい、あわれにたえ難い時に、「其思ふすぢを、おぼえずいひいづる」のが歌だ、という御意見は尤《もつと》もだとしても、そう言って了《しま》えば、それは「たゞの詞《ことば》にても有ぬべき事」だし、特に歌は「声を長くし、詞に文《アヤ》をなす」と言うのが心得難い、と言う問者に、宣長は、「今の人の心にては、此疑さる事也」と言って、次のように説明する。「今、目にちかく有ル事を、引ていはば、今、人せちに物のかなしき事有て、堪《タヘ》がたからんに、そのかなしきすぢを、つぶ〳〵といひつゞけても、猶《なほ》たへがたさの、やむべくもあらず。又ひたぶるに、かなし〳〵と、たゞの詞に、いひ出ても、猶かなしさの忍びがたく、たへがたきときは、おぼえずしらず、声をさゝげて、あらかなしや、なふ〳〵と、長くよばゝりて、むねにせまるかなしさをはらす、其時の詞は、をのづから、ほどよく文《アヤ》ありて、其声長くうたふに似たる事ある物也。これすなはち歌のかたち也。たゞの詞とは、必《かならずコト》異なる物にして、その自然の詞のあや、声の長きところに、*そこゐなきあはれの深さは、あらはるゝ也。かくのごとく、物のあはれに、たへぬところより、ほころび出て、をのづから文《アヤ》ある辞が、歌の根本にして、真の歌也」(「石上私淑言」巻一)

文中に、明らかに透けて見えて来るのは、「たゞの詞」より、発生的には、「歌」が先きだという考え、「歌」よりも、声の調子や抑揚の整う事が先きだという考えだ。彼のこの大胆な直観には注目すべきものがある。右の文中で、「たゞの詞」という言葉の概念が曖昧《あいまい》なのは、問者の「今の人の心」からの曖昧な問いをそのまま受けているからであり、そんな事にこだわるより、「たゞの詞とは、必異《コト》なる物」というその「物」が、「歌のかたち」と呼ばれている事に注意する方がよい。宣長に言わせれば、歌とは、先ず何を措《お》いても、「かたち」なのだ。或《あるい》は「文《アヤ》」とも「姿」とも呼ばれている瞭然《りょうぜん》たる表現性なのだ。歌は、そういう「物」として誕生したという宣長の考えは、まことにはっきりしているのである。発達した歌の形式に慣れた「今の人の心」には、先ず「たゞの詞」があり、それから「たゞの詞」を「文」によって装飾する歌という技芸が発達したという通念がある。宣長の徹底した考えは、先ずこの通念と衝突せざるを得ないのである。

勿論《もちろん》、宣長は、問者の疑いを尤もとしているのだから、人々の所謂《いわゆる》「たゞの詞」に表現性がないと考えているわけではない。歌に関心を持たぬ普通人の会話にあっても、表現に関する個性的な発明は、常に行われているであろうが、その魅力は、その場で消える。「たゞの詞」には、「たゞの詞」の目的があるからだ。実生活上の様々な目的を目指し、意を伝えたり、事物を指示したりして、言葉を有効に消費して了えば、それで事は足りているからだ。歌人は、何かの手段として言葉を使いはしない。有用性を離れて自立する言葉の表現性を目指す。それが「歌の道」である事を、宣長ほどよく見抜いていた人はなかったのだが、それというのも、彼の言語表現に関する非常な鋭敏性が、既に通念化した解釈を荷《にな》った「歌の道」という既成概念を透過して、誰も見ない深所まで見ていたからである。

彼に言わせれば、既に教養として確立して了った「歌の道」の枠内で歌を論ずるのは、「末をたづねる」事に過ぎない。その論調は「高上ニシテ、スナホニキコヘ、大方ノ人ハ至極ノ道理也トオモヒ、信仰スレドモ、ヨク〳〵案ズレバ、サヤウノ事ニアラズ」と言う。何故、「只《タダ》心ノ欲スルトヲリニヨム、コレ歌ノ本然ナリ」という単純明白な考えに立ち還ってみようとしないのか。其処《そこ》から考え直そうという気さえあれば、「歌の道」の問題は、「言辞の道」というその源流に触れざるを得まい。そうすれば、歌とは何かという問題を解くに当り、「うたふ」という言葉が、どういう意味合で用いられる言葉として生れたかを探るところに、一番確かな拠《よ》りどころがあると悟るだろう。言語表現というものを逆上って行けば、「歌」と「たゞの詞」との対立はおろか、そのけじめさえ現れぬ以前に、音声をととのえるところから、「ほころび出」

る純粋な「あや」としての言語を摑《つか》むことが出来るだろう。この心の経験の発見が、即ち「うたふ」という言葉の発明なら、歌とは言語の粋ではないか、というのが宣長の考えなのである。

激情の発する叫びも呻《うめ》きも歌とは言えまい。それは、言葉とも言えぬ身体の動きであろう。だが、私達の身体の生きた組織は、混乱した動きには堪えられぬように出来上っているのだから、無秩序な叫び声が、無秩序なままに、放って置かれる事はない。私達が、思わず知らず「長息」をするのも、内部に感じられる混乱を整調しようとして、極めて自然に取る私達の動作であろう。其処から歌という最初の言葉が「ほころび出」ると宣長は言うのだが、或は私達がわれ知らず取る動作が既に言葉なき歌だとも、彼は言えたであろう。いずれにせよ、このような問題につき、正確な言葉など誰も持ってはいまい。ただ確かなのは、宣長が、言葉の生れ出る母体として、私達が、生きて行く必要上、われ知らず取る或る全的な態度なり体制なりを考えていた事である。言葉は、決して頭脳というような局所の考案によって、生れ出たものではない。この宣長の言語観の基礎にある考えは、銘記して置いた方がよい。

彼の「源氏」論の課題は、「あはれ」とは何かではなく、「あはれを知る」とは何かであった、とは既に*述べたところだ。「人の実の情をしるを、物の哀《あはれ》をしるといふなり」（「紫文要領」巻下）。「人の実の情」は知り難い。こんなに不安定なものはないからだ。「感は動也といひて、心のうごくこと」（「玉のをぐし」二の巻）だからだ。ところで、宣長は次のような事に注目している。「心に深く感《アハレ》とおもふ事あれば、かならず長息《ナガイキ》をする故に、其意より転じて、物に感ずる事を、やがて奈宜久《ナゲク》とも奈我牟流《ナガムル》ともいふ也」「然《しか》るを、*千載《せんざい》*新古今のころよりして、*もはら物を見る事にのみいへるは、又其意を一転せる物也」「物思ふときは、常よりも、見る物きく物に、心のとまりて、ふと見出《イダ》す雲霞《うんか》木草にも、目のつきて、つく〴〵と見らるゝものなれば、かの物おもふ事を、奈我牟流といふよりして、其時につく〴〵と物を見るをも、やがて奈我牟流といへるより、後には、かならずしも物おもはねども、たゞ物をつく〴〵見るをも、*しかいふ事にはなれるなるべし」（「石上私淑言」巻一）

「あしわけ小舟」では、この場合、見るとは「観ノ字ナドノ心ナリ」と言っている。それとは気づかぬ言葉の働きのうちにも、歌道の極意は現れている。長息するという意味の「ながむる」が、つくづくと見る意味の「ながむる」に成長する、それがそのまま歌人が実情を知る、その知り方を現わす、と宣長は見るのである。歌道の極意は、

「物のあはれを知る」ところにあるのだが、それは、情に溺《おぼ》れる「あだなる事」にも、溺れまいとして分別を立てる「まめなる事」にも、全く関係がないという難解な考えが、彼の「源氏」論にあった事も、既に書いたが、それを、ここで思い出して貰《もら》ってもよいと思う。堪え難い悲しみを、行動や分別のうちに忘れる便法を、歌道は知らない。悲しみを、そっくり受納れて、これを「なげく」という一と筋、悲しみを感ずるその感じ方の工夫という一と筋を行く。誰の実情も、訓練され、馴致《じゅんち》されなければ、その人のはっきりした所有物にはならない。わが物として、その「かたち」を「つく〳〵と見る」事が出来る対象とはならない。私達が理解している「意識」という言葉と、宣長が使った意味合での「物」という言葉とを使って、こう言ってみてもよさそうだ、歌とは、意識が出会う最初の物だ、と。そう言いたかった宣長を想像してみてもよいであろう。

ここで、もう一つ、「あしわけ小舟」から引用して置こう。「カナシミツヨケレバ、ヲノヅカラ、声ニ文《アヤ》アルモノ也。ソノ文《アヤ》ト云ハ、哭声ノ、ヲヽイ〳〵ト云ニ、文《アヤ》アル也。コレ巧ミト云ホドノ事ニハアラネド、又自然ノミニモアラズ、ソノヲヽイ〳〵ニ、文《アヤ》ヲツケテ、哭クニテ、心中ノ悲シミヲ、発スル事也。モトヨリ、外カラ聞ク人ノ心ニハ、ソノ悲シミ、大キニフカク感ズル也。カヤウノ事ハ、愚カナル事ノヤウナレドノ事モ、サニ非《アラ》ズ。サレバ、モロコシニテ、*喪ノ時ニ哭《コク》スル礼ノ定マリタルモ、*仮令《ケリヤウ》ノヤウナレドモ、モト実情ヲ導クシカタ、聖人ノ智ハ、フカキモノ也」

実利実用に繋《つな》がる諸制度に慣れた人々は、礼というものをややもすれば贅物《ぜいぶつ》と考え易《やす》い。内容を欠いた、便宜的な、外的規制と見勝ちだが、それは浅薄な考えであって、そういう人達が「愚カナル事」「仮令ノ事」と見るところに、却《かえ》って礼の本質的なものが顔を出している。礼と歌とは、その発生に立合う気になって考えれば、区別のつきにくい双生児のような顔附きをしている。無くてはどうしても適《かな》わぬ人間の印しのように、私達の内部から生れて来るものだ。本を尋ねて、考えようとすれば、そういう事が解って来る。礼を言えば*楽を言った聖人の智は、その点で深いものだ、と宣長は言うのである。

突き詰めて行けば、礼とは、「実情ヲ導ク」その「シカタ」だと彼は言う。それなら、これは言葉なき歌とも言えるわけだ。私達は、この「シカタ」を何によって思い附くのでもなく、何処《どこ》から借りて来るのでもない。それは実情自体から「ヲノヅカラ」「ほころび出」る。もう少し精《くわ》しく言えば、「巧ミト云ホドノ事ニハアラネド、又自然ノミニモアラズ」という具合に生れて来る、と宣長は考える。私達は、意識して自発的にそうするのでもなければ、無意識に事の成行きに従うのでもない。人間の構造は、そのような出来だ、と彼は言っていると解してよかろう。

誰も、各自の心身を吹き荒れる実情の嵐の静まるのを待つ。叫びが歌声になり、震えが舞踏になるのを待つのである。例えば悲しみを堪え難いと思うのも、裏を返せば、これに堪えたい、その「カタチ」を見定めたいと願っている事だとも言えよう。捕えどころのない悲しみの嵐が、おのずから文《アヤ》ある声の「カタチ」となって捕えられる。宣長に言わせれば、この「カタチ」は、悲しみが已れを導くその「シカタ」を語る。更に言えば、「シカタ」しか語らぬ純粋な表現性なのである。この模倣も利き、繰返しも出来る、悲しみのモデルとでも言っていいものに出会うという事が、各自の内部に起る。私達は、誰もその意味合を問う前に、先ずこの悲しみの型を信じ、これを演ずる俳優だったと言ってもよかろう。もし、そうでなければ、喪という共通の悲しみを予感し、已れの悲しみを発し、これを相手と分つ道が、どうして開かれるであろう。礼は聖人の智慧《ちえ》の発明ではない。そう見抜いていたのが聖人の智慧だ、と宣長は言うのである。

宣長は、その歴史観、特に言語観の上で、真淵《まぶち》に比べると、余程柔軟で鋭敏なものを持っていた事について、読者は以上述べて来たところで、ほぼ合点されたと思う。宣長から、わかりにくい文ばかり幾つも引用し、これを上手に解説も出来なかったのは、読者が見られた通りだが、わかりにくい例証を、私が、先きに磨かれぬ宝石のようなと形容したのは、そこに見えた宣長の直観の露《あら》わな姿を言ったので、磨いてみたいというような意は、少しも含まれてはいなかった。歴史も言語も、上手に解かねばならぬらぬ問題の形で、宣長に現れた事はなかった。それは「古言を得る」という具体的な仕事のうちで、経験されている手答えのある「物」なのであった。正直な心で正視すれば、本質的に難解な表情が見えて来る相手であった。これとの無私な交渉について、宣長が大変率直に語っているので、私は、そういう文例を幾つも拾い上げる事になった。古学にあっては、先ず「低《ひき》き所を固める」を要するという真淵の教えが、宣長にどう受取られたか、言わばその手つきを、読者に感じ取って貰えればと考えたのである。真淵の言う「低き所」とは、古書の註釈、古言の語釈という、地道な根気の要る仕事を指すのだが、宣長は、この道を受け、いよいよ低く、その底辺まで行ったと言ってもよい。彼は、「古今集」の「雅言《ミヤビゴト》」を、そっくり今行われている「俗言《サトビゴト》」に訳《ウツ》してみる、というところまで行かなければ、承知しなかった。宣長が、わが国最初の古典の現代語訳者となったのは、言うまでもなく「古言を得んとする」一と筋の願いに駆られたからであり、その仕事の動機は、全く純粋なものであった。あんまり純粋で、今日の人々には、却ってわかりにくいと言えるほどだ。それは、今日では極く当り前の事となっている古典の現代語訳を思い、訳者達の仕事の動機を思えば足りるであろう。古典とか伝統とかいうものに対する宣長の愛情や信頼を思って、彼の著作を読んでいると、その仕事がどんな形を取ろうと、皆、この源泉から溢《あふ》れて、一と筋の流れを成しているのが、よく感じられる。とともに、私の心に自然に浮ぶ事だが、古典が、在ったがままの姿で、現在に生き返って来るのは、言わばこの源泉の感情を抱いた宣長にとっては、まことに尋常な鮮明な知覚であって、もしそんな風に完全な姿で生き返らなければ、それはまるで生き返りはしない、どちらかだという考えは、宣長には恐らく自明なものであった、そんな事が思われるのである。古典や伝統に対する愛や信という事になると、現代人の心は、随分怪しげな姿をしているが、反省は、普通、現代的教養の色眼鏡を通してなされるから、誰もそんな自分の姿に出会いはしない。古典との生きた関係を、自分の手で断ちながら、それに気附かぬという事もあるのである。

さて、真淵の教えを押し進めた宣長のやり方だが、「古今集遠鏡《とおかがみ》」を書いた動機について、彼はこう言っている、「さとびごとに訳《ウツ》したるは、たゞに、みづから、さ思ふにひとしくて、物の味を、みづからなめて、しれるがごとく、いにしへの雅言《ミヤビゴト》みな、おのがはらの内の物としなれれば」云々《うんぬん》（「古今集遠鏡」一の巻）――「古言を得る」とは、言ってみれば、そういう事なのであって、不明になった古言の意味を明《あき》らめるという、一般的な知的な理解で済む事ではない。古言が「おのがはらの内の物」になるという、一人々々が、みずから進んでやってみなければならぬ事を、言う。

「すべて人の語は、同じくいふことも、いひざま、いきほひにしたがひて、深くも、浅くも、をかしくも、*うれたくも聞ゆるわざにて、歌は、ことに、心のあるやうを、たゞに、うち出たる趣なる物なるに、その詞の、口のいひざま、いきほひはしも、たゞに耳に*きゝとらでは、わきがたければ、詞のやうを、よくあぢはひて、よみ人の心を、おしはかりえて、そのいきほひを訳《ウツ》すべき也」――「すべて人の語は」といふ言い方に注意して読めば、この短文にも宣長の言語観の基本的なものが現れているのに、直ぐ気附くだろう。

「語」とは、言うまでもなく、語られる言葉であり、彼の所謂《いわゆる》「たゞの詞」「つねの言語」に属するものだろうが、音声言語と文字言語の別、たゞの詞と歌との別、そういう事が、彼は言いたいのではない。ここでは、そういう言語による表現形式がどうこういう事から見れば、全く素朴で単純な事柄、即ち「語」という「わざ」に、彼は着目しているのである。

言語が、「おのがはらの内の物」になっているとは、どういう事か、そんな事は、あんまり解り切った事で、誰も考えてもみまい。日常生活のただ中で、日常言語をやりとりしているというその事に他ならないからだ。宣長は、生活の表現としての言語を言うより、むしろ、言語活動と呼ばれる生活を、端的に指すのである。談話を交している当人達にとっては、解り切った事だが、語のうちに含まれて変らぬ、その意味などというものはありはしないので、語り手の語りよう、聞き手の聞きようで、語の意味は変化して止《や》まないであろう。私達の間を結んでいる、言語による表現と理解の生きた関係というものは、まさしくそういうものであり、この不安定な関係を、不都合とは誰も決して考えていないのが普通である。互に「語」という「わざ」を行う私達の談話が生きているのは、語の「いひざま、いきほひ」による、と宣長は言う。その全く個人的な語感を、互に交換し合い、即座に飜訳し合うという離れ業《わざ》を、われ知らず楽しんでいるのが、私達の尋常な談話であろう。そういう事になっていると言うのも、国語という巨《おお》きな原文の、巨きな意味構造が、私達の心を養って来たからであろう。養われて、私達は、暗黙のうちに、相互の合意や信頼に達しているからであろう。宣長は、其処に、「言霊《ことだま》」の働きと呼んでいいものを、直かに感じ取っていた。

このような次第で、「古言を得る」という同じ言葉でも、宣長の得かたと真淵の得かたとは、余程違って来る。宣長は、「古意を得る」為の手段としての、古言の訓詁や釈義の枠を、思い切って破った。古言のうちに、ただ古意を判読するだけでは足りない。古言と私達との間にも、語り手と聞き手との関係、私達が平常、身体で知っているような尋常な談話の関係を、創りあげなければならぬと考えた。それは出来る事だ。「万葉」に現れた「言霊」という古言に含まれた、「言霊」の本義を問うのが問題ではない。現に誰もが経験している俗言《サトビゴト》の働きという具体的な物としっかりと合体して、この同じ古言が、どう転義するか、その様を眼のあたり見るのが肝腎《かんじん》なのである。「うひ山ぶみ」には、学問の「しな〴〵」が分類されている。宣長は、当時の常識として、言語の学をその中に加えるわけにはいかなかった。が、言霊という言葉は、彼には、言霊学を指すと見えていたと言ってもよいのである。契沖《けいちゅう》も真淵も、非常に鋭敏な言語感覚を持っていたから、決して辞書的な語釈に安んじていたわけではなかったが、語義を分析して、本義正義を定めるという事は、彼等の学問では、まだ大事な方法であった。ところが宣長になると、そんな事は、どうでもよい事だと言い出す。

——

「語釈は緊要にあらず。（中略）こは、学者の、たれもまづ*しらまほしがることなれども、これに、さのみ深く、心をもちふべきにはあらず、こは大かた、よき考へは、出来がたきものにて、まづは、いかなることとも、しりがたきわざなるが、*しひてしらでも、事かくことなく、しりても、さのみ益なし。されば、諸の言は、その然云ッ本の意を考へんよりは、古人の用ひたる所を、よく考へて、云々《シカジカ》の言は、云々の意に、用ひたりといふことを、よく明らめ知るを、要とすべし。言の用ひたる意をしらでは、其所の文意聞えがたく、又みづから物を書クにも、言の用ひやうたがふこと也。然るを、今の世古学の輩、ひたすら、然云ッ本の意を、しらんことをのみ心がけて、用る意をば、なほざりにする故に、書をも解し誤り、みづからの歌文も、言の意、用ひざまたがひて、あらぬひがごと、多きぞかし」（「うひ山ぶみ」）

これと殆《ほとん》ど同じ文が「玉勝間《たまかつま》」（八の巻）にも見えるところからすると、これは、特に初学者への教えではなく、余程彼の言いたかった意見と思われる。古学に携《たずさわ》る学者が誘われる、語源学的な語釈を、彼は信用していない。学問の方法として正確の期し難い、怪し気なものである以上、有害無益のものと断じたい、という彼のはっきりした語調に注意するがよい。契沖、真淵を受けて、「語釈は緊要にあらず」と言う宣長の踏み出した一歩は、*百尺竿頭《かんとう》にあったと言ってもよい。

二十四

古学の目指すところは、宣長に言わせれば、「古言を得ること」、あたかも「物の味を、みづからなめて、しれるがごと」き親しい関係を、古言との間に取り結ぶことであった。それは、結ぼうと思えば、誰にでも出来る、私達と古言の間の、尋常な健全な関係なのである。古言は、私達にとって、外物でも死物でもないという考えが、宣長には、大変強いから、古言の根元を掘って行けば、その語根が見附かり、その本義が定まるという学者達のやり方が、気に入らない。言ってみれば、そういう考古学的な方法は、古学には向かない事を、彼ははっきり感じ取っていた。言葉の生き死にとは、私達の内部の出来事であり、それは、死んで生れ変るという風に言葉を用いて来た私達の言語経験の歴史である。宣長が着目したのは、古言の本義よりもむしろその転義だったと言ってよいのである。古言は、どんな対象を新たに見附けて、どのように転義し、立直るか、その現在の生きた働き方の中に、言葉の過去を映し出して見る人が、言語の伝統を、みずから味わえる人だ。そういう考えなのだ。

そういう考えが土台となって、「*詞《ことば》の玉緒《たまのお》」という「てにをは」の研究が書かれた。

「詞の玉緒」は、宣長五十歳の時の作だが、「てにをは」の問題は、歌学者にとっての大事であるとは、早くから考えられていた。「スベテ和歌ニカギラズ、吾邦一切ノ言語、コト〴〵ク、テニハヲ以テ、分明ニ分ル、事也」（「あしわけをぶね」）と言う。「てにをは」は、漢文の助字のようなものだと言う人もあるが、それは大変な間違いである。助字は「文章ノ余勢ノヤウナルモノ」で、無くても、「文章ハ、キコユル」ものだが、「てにをは」となると、一字をたがえても、文章はわからなくなる。漢文にたとえて言いたいのなら、国文で「てにをは」をたがえるのは、漢文に「展倒」があるのと同じとでも言うべきもので、「吾邦一切ノ言語」機能の基本的な構造を現しているものだ、という考えを述べている。

「詞の玉緒」という著書の名が示しているように、「てにをは」は詞という玉を貫く緒と考えられた。或《あるい》は、「歌にまれ、詞にまれ、此てにをはの、とゝのはざるは、たとへば、つたなき手して、縫たらん衣のごとし。その言葉は、いかにめでたき綾錦《あやにしき》なり共、ぬへるさまの、あしからんは、見ぐるしからじやは」（「詞の玉緒」七之巻）と言われているように、文という衣を縫う縫い手と考えられている。「てにをは」の姿は、語意よりも文意へ、文意よりも文の「いきほひ」へと動く宣長の眼に捕えられ、普通の意味での詞と対立する。玉ではない、緒であるとは、語ではない、「語の用ひ方」

だと言いたいのである。

単語を、ただ集めてみても、並べてみても、文を成すまい。文が文である為には、「その本末を、かなへあはするさだまり」と宣長が言う、もう一つの条件が要る。この条件を現しているものが「てにをは」である。従って、「てにをは」は事物も観念も現すものではない。外物は言うまでもない事だが、一応は対象化して、しかじかの思想感情と考えられる内的なものも指す事は出来ない。とすれば、これを語とは呼びにくい。それでも語には違いないのなら、それは、語の「用ひ方」「いひざま」「いきほひ」などと呼んでいいもの、どうしても外物化出来ぬ私達の心の働きを、直かに現しているものだ。

言語の問題を扱うのに、宣長は、私達に使われる言語という「物」に、外から触れる道を行かず、言語を使いこなす私達の心の働きを、内から摑《つか》もうとする。この考え方の結実が「詞の玉緒」という労作だと言える。言葉という道具を使うのは、確かに私達自身ではあるが、私達に与えられた道具には、私達にはどうにもならぬ、私達の力量を超えた道具の「さだまり」というものがあるだろう。言葉という道具は、あんまり身近かにあるから、これを「おのがはらの内の物」とし、自在に使いこなしている時には、私達は、道具と合体して、その「さだまり」を意識しないが、実は、この

「さだまり」に捕えられ、その内にいるからこそ、私達は、言葉に関し自在なのである。そこに、宣長は、彼の言う「言霊《ことだま》」の働きを見ていた。そういう、言われてみれば、誰も承知しているという「低《ひき》き所」に見ていたので、特に、「言霊」という高きに登らんとしたのではない。

「詞の玉緒」では、「万葉」から「新古今」に至る詠歌の夥《おびただ》しい作例が検討されて、「てにをは」の「とゝのへ」が発見され、「いともあやしき言霊《コトダマ》のさだまり」が言われている。しかし彼は、単なる文法学者として、そう言ったのではない。そう言う彼の考えの中心は、これらの歌人達は、歌を詠《よ》むのに文法など少しも必要とはしていなかった、言霊の力を信じていれば、それで足りていた、そういう処にあったと言った方がよい。「あしわけ小舟」では、「平生ノ言語ハ、イカニ愚人トイヘドモ、テニハノカナハヌト云事ナシ。自然、我物ナルユヘ也」と言っている。それが「雅言《みやびごと》」となると、*「レキ〳〵ノ歌ヨミニテモ、テニハノカナハヌ事マヽアリ」という事になる。「自然、我物ナル」「平生ノ言語」をあやつっているという事が、言語の正しい使い方についての本能的な知慧《ちえ》を働かせている、というその事なのだ。そういう事を繰返しているのが、私達の言語の歴史なのだ。雅言を俗言《さとびごと》に訳《ウツ》すというのも、二つの「平生ノ言語」が、時代をへだてて相映ずるのを見ようが為だ。古言は、何時《いつ》の間にか、今言に移り変るが、言語機能の基本的な構造は変りようがなく、これは、恐らく私達の心の本質的な連続性に見合うものだ、というのが、宣長の考えであったと見てよい。

真淵にとっての「万葉」と宣長にとっての「源氏」とは、互に交換出来るような研究題目ではなく、それぞれに運命的なと言ってもいいような、深刻な経験であったとは既に書いた。*「万葉」は真淵に、「源氏」は宣長に、強く作用した。扱われる材料が、これを信頼する芸術家に、作用するように作用したのである。「万葉」が歌であり、「源氏」が物語である事が、二人の深い意味合での考えに干渉したと言っても過言ではない。

「紫文要領」から、もう一度引こう。「歌ばかりを見て、いにしへの情をしるは末也。此物語を見て、さていにしへの歌をまなぶは、其古の歌のいできたるよしをよくしる故に、本が明らかになるなり」――「紫文要領」を、注意して読んだ人には、曖昧《あいまい》なところはないのである。「源氏」から受けた啓示が、大変率直に語られているのを感ずるであろう。歌を味わうというような事は、末の問題だと語る声が、「源氏」から、はっきりと聞えて来た、と宣長は言う。言うまでもなく、これは歌学者として聞きとりにくい声だし、聞えても、聞えたとは言いにくいところである。「源氏」には、歌学者を、歌の世界から、歌が出て来る本の世界に連れ戻すと言っていい、抗し難い力がある。宣長は、それを遅疑《ちぎ》なく肯定した。「源氏」の作者は、歌を詠むだけではなく、歌を詠む人について語りもするのだが、この物語の語り手としての力量は、歌の詠み手としての力量を遥かに凌《しの》ぎ、これを包む、と宣長は見た。この見たところが、在来の「歌の道」の考えでは、うまく解けないと知るや、彼は、直ちに、こちら側の考えの方を改めるという難かしい仕事にかかった。それが、彼の「源氏」論であった。

彼が、「紫文要領」で、先ず注意したのは、「古来の諸抄」によって、「源氏」を読んではならぬという事であった。と言うのは、抄*の作者達は、「源氏」が、「儒仏百家の書とは、又全体類のことなる物」であるという考えの徹底性を欠き、知らず識らず、異国の書を通じて、これを見ていたからだ。たしかに「源氏」という書は、我が国に固有な「物語といふ一体の書」に属する。しかし、そう言ってはみても、実際には、此のしたたかな巨体は、現に見られる「物語といふ一体の書」の如き脆弱《ぜいじゃく》な文学様式の枠の中には、到底納まりはしない。その事が、はっきり宣長に見えていたから、「源氏」に接するのに、彼は一切の先入主を捨ててかかった。ただこの比類のない語り手の語るところに、耳を傾け、その自在な表現力に対する、正直な驚きを、「大かた人の情《ココロ》のあるやう」を「くもりなき鏡にうつして、むかひたらむがごとく」という言葉で現したのであった。

「源氏」に、歌の姿を見ず、「大かた人の情《ココロ》のあるやう」を見たと、宣長の「源氏」経験が言うなら、言葉通り受取ればよい。私達がよく知っている近代写実主義小説というような概念など、ここで考えてみるのは、余計な事だ。「源氏」の「蛍の巻」で、源氏君と玉鬘《たまかずら》とが、絵物語について語り合う。その精《くわ》しい評釈が、宣長の物語論でもあった事は、読者が、既に見られた通りであるが、その考えの主要な点は、この物語の本質を摑むのには、女童子《めのわらわ》の持つような邪《ヨコシマ》のない心が要るが、歌学者の知識は、必ずしも必要ではない、というところにあった。観点は、文学という特殊な表現の世界から出て、一般人の普通の言語表現の世界に移されていた。

「見るにもあかず、聞にもあまる」ところを、誰も「心にこめがたい」、こんなわかり易い事はない。生活経験が意識化されるという事は、それが言語に捕えられるという事であり、そうして、現実の経験が、言語に表現されて、明瞭化するなら、この事は、おのずから伝達の企図《きと》を含み、その意味は相手に理解されるだろう。「人にかたりたりとて、我にも人にも、何の益もなく、心のうちに、こめたりとて、何のあしき事もあるまじけれ共」、私達は、そうせざるを得ないし、それは私達の止み難い欲求である、と宣長は言う。私達は、話をするのが、特にむだ話をするのが好きなのである。言語という便利な道具を、有効に生活する為に、どう使うかは後の事で、先ず何を措《お》いても、生まの現実が意味を帯びた言葉に変じて、語られたり、聞かれたりする、それほど明瞭な人間性の印しはなかろうし、その有用無用を問うよりも、先ずそれだけで、私達にとっては充分な、又根本的な人生経験であろう。「源氏」は、極めて自然に、そういう考えに、宣長を誘った。彼は、「源氏」を、誰にも親しい日常言語の表現力に扱われた、人生という主題と、端的に受取ったので、或る文学的着想の、或る文学的表現というような中途半端な考えから、これに近附こうとしたのではない。ところで、この人生という主題は、一番普通には、どういう具合に語られるのか。特に何かの目的があって語られるのではなく、宣長に言わせれば、ただ「心にこめがたい」という理由で、人生が語られると、「大かた人の情《ココロ》のあるやう」が見えて来る、そういう具合に語られると言うのである。人生が生きられ、味わわれる私達の経験の世界が、即ち在るがままの人生として語られる物語の世界でもあるのだ。宣長は、「源氏」を、そう読んだ。誰にとっても、生きるとは、物事を正確に知る事ではないだろう。そんな格別な事を行うより先きに、物事が生きられるという極く普通な事が行われているだろう。そして極く普通の意味で、見たり、感じたりしている、私達の直接経験の世界に現れて来る物は、皆私達の喜怒哀楽の情に染められていて、其処《そこ》には、無色の物が這入《はい》って来る余地などないであろう。それは、悲しいとか楽しいとか、まるで人間の表情をしているような物にしか出会えぬ世界だ、と言っても過言ではあるまい。それが、生きた経験、凡《およ》そ経験というものの一番基本的で、尋常な姿だと言ってよかろう。合法則的な客観的事実の世界が、この曖昧な、主観的な生活経験の世界に、鋭く対立するようになった事を、私達は、教養の上でよく承知しているが、この基本的経験の「ありやう」が、変えられるようになったわけではない。

宣長は、経験という言葉は使わなかった。だから、ここでもう一度引用するという事になるのだが、「よろづの事を、心にあぢはへて、そのよろづの事の心を、わが心にわきまへしる、是《これ》事の心をしる也、物の心をしる也。（中略）わきまへしりて、其しなにしたがひて、感ずる所が、物のあはれ也」（「紫文要領」巻上）――そうすると、「物のあはれ」は、この世に生きる経験の、本来の「ありやう」のうちに現れると言う事になりはしないか。宣長は、この有るがままの世界を深く信じた。この「実《マコト》」の、「自然の」「おのづからなる」などといろいろに呼ばれている「事」の世界は、又「言《コト》」の世界でもあったのである。

二十五

真淵《まぶち》は、「やまと魂」という言葉を、万葉歌人等によって詠《よ》まれた、「丈夫《ますらを》の、をゝしくつよき、高く直《なほ》き、こゝろ」という意味に解した（「爾比末奈妣《にひまなび》」）。「万葉」の「ますらをの手ぶり」が、「古今」の「手弱女《たわやめ》のすがた」に変ずる「下れる世」となると、人々は「やまと魂」を忘れたと考えた。しかし、「やまと魂」とか「やまと心」とかいう言葉が上代に使われていた形跡はないのであって、真淵の言う「手弱女のすがた」となった文学のうちに、どちらも初めて現れて来る言葉なのである。「やまと魂」は、「源氏」に出て来るのが初見、「やまと心」は、＊赤染衛門《あかぞめえもん》の歌（「＊後拾遺《ごしゅうい》和歌集」）にあるのが初見という事になっていて、当時の日常語だったと見ていいのだが、王朝文学の崩壊とともに、文学史から姿を消す。従って、真淵は、「手弱女」の用語を拾って、勝手に、これを「丈夫」の言葉に仕立てたとも言えるわけだが、真淵には、そんな事を気にした様子は、一向に見られない。では当時、どういう意味の言葉であったか。宣長の流儀で、無理に定義しようとせず、用例から感じ取った方がよかろう。

「源氏」の中の「大和魂」の用例は一つしかないが、それは、「乙女の巻」*の源氏君の言葉に見られる。「猶《なほ》、才《ざえ》を本としてこそ、大和魂の世に用ひらるゝ方《かた》も、強う侍《はべ》らめ」――才《ザエ》は、広く様々な技芸を言うが、ここでは、夕霧*を元服*《げんぷく》させ、大学*に入学させる時の話で、才は文才《モンザイ》の意、学問の意味だ。学問というものを軽んずる向きも多いが、やはり、学問という土台があってこそ、大和魂を世間で強く働かす事も出来ると、源氏君は言うので、大和魂は、才に対する言葉で、意味合が才とは異なるものとして使われている。才が、学んで得た智識に関係するに対し、大和心の方は、これを働かす知慧《ちえ》に関係すると言ってよさそうである。

試みに、「源氏物語新釈」を見てみると、真淵は、この文について、次のように書いている。「此頃となりては、専ら漢学もて、天下は治る事とおもへば、かくは書たる也。されど、皇朝の古、皇威盛《さかん》に、民安かりける様は、たゞ武威をしめして、民を*まつろへ、*さて天地の心にまかせて、治め給ふ也。人の心もて、作りていへる理学*にては、其国も治りし事はなきを、偏《ひとへ》に信ずるが余りは、天皇は殷々*《いんいん》として、尊に過給ひて、臣に世をとられ給ひし也。かゝる事までは、此比*《このころ》の人のしることならずして、女のおもひはかるべからず」――真淵らしい面白い文だが、これでは、註釈とは言えまい。「源氏」という「下れる世」に成った、而《しか》も女の手になった物語に対する不信の念が露骨で、「大和魂」という言葉の、ここでの意味合などには、一向注意が払われていない。「大和魂」という調法な言葉は、別に自分流に利用すればよい、というわけであった。

もう一つ。「今昔物語」に、「*明法博士善澄、強盗ニ殺サレタルコト」という話がある（巻第二十九）。或る夜、善澄の家に強盗が押入った。善澄は、板敷《スノコ》の下にかくれ、強盗達の狼藉《ろうぜき》をうかがっていたが、彼等が立去ると、後を追って門前に飛び出し、おのれ等の顔は、皆見覚えたから、夜が明けたら、*検非違使《けびいし》の*別当《べっとう》に訴え、片っ端から召し捕らせる、と門を叩《たた》いて、わめき立てたところ、これを聞いた強盗達は、引返して来て、善澄を殺した。物語作者は附言している、――「善澄才ハ*メデタカリケレドモ、*露《ツユ》、和魂《ヤマトダマシヒ》無カリケル者ニテ、此《カカ》ル心幼キ事ヲ云テ死ヌル也」と。これで見ると、「大和魂」という言葉の姿は、よほどはっきりして来る。やはり学問を意味する才に対して使われていて、机上の学問に比べられた生活の知慧、死んだ理窟《りくつ》に対する、生きた常識という意味合である。両者が折合うのは、先ずむつかしい事だと、「今昔物語」の作者は言いたいのである。すると源氏君の方は、何の事はない、ただ折合うのが理想だという意見になるわけだが、作者式部の意見となれば、これは又別なわけで、主人公に、そう言わせて置いて、直ぐつづけて、大和魂の無い学者等について、語り始める作者の心の方が大事であろう。夕霧の大学入学式の有様が、おかしく語られ、善澄のような博士たちの、――「かしがましう、のゝしりをる顔ども、夜に入りては、*中〳〵いま少し、*掲焉《けちえん》なる火《ほ》かげに、*猿楽《さるがう》がましく、わびしげに、人わろげなるなど、さま〴〵に、げに、いと、*なべてならず、さま異なるわざなりけり」という風に、ずらりと居並ぶのが面白い。これは、この作者が、時として示す辛辣《しんらつ》な筆致の代表的なものであり、この辺りの文で、作者の眼は、「大和魂」の方を向いていると見るのが自然である。

今度は、赤染衛門の歌について、「大和心」の用例を見てみる。赤染衛門は、*大江《おおえの》匡衡《まさひら》の妻、匡衡は、*菅家と並んだ*江家《ごうけ》の代表的*文章《もんじよう》博士である。「乳母《めのと》せんとて、まうで来りける女の、乳の細く侍りければ、詠み侍りける」と*詞書《ことばがき》があって、妻に贈る匡衡の歌、――「果《はか》なくも　思ひけるかな　乳《ち》もなくて　博士の家の　乳母せむとは」――言うまでもなく、「乳《ち》もなくて」の「乳」を、「知」にかけたのである。そのかえし、――「さもあらばあれ　大和心し　賢くば　細乳《ほそぢ》に附けて　あらすばかりぞ」――この女流歌人も、学者学問に対して反撥《はんぱつ》する気持を、少しも隠そうとはしていない。大和心が賢い女なら、無学でも、子供に附けて置いて、一向差支《さしつか》えないではないか、というのだが、辛辣な点で、紫式部の文に劣らぬ歌の調子からすれば、人間は、学問などすると、どうして、こうも馬鹿になるものか、と言っているようである。この用例からすれば、「大和心しかしこくば」とは、根がかしこい人ならとか、生れつき利発な質《タチ》ならとかいう事であろう。意味合からすれば、「心しかしこくば」でいいわけで、実際、「源氏」の中ででも、特に「才」に対して使われる時でなければ、単に「心かしこし」なのである。大和心、大和魂が、普通、いつも「才」に対して使われているのは、元はと言えば、漢才《カラザエ》、漢学に対抗する意識から発生した言葉である事を語っているが、当時の日常語としてのその意味合は、「から」に対する「やまと」によりも、技芸、智識に対して、これを働かす心ばえとか、人柄とかに、重点を置いていた言葉と見てよいように思われる。

無論、宣長も真淵のように、「大和魂」という言葉を、己れの腹中のものにして、一層強く勝手に使用した。例えば、「うひ山ぶみ」で、「やまとだましひを堅固《カタ》くすべきこと」を、繰返し強調しているが、その「やまとだましひ」とは、「神代上代の、もろ〳〵の事跡のうへに備はりた」る、「皇国《みくに》の道」「人の道」を体した心という意味である。彼は、「やまとだましひ」という言葉の意味を、そこまで育て上げたわけだが、この言葉が拾い上げられたのは、真淵のと同じ場所であった筈《はず》だ。「玉の小櫛《おぐし》」を見ても、「やまとだましひ」という言葉の註釈はないが、特に註のない事を、どうこう言う事もない。宣長が生涯を通じて、何回も行った「源氏」通釈の講義録が、私達に遺《のこ》されているわけではないのである。彼は、「源氏」を、真淵とは比較にならぬほど、熱心に、慎重に読んだ。真淵と違って、この言葉の姿は、忠実に受取られていたと見てよく、更に言えば、この拾い上げられた言葉は、「あはれ」という言葉の場合と同様に、これがはち切れんばかりの意味をこめて使われても、原意から逸脱して了《しま》うという事はなかったと見て差支えない。

少し先回りして、物を言う気味になるが、宣長の正面切った古道に関する説としては、「直毘霊《ナオビノミタマ》」(明和八年)が最初であり、又、これに尽きてもいる。「直毘霊」は、今日私達が見るように、「此篇《コノクダリ》は、道といふことの論《アゲツラ》ひなり」という註が附けられて、「古事記伝」の総論の一部に組み込まれているものだが、論いなど何処《どこ》にもない。端的に言って了えば、宣長の説く古道の説というものは、特に道を立てて、道を説くということが全くなかったところに、我が国の古道があったという逆説の上に成り立っていた。そこで、「皇大御国《スメラオホミクニ》」を黙して信ずる者の、儒学への烈《はげ》しい対抗意識だけが、明らさまに語られる事となった。当然、人々の論難は、宣長の独断と見えるところに向って集中した。この彼の古道説の受取られ方に、「やまと心」という言葉が、一と役買っていた事に、ここで触れて置きたい。

後年、「直毘霊」を世に問うて間もなく、宣長は還暦を迎え（寛政二年）、自画自賛の肖像を作った。その賛が、名高い「しき嶋の　やまとごゝろを　人とはゞ　朝日ににほふ　山ざくら花」の歌であった。彼は、国学の専門家としてよく知っていた、国文学史のある時期に姿を現した、この古言を取りあげたまでであったが、儒家に宰《さい》領《りょう》された学界には、耳障《みみざわ》りな新語と聞えたであろうし、国粋主義を唱える為に思い附いた標語とも映じたのである。上田秋成《あきなり》のような鋭敏な神経には、もうそれだけで、我慢がならなかった。――「やまとだましひと云ふことを、とかくにいふよ。どこの国でも、其国のたましひが、国の臭気也。おのれが像の上に、書きしとぞ。敷嶋の　やまと心の　道とへば　朝日にてらす　やまざくら花、とはいかに〳〵。おのが像の上には、尊大のおや玉也。そこで、しき嶋の　やまと心の　なんのかの　うろんな事を　又さくら花、とこたへた」（「胆大小心録《たんだいしょうしんろく》」＊中）、――自画像の上に書かれた「やまと心」という言葉が、像を歪《ゆが》める。学者の顔を宣伝家の顔に変える。宣長には思いも及ばぬ事だったと思われる。

標語を思い附くとか、掲げるとかいうような事は、宣長の学問の方法からしても、その気質からしても、先ず考えられない事だ。彼は、和学とか国学とかいう言葉を嫌った。そう言うのが世間のならわしだが、――「いたくわろきいひざま也、みづからの国のことなれば、皇国の学をこそ、たゞ学問とはいひて、漢学をこそ、分て漢学といふべきことなれ、それもし漢学のこととまじへいひて、まぎるゝところにては、皇朝学などはいひもすべきを、うちまかせてつねに、和学国学などいふは、皇国を外《ヨソ》にしたるいひやう也、もろこし朝鮮於蘭陀《オランダ》などの異国よりこそ、さやうにもいふべきことなれ、みづから吾国のことを、然《しか》いふべきよしなし、すべてもろこしは、外《ヨソ》の国にて、かの国の事は、何事もみな外《ヨソ》の国の事なれば、その心をもて、漢某唐某《カンナニタウナニ》といふべく、皇国の事は、内の事なれば、分て国の名をいふべきにはあらざるを、昔より世の中おしなべて、漢学をむねとするならひなるによりて、万ッ《よろ》の事をいふに、たゞかのもろこしを、みづからの国のごとく、内にして、皇国をば、返りて外《ヨソ》にするは、ことのこゝろたがひて、いみじきひがごと也」（「うひ山ぶみ」）――そう書いて来て、「此事は、山跡魂《やまとだましひ》をかたむる一端なる故に、まづいふなり」と結んでいる。

わが国の古典を明らめる、わが国の学者の心構えを、特に「やまと魂」と呼ぶには当らぬ事だ。それは、内の事を「外《ヨソ》にしたるいひやう」で、「わろきいひざま」であるが、残念乍《なが》ら、その心構えが、かたまっていないのだから、仕方なく、そういう言い方もする。何故かたまらないかと言うと、漢意儒意に妨げられて、かたまらない。――「からぶみをもまじへよむべし、漢籍を見るも、学問のために益おほし、やまと魂だによく堅固《カタ》まりて、動くことなければ、昼夜からぶみをのみよむといへども、かれに惑はさるゝうれひはなきなり、然《しか》れども世の人、とかく倭魂《ヤマトダマシヒ》かたまりにくき物にて、から書をよめば、そのことよきにまどはされて、たぢろきやすきならひ也、ことよきとは、その文辞を、麗《ウルハ》しといふにはあらず、詞《ことば》の巧にして、人の思ひつきやすく、まどはされやすきさまなるをいふ也、すべてから書は、言巧にして、ものの理非を、かしこくいひまはしたれば、人のよく思ひつく也、すべて学問すぢならぬ、よのつねの世俗の事にても、弁舌よく、かしこく物をいひまはす人の言には、人のなびきやすき物なるが、漢籍《かな》もさやうなるものと心得居べし」――「やまと心」とは何かと問われても、説明が適わぬから歌を一首、歌の姿を素直に受取って貰《もら》えば、別に仔細《しさい》はない、と宣長は言うのである。

「言のよさ」とは、「ものの理非を、かしこくいひまはす」「詞の巧」であり、「文辞の麗しさ」とは全く異なり、これと対立する。この対立を、彼は歌に於ける意と姿とも言っている。彼の歌論に、「姿ハ似セガタク、意ハ似セ易《ヤス》シ」(「国歌八論斥非《せきひ》再評の評」)という言葉がある。

「国歌八論」は、当時学界に賛否の反響を与えた*荷田在満《かだのありまろ》の歌論で、これに反対した*大菅《おおすが》公主の「斥非」、*藤原維済の「斥非再評」を、宣長は難じたのであるが、「斥非」も「斥非再評」も、文辞の姿を軽んじ、文辞の意に心を奪われている。儒家の主張の趣は、似たようなものだと言うのだ。意と言わず、義と言い、義では足りず、大義と言う。「言語文字の異はあれども、唐にて詩といひ、こゝにて和歌といふ、大義いくばくの違あらんや」と言った風な論じ方が得意であるが、本当にわかって、物を言っているのであろうか。

例えば、再評者はこんな事を言っている、——「後世の才子、いかに古を学ぶとも、姿詞は、よし古に髣髴《はうふつ》たりとも、心の古ならざる事明か也、今世にも、日本紀万葉風などとて、よみ出す人の歌を見れば、詞は古なれども、心は俗に近く、全くの似せ物多き也、*誰かこれを弁ぜざらん」——こんな事を言っているようでは、歌人の心とその詞、歌の意とその姿という問題の、困難な微妙な性質など、わかっているとは、到底思えない。まともに応答する気にもなれぬ、そこで、宣長は言う事になる、——「姿ハ似セガタク、意ハ似セ易シ、然レバ、*姿詞ノ髣髴タルマデ似センニハ、*モトヨリ意ヲ似セン事ハ、*何ゾカタカラン、コレラノ難易ヲモ、エワキマヘヌ人ノ、*イカデカ似ルト似ヌトヲワキマヘン、試ニ、予ガヨメル万葉風ノ歌ヲ、万葉歌ノ中へ、ヒソカニマジヘテ見センニ、此再評者、決シテ弁ズル事アタハジ、是《コレ》ヲ名ヲ顕《アラ》ハシテ、コレハ予ガ歌、コレハ万葉歌ナリト云テ、見セタラバ、必予ガ歌、似セ物ナリト云べシ」——この宣長の冗談めかした言い方の、含蓄するところは深いのである。

姿は似せ難く、意は似せ易しと言ったら、諸君は驚くであろう、何故なら、諸君は、むしろ意は似せ難く、姿は似せ易しと思い込んでいるからだ、先ずそういう含意が見える。人の言うことの意味を理解するのは必ずしも容易ではないが、意味もわからず口真似するのは、子供にでも出来るではないか、諸君は、そう言いたいところだろう。言葉とは、ある意味を伝える為の符牒《ふちよう》に過ぎないという俗見は、いかにも根強いのである。古の大義もわきまえず、古歌の詞を真似て、古歌の似せ物を作るとは笑止《しようし》である、という言い方も、この根強さに由来する。しかし、よく考えてみよ、例えば、ある歌が麗しいとは、歌の姿が麗しいと感ずる事ではないか。そこでは、麗しいとはっきり感知出来る姿を、言葉が作り上げている。それなら、言葉は実体でないが、単なる符牒とも言えまい。言葉が作り上げる姿とは、肉眼に見える姿ではないが、心にはまざまざと映ずる像には違いない。万葉歌の働きは、読む者の想像裡《り》に、万葉人の命の姿を持込むというに尽きる。これを無視して、古の大義はおろか、どんな意味合が伝えられるものではない。「万葉」の秀歌は、言わばその絶対的な姿で立ち、一人歩きをしている。その似せ物を作るのは、難かしいどころの段ではなかろう。意は似せ易い。意には姿はないからだ。意を知るのに、似る似ぬのわきまえも無用なら、意こそ口真似しやすいものであり、古の大義を口真似で得た者に、古歌の姿が眼に入らぬのも無理はない。文辞の伝える意を理解するよりも、先ず文辞が直かに示しているその姿を感ずる、宣長は、これを歌人の習癖とも、歌学者の特権とも考えてはいなかった。「すべて学問すぢならぬ、よのつねの世俗の事にても、弁舌よく、かしこく物をいひまはす人の言には、人のなびきやすき物」と言っているのを見るがよい。言葉は、歌の上だけで、姿を創り出すのではない、世の常の生活の間で、交されている談話にも、その姿というものはあるのであり、その作用は絶大であると考えていない者が、こんな事を言う筈はあるまい。

無論、それは麗しい姿とは限らないだろうが、どんな姿にせよ、人目を捕えて離さぬようなものなら、人生の生ま生ましい味わいを湛《たた》えている筈であり、その味わいは、比較や分析の適わぬ、個性とか生命感とかいうものに関する経験であろうから、これについて「かしこく、物をいひまはす」というわけにもいかないのである。こういう経験は、「弁舌」の方には向いていない。反対に、寡黙《かもく》や沈黙の方に、人を誘うものだ。「姿」の経験は、「意」に抵抗する事も教えている筈である。「文辞の麗しさ」を味識する経験とは、言ってみれば、沈黙に堪える事を学ぶ知慧の事であり、これさえしっかり摑めば、「言のよさ」に「たぢろく」心配はない。宣長は、それを「やまと魂」が堅固《カタ》まりさえすれば、と言う。「やまと魂」という言葉を、彼も「才《ザエ》」に対して使っているのである。

二十六

真淵が「かの工夫がましき事を、にくむ故に、只《ただ》文事に入ぬ」と宣長に書き送った、その真淵の「文事」の要諦《ようてい》とは、既に書いて来たように、古意を得んが為に、先ず古言を得るというところにあった。この「低《ひき》き所を固める」という真淵の教えは、実にしっかりと宣長に手渡された。真淵の言う古意とは、「古の大義」というような、「工夫がましき」ものではなかったので、これはやはり古言に感じられる、その「姿」と離せないものであった。だが、人々の批評は、どうしても、似せ難い姿よりも似せ易い意を手掛りとして、起って来る。真淵の復古主義を云々《うんぬん》するだけなら、「ますらをぶり」という言葉だけを聞けば足りるであろうし、真淵では、まだ目立たなかった「やまと魂」という言葉が、宣長の言説のうちに目立って来れば、「やまと魂」を「ま

すらを の高く直《なほ》き心」と解して、宣長の国粋主義を論ずれば、簡便であろう。少々乱暴な言い方をしてみるなら、事実、篤胤《あつたね》*では、そういう事になった。

春満《あずままろ》、真淵、宣長、篤胤を国学の四大人と呼ぶのは、篤胤の門下に始まるのだが、言うまでもなく、これは篤胤の考えに基いたものだ。我が国の古典を研究して、古意を明らめるのには、儒仏の意に捕われた旧学問では駄目であるという考えから、春満は、倭学或《わがくあるい》は国学の学校を京師《けいし》に開かんとした。篤胤は、先ず古学神として祭るべきは、春満であるとし、彼によって開かれた新学問の道統《どうとう》は、門人真淵、その門人宣長を経て、自分に至ったのだが、宣長の思想の新しい展開をなしとげた点で、人が何と言おうと、自分が最も正しい宣長の後継者であると信じていたのである。

ここで、篤胤の本居入門の事につき、少し述べて置く。宣長が死んだのは、享和《きょうわ》元年の九月である。この年の春、篤胤は、初めて、宣長の著書に接して、感服し、松坂に、入門の名簿を捧げたが、宣長の生前には、手続きが間に合わず、歿《ぼつ》後入門という事になったというのが定説だ。ところが、在来の定説信ずるに足らずという精《くわ》しい考証が、村岡典嗣《つねつぐ》*氏の、亡くなる直前に書かれたもののなかにある（「宣長と篤胤」）。在来の定説の拠《よ》るところは、嗣子《しし》*鉄胤《かねたね》の撰んだ篤胤の年譜であるが、年譜に記された事実は、今日も読む事の出来る篤胤自身の言葉と照合して、ほぼ頷《うなず》けるのであるから、説が定まるのには、この一等資料があれば足りたわけだ。それが当てにならぬと言うのであるから、村岡氏の考証は、つまるところ、篤胤当人の言うところが、一番信じ難いという、まことに興味あるものになる。享和元年、鈴《*すず》屋《のや》入門の事実を、篤胤自身が公に証言している資料は、その刊本の記述とか自筆の履歴書とかいろいろある。ところが、文化八年の刊本で証言している同一人が、文化四年には知人宛の私信で、自分は、宣長の書を、享和三年に、初めて知った浅学に過ぎないと告白しているのである。記憶違いも資料の偽作も考えられぬ以上、これだけでは、どうにもならぬし、問題を解決する決定的な傍証もない。ただ文化二年となって、春庭や大平《おおひら》から、本居の門人として取扱われていたという証拠があるだけだ。ひどく面倒な事なのだが、村岡氏の考証は、そこから始まっている。精しい事は省略するが、考証は、いろいろと傍証の迂《う》路《ろ》を辿《たど》った揚句《あげく》、享和三年、宣長の三回忌に当って、篤胤が本居家に捧げた追悼《ついとう》の和歌の詞書《ことばがき》のうちに、謎を解く鍵を見附ける。詞書の内容から推論すると、享和元年入門の事実はある筈がなく、やはり私信の告白の如く、彼が宣長の名を知ったのは、享和三年の事とすべきだという事になったのである。

すると、事実を隠して、嘘をついていた篤胤は、詞書で、語るに落ちたという事になるか。では、何の為の嘘か。しかし、村岡氏は、そうは考えていない。そうは考える事は出来ないとしているところが、又面白いのである。篤胤は、眼中人なしという概《おもむき》の、非常な自信家であったが、ただ宣長だけには、絶対的な尊敬の念を抱き、深い心情を傾けていた。山室山の宣長の墓に詣《もう》でた折に、詠んだ歌――「をしへ子の千《ち》五百《いほ》と多き中ゆけに吾を使ひます御霊《みたま》畏《かしこ》し」「我が魂よ　人は知らずも　霊《たま》幸《ぢは》ふ大人の知らせば　知らずともよし」――篤胤にしてみれば、ただ在りのままを、素直に詠んだまでであって、言葉の上の飾りや誇張は全く考えられてはいなかった。彼は、鈴屋大人の御霊が幽冥《ゆうめい》界に坐《まし》ます事を、少しも疑ってはいなかった。「霊《*たま》の真柱《みはしら》」にあるように、死後は霊となって、師の墓辺に奉仕する事を信じていた。宣長と自分との間に、精神上の幽契《ゆうけい》が存するという事は、篤胤の神道の上からすれば、合理的に理解出来る動かぬ事実であった。私達は、これを疑うわけにはいかない。もし疑うなら、疑う人の眼には、篤胤という歴史上の人物の、形骸《けいがい》しか映じないであろう。人間によって生きられた歴史を見るむつかしさは、その辺りにある。すると、実質ある篤胤という人物にしてみれば、生前の宣長に知られなかったとしても、入門を願った以上、歿後の門人たることは、立ちどころに叶《かな》えられた筈である。本居家の入門帳に、平田の名が有るとか無いとかいうような事は、言ってみれば、形骸的事実に属したであろう。

無論鋏胤もそう考えていた。父親の言うところを信じていた息子は、父親の入門には、仲介者の手違いがあったと見ていた。そして、「門人帳に載されざるは如何《いか》にぞや、*冥府《めいふ》におはします大人の御霊よ、いかに看行すらむ、*よしさばれ、我父は、幽冥に愧《はぢ》ざる行をこそ専とはせられたれば、現世人のかにかくに論《あげつら》ひ言むは、*なでふ事にも非《あら》ずかし」(「毀誉相半書」)と記している。ところで、このような次第なら、享和元年も三年もないわけだが、何故篤胤は元年の方に固執したか。これについて、次のような事実がある。篤胤が兄とまで言って、親しくしていた*伴信友《ばんのぶとも》が、享和元年に、*村田春門《はるかど》を仲介として、鈴屋入門の名簿を送った。これが宣長の生前に間に合わず、同情した大平が、名簿を宣長の霊前に捧げ、歿後門人とした。仕合せな人だ、うらやましい事だと思った篤胤の心事を想像してみることは出来る。「かようにして、このかくありせば、かくあらまほしとの切望が、上述の如き彼の特殊の心境のうちに、ありうべき事象として形成され、享和元年入門説となったのであろう」と村岡氏は書いている。

　さて、ここは篤胤を論ずる場所ではないが、ただ「やまと魂」「やまと心」という言葉の扱い方で、話が篤胤に触れるようになったのである。篤胤の古道は、宣長の「直毘霊《なおびのみたま》」の祖述《そじゅつ》から始まったが、やがて「霊の真柱」で、独特の神道を説くに至った。宣長は、我が国の神典の最大の特色は、天地の理などは勿論《もちろん》の事、生死の安心もまるで説かぬというところにある、と考えていた。彼にとって、神道とは、神典と言われている古文が現している姿そのものであり、教学として説いて、筋の通せるようなものではなかった。そういう道なき道、理なき理の趣を捕えた「直毘霊」の非凡な着想に、篤胤は深く心を動かされた。彼のように宣長の著作に鋭敏に反応した者は、恐らく宣長の門下には一人もいなかったであろう。それと言うのも、恐らく篤胤の眼には、「直毘霊」は、あくまでも比類のない着想として、教学の組織を、そこから新しく展開すべき発想として、映じていたからだ。そして、その使命は自分に降りかかっていると信じたからである。烈《はげ》しく宣長のうちに、自己を投影し、それを、宣長から選ばれたと信じた人とも言えるだろう。篤胤の考えでは、古道を説く以上、天地の初発から、人魂《ひとだま》の行方に至るまで、古伝に照して、誰にでも納得がいくように、説かねばならぬ。古伝の解釈に工夫を凝《こら》せば、それは可能なのである。安心なきが安心などという曖昧《あいまい》な事ではなく、はっきりと納得がいって、安心するというものでなければならない。自分は、それを為《な》し遂げた。「霊の真柱」は、まさしく「古学安心の書」と呼べるもの、「心の柱」をしっかりと築立《つきた》てた、「古学の徒の大倭《やまと》心の鎮《しづまり》」であると言う。宣長の門下に、*堤《つつみ》朝風《あさかぜ》という人があって、この書の序を書いているが、その中でも、これは「*師木島《しきしま》の大倭心をかたむるふみ」と言われている。宣長の「やまと魂を堅固《カタ》める」という言葉とは、言わば、逆の向きに使われて、その意味合は、大変違ったものになっている事が解るだろう。「直毘霊」には、「やまと心」という言葉さえないのである。

「やまと魂」という言葉の受取り方は違っていたとは、一応、そう言えるだけで、大した事ではない。宣長も真淵も「文事」の限りをつくした人で、其処《そこ》で、「やまと魂」という言葉は捕えられた。この共通な経験のうちで、真淵の言う「調」と宣長の言う「姿」とが、恐らく重なり合い、映じ合っていたのであり、「やまと魂」という言葉が根を下していたのも、この文事という経験の深部なのであった。ところが、篤胤の仕事では、この文事の経験というものが、全く脱落しているのだ。「やまと魂」の古意が「雄武を旨《むね》とする心」とわかれば、真淵の心のうちに下している「万葉」というその根は、どうでもよいものであったし、まして「源氏」の如き、中古文弱の書を、「古学の要用なる書」のように言うのは、鈴屋大人の「玉の小櫛《おぐし》」を誤解するものとした。要するに、「歌文など、例の口敏《くちざと》くいひ誇り、そを古学の大倭魂と心得たる倫《ともがら》ぞ多かめる」（「玉だすき」*七之巻）という考えで、「やまと魂」が、文事などの蔭に隠れている事はない、この言葉は、そんなところから解放されて、「やまと魂」とはどういうものか、どういうものでなければならないか、という風に、言わば表に立ち現れなければならない、そういう風に扱わなければ、篤胤には、承知出来なかった。宣長から篤胤に引継がれて、国学が、俄《にわ》かに、「やまと魂」とか「やまと心」とか、口やかましく言うようになったのは、その為である。

篤胤は言う、「とかく道を説き、道を学ぶ者は、人の信ずる信ぜぬに、少しも心を残さず、仮令《たとひ》、一人も信じてが有まいとまゝよ、独立独行と云て、一人で操《みさを》を立て、一人で真の道を学ぶ、是《これ》を漢言で云はゞ、真の豪傑とも、英雄とも、云ひ、また大倭魂とも云で御座る」（「伊吹於呂志《いぶきおろし》」*上）、このような短文にも、気負った説教家としての篤胤の文体の特色はよく現れているのであって、解り易く説教して、勉学を求めぬところが、多数の人々を惹《ひ》きつけ、篤胤神道は、一世を風靡《ふうび》するに至った。これにつれて、「やまと魂」という言葉は、その標語の如き働きをしたと言ってよい。標語として働く為には、古言は、その「意」だけを残して、その「姿」を全く失わねばならぬ。そこに、「工夫がましき事」が、いろいろと行われ、「やまと魂」とは何かにつき、篤胤は改めて多弁になるのであるが、これについて述べる興味はない。ただ、「やまと魂」を「雄武を旨とする心」と受取った篤胤の受取り方には、徳川末期の物情の乗ずるところがあって、その意味合の向きを定めた事は、言って置かねばならない。吉田松陰《しょういん》の「留魂録」が、大和魂の歌で始まっているのは、誰も知っている事だし、新渡戸稲造《にとべいなぞう》が「武士道」を説いて、宣長の大和心の歌を引いているのも、よく知られている事である。

宣長は、契沖《けいちゅう》を、「やまとだましひなる人」と呼んだが、これは「丈夫《ますらを》の心なる人」という意味ではない。「古今集に、やまひして、よわくなりにける時よめる、なりひらの朝臣《あそん》、つひにゆく道とはかねて聞しかどきのふけふとは思はざりしを。契沖いはく、これ人のまことの心にて、をしへにもよき歌也。後々の人は、死なんとするきはにいたりて、こと〴〵しきうたをよみ、あるは道をさとれるよしなどよめる、まことしからずして、いとにくし。たゞなる時こそ、狂言綺語《きご》をもまじへめ、いまはとあらんときにだに、心のまことにかへれかし。此朝臣は、一生のまこと、此歌にあらはれ、後の人は、一生の偽ｯをあらはして、死ぬる也といへるは、ほうしのことばにもにず、いと〳〵たふとし。やまとだましひなる人は、法師ながら、かくこそ有けれ。から心なる神道者歌学者、まさにかうはいはんや。契沖法師は、よの人にまことを教へ、神道者歌学者は、いつはりをぞをしふなる」（「玉かつま」五の巻）——宣長が、この文章を、世間に発表したのは、やがて七十になる頃であったが、ここに引用された、業平《なりひら》の歌を評した契沖の言葉は、「*勢語臆断《せいごおくだん》」にある。宣長自身の回想によれば、青年期、はじめて「歌まなびのすぢ」について、教えられたと言う契沖の著書の一つであった。

ここの宣長の語気は、随分烈しい。筆者の怒りが、紙背《しはい》で破裂しているようだ。業平の歌は、「よわくなりにける時よめる」と詞書があるだけのもので、後の世の辞世《じせい》と言われるものの気取りも見栄《みえ》もない。言うまでもなく、辞世とは、世を辞するに際しての、仏徳への*頌歌《しょうか》を言うのである。室生の山で命を絶とうとした青年契沖の心中には、*頌偈《じゅげ》に偽りを盛る仏徒等への烈しい幻滅感があったであろう。そんな事を想っている宣長を想像してみてもいいわけだ。「玉勝間《たまかつま》」で、辞世なるものの実物見本を、契沖に代って、提供しているように見えるのが面白い。「*北条ノ時頼入道、最明寺におきて、身まかりける時の頌とて、*業鏡高ク懸ク、三十七年、一槌打砕キテ、大道坦然タリ、弘長三年十一月廿二日、*道崇珍重とあり。北条足利の世のほどは、たかきもみじかきも、人みな殊《こと》に禅法にまどへりしかば、死なむとするきはに、かゝるさとりがましきいつはり言《ゴト》するを、*いみじきわざに、*思ひためり。いとうるさく、かつは、

をこなるわざなりけり」(一の巻)*

少し余談にわたるが、この宣長が、「吾妻鏡《あずまかがみ》」*から引用した、有名な時頼の遺偈《いげ》の話には、いろいろ不審な点があるようである。私は、たまたま、益田宗《たかし》*氏の「吾妻鏡騒動記」という文章を読んで教えられた。「増集続伝灯録」*によると、時頼に先立って、妙堪*という南宋の禅僧の遺偈に、全く同じものがあるそうである。尤《もっと》もこの坊様は、七十二歳で死んだから、業鏡高懸、七十二年とあり、三十七歳で死んだ時頼とは、其処だけが違っている。すると時頼の頌は、妙堪のものの焼直しという事になるようだ。しかし、歴史というものは、人の良心の動きについて、周囲から証拠固めなどしているものではない。妙堪の死は、時頼の死から十五年しか隔《へだた》ってはいないが、当時の宋との交通事情も考えねばならず、有名でも評判でもなかった妙堪の事が、時頼の耳に這入《はい》っていたとは想像しにくい事だ。これに比べれば、「吾妻鏡」の編纂者《へんさんしゃ》の、時頼の最期を飾らんが為の舞文《ぶぶん》と考える方が余程自然である。いずれにせよ、時頼に関する別の史料でも出て来ない限り、決定し難い。

「吾妻鏡」から引用するに当って、宣長が、そのような事を思いめぐらしたとは思えないが、この人は、古文の姿については、驚くほどの眼を持っていたのである。時頼の遺偈は、読まれるより先きに、そのあやしげな姿が見て取られていたと言ってもよかろう。「さとりがましき」とか「うるさく」とか「をこなる」とか言うのは、その姿を言うのであって、解釈や議論ではなかろう。鎌倉武士の質実剛健な気象と、禅門の端的直截《ちょくせつ》な精神との類似とか出会いとかいう、尤もらしい議論など、いくら聞いてみても、宣長には、時頼の言葉は死んでいるという、自分の単純な直観を否定する理由は見附からなかったであろう。遺偈は、時頼という人間の姿をしていない。なりひらの朝臣の歌の、生き生きとした表現性とは、同日の談ではない。両者には、「いつはり」と「まこと」くらいの相違がある。契沖にひどく同感した宣長にしてみれば、時頼の遺偈の姿が、「さとりがましき」と見えたのなら、業平の歌は、「さとり」の姿をとっていると見えたであろう。

二十七

「*三代実録云。業平体貌閑麗放縦不レ拘。略無二才学一善作二和歌一云々」という引用が、「勢語《せいご》臆断《おくだん》」の巻首にある。契沖は、これに、「史伝に善作二和歌一といへる事、只業平一人なり。尤高名也」と附言し、続けて、「土佐日記はわづかなる一巻なるに、業平の事を引ける事三所見えたり。貫之《つらゆき》のしたはれたる事知ぬべし。貫之のしたはれたるは、天下の歌人のしたはれたるなり。あらずや」と言っている。業平は、官撰《かんせん》の正史にも載るほどの歌人であったと、引用は、ただそれだけの意味のように見える。だが、「勢語臆断」から引用し、「やまとだましひなる人は、法師ながら、かくこそ有けれ」と言う宣長の考えとなれば、これはもっと踏込んだものになって来る筈で、宣長が、「三代実録」から引用したら、「善作二和歌一」より、むしろ「略無二才学一」という言葉の方に注意しただろう。この史伝の撰者等は、何故、歌の上手が無学なのは当り前という口ぶりで、物を言っているかという事になったろう。

*「嵯峨天皇ノコロヨリ、漢文モッパラ行ハレテ、上下トモニコレヲ学ビ、詩文ヲ心ニカケテ、朝廷ヲ始メトシテ下々マデ、ソノ心ニ化シテ、歌ヨム事ハハナハダマレナリシトミエタリ」(「あしわけをぶね」)、――「ソノオモムキ」が知りたければ、「*続日本後紀」を見よと宣長は言っている。*興福寺の法師等が、*仁明《にんみよう》天皇に奉献《たてまつ》した長歌はよく知られている。その中に「大御世を　万代《よろづよ》祈り　仏にも　神にも申し　上る　事の詞《ことば》は　此の国の　本つ詞に　逐《お》ひ倚《よ》りて　唐《もろこし》の　詞を仮らず　書記《ふみしる》す　博士雇《やと》はず　此の国の　言ひ伝ふらく　日の本の　倭《やまと》の国は　言玉の　富《さきはふ》国とぞ　古語《ふること》に流れ来れる」云々《うんぬん》とある。国史の撰者は、長歌を引き、「*季世陵遅《リヨウチ》、斯ノ道已ニ墜チ、今至ル三僧ノ中ニ頗ル存スルニ二古語ヲ一、可レ謂三礼失ハレ則求ム二之ヲ於野ニ一、故採ツテ而載スレ之ヲ」と言っている(巻十九)。

天皇の賀を祝う長歌の中に、長歌とは何かという説明が這入《はい》る。時勢の「おもむき」が、そんな風に現れているというわけだ。

其処《そこ》に、宣長が注目したのは、国語伝統の流れであった。才学の程が、*勅撰《ちよくせん》漢詩集で知られるという事になっては、和歌は、公認の教養資格の埒外《らちがい》に出ざるを得ない。極端な唐風模倣という、平安遷都とともに始まった朝廷の積極的な政策が、和歌を、才学と呼ばれる秩序の外に、はじき出した。しかし、意識的な文化の企画には、言わば文化地図の塗り替えは出来ても、文化の内面深く侵入し、これをどうこうする力はない。生きて行く文化自身の深部には、外部から強い《し》られる、不都合な環境にも、鋭敏に反応して、これに処する道を開いて行く自発性が備っている。そういう、知的な意識には映じにくい、人々のおのずからな知慧《ちえ》が、人々の共有する国語伝統の強い底流を形成している。宣長はそう見ていた。

母親から教えられた片言という種子から育った母国語の組織だけが、私達が重ねて来た過去の経験の、自分等に親しい意味合や味わいを、貯えて置いてくれるのである。私達は、安心して、過去の保存を、これに託し、過去が失われず、現在のうちに生きかえるのを、期待しているわけだが、この安心や期待は、あまり大きく深いと言おうか、当り前過ぎると言おうか、安心しながら、期待しながら、そうとは気附かぬ程のものである。言語伝統は、其処に、音を立てて流れているのだが、これを身体で感じ取っていながら、意識の上に、はっきり描き出す事が出来ずにいる。言語は言霊《ことだま》という自らの衝動を持ち、環境に出会い、自発的にこれに処している。事物に当って、己れを験《ため》し、事物に鍛えられて、己れの姿を形成しているものだ。「言霊」という言葉は、万葉歌人によって、初めて使い出されたものだが、「言霊のさきはふ国」とか、「言霊のたすくる国」とかいう風に使われているので明らかなように、母国の言葉という意識、これに寄せる歌人の鋭敏な愛着、深い信頼の情から、先ずほころび出た言葉である事に、間違いない。生活経験が教えるところだが、順境が、却《かえ》って人を眠らせる事がある。逆境にあって、はじめて自己を知るという事がある。「言霊のさきはふ」道も、そういうもので、環境の抵抗を感ずるようになって、言霊にも己れを摑《つか》み直すという事が起る。そういう時代が到来する。宣長の言う、時代の「おもむき」とは、言霊のそういう歴史的生態を指すのである。興福寺の法師等の長歌の発想に、実際にはどういう心持ちがあったか、そういう個人的な事が、問題なのではない。むしろ逆に、私達の共有する言霊の自己形成力が、法師等の長歌奉献という機を、どう利用したか、そういう風に、宣長は見た。「言霊のさきはふ国」という言葉から、「唐の詞を仮らず」とか、「書記す博士雇はず」とかいう、新しい意味を持った言葉が、子供のように生れて来る、という具合に、言霊は、環境と折合をつけて、己れの姿を整えて行く、と見たのである。

この言霊の営みを、明瞭に辿《たど》る事は誰にも出来ないにせよ、それが和歌史を一貫する流れを成しているというのが、宣長の歌学の基本にある直観である。彼が「詞《ことば》の玉《たま》緒《のお》」で究明したのは、私達が言語を持っているのは、あたかも私達が肉体を持っているが如きものだという事であった。言語は、本質的に或る生きた一定の組織であり、この組織を信じ、組織の網の目と合体して生きる者にとっては、自由と制約との対立などないであろう。この事を、彼は、「いともあやしき言霊のさだまり」と言ったのだが、この言語組織の構造に感嘆した同じ言葉は、その発展を云々する場合にも、言えた筈である。

「万葉」の結集に当って、*家持《やかもち》は、当然、*「懐風藻《かいふうそう》」を意識したであろうが、それは、特に対抗意識を働かすというよりも、おおらかな自信を持っていたという事だっただろう。人麿《ひとまろ》と*憶良《おくら》とを尊敬していたこの歌人の心持には、「言霊のたすくる国」「言霊のさきはふ国」という発想を生んだ自信と、同質のものがあったであろう。それが、「古今」を編んだ貫之となると、大変相違して来る。和歌は、彼の言うように、「色好みの家に、*むもれ木の人知れぬ事となりて、まめなる処には、*花薄《はなすすき》ほに出だすべき事にもあらずなりにたり」(仮名序)という次第となって、宮廷に於ける文章道の権威は、もう決定的なものとなっていた。当時、「万葉」は、勅撰集と信じられていたのだが、宮廷が、この百年前の盛事を思い起して、「続万葉集」を編もうとすると、それは、もはや尋常な仕事ではなく、言わば、すっかり日陰者になって了《しま》っていた和歌を、改まった場所に引出すという事であった。「万葉集」は序文を必要としなかったが、「続万葉集」は、撰者の好むと好まざるに係わらず、「やまと歌」の本質や価値や歴史を改めて説く序文を必要としていたのである。説き終り、勅撰を祝い、貫之は言う、「人麿なくなりにたれど、歌の事とどまれるかな」。貫之の感慨は、言霊の不思議な営みを思っての事と解していい。

和歌は、才学の権威に追われて、「色好みの家」にうもれる事になった。だが、それでも、命脈だけは保たれていたという、ただそれだけの話ではなく、社会的な地位を失ってみて、はじめて己れに還る事が出来た、そういう事が、和歌の道に起った。「博士の家」から侮《あなど》られ、「色好みの家」に身を隠してみなければ、どちらの家が、自分の本家であるか、そんな事を和歌は考えてみはしないだろう。なるほど「万葉」の直情的な歌風に比べれば、「古今」のものは技巧的と言えるであろうが、好んでこれを言うものが、ともすれば考え勝ちのように、歌風が技巧的になったとは、歌が生活から遊離して了ったという意味ではない。才学に公の舞台を占められて、和歌は楽屋に引込んだので、何処《どこ》に逃げ出したわけではない。楽屋に引込んだとは、私生活のうちに没入したという意味である。和歌の贈答がなければ、他人との附合を暖める事もかなわぬ、それどころではなく、恋愛も結婚も出来ないという事であってみれば、和歌は、間違いなく、日常生活に必須の物だ。和歌が、生活の一部と化して、これに甘んじていたのも、教養という名で呼んでいいものは、才学が引受けていたればこそだ。この時期は長かった。

和歌は歌合せ*の流行という好機を捕えて、漸《ようや》く復興の道を開いたと言われるが、歌合せは、当時の社交形式だったのだし、これによって、生活への屈従を脱したという様な簡単な話にはならない。それよりも、和歌が、歌としての趣向を意識する余地がないほど、生活に密着し、平凡だが現実的な生活感情のうちに浸って、これを映し出すのに、われ知らず苦労していた期間は、大変長かったという事に注目した方がいい。そうすれば、才学が和歌を追いつめたところは、何の事はない、和歌にとって、全く健全な状態であり、言わば、和歌は、生活のただ中に落ちて沈黙し、そこから再び出直すという事をやった事を納得するだろう。どう出直したかを、一と言で言ってみるなら、到頭、反省と批評とを提げて出て来る事になった。無論、誰かの思い附きというようなものではなかった。才学の舞台を望み、言霊が、自力で己れを摑み直すという事が起ったのである。

「古今」の歌風を代表するのは、＊六歌仙と言われている人達の歌であるし、六歌仙の先頭に立つのは業平だ。契沖が激賞した業平の代表作を、わかり切った名歌とは言わず、もう一度読んでみてもいいだろう。――「つひに行く道とはかねて聞きしかど　昨日けふとは思はざりしを」――叙事でも、抒情《じょじょう》でもない、反省と批評とから、歌が生れている事を、端的に受納《うけい》れるなら、「古今」の肉体から、その骨組が透けて見えて来るのを感じないだろうか。

このような作歌の過程に、反省、批評が入り込んでくる傾向を、貫之は、「心余る」という言い方で言った。「月やあらぬ　春や昔の　春ならぬ　わが身ひとつは　もとの身にして」も業平の有名な歌だが、貫之は、これをあげて「在原《ありはらの》業平は、その心余りて、言葉足らず、しぼめる花の色なくて、匂ひ残れるが如し」(仮名序)と言った。色なく、匂い残れるが如くであるかどうかはともかく、「心余りて、言葉足らず」の方は名評と言ってよく、この歌の評釈には、契沖も宣長も、貫之の評を引いている(「勢語臆断」「古今集遠鏡」)。ところで、この「月やあらぬ」の歌は、やはり、「古今」で読むより＊「伊勢」で読んだ方がいいように思われる。なるほど詞書《ことばがき》は附いているが、歌集の中に入れられると、歌は、いかにも「言葉足らず」という姿に見えるのだが、「伊勢」のうちで同じ歌に出会うと、そうは感じないのが面白い。「心余りて」物語る、その物語の姿を追った上で、歌に出会うが為であろうか。この微妙な歌物語の手法が、「源氏」で、大きく完成するのである。読者の同感が得られるであろうか。得られるなら、そういう心の用い方で、又、あの「つひに行く」の歌を見て貰《もら》ってもいい。見て「言葉足らず」とは言えまいが、「心余りて」という姿には見えるだろう。作者が、歌っているというよりむしろ物語っている、と感ずるであろう。

宣長が「物のあはれ」を論じて、歌学というものを根柢《こんてい》からやり直そうとした時、先ずその切っかけを「古今」の「仮名序」に求めた事は、既に書いた。*「やまと歌は、人の心を種として、よろづの言の葉とぞなれりける」(仮名序)と、貫之は言ったが、歌の種になる心とは、物のあわれを知るという働きでなければならない、と宣長は考えた。そして、彼は、「物のあはれ」という言葉を、「土佐日記」の中から拾い上げたのも、先ず確かな事である。

周知のように、「土佐日記」は、女が書いたという体裁になっている。「男もすなる日記といふものを、女もしてみむとてするなり」という書き出しは有名で、当時、男の日記は、すべて漢文で書かれていたから、そう断らなければならなかった、と解されているのが普通だが、実際、貫之が、どういう積りでこれを書いたか、はっきり言うのは難かしかろう。女が書いた日記というのが、恐らく貫之が試みた文学上の新趣向だったであろうが、全く唐突な趣向がこらせるわけではないのだから、そのような女性が当時何処かに、実際に居たとしても、そう不思議ではないという事だったであろう。女流の「日記」が現れて来る気運は、漸く萌《きざ》していたのであろうか。それにしても、女性について語るのでは足らず、女性自身に語らせるという手法を取って、作者は、一体何が現したかったのか、という事になれば、一向はっきりしない。それよりも、そうはっきり問う事が、見当外れでもあろうか。貫之を近代小説家並みに扱うわけにはいかない。貫之が、女性の読者を、漫然と心に浮べていたところで、実際に、読者が得られたかどうかも疑わしい事である。「日記」の書き手は女だ、女だから唐詩は書けない、と断ってはいるが、その証拠は見当らぬと言った具合で、特に女でなくては適《かな》わぬものが現れているわけではなし、第一女らしい文体とも言いかねる。やはり、貫之の関心の集中したところは、新しい形式の和文を書いてみる、という点にあったと見ていいのではないか。

彼が、「古今集」の「仮名序」を書いたのは、これより三十年ほど前であった。「仮名序」とは、貫之の猶子《ゆうし》、淑望《よしもち》の作と伝えられている「真名序《まなじょ》」に対して、使われている言葉だが、この言葉の大事な意味合が、序と呼ばれている漢文の文体を、和文に仕立て上げたものというところにあったのは、言うまでもない。これは全く先例のない仕事で、余程の困難が伴った筈である。貫之の漢詩文に関する教養を以てすれば、慣例に従って、漢文で書いて置けば、何でもない事だったであろう。ただ、やまと歌の歌集には、やまと詞《ことば》のはし書きが、体裁上ふさわしかろうという事から、出来た仕事ではあるまい。恐らく、貫之にとって、和文は、和歌に劣らぬ、或る意味では一層むつかしい、興味ある問題として、常日頃から意識されていたであろう。「古今」の勅撰は、この問題につき、或る思い切った解答を、実際に試みてみる、彼にとっては、願ってもない機会だったに相違なかろう。貫之の歌は、「古今」の千歌《チウタ》のうち、百首に余るのであるから、契沖のように、この人を、「天下の歌人」と呼んでもいいだろうが、やはり、彼の資質は、歌人のものというより、むしろ批評家のものだったのではあるまいか。それが、「仮名序」の一篇となって躍り出ているというわけなのだが、完了した作品ではなく、鋭敏に時宜を計った、大胆な試みであるから、今日となっては、これを、正確に評価するのが大変困難だという事があろう。

貫之の出会っていた和歌と和文との問題と言っても、今日の言葉で言えば即ち詩と散文の問題だというさっぱりした話にはならない。言うまでもなく、日本の文学が誕生以来背負って来た漢文という宿命的な荷物の故だ。言葉はあっても、文字がない、漢字を使って、国語をどう書くか、更に、国語で漢文をどう読むか、これに関する上代の人々の長い間の苦労を言ってみても、私達には、もう夢のような話である。私達が持っている最高の詩集「万葉」が現れるようになっても、未だ不思議な事が見られる。「万葉」をひらけば、直ぐ解る事だが、詩の表記には、万葉仮名が用いられていながら、題詞*や左註*の散文は、漢文で書かれているのである。当時の歌人達が、このような二重の経験に、実際、どんな言語感覚を以て、処していたかは、明らかでないとしても、詩の表現の上で、あれほどの高所に達していた彼等である、日本語による散文の制作という次の問題に対する心構えは、誰にもあったであろう。だからこそ、続いて起った大学教育の普及による学問の盛行が、和文の発展、確立への跳躍台となり得たのである。

「続日本後紀」の撰者は、「倭歌之体」が失われ、「古語」を「野」に求めねばならない時勢を嘆いたが、時勢は、又それで、「倭文之体」の成立を準備してもいた。と言うのは、学問の普及とは、漢文の漢文のままの模倣から、母国語の語脈に添う読みによる、漢文の理解の普及に進んだという事を意味するからだ。この、漢文の日本語への飜訳という仕事に習熟しなければ、どうにもならぬ自国語の構造なり構成なりに関する、鮮明な意識は養われはしない。又、この意識が養われなければ、和文の安定した形式が生み出されるわけがあるまい。貫之は、才学有って、善く和歌を作るという人であったが、彼のような微官《かん》には、才学は出世の道を開く代りに、言霊の営みに関する批評的意識を研いだであろう。「仮名序」に、それを読みとればよい。

論文が和風に表現されたのは、これが初めてであったというところに、興味を寄せるなら、「仮名序」の内容は、支那の詩論からの借りものであるというような事は、別段、興味のある事ではあるまい。そういう抽象的な言い方は、空疎《くうそ》で、取り留めのないものでもあろう。具体的な言い方をするなら、考えが、借りものであろうとなかろうと、貫之は、自分で工夫し、決定した表現形式に導かれずに、何一つ考えられなかった筈である。「土佐日記」となると、「序」という手本はもうないのだから、和文の実験は、余程自由なものになった。漢文の問題が、裏にかくれて、表に現れた和文が、和歌の体に対する和文の体として、意識されるようになった。有名な書き出しは、この意識につながる。そう見てもいいだろう。「女もしてみむとてする」この日記は、「男もすなる日記といふもの」、つまり、漢文体で書かれた文体も持たぬ覚書に、対抗して書かれたのではない。対抗するものがあれば、それはむしろ、和歌の体であった。和歌では現すことが出来ない、固有な表現力を持った和文の体が、目指されていた。

和歌の体と和文の体との基本的な相違は、声を出して歌う体と、黙って眼で読む体との隔りにあろう。歌は、必ずしも文字を必要としないが、文字がなくて、文はない。最初の国字と呼んでいい平仮名の普及がないところに、和文の体がどうのこうのという事はあり得ない。女手といわれているくらいで、国字は女性の間に発生し、女性に常用されていたのだから、国文が女性の手で完成したのも当然な事であった。「土佐日記」の作者には、はっきりした予感があったと見ていいのではあるまいか。「女もしてみむとてするなり」という言葉には、この鋭敏な批評家の切実な感じが籠《こ》められていただろう。歌の力は、言葉が、音声の力を借りて調べを作るところにあるが、黙読を要求している文章に固有な魅力を言ってみるなら、それは、音声の拘束から解放された言葉の身軽さにあろう。身軽にならなければ、日記の世界などに這入っては行けまい。これは、言葉が、己れに還り、己れを知る動きだとも言える。言葉が、音声とか身振りとかいう言葉でないものに頼っている事はない、そういうものから自由になり、観念という身軽な己れの正体に還ってみて、表現の自在というものにつき、改めて自得するという事がある。貫之が、和文制作の実験に、自分の日記を選んだのは、方法を誤らなかったと言ってよい。何の奇もないが、自分には大変親しい日常の経験を、ただ伝えるのではなく、統一ある文章に仕立て上げてみるという事が、平凡な経験の奥行の深さを、しっかり捕えるという、その事になる。「源氏」が成ったのも、詰るところは、この同じ方法の応用によったというところが、宣長を驚かしたのである。宣長は、「古今」の集成を、わが国の文学史に於ける、自覚とか、反省とか、批評とか呼んでいい精神傾向の開始と受取った。その一番目立った現れを、和歌から和文への移り行きに見た。この受取り方の正しさを保証するものとして、彼は「源氏」を読んだ。それが、「古今」の「手弱女《たわやめ》ぶり」という真淵の考えに、彼が従わなかった最大の理由だ。「やまと歌は、人の心を種として」と貫之は言ったが、*から歌との別を言うやまと歌という言葉は、「万葉」時代からあったが、やまと歌の種になる心が、自らを省み、「やまと心」「やまと魂」という言葉を思いつかねばならないという事は、「古今」時代からの事だ。そういう事になるのも、から歌は、作者の身分だとか学識だとかを現すかも知れないが、人の心を種としてはいないという批評が、先ずなければなるまい。

二十八

宣長は、「源氏」の本質を、「源氏」の原文のうちに、直《じ》かに摑《つか》んだが、その素早い端的な摑み方は、「古事記」の場合でも、全く同じであった。大事なのは、宣長に言わせれば、原文の「文体《カキザマ》」にある。この考えは徹底していて、「文体《カキザマ》」の在るがままの姿を、はっきり捕える眼力さえあれば、「文体《カキザマ》」の一番簡単な形として、「古事記」「日本書紀」という「題号《ナ》」が並んでいるだけで、その姿の別は見える筈だと言う。「日本書紀」などと、名前からして気に食わぬ、と言っているのが面白い。「古事記」は文字通り「古《いにし》への事をしるせる記《フミ》」で、素直に受取れる題号《ナ》だが、「日本書紀」の方は、余計な意識を働かせた姿をしている。漢の国史の「漢書」*「晋書《しんじょ》」*などの名に倣《なら》ったものなら、わが国に国号の別などないのに、おかしな話だ。それなら「是《こ》ㇾは何に対《ムカ》ひたる名ぞや」と宣長は問う。

彼自身の文体《カキザマ》にも、読者は注意して欲しい。――「たゞ漢国《からくに》に対《ムカ》へられたりと見えて、彼ㇾに辺《へ》つらへる題号《ナ》なりかし。然《しか》るを後ノ代の人の、返リて是をたけき事に称《ホメ》思ふは、いかにぞや、己《オノ》が心には、いとあかず、辺《ホトリ》ばみたる題号《ナ》とこそおもはるれ。或人、此書は、漢国へも見せ給はむの意にて、名をもかくはつけられたるならむといへれども、決《キハメ》て然にはあらず、たとひ然るにても、外ッ国人に見せむことをしも、主《ムネ》として、名づけられむは、いよゝわろしかし」。――こういう「文体《カキザマ》」から、読者は、明らかに感じられるであろうが、宣長には、健全なものは、何の奇もない当り前なものだ、というどんな場合にも動かぬ、深い思想があり、それが、大事な判断となると、必度《きっと》顔を見せるのである。「古事記」の健康な姿に比べると、「日本書紀」は病身に見えた。「古事記」と「日本書紀」では、その撰録上の意図がまるで異なる。宣長は、これを詳しく、確かに語った最初の学者である。「古事記」は、ただ、古えの事を伝えた古えの語言《コトバ》を失わぬ事を、主《ムネ》としたものだが、「日本書紀」となると、この「古事記」の真っ正直なやり方が、「あまりたゞありに飾《カザリ》なくて、かの漢《カラ》の国史どもにくらぶれば、見だてなく浅々《アサアサ》と聞ゆる」という見地に立ったものだ。そこで、「更に広く事どもを考へ加へ、年紀を立《タテ》などし」たところはよいが、正史としての体裁を整えるのに熱中していた人達は、わが国の古伝古意を、漢文体で現す無理には気附かなかった。「日本書紀」が「表に立《タテ》られ」、「古事記」が「裏になりて、私シ物の如く」扱われた理由を、率直に考えれば、ただ浅薄な意味合での、史書の体裁のよしあしにあったとは奇怪な事だ。後々になっても、――「世々の識者《モノシリビト》はた、是をば正《マサ》しき国史の体《サマ》にあらずとして、なほざりに思ひなすこそ、いとも〳〵哀《カナ》しけれ、抑《そもそも》皇国《みくに》に古き国史といふ物、外《ホカ》に伝はらざれば、其ノ体《サマ》と例《タメシ》に引クは、漢《カラ》のなるべければ、その体備《サマソナハ》れりといふも、漢のに似たるをよろこぶなり、もし漢《カラ》に辺《ヘ》つらふ心しなくば、彼レに似ずとて何事かはあらむ」（「古事記伝」一之巻）。
「古事記伝」という劃期《かつき》的な仕事は、非常に確実な研究だったので、本文の批評や訓《ヨミ》法《ザマ》の決定は言うに及ばず、総論的に述べられた研究の諸見解も、今日の学問の進歩を以てしても、殆《ほとん》ど動じないと言っていいようだが、それはそれとして、言わば、そういう確実な学問上の成績を乗せた宣長の心の喜びと嘆きとの大きなうねりがあるので、これがなくては、彼に、彼の言う「学問の本意」への道は開けた筈はなかろう。彼の眼は静かで冴えていたが、傍観者の眼ではなかった。「古事記」という対象は、程よい距離を置いて冷静に調査されたのではない。彼は「古事記」のうちにいて、これと合体していた。

彼自身がそう言っているのである。——「記の本《モト》を起《オコ》し賜《たま》ひし*天武天皇の元年、申ノ年なりしに、其撰録《ソレエラバ》れし*元明天皇の*和銅元年も申ノ年なり、かくて*おほけなく宣長此伝を著《アラハ》し初《ハジ》むる今の大御代の*明和元年しも、又申ノ年にあたれることをなむ、窃《ヒソカ》に奇《アヤ》しみ思ふ」と。これは「古事記序」の註釈のうちにあるのだが、彼は、註を書きながら、浮んで来た実感を記さざるを得なかったので、余計な独白とは少しも考えなかったであろう。「古事記」の成立の事情を、まともに語っている文献は、「古事記序」の他にはないのだし、そこには、「古事記」は天武天皇の志によって成った、と明記されている。「窃に奇しみ思ふ」という宣長の実感とは、先ず天武天皇の志が、しっかりと信じられなければ、自分の仕事はなかったという思いであった、と言ってよかろう。

さて、宣長の言う文体《カキザマ》だが、これが、序と本文とではまるで違うところから、序は*安万侶《やすまろ》の記したものではなく、後人の作とする人もあるが、取るに足らぬ説である。――「其《ソ》は中々にくはしからぬひがこゝろえなり、すべてのさまをよく考るに、後に他人《アダシビト》の偽り書る物にはあらず、決《ウツナ》く安万侶ノ朝臣の作《カケ》るなり」と宣長は断定している。名はあげていないが、序文偽作説を、宣長に書送ったのは真淵なのだ（明和五年三月十三日附、宣長宛書簡）。説というほど詳しいものではないが、真淵は、「本文の文体を思ふに、和銅などよりもいと古かるべし。序は恐らくは奈良朝の人之追て書し物かとおぼゆ」、要するに「此序なくば、いと前代の物と見ゆる也」と言う。

「古事記序」の文体に、真淵は躓《つまず》いたのだが、宣長は慎重であった。彼は言う、これは序とは言え、もともと元明天皇への*上表文として書かれたものであるから、当時の常式通り、純粋な漢文体で、当代を賛《ほ》め、文をかざったのは当然の事である。その為に、形に引かれて、意旨《ココロ》の漢《カラ》めいたところもあるわけだが、これに私達が引かれて、本文の旨《むね》を誤らぬように注意すれば足りる。しかし、一層注意すべきは、この常式通りの「序」が、本文は常式を破ったものだと、明言している事だ。「序」の文をかざったところについて多くを言う要はないが、何故本文では常式を破る事になったか、為《ため》に本文はどういう書ざまになったかを「序」が語るところは、大事であるから、委《く》細《わ》しく註釈すると言う。

そこで、「記の起り」についてだが、これは宣長の訓《よ》みに従って、「序」から引いて置くのがよいと思う。――「是《ココ》に天皇*詔《ミコトノ》りしたまはく、*朕《わ》れ聞く、諸家の*賷《モタ》る所の、*帝紀及び*本辞、既に正実に違《たが》ひ、多く虚偽を加ふと。今の時に当りて、其の失を改めずば、未だ幾ばくの年をも経ずして、其の旨滅びなむとす。斯《こ》れ乃《すなは》ち、*邦家の経緯、*王化の鴻基《こうき》なり。*故《か》れ惟《こ》れ帝紀を撰録し、旧辞を*討覈《タウカク》して、偽りを削り、実を定めて、後葉《ノチノヨ》に流《ツタ》へむとすとのたまふ。時に*舎人《とねり》有り。姓は稗田《ひえだ》、名は阿礼《あれ》、年是れ廿八、人と為《な》り聡明にして、目に度《ワタ》れば口に誦《ヨ》み、耳に払《フル》れば心に勒《シル》す。即ち阿礼に勅語して、*帝皇の日《ひ》継《つぎ》及び*先代の旧辞を誦み習はしむ」。――しかし、事は行われず、時移って、元明天皇の世になったが、「焉《ココ》に旧辞の誤り忤《タガ》へるを惜しみ、*先紀の謬《あやま》り錯《ミダ》れるを正さむとして、和銅四年九月十八日を以て、臣安万侶に詔して、稗田阿礼が誦む所の勅語の旧辞を撰録して、以て献上せしむ」という次第であった。

宣長はこれに、わざわざ次のような註を附している。「こゝの文のさまを思ふに、阿礼此時なほ存在《イケ》りと見えたり」と。なるほど阿礼の存命は、文中に明記されてはいないが、安万侶にしてみれば、誰にもわかり切っていた事を、特にしるす事はなかったまでであろう。とすれば、宣長の註は、委細しいどころか、無用なものとも思われるが、宣長はそんな事を、一向気にかけている様子はなく、阿礼が存命だとすれば、和銅四年には、何歳であるかを詮議《せんぎ》するのである。前文に、阿礼、時に廿八、とあるだけで、天武の代の何年の事だかわからないのだから、はっきりした事は言えないわけだが、しばらく元年から数えれば、六十八歳に当る。「古事記」撰録の御計画のあった時期は、事の実現を見ずに終ったのを思えば、御世の末《すえ》つかたと考えてよさそうであるから、仮りに、天皇崩御《ほうぎょ》の年から数えれば、五十三歳という事になる、云々《うんぬん》。註のくだくだしさには、何か尋常でないものがある。それが「序」を読む宣長の波立つ心と結んでいる事を、はっきり感じ取ろうと努めてもいいだろう。言ってみれば、宣長が「序」の漢文体のこの部分に聞き別けたのは、安万侶の肉声だったのだ。それは、疑いようもなく鮮やかな、これを信じれば足りるというようなものだったに違いない。その点では、「古事記」に一番近附いた筈の真淵も、遠くの方に見える想いであったろうか。自分が「古事記」を撰ぶ為に、直かに扱った材料は、生ま身の人間の言葉であって、文献ではない、と安万侶が語るのを聞いて、宣長は言う、――「然《サ》るは御世かはりて後、彼ノ御志紹《ツギ》坐ス御挙《ミシワザ》のなからましかば、さばかり貴き古語も、阿礼が命《イノチ》ともろともに亡《ウセ》はてなましを、歓《ウレシ》きかも、*おむかしきかも」。――註は宣長の心の動きそのままを伝えているようである。「記の起り」を語る安万侶にとって、阿礼の存命は貴重な事実であり、天武天皇が、阿礼の才能を認められた時、阿礼が未だ若かったとは、まことに幸運な事であった、と考えざるを得なかったであろう。でなければ、どうして「年是れ廿八」などと特に断っただろう。恐らく、宣長は、そういう読み方をした、と私は考える。

　上掲の「序」からの引用に見られるように、特定の書名をあげているわけではないが、撰録に用いられた文献資料は記されている。その書ざまによると、一方には、帝紀とか帝皇日継とか先紀とかと呼ばれている種類のものと、本辞とか旧辞とか先代旧辞とかと言われている類《たぐ》いのものとがあったと見られる。実際にどういう性質の資料であったと考えたらよいか、これについては、今日、研究者の間には、いろいろと説があるようであるが、宣長は、後者は「上古ノ諸事」或《あるい》は「旧事」を記した普通の史書だが、前者は特に「御々《ミヨ》代々《ミヨ》の*天津日《あまつひ》嗣《つぎ》を記し奉《たてまつ》れる書」であろうと言っているだけで、その内容などについては、それ以上の関心を示していない。

今まで、段々述べて来たように、「記の起り」の問題に対する宣長の態度は、「序」の語るところを、そのまま信じ、「記」の特色は、一切が先ず阿礼の誦み習いという仕事にかかっている、そこにあったと真っすぐに考える。旧事を記したどんな旧記が用いられたかを問うよりも、何故文中、「旧事」とはなくて、「旧辞」とあるかに注意せよと言う。――「然るに今は旧事といはずして、本辞旧辞と云へる、辞ノ字に眼をつけて、天皇の此ノ事おもほしめし立《タチ》し大御意は、もはら古語に在リけることをさとるべし」。――ところで、この「阿礼ニ勅語シテ、帝皇ノ日継及ビ先代ノ旧辞ヲ誦ミ習ハシム」とある天武天皇の大御意を、そのまま元明天皇は受継がれるのだが、文は「臣安万侶ニ詔シテ、稗田阿礼ガ誦ム所ノ勅語ノ旧辞ヲ撰録シテ、以テ献上セシム」となっている。宣長は「さて此《ココ》には旧辞とのみ云て、帝紀をいはざるは、旧辞にこめて文を省《ハブ》けるなり」と註している。即ち、「旧記《フルキフミ》の本《マキ》をはなれて」、阿礼という「人の口に移」された旧辞が、要するに「古事記」の真の素材を成す、と安万侶は考えているとするのだ。更に宣長は、「阿礼ニ勅語シテ」とか「勅語ノ旧辞」とかいう言葉の使い方に、特に留意してみるなら、旧辞とは阿礼が「天皇の諷誦《ヨミ》坐ス大御言のまゝを、誦《ヨミ》うつし」たものとも考えられる、とまで言っている。

「此記は、もはら古語を伝ふるを旨《ムネ》とせられたる書なれば、中昔《ナカムカシ》の物語文などの如く、皇国の語のまゝに、一もじもたがへず、仮字書《カナガキ》にこそせらるべき」、——言ってみれば、そういう性質のものであったし、出来る事なら、そうしたかったのが、撰者の本意でもあったであろう、と宣長は言っている（「文体《カキザマ》の事」）。安万侶は、そうはしたかったが、出来なかった。彼はまだ平仮字を知らなかった。簡単にそんな風に言ってみたところで、何を言った事にもならない。この先覚者が、その時、実際に強いられ、味わった国語表記の上の苦労は、まことに面倒なものであった。言うまでもなく、この苦労を、遡《さかのぼ》って考えれば、漢字以外には文字を知らなかったという、古代日本人の奇怪な言語生活に行き当る。

わが国の歴史は、国語の内部から文字が生れて来るのを、待ってはくれず、帰化人に託して、外部から漢字をもたらした。歴史は、言ってみれば、日本語を漢字で書くという、出来ない相談を持込んだわけだが、そういう反省は事後の事で、先ずそういう事件の新しさが、人々を圧倒したであろう。もたらされたものが、漢字である事をはっきり知るよりも、先ず、初めて見る文字というものに驚いたであろう。書く為の道具を渡されたものは、道具のくわしい吟味は後まわしにして、何はともあれ、自家用としてこれを使ってみたであろう。事に黙って巻き込まれてみなければ、事の真相に近づく道は、開かれていなかったに相違ない。

漢語に固有な道具としての漢字の、驚くべき働きが、日本人に次第に明らかになって来るにつれて、国語に固有な国字がない事、持込まれたのは出来ない相談であった事が、いよいよ切実に感じられて来たと考えてよい。と同時に、相談に一たん乗った以上、どうあっても先きに進むより他はない事も、しかと観念したであろう。ここに、わが国上代の敏感な知識人なら、誰もが出会っていた一種特別な言語問題があった。理窟《りくつ》の上で割り切る事は出来ないが、生きて何とか納得しなければならない、誰もがそういう明言し難い悩みに堪えていたであろう。教養あるものの書く正式の文章とは、漢文であるという、いよいよ安定して来た通念も、この悩みを覆《おお》い切れるものではなかった。安万侶があからさまに語っているのは、その事である。

彼は言う、自分は、謹んで詔旨《*しようし》に随《したが》おうと努めた、――「然《ルニ》上古《ノ》之時、言意並《ニ》朴《ニシテ》、敷《キ》レ文《ヲ》構《フルコト》レ句《ヲ》、於《テ》レ字《ニ》即《チ》難《シ》、已《スデニ》因《テ》レ訓《ニ》述《ベタルハ》者、詞不レ逮《およバ》レ心《ニ》、全《ク》以《テ》レ音《ヲ》連《ネタルハ》者、事《ノ》趣更《ニ》長《シ》、是《ヲ》以《テ》今《ハ》或一句《ノ》之中、交《ヘ》二用《ヒ》音訓《ヲ》一、或《ハ》一事《ノ》之内、全《ク》以《テ》レ訓《ヲ》録《ス》、即《チ》辞《ノ》理叵《ガタキハ》レ見《エ》、以《テ》レ注《ヲ》明《ス》レ意《ヲ》、況《いはムヤ》易《キハ》レ解《リ》更《ニ》非《ズ》レ注《セ》」。――宣長の註には、「上古之時云々、此文を以テ見れば、阿礼が誦《ヨメ》る語のいと古《フル》かりけむほど知られて貴し」とあり、又「言のみならず、意も朴なりとあるをよく思ふべし」と言う。

なるほど、よく思えば、安万侶の「言意並《ニ》朴」と言うのは、古語の表現形式、宣長の言い方では、古語の掛け代えのない「姿」を指して、朴と言っているのだと解るだろう。表現力の豊かな漢文の伝える高度な意味内容に比べれば、わが国の、文字さえわきまえぬ古伝の語るところは、単純素朴なものに過ぎないという卑下した考えを、安万侶は言うのではない。そのような考えに鼓舞されて、漢文を正式の文章とする通念も育って来たのだが、言語の文化が、この一と筋道を、どこまでも進めたわけではなかった。六朝《りくちょう》風の書ざまに習熟してみて、安万侶の眼には、国語の独特な構造に密着した言いざまも、はっきりと見えて来たのであり、従って朴とは、朴とでも言うより他はないその味わいだと言っていい。古語は、誰かが保存しようとしたから、保存されたのではない。私達は国語に先立って、どんな言語の範例も知らなかったのだし、私達は知らぬまに、国語の完成された言いざまの内にあり、これに順じて、自分達の思考や感情の動きを調《ととの》えていた。ここに養われた私達の信頼と満足とが、おのずから言語伝統を形成して、生きつづけたのは、当り前な事だ。宣長は、これを註して「貴し」と言うのである。

こうして生きて来た古語の姿が、そのまま漢字に書き移せるわけがない、そうと知りながら、強行したところに、どんな困難が現れたか。国語を表記するのに、漢字の訓によるのと音によるのと二つの方法があったが、どちらを専用しても、うまくいかない、と安万侶は言う。「已因《ニテ》レ訓述《ニ》者《ベタルハ》、詞不レ逮《バ》レ心《ニ》」とは、宣長によれば、「然言《シカイフ》こゝろは、世間《ヨノナカ》にある旧記どもの例を見るに、悉《ことごと》く字の訓を以て記せるには、中にいはゆる借字《かりじ》なるが多くて、其《ソ》は其ノ字の義、異なるがゆゑに、語の意までは得《エ》及び至らずとなり」、そうかと言って、「全以《クテ》レ音連《ヲ》者《ネタルハ》、事《ノ》一趣更《ニ》長《シ》」。「然言《シカイフ》こゝろは、全く仮字《カナ》のみを以《テ》書るは、字ノ数のこよなく多くなりて、かの因《テ》レ訓《ニ》述《ベ》たるに比ぶれば、其ノ文更《サラ》に長しとなり」、そこで、安万侶は「或《ハ》一句之《ノ》中、交《ヘ》二用《ヒ》音訓《ヲ》一、或《ハ》一事之《ノ》内、全以《クテ》レ訓録《ヲス》」という事で難題を切り抜けた。

宣長の註解は、要を得ていると思われるので、ここでも、それに従うが、音訓を並用した文の他は、皆訓を以て録したのは何故か、と言えば、――「全く*真字書《マナガキ》にても、古語と言も意も違ッことなきと、又字のまゝに訓《ヨ》めば、語は違へども、意は違はずして、其ノ古語は人皆知リて、訓ミ誤マることあるまじきと、又借字にて、意は違へども、世にあまねく書キなれて、人皆弁《わきま》へつれば、字には惑ふまじきと、これらは、仮字書は長き故に、簡約《ツヅマヤカ》なる真字書の方を用ふるなり、一事といひ、一句といへるは、たゞ文をかへたるのみなり」、「凡《すべ》て此ノ序ノ文、同字を用ることを嫌へり」とある。

安万侶の言うところを、その語調通りに素直に受取れば、（それがまさに宣長の受取り方なのだが）、「全《ク》以《テ》レ訓《ヲ》録《ス》」と言うのが、彼の結論なのは明らかな事である。訓ばかりに頼っては拙《まず》いところは、特に音訓を並用もしたが、表記法の基礎となるものは、漢字の和訓であるというのが、彼が本文で実行した考えである。言い代えれば、国語によって、どの程度まで、真字が生かされて現に使われているか、という当時の言語感覚に、訴えた考えである。それでも心配なので、「辞《ノ》理叵《ガタキハ》レ見《エ》、以《テ》レ注《ヲ》明《ス》レ意《ヲ》」という事になり、極めて複雑な表記となった。

言うまでもなく、「古事記」中には、多数の歌が出て来るが、その表記は一字一音の仮字で統一されている。いわゆる*宣命書《センミヨウガキ》も、安万侶には親しいものであった。しかし、宣長に言わせれば、歌は「詠《ナガ》むるもの」、祝詞《のりと》宣命は「唱ふるもの」であり、仮字と言えば、音声の文《アヤ》に結ばれた仮字しか、安万侶の常識にはなかった。阿礼の誦み習う古語を、忠実に伝えるのが「古事記」の目的であるし、それには、宣長が言ったように、理窟の上では、全部仮字書にすればいいのは、安万侶も承知していたであろうが、実際問題としては、空言に過ぎないと、もっとよく承知していただろう。仮りに彼が常識を破って、全く音を以て連ねたならば、事の趣が更に長くなるどころか、後世、誰にも読み解けぬ文章が遺《のこ》っただけであろう。阿礼の誦んだところは、物語であって歌ではなかった。歌は、物語に登場する人物によって詠まれ、物語の文を成しているので、歌人によって詠まれて、一人立ちしてはいない。宣長なら、「源氏」のように、と言ったであろう。安万侶の表記法を決定したものは、与えられた古語の散文性であったと言っていい。

そういう次第で、宣長は、「古事記」を考える上で、稗田阿礼の「誦習《ヨミナラヒ》」を、非常に大切な事と見た。「もし語にかゝはらずて、たゞに義理《コトワリ》をのみ旨《ムネ》とせむには、記録を作らしめむとして、先ヅ人の口に誦習《ヨミナラ》はし賜はむは、無用《イタヅラ》ごとならずや」と彼は強い言葉で言う。ここで言われている「義理《コトワリ》」とは、何が記されているかという記録の内容の意味で、この内容を旨とする仕事なら、「日本書紀」の場合のように、古記録の編纂《へんさん》で事は足りた筈だが、同じ時期に行われた「古事記」という修史の仕事では、その旨とするところが、内容よりも表現にあったのであり、その為に、阿礼の起用が、どうしても必要になった。宣長の言い方で言えば、阿礼の仕事も、「漢文の旧記に本づいた」のだが、「直《タダ》に書《フミ》より書にかきうつしては、本の漢文のふり離れがた」いので、「語のふりを、此間《ココ》の古語にかへして、口に唱へこゝろみしめ賜へるものぞ」と言うのである。

宣長は、稗田阿礼が天鈿女命《アメノウズメノミコト》の後である事に注意しているが、篤胤《あつたね》のように、阿礼という舎人《とねり》は「女舎人《ヒメトネ》」である、とは考えなかった。阿礼女性説は、柳田国男氏にあっては、非常に強い主張（「妹の力」稗田阿礼）となっている。稗田氏は、天鈿女命を祖とする語部猿女君《かたりべさるめのきみ》の分派であり、代々女性を主《アルジ》とする家柄であった事が、確信を以て説かれる。宣長の言うように（「古事記伝」三十三之巻）、舎人が男でなければならぬ理由はない。「阿礼」は、「有れ」であり、「御生《ミア》れ」、即ち神の出現の意味だ。「阿礼」という名前からして、神懸りの巫女《みこ》を指している、と言う。

折口信夫《おりくちしのぶ》氏となると、「古事記」を、「口承文芸の台本」（「上世日本の文学」）とまで呼んでいる。語部の力を無視して、わが国の文学の発生や成長は考えられない、という折口氏の文学の思想には、あらがえぬものがあるだろう。少くとも、極く素直な考えで、巧まれた説ではない。折口氏が推し進めたのは、わが国の文学の始まりを考える上で目安になるものは、祝詞と宣命であるという宣長の考えである。

或る纏《まとま》った詞《ことば》が、社会の一部の人々の間にでも、伝承され、保持されて行く為には、その詞にそれだけの価値、言わば威力が備っていなければならない。その点で、折口氏も亦《また》、先ず言霊《ことだま》が信じられていなければ、文学の発生など、まるで考えられもしない、と見ているのである。言霊の力が一番強く発揮されるのは、祭儀が必要とする詞に於てであり、毎年の祭にとなえられる一定の呪詞を、失わぬよう、乱さぬよう、口から口へと熱意を以て、守り伝えるというところに、村々の生活秩序のかなめがあった。政治の中心があった。この祭りごとから離れられぬ詞章が、何時《いつ》からあったか、誰も知るものはなかったが、古代の人々にとって、わが村の初めは、世の初めであったろうし、世の初めとは、という問いに答えるものは、天から神々が降って来て、言葉が下され、これに応じて、神々に申し上げる言葉がとなえられるところにしかなかったであろう。折口氏の説は詳しいが、此処《ここ》では略して、神から下される詞が祝詞であり、神に申し上げる詞が宣命だ、と言って置けば足りる。この種の呪詞の代唱者として、語部という聖職が生れて来たのは、自然な事であったろうし、彼等によって唱えられ、語られる家の、村の、国の由来のうちにしか、古代の人々には、歴史という考えを育てる処はなかっただろう。

「昔の人の考え方で行くと、歴史は、人々の生活を保証してくれるもので、其歴史を語り、伝承を続けて行くと、村の生活が正しく、良くなって行くのであった。其語り伝えられた歴史の中で、最よく人々の間に守り続けられて行ったのは、神の歴史を説いたものである。現在残って居るもので、一番神の歴史に近いのは、祝詞及び宣命である」（「上世日本の文学」）と折口氏は言う。

宣長は、祝詞の研究では、「出雲国造神寿《いずものくにのみやつこのかむよごと》後釈」「大祓詞《おおはらえのことば》後釈」と「後釈」の名があるように、真淵の仕事を受けて、これを整備し、発展させたのだが、宣命の研究は、宣長に始まるので、これが、晩年の「続紀歴朝詔詞解」の名著になって、完成した。だが、既に書いたように、宣長が宣命に着目したのは大変早いので、「古事記伝」の仕事の準備中、真淵に書送っていた質疑が、「万葉再問」を終え、直ちに「*続紀宣命」の質疑に移ったのは、明和五年の事であった。奈良朝以前の古言を現した文詞は、*延喜《えんぎ》式にのった祝詞の古いものを除いては、「続紀」が伝える宣命の他にはない、と宣長は見ていたのだが、「万葉」では、歌の句調にはばまれ、「記紀」では、漢文のふりに制せられて、現れ難《にく》かった助辞《テニヲハ》が、祝詞、宣命には、はっきりと現れている、という宣長の発見が、真淵を驚かした。宣長の研究の眼目は、初めから助辞の問題にあった。「詞《ことば》の玉緒《たまのお》」で、「万葉」の古言から「新古今」の雅言にわたり、広く詠歌の作例が検討されて、「てにをは」には、係り結びに関する法則的な「とゝのへ」、或は「格《サダマリ》」と言うべきものがある事が、説かれたについても、*既に書いた。

宣長は、これを、「いともあやしき言霊のさだまり」と呼んだ。国語に、この独特の基本的構造があればこそ、国語はこれに乗じて、われわれの間を結び、「いきほひ」

を得、「はたらき」を得て生きるのである、宣長はそう考えていた。「古事記伝」の「訓法《ヨミザマ》の事」のなかには、本文中にある助字の種類が悉《ことごと》くあげられ、くわしく説かれているが、漢文風の文体《カキザマ》のうちに埋没した助字を、どう訓むかは、古言の世界に入る鍵であった。それにつけても、助辞を考えて得た、この「あやしき言霊のさだまり」が、文字を知らぬ上代の人々の口頭によって、口頭によってのみ、伝えられた事についての宣長の関心には、まことに深いものがあった。「歴朝詔詞解」から引こうか、――「そも〳〵これらのみは、漢文にはしるさで、然《し》ヵ語のまゝにしるしける故は、歌はさらにもいはず、祝詞も、神に申し、宣命も、百官天ノ下ノ公民に、宣聞《ノリキカ》しむる物にしあれば、神又人の聞て、心にしめて感《カマ》くべく、其詞に文《アヤ》をなして、美麗《ウルハシ》く作れるものにして、一もじも、読ミたがへては有ルべからざるが故に、尋常《ヨノツネ》の事のごとく、漢文ざまには書キがたければ也」――文字を知らぬ昔の人々が、唱え言葉や語り言葉のうちに、どのような情操を、長い時をかけ、細心にはぐくんで来たか。そういう事について、文字に馴《な》れ切って了《しま》った教養人達は、どうして、こうも鈍感に無関心なのであろうか。宣長は、この感情を隠してはいないのである。

二十九

「神代史の新しい研究」（大正二年）に始まった、津田左右吉《そうきち》氏*の「記紀」研究は、「記紀」の所伝に関して、今までにない、凡《およ》そ徹底した所謂《いわゆる》科学的批判が行われたという事で、名高いものである。「記紀」は、六世紀前後の大和朝廷が、皇室の日本統治を正当化しようが為の、基本的構想に従って、書かれたもので、勿論《もちろん》、日本民族の歴史というようなものではない。この結論に行きつく為になされた、「記紀」の歴史史料としての価値の吟味は、今日の古代史研究家達に、大きく影響し、言わば、その仕事の土台を提供したと言ってもよいのであろうか。

津田氏は、「宣長が古事記伝を書いてから、古事記の由来について、一種の僻見《へきけん》が行われている」という事を言っている。これが、氏の長い研究を通じて変らない意見であった事は、言うまでもないが、この一種の僻見とは、宣長のどういう考えに発しているかというと、「古事記」は、阿礼《あれ》の「誦習《ヨミナラヒ》」、つまり阿礼が、漢文で書かれた古書を、国語に誦《よ》み直して、書物を離れて、これを暗誦《あんしょう》したところに成り立ったとする考えだ。安万侶《やすまろ》の「古事記序」を、宣長は、そう読みたかったから、そう読んだに過ぎず、正しく読めば、そのような意味の事は、序には書かれていない、と津田氏は言うのである。その意見は、ほぼ次のようなものだ。

宣長は、阿礼を、大変な暗記力を持った人物と受け取っているようだが、「人と為《な》り聡明にして、目に度《ワタ》れば口に誦《ヨ》み、耳に払《フル》れば心に勒《シル》す」とは、極く普通に、博覧《はくらん》強記《きょうき》の学者と解すればいいわけで、特に暗誦に長じた人と取る理由はない。その気で読んでいるから、序に使われている「辞」という言葉も、耳に聞く言語という意味に読むので、成心なく読めば、帝紀と本辞旧辞という風に、対照して使われているのだから、当然、目に見る文字に写された物語という意味に読んでいい筈《はず》である。阿礼が手掛けた古記録の類の多くは、「古事記」の書きざまと大差のないものだったであろう。漢字で国語を写すという無理が、勝手な工夫で行われて来たのだろうから、古記録は、当時はもう極めて難解なものとなっていたに違いない。そこで、阿礼という聡明な学者がやった事は、仙覚《＊せんがく》が「万葉」を訓《よ》み、宣長自身が「古事記」を訓んだと同じ性質のものだと考えていいわけで、誦むは訓む、誦習は解読の意と解するのが正しい。阿礼の口誦《こうしょう》という事を信じた宣長は、上代には、書物以外にも、伝誦されていた物語があったように考えているらしいが、そのような形跡は、毫《ごう》も文献の上に認める事が出来ないし、便利な漢字を用いて、記録として、世に伝えられているのに、何を苦しんで、故《ことさ》らに、口うつしの伝誦などする必要があったろうか。要するに、このような宣長の誤解は、「古事記」に現れた国語表現というものを、重く考え過ぎたところから起ったとせざるを得ない、と津田氏は言う。

しかし、一方、「古事記伝」という宣長の学問の成績を、無視する事は出来ないわけで、これについては、実に感嘆の外《ほか》はないと言っているのである。すると、宣長の学問は、僻見から出発しなければ、あれほどの成績のあがらないものであったか。無論、揚げ足を取る積りなど少しもないので、こんな事を言い出すのも、やはり歴史というものは難かしいものだ、と思わせるものが、其処《そこ》に見えて来るからだ。問う人の問い方に応じて、平気で、いろいろに答えもするところに、歴史というものの本質的な難解性があるのであろうか。現代風の歴史学の方法で照明されると、宣長の古学は、僻見から出発している姿に見える、そういうところに、歴史の奥行とでも言うべきものが、おのずから現れて来るのが感じられて、面白く思うのである。

宣長が、「古事記」の研究を、「これぞ大御国の学問《モノマナビ》の本なりける」と書いているのを読んで、彼の激しい喜びが感じられないようでは、仕方がないであろう。彼にとって、「古事記」とは、吟味すべき単なる史料でもなかったし、何かに導き、何かを証する文献でもなかった。そっくりそのままが、古人の語りかけてくるのが直かに感じられる、その古人の「言語《モノイヒ》のさま」であった。耳を澄まし、しっかりと聞こうとする宣長の張りつめた期待に、「古事記序」の文が応じたのであった。従って、津田氏の指摘する「辞」という言葉にしても、文章と読者との間の、そのような尋常な人間関係のうちで、読まれていたのであり、これを離れて、「辞」という言葉の定義が求められていたのではない。阿礼が、勅《ちょく》を奉じて誦み習ったのは、「帝紀及び本辞」であったと「序」は言う。津田氏は、「書紀」の天武紀に、*川嶋皇子等に*詔《みことのり》して、「令レ記二定帝紀及上古諸事一」とあるのを引き、「本辞」とは「上古諸事」、即ち旧事の記録の意味と解するが、宣長となると、これが逆になり、「書紀」から同じ川嶋皇子の*修撰《しゅうせん》の条を引き、「古事記」の場合、「旧事といはずして、本辞旧辞と云へる」は、古語や口誦との関係を思っての事だと解する。更に、「帝紀及び本辞」という言い方が、「帝皇日継《ひつぎ》及び先代旧辞」となり、「旧辞の誤り」と先紀の謬《あやま》り」となり、遂に、「阿礼が誦む所の勅語の旧辞」だけになる、そういう文の文脈、語勢が、「辞」という言葉の意味を決定する、と宣長は見た。津田氏は、「辞」を「事」とする考えを動かさぬから、「勅語の旧辞」というような表現は許せないわけで、まるで意味をなさぬという事になろう。

津田氏の考えは、「辞」の字義の分析の上に立つ全く理詰めのものなのに対し、宣長の考えは、「序」を信ずる読者の鋭敏性から、決して離れようとしない。阿礼という人間にしても、安万侶の語り口を見れば、ただ有能な史《フビト》と受取るわけにはいかないというのだ。語部《かたりべ》という事は言われていないが、何かそういう含みのある人間と感じ取られている事は明らかで、それに順じて、「誦習《ヨミナラヒ》」という言葉も、大変微妙な含みで使われている事は、「古事記伝」を注意して読む者にははっきりした事だ。宣長にしてみれば、誦習とは解読の意味だ、と簡単に問題を片附けて了《しま》う事は、到底出来なかったのである。

古書は、普通、漢文の格《サマ》に書かれて来たとは、改めて言うまでもない解り切った事である、と誰も考えている。凡そ読み書きを覚えるという道は、漢文の書籍に習熟するより他に、開けていなかったという、わが国の上代の人達が経験していた、言語生活上の、どうにもならぬ条件に、深く思いを致す者がない。それが、宣長が切り開いた考えだ。そして、この考えに彼を導いたのは、「古事記」というただ一つの書であった。

「奈良の御代のころに至るまでも、物に書るかぎりは、此間《ココ》の語の随《ママ》なるは、をさ〳〵見えず、万葉などは、歌の集《フミ》なるすら、端辞《ハシノコトバ》など、みな漢文なるを見てもしるべし」と言う。この「書るかぎりは」とは散文の意であり、彼の言い方に従えば、「かならず詞を文《アヤ》なさずても有ルべきかぎりは、みな漢文にぞ書りける」となる。この宣長の考えは、大変はっきりしたもので、仮字《かな》によって、古語《フルコト》のままに書くという国語の表記法は、詞の文《アヤ》を重んずる韻文《いんぶん》に関してだけ発達したと見た。ここで「詞の文《アヤ》」と言うのは、無論、文字を知らなかった日本人が育て上げた、国語の音声上の文《アヤ》を言うので、これは漢訳が利《き》かない。固有名詞とは、この文《アヤ》の価値が極端になった場合と見て置いてよかろう。国語は先ず歌として生れたというのが、宣長の考えであったが、言うまでもなく、これは国語界の全く内輪の話であり、国語の漢字による表記という事になれば、まるで違った問題になる。

漢字を迎えた日本人が、漢字に備った強い表意性に、先ず動かされた事は考えられるが、表音性に関しては、極めて効率の悪い漢字を借りて、詞の文《アヤ》を写そうという考えが、先ず自然に浮んだとは思えない。これには、不便を忍んでも、何とかして写したい、という意識的な要求が熟して来なければならない事だし、当然、これは、詞の文《アヤ》を命とする韻文というものの性質についての、はっきりした自覚の成熟と見合うだろう。歌うだけでは不足で、歌の集《フミ》が編みたくなる、そういう時期が到来すると、仮字による歌の表記の工夫は、一応の整備を見るのだが、それでも同じ集《フミ》の中で、まるでこれに抗するような姿で、「かならず詞を文《アヤ》なさずても有ルべきかぎりは」漢文の格《サマ》に書かれている異様な有様は、古学者たるものが、しっかりと着目しなければならぬところだ、と宣長は言いたいのである。

「大御国にもと文字はなかりしかば、上ッ代の古事《フルコト》どもも何も、直《タダ》に人の口《クチ》に言ヒ伝へ、耳に聴《キキ》伝はり来ぬるを、やゝ後に、外国《トツクニ》より書籍《フミ》と云ッ物渡リ参来《マヰキ》て、其を此間《ココ》の言もて読ミならひ、その義理《ココロ》をもわきまへさとりてぞ、其ノ文字を用ひ、その書籍《フミ》の語《コトバ》を借《カリ》て、此間《ココ》の事をも書記《カキシル》すことにはなりぬる」。又しても、こんな引用を、「古事記伝」からしたくなるのも、誰もこの歴史事実を知識としては知っているが、「書《フ》籍《ミ》と云ッ物渡リ参来て」幾百年の間、何とかして漢字で日本語を表現しようとした上代日本人の努力、悪戦苦闘と言っていいような経験を想い描こうとはしない、想い描こうにも、そんな力を、私達現代人は、殆《ほとん》ど失って了っている事を思うからだ。これを想い描くという事が、宣長にとっては、「古事記伝」を書くというその事であった。彼は、上代人のこの言語経験が、上代文化の本質を成し、その最も豊かな鮮明な産物が「古事記」であると見ていた。その複雑な「文体《カキザマ》」を分析して、その「訓法《ヨミザマ》」を判定する仕事は、上代人の努力の内部に入込む道を行って、上代文化に直かに推参《すいさん》するという事に他ならない、そう考えられていた。

ところで、この努力の出発点は、右の引用にあるように、「書籍《フミ》と云ッ物」を、「此《コ》コ間の言もて読ミなら」う、というところにあった、即ち、訓読というものが、漢字による国語表現の基礎となった、と宣長は言う。わかり切った事と他人事のようには言うまい。漢字漢文を、訓読によって受止めて、遂にこれを自国語のうちに消化して了うという、鋭敏で、執拗《しつよう》な知慧《ちえ》は、恐らく漢語に関して、日本人だけが働かしたものであった。

例えば、上代朝鮮人も亦《また》、自国の文字も知らずに、格段の文化を背景に持つ漢語を受取ったが、その自国語への適用は、遂に成功せず、棒読みに音読される漢語によって、教養の中心部は制圧されて了った。*諺文《おんもん》の発明にしても、ずっと後の事であるし、日本の仮名のように、漢字から直接に生み出されたものではない。和訓の発明とは、はっきりと一字で一語を表わす漢字が、形として視覚に訴えて来る著しい性質を、素早く捕えて、これに同じ意味合を表す日本語を連結する事だった。これが為に漢字は、わが国に渡来して、文字としてのその本来の性格を変えて了った。漢字の形は保存しながら、実質的には、日本文字と化したのである。この事は先ず、語の実質を成している*体言と*用言の語幹との上に行われ、やがて語の文法的構造の表記を、漢字の表音性の利用で補う、そういう道を行く事になる。これは非常に長い時間を要する仕事であった。言うまでもなく、計画や理論でどうなる仕事ではなかった。時間だけが解決し得た難題を抱いて、日本人は実に長い道を歩いた、と言った方がよかろう。それというのも、仕事は、和訓の発明という、一種の放れ業《わざ》とでも言っていいものから始まっているからだ。

「古事記伝」から引いてみようか、「かの皇天とある字を、アメノカミと訓《よめ》るは、皇天にては、古意にかなはず、かならず天神とあるべき処《トコロ》なることを弁《わきま》へたるなれば、此ノ訓は宜《よろ》し、されど此ノ訓によりて、皇天即チ天神と心得むは、ひがことなり、凡《すべ》て書紀を看《ミ》むには、つねに此ノ差《ケヂメ》をよく思ふべき物ぞ、よくせずば漢意に奪はれぬべし」云々《うんぬん》。放れ業なら、その意味合をはっきり判じようとすれば、一向はっきりしなくもなるだろう。それは、この短文を一見しただけでも、解る筈である。何故かというと、妙な言い方になるが、では、天をアメと訓むのは宜しいが、此の訓によって、アメ即ち天と心得むは、ひがごとか、そういう事になるからだ。「アメ」という訓は、「天」という漢字の意味に対応する邦訳語だと、私達には苦もなく言えるとしても、「天」の他に文字というものを知らなかった上代人にしてみれば、訓とは、「天」という漢字の形によって、「アメ」という日本語を捕え直す、その働き、まことに不安定な働きを意味したろう。従って、「アメ」即ち「天《テン》」という簡単な事にはならない。「天」は「アメ」を現す文字として日本語のうちに組入れられても、形がそのまま保存されている以上、漢字としての表意性は消えはしないだろう。それなら、「アメ」と「天」は、むしろ一種の対抗関係にある。対抗しているからこそ、両者は微妙に釣合もする。そういう生きた釣合を保持して行くのが、訓読の働きだったと言えよう。

それにしても、話される言葉しか知らなかった世界を出て、書かれた言葉を扱う世界に這入《はい》る、そこに起った上代人の言語生活上の異変は、大変なものだったであろう。これは、考えて行けば、切りのない問題であろうが、ともかく、頭にだけは入れて置かないと、訓読の話が続けられない。言ってみるなら、実際に話し相手が居なければ、尋常な言語経験など考えてもみられなかった人が、話し相手なしに話す事を求められるとは、異変に違いないので、これに堪える為には、話し相手を仮想して、これと話し合っている積りになるより他に道はあるまい。読書に習熟するとは、耳を使わずに話を聞く事であり、文字を書くとは、声を出さずに語る事である。それなら、文字の扱いに慣れるのは、黙して自問自答が出来るという道を、開いて行く事だと言えよう。

言語がなかったら、誰も考える事も出来まいが、読み書きにより文字の扱いに通じるようにならなければ、考えの正確は期し得まい。動き易く、消え易い、個人々々の生活感情にあまり密着し過ぎた音声言語を、無声の文字で固定し、整理し、保管するという事が行われなければ、概念的思考の発達は望まれまい。ところが、日本人は、この所謂《いわゆる》文明への第一歩を踏み出すに当って、表音の為の仮名を、自分で生み出す事もなかったし、他国から受取った漢字という文字は、アルファベット文字ではなかった。図形と言語とが結合して生れた典型的な象形文字であった。この事が、問題をわかりにくいものにした。

漢語の言霊は、一つ一つの精緻《せいち》な字形のうちに宿り、蓄積された豊かな文化の意味を語っていた。日本人が、自国語のシンタックス*を捨てられぬままに、この漢字独特の性格に随順したところに、訓読という、これも亦独特な書物の読み方が生れた。書物が訓読されたとは、尋常な意味合では、音読も黙読もされなかったという意味だ。原文の持つ音声など、初めから問題ではなかったからだ。眼前の漢字漢文の形を、眼で追うことが、その邦訳語邦訳文を、其処に想い描く事になる、そういう読み方をしたのである。これは、外国語の自然な受入れ方とは言えまいし、勿論、まともな外国語の学習でもない。このような変則的な仕事を許したのが、漢字独特の性格だったにせよ、何の必要あって、日本人がこのような作業を、進んで行ったかを思うなら、それは、やはり彼我《ひが》の文明の水準の大きな違いを思わざるを得ない。

向うの優れた文物の輸入という、実際的な目的に従って、漢文も先ず受取られたに相違なく、それには、漢文によって何が伝達されたのか、その内容を理解して、応用の利く智識として吸収しなければならぬ。その為には、宣長が言ったように、「書籍《フミ》と云ヮ物」を、「此間《ココ》の言もて読ミなら」う事が捷径《しょうけい》*だった、というわけである。無論、捷径とはっきり知って選んだ道だったとは言えない。やはり何と言っても、漢字の持つ厳しい顔には、圧倒的なものがあり、何時《いつ》の間にか、これに屈従していたという事だったであろう。屈従するとは、圧倒的に豊富な語彙《ごい》が、そっくりそのままの形で、流れ込んで来るに任せるという事だったであろう。それなら、それぞれの語彙に見合う、凡その意味を定めて、早速理解のうちに整理しようと努力しなければ、どうなるものでもない。この、極めて意識的な、知的な作業が、漢文訓読による漢文学習というものであった。これが、わが国上代の教養人というものを仕立てあげ、その教養の質を決めた。そして又これが、日本の文明は、漢文明の模倣で始まった、と誰も口先きだけで言っている言葉の中身を成すものであった。

漢字漢文の模倣は、自信を持って、徹底的に行われた。言ってみれば、模倣は発明の母というまともな道が、実に、辛抱強く歩かれた。知識人達は、一般生活人達に親しい、自国の口頭言語の曖昧《あいまい》な力から、思い切りよく離脱して、視力と頭脳による漢字漢文の模倣という、自己に課した知的訓練とも言うべき道を、遅疑《ちぎ》なく、真っすぐに行った。そして遂に、模倣の上で自在を得て、漢文の文体《カキザマ》にも熟達し、正式な文章と言えば、漢文の事と、誰もが思うような事になる。其処までやってみて、知識人の反省的意識に、初めて自国語の姿が、はっきり映じて来るという事が起ったのであった。

知識人は、自国の口頭言語の伝統から、意識して一応離れてはみたのだが、伝統の方で、彼を離さなかったというわけである。日本語を書くのに、漢字を使ってみるという一種の実験が行われた、と簡単にも言えない。何故なら、文字と言えば、漢字の他に考えられなかった日本人にとっては、恐らくこれは、漢字によってわが身が実験されるという事でもあったからだ。従って、実験を重ね、漢字の扱いに熟練するというその事が、漢字は日本語を書く為に作られた文字ではない、という意識を磨《と》ぐ事でもあった。口誦のうちに生きていた古語が、漢字で捕えられて、漢文の格《サマ》に書かれると、変質して死んで了うという、苦しい意識が目覚める。どうしたらよいか。

この日本語に関する、日本人の最初の反省が「古事記」を書かせた。日本の歴史は、外国文明の模倣によって始まったのではない、模倣の意味を問い、その答えを見附けたところに始まった、「古事記」はそれを証している、言ってみれば、宣長は、そう見ていた。従って、序で語られている天武天皇の「古事記」撰録の理由、「帝紀及《ビ》本辞、既《ニ》違《ヒ》二正実《ニ》一、多《ク》加《フト》二虚偽《ヲ》一、当《テ》二今《ノ》之時《ニ》一、不《バ》レ改《メ》二其《ノ》失《ヲ》一、未《ダ》レ経《シテ》二幾《バクノ》年《ヲモ》一、其《ノ》旨欲《ムトス》レ滅《ビ》」にしても、天皇の意は「古語」の問題にあった。「古語」が失われれば、それと一緒に「古の実《マコト》のありさま」も失われるという問題にあった、宣長は、そう直ちに見て取った。彼の見解は正しいのである。ただ、正しいと言い切るのを、現代人はためらうだけであろう。「ふるごと」とは、「古事」でもあるし、「古言」でもある、という宣長の真っ正直な考えが、何となく子供じみて映るのも、事実を重んじ、言語を軽んずる現代風の通念から眺めるからである。だが、この通念が養われたのも、客観的な歴史事実というような、慎重に巧まれた現代語の力を信用すればこそだ、と気附いている人は極めて少い。

三十

既に触れたが、「古事記」撰録の理由は、その「序」に明記されているのだが、「古事記伝」に見られる宣長の解に従って、ここでもう一遍註釈風にまとめてみよう。天武天皇の修史の動機は、尋常な、実際問題に即したものであった。即ち、諸家に伝えられた書伝えの類《たぐ》いは、今日既に「正実ニ違フ」ものとなっているので、その「偽リヲ削リ、実ヲ定メテ」これを後世に遺さねばならぬというのであった。私家の立場を離れ、国家的見地に立って、新しく修史の事を始めねばならぬという考えは、「日本書紀」の場合と同じであったが、この書伝えの失《*シツ》が何によって起ったか、従って、これを改めるのには、どうしたらよいかという点で、「古事記」撰録の場合、更に特別な考え方が加わっていた。それは、「書紀」の編纂《へんさん》者の思ってもみなかった事で、書伝えの失は、上代のわが国の国民が強いられた、宿命的な言語経験に基いていた。宣長に言わせれば、「そのかみ世のならひとして、万《ヨロヅ》ノ事を漢文に書キ伝ふとては、其ノ度《タビ》ごとに、漢文章《カラコトバ》に牽《ヒカ》れて、本の語は漸《ヤウヤ》クに違ひもてゆく故に、如此《カク》ては後《ノチ》遂《ツヒ》に、古語はひたぶるに滅はてなむ物ぞと、かしこく所思看《オモホシメ》し哀《カナシ》みたまへるなり」という事であった。

これについて詔命《しょうめい》は、「今ノ時ニ当テ、其ノ失ヲ改メズバ、未ダ幾年《イクバクノトシ》ヲモ経ズシテ、其ノ旨《ムネ》滅ビムトス、斯《コ》レ乃《スナハ》チ邦家之経緯、王化之鴻基《コウキ》ナリ」と、大変強い言い方をしている。仕事は、今のうちなら未だ間に合う。言伝えの純粋な姿は、未だ世上に見られるからだ。「削偽定実」の拠《よ》りどころは、其処《そこ》にある。無論、仕事の目的は、単なる古語の保存ではない。「邦家之経緯、王化之鴻基」を明らかにするにあった。「殊《こと》に此ノ大御代は、世間《ヨノナカ》改まりつるころにしあれば、此ノ時に正《*タダ》しおかでは、とおもほしけるなるべし」としか宣長は書いていないが、「古事記」撰録に関する一層詳しい事情が、其後の史家の研究の進歩によって、はっきりして来たわけでもない。ともあれ、*壬申《じんしん》の乱を収束して、新国家の構想を打出さねばならなかった天武天皇には、修史の仕事は、意気込みから言えば、新憲法制定の如き緊急事であった事には、間違いあるまい。この事実を、「古事記」は、支配者大和朝廷が、己れの日本統治を正当化しようが為の構想に従って、書かれたもので、上代のわが民族の歴史ではない、と現代風に言い直してみたところで、何の事はない、天武天皇は、現代風な史家ではなかった、という以上の事が、言えた事にはならない。編纂が、政策に準じたものだったにせよ、修史である以上、当時の社会常識によって、歴史事実と承認されたところを踏えずに、事が運んだわけはないからである。

言うまでもなく、上代の社会組織の単位をなしていたものは、氏族であった。所謂《いわゆる》*大化改新は、改新であって、革命ではなかったのであって、唐風の政治技術を学び、皇室や豪族の個別的支配権を否定し、公地公民制に基く律令《りつりよう》国家の統治体制を整えたが、古くから続いて来た社会秩序の基礎構造に、変動があったわけではない。天皇を氏の上に戴《いただ》く皇室という大氏族の優越と、それぞれの氏の上を通して、これに従属する諸氏族との関係、氏姓制上の、古くからの尊卑の関係は動きはしなかった。この現実の生活秩序を支えているものは、政府官僚の頭脳に蓄えられた新知識などではなかった。世上の風俗習慣に溶け込んだ伝統的思想であった。

天武朝の新政策にしても、基本的には、動乱によって動揺した氏姓の権威の始末という実際問題の上に、立つものだったであろう。天皇は、この機会に、国家の統治者として、又これと離せなかった氏族宗教の司祭として、皇室の神聖な系譜とこれを廻《めぐ》る諸家の、その氏神にまで溯《さかのぼ》る出自《しゅつじ》の物語を、改めて制定し、その権威の確認を求めた。国民の側に、これを疑わしく思う理由が存しなかったのは、物語の経緯をなすものが、先ず大体、自分等に親しい古伝承の上に立つものだったからであろう。そういう次第ならば、宣長の直観が働いたところ、即ち書伝えより古い言伝えが、書伝えなど一向気にかけず、独り立ちして、恐らく、書伝えより一層豊富な広範な生命を保って、一般の人々の生活のうちに、生きていた事を認めざるを得ない、という事になる。

さて、漢字の渡来以来、日本人は、言伝えと書伝えとの間に、訓読という橋を架して往来せざるを得なかったのだが、この経験の、面倒な不自然な性質については、今まで段々と述べて来た通りである。訓読の生んだ、まともな成果というような事を言い出すなら、和漢混淆《こんこう》文と呼ばれているものになるだろうが、この国文のしっかりした文体が現れるのには、言ってみれば、「平家物語」*まで待たねばならない。勿論《もちろん》、「記紀」の時代には、そのような事は、思ってもみられぬ事で、訓読と言えば、それは既に書いたように、外国語の特殊な学習法であり、当時の知識人は、この、極めて知的な手段による新知識の獲得に、多忙であった。これにかまけていたから、訓読という橋を渡ってみて、はじめて、彼我の言語構造を隔てる断絶が、はっきりして来たという裏面の経験は、容易に意識に上らなかった。その代り、この不安が一たん意識されると、自国の言葉の伝統的な姿が鋭く目覚めたに違いなく、この意識が、天武天皇の修史の着想の中核をなすものであった。当時の知識人の先端を行くと言ってもい い、この尖鋭《せんえい》な国語意識が、世上に行われ、俗耳《ぞくじ》にも親しい、古くからの言伝えと出会い、これと共鳴するという事がなかったならば、「古事記」の撰録は行われはしなかった。そして、このような事件は、其の後、もう二度と起りはしなかったのである。

宣長が、天武天皇の「哀しみ」を言う時、天皇、阿礼《あれ》、安万侶《やすまろ》の三人の人物の、まことに幸運な廻り合いという、この事件の個性が、はっきりと感じとられていた、と見てよいであろう。宣長が見てとったところでは、歴史家としての天皇の「哀しみ」は、本質的に歌人の感受性から発していたが、又、これは尋常な一般生活人の歴史感覚の上に立ったものでもあった。「日本書紀」の伝えるところによれば、天武十年に国史編纂の計画があり、それが後の「日本書紀」の原撰と考えられている。従って、*欽定《きんてい》の国史を、国文によって記述しようというような企ては、当時としては、全く異での発想だったであろう。

天皇の「哀しみ」には、当時の政治の通念への苦しい反省はあったであろうが、感傷も懐古趣味もありはしなかったであろう。支那の正史の編纂方式を模倣して、漢文で立派な史書を物したところで、実際には誰がどんな風に読んでいたのか。これを読むものは、貴族にせよ、公民にせよ、極く限られた人々に過ぎず、それもただ、知的な訓読によって歴史の筋書を辿《たど》るに止まり、直接心を動かされる史書に接していたわけではない。そのような歴史を掲げ、これに潤色《じゅんしょく》されている国家権威の内容は薄弱であった。これは覆い切れるものではなかったろう。天皇の「削偽定実」という歴史認識は、国語による表現の問題に、逢着《ほうちゃく》せざるを得なかったのである。

阿礼にしてみれば、勅命は意外だったかも知れないが、天皇の決断の意味するところは、よく理解されたに違いない。現に国民の大多数の生活のうちに生きている歴史と言えば、口承による「日継《ひつぎ》」*とか「世継」*とか呼ばれるものの他にはない事を、阿礼は、最も切実に感じていた人と考えてよさそうだからだ。彼は喜んで勅命を奉じ、努力を惜しまなかったであろう。安万侶にしてもそうなのだ。口誦の「勅語の旧辞」を、国語に固有な表現性を損わず、そのまま漢字によって、文章に書き上げる、そういう破格な企図《きと》は、安万侶を驚かしたであろうが、企てが強引に打出されてみれば、この鋭敏な知識人の批評意識は強く動かされて、「謹《テ》随《ヒ》二詔旨《ニ》一、子細《ニ》採摭《リヒリフ》」という事になったに相違ない。彼が、直ちに、漢字による国語表記の、未だ誰も手がけなかった、大規模な実験に躍り込んだのも、漢字を使ってでも、日本の文章が書きたいという、言わば、火を附けられれば、直ぐにでも燃えあがるような、ひそかな想いを、内心抱いていたが為であろう。

「然《ルニ》上古之《ノ》時、言意並《ニ》朴《ニシテ》、敷《キ》レ文《ヲ》構《フルコト》レ句《ヲ》、於《テ》レ字《ニ》即難《チシ》」云々《うんぬん》とつづく彼の言葉にしても、ただ、国語表記の技術上の困難を言っているのではない。実験の強行に駆りたてられた、その複雑な文化意識の告白でもあったろう。ところが、この告白は、純粋な漢文で、書かれたのである。告白は、言意並に朴とは言えなかったからではない。当時の常識による正統な文章法に、彼は従ったまでであった。この事ほど、彼の仕事が、文字通り、一つの実験であった事を、明らかに語っているものはない、とも言えるのである。もう繰返す要もないと思うが、漢文の訓読が、知らず識らずのうちに、漢語のふりに移って、宣長の言う「漢文訓《カラブミヨミ》」となるのは自然の勢いであった。この流れのままに、流れていなくては、漢字が、国字に消化されて了《しま》うという事にはならなかった筈だ。古語に還らんとする安万侶の極めて意識的な方法は、この緩やかな、自然な過程に逆い、これを乱すものにならざるを得なかった。この、誰の手本にもなりようのない、国語散文に関する実験は、言ってみれば、傑作の持つ一種の孤立性の如きものを帯びたのであって、そういうところに、宣長の心は、一番惹《ひ》きつけられていたのを、「記伝」の「書紀の論《あげつら》ひ」を見ながら、私は、はっきりと感ずるのである。「古事記」の散文としての姿、宣長に言わすと、その地の文の「文体《カキザマ》」は、「仮字《カナ》書キの処」、「宣命書《セムミヤウガキ》の如くなるところ」、「漢文ながら、古語ノ格《サマ》ともはら同じき」処、「又漢文に引カれて、古語のさまにたがへる処」、そうかと思うと、「ひたぶるの漢文にして、さらに古語にかなはず」という個所も交って、乱脈を極めているが、それはどうあっても阿礼の口誦を、文に移したいという撰者の願いの、そっくりそのままの姿だ。

漢文で書かれた序文の方は、読者が、それぞれの力量に応じて、勝手に、これを訓読するのが普通だっただろうが、本文の方は、訓読を読者に要求していた。それも純粋な国語の訓法に従う、宣長の所謂「厳重《オゴソカ》」な訓読を求めていた。だが、勿論、安万侶には、訓読の基準を定め、後世の人にもわかるように、これを明示して置くというような事が出来たわけはなかった。従って、撰者の要求に応じようとすれば、仕事は、「古事記」に類する、同時代のあらゆる国語資料に当ってみて、先ず「古語のふり」

を知り、撰者の不備な表記を助け、補わなければならないという、妙な形のものになった。宣長は言う、「此記は、彼《か》ノ阿礼が口に誦習《ヨミナラ》へるを録《シル》したる物なる中に、いと上ッ代のまゝに伝はれりと聞ゆる語も多く、又当時《ソノトキ》の語《コトバ》つきとおぼしき処もおほければ、悉《コトゴト》く上ッ代の語には訓《よ》ミがたし、されば*なべての地を、阿礼が語と定めて、その代のこゝろばへをもて訓べきなり」（「古事記伝」訓法《ヨミザマ》の事）と。宣長に言わせれば、漢字による古言の語法の「移《ウツ》り」「頽《クツ》れ」という事が、絶えず行われていたからだ。「漢文にうつし伝へて後、初《ハジメ》の古言は絶《タエ》て、つたはらぬ」という事があり、それも、漢文の豊富な語彙《ごい》に圧迫されて、新たに訓《ヨミ》が造られて行ったからである。

そういう言葉の動揺に影響されながら、逆にこれを利用した、安万侶の表記の用字法や措辞《そじ》法に、足を取られぬ為には、一たん、「なべての地を、阿礼が語と定め」たら、この仮説をしっかり取って動かぬ態度が肝腎《かんじん》だ。そうでなければ、「古事記」の訓法の研究など出来はせぬ、そう宣長は言いたいのである。

「古事記伝」で説かれている訓法は、奈良時代の訓読として、今日の学問の上から言っても、正しいかどうかというような専門的な論は、無論、私の任ではないが、豊富な資料を駆使出来るようになった今日の研究者にも、宣長が、限られた資料から推論したところに、そう多くの誤りを発見する事は出来ないのではあるまいか。だが、宣長の学問の大事は、後世の修正を越えたところにあった。「古事記序」は、一体、漢文の訓読などというものは、今日でも不安定なものだ。当時、大体どういうような形式で、訓読されていたか、これを直かに証するような資料が現れぬ限り、誰にも正確には解らない。まして、どう訓読すれば、阿礼の語調に添うものとなるかというような、本文の呈出している課題となれば、其処には、研究の方法や資料の整備や充実だけでは、どうにもならないものがあろう。ここで私が言いたいのは、そういう仕事が、一種の冒険を必要としている事を、恐らく、宣長は非常によく知っていたという事である。この、言わば安万侶とは逆向きの冒険に、宣長は喜んで躍り込み、自分の直観と想像との力を、要求されるがままに、確信をもって行使したと言ってよい。

なるほど古言に関しては、その語彙、文法、音韻《おんいん》などが、古文献に照して、精細に調査され、それが、宣長の仕事の土台をなしたのだが、土台さえあれば、誰でも宣長のように、その上に立つ事が出来たとは言えない。宣長が、「古言のふり」とか「古言の調《シラベ》」とか呼んだところは、観察され、実証された資料を、凡《すべ》て寄せ集めてみたところで、その姿が現ずるというものではあるまい。「訓法《ヨミザマ》の事」は、「古事記伝」の土台であり、宣長の努力の集中したところだが、彼が、「古言のふり」を知ったという事には、古い言い方で、実証の終るところに、内証が熟したとでも言うのが適切なものがあったと見るべきで、これは勿論修正など利くものではない。「古言」は発見されたかも知れないが、「古言のふり」は、むしろ発明されたと言った方がよい。発明されて、宣長の心中に生きたであろうし、その際、彼が味《あじわ》ったのは、言わば、「古言」に証せられる、とでも言っていい喜びだったであろう。

このような考えに誘われるのは、宣長の紆余曲折《うよきよくせつ》する努力に、出来るだけ添うようにして、「古事記伝」を読む者には、極めて自然な事だと思われる。しかし、はっきりとこのような考えに重点を置いて、「古事記伝」が分析されている研究が殆《ほと》どないのは、いろいろ読んでみて、意外であった。この点で、私が教示を得たのは、笹月清*美氏の「古事記伝」の方法の分析(「本居宣長の研究」)である。古言の調《シラベ》は定義出来ないが、これが宣長の心中で鳴っている限り、疑いようなく明瞭なものであり、そのどんな小さな変調も、彼の耳を掠《かす》めて通るわけにはいかないように見える。この調べによって、訓法の一番難かしい、微妙な個所となると、いつも断案が下されている。先ず、文の「調」とか「勢」とか「さま」とか呼ばれる全体的なものの直知があり、そこから部分的なものへの働きが現れる。「調」は完全な形で感じられているのだから、「云々とのみ訓みては、何とかやことたらはぬこゝちすれば」という事になる。理由はっきり説明出来ぬし、説明する必要もない、「何とかやことたらはぬこゝち」がすれば充分なので、訓の断定は、遅疑なく行われる。例えば、「然《さ》訓ては、古語にうとければ、よしや撰者の意には非《あら》ずとも」という思い切った事にもなる。笹月氏の研究では、多数の例が証引されているが、その中から一つ引いて置く。

これは二十七之巻に出て来る*倭建命《やまとたけるのみこと》の物語からのものだ。*西征を終え、京に還って来た倭建命は、又、*上命により、休む暇もなく*東伐に立たねばならぬ。伊勢神宮に参り、*倭比売命《やまとひめのみこと》に会って、心中を打明ける話で、宣長が所懐《しょかい》を述べているこの有名な個所は、多くの研究者達に、屡々《しばしば》引用されている。これは、ただ宣長の訓の決め方を示すだけのものではない。一見するに越したことはない宣長の学問の方法の、具体的な「ふり」の適例として、挙げるのであるから、引用も丁寧にして置く。

倭建命は、倭比売命に向い、

「天皇既所㆔以思㆓吾死㆒乎、何撃㆔遣西方之悪人等㆓而、返参上来之間、未㆑経㆓幾時㆒、不㆑賜㆓軍衆㆒、今更平㆔遣東方十二道之悪人等㆒。因㆑此思惟、猶所㆑思㆔看吾既死㆒焉。患泣罷時、倭比売命、賜㆓草那芸剣㆒」云々。――

これを、宣長は次のように訓んだ。

「天皇《すめらみこと》既《はや》く吾《あ》れを死ねとや思ほすらむ、何《いか》なれか西の方《かた》の悪人等《まつろはぬひとども》を撃《と》りに遣《つか》はして、返り参上《まゐのぼ》り来《こ》し間《ほど》、幾時《いくだ》も経《あ》らねば、軍衆《いくさびと》どもをも賜《たま》はずて、今更に東《ひむがし》の方の十二道《とをまりふたみち》の悪人《まつろはぬひとども》等を平《ことむ》けには遣《つか》はすらむ、此れに因《よ》りて思惟《おも》へば、猶吾《なほあ》れはやく死ねと思《おも》ほし看《め》すなりけりとまをして、患《うれ》ひ泣きて罷《まか》ります時に、倭比売の命、草那《くさな》芸剣《ぎのたち》を賜ひ」云々。——

「既所以思吾死乎は、波夜久阿礼袁斯泥登夜淤母富須良牟《ハヤクアレヲシネトヤオモホスラム》と訓べし、(所以を、ユヱと訓ては語穏《オダヤカ》ならず、さてオモホスと云には、以ノ字あまりたれども、下に所思看《オモホシメス》とあると、相照して思ふに、此《ココ》も必ズ然《しか》あるべきところなり、) 以ノ字は、もと思の下に在て、*以《ヲ》レ吾《アレ》なりけるを、後に誤リて、上に書るなり、(袁《ヲ》と云べき処に、以《ヲ》ノ字を置る例、記中常に多かり、) さて既《ハヤ》クは、此《ココ》は、いかで早速《ト》くと願ふ意の波夜久《ハヤク》にて、(既ノ字の意には当らざれども、既往《スギニ》しことを波夜久《ハヤク》と云は、此ノ字に当れるから、通はして書るなり、語だに同じければ、字には拘《カカハ》らざるは、古《いにし》へのつねなり、) 死《シネ》と云に係《カカ》れり、下に吾既《アレハヤ》ク死《シネ》とあるにて心得べし、さて夜《ヤ》といひ、良牟《ラム》と云辞は、乎ノ字、其ノ意に当れり、(凡て夜《ヤ》とかゝりて、良牟《ラム》と結《トヂム》る辞は、俗言に加《カ》と云に当れり、此《ココ》は吾を早く死《シ》ねと思《オボ》シ食歟《メスカ》と云意なり、)」

「所思看は、淤母富志売須那理祁理《オモホシメスナリケリ》と訓べし、(看ノ字、諸本、者と作《ア》るは誤なり、今は真福寺本に依《よ》れり、) 玉垣ノ朝ノ段にも、所思看者《オモホシメサバ》、*続紀廿に、所思看《オモホシメス》、万葉十五に、淤毛保之売須奈《オモホシメスナ》、十八に、於毛保之売之弖《オモホシメシテ》などあり、さて下に、那理祁理《ナリケリ》と云ことを添フるは、思ヒ決《サダ》めていさゝか嘆《ナゲ》き賜へる辞なり、（上に、既《ハヤ》く吾を死ねとや所思《オモホ》すらむとあるは、先ヅ大方にうち思ひ賜へるさまを詔《をし》へる所なる故に、夜《ヤ》と云ヒ良牟《ラム》と云て、決《サダ》めぬ辞なり、さて事のさまに因リて、よく思ヒめぐらし見るに、左右《カニカク》に早く死ねと所思《オモホ》すに疑ひなしと、終《ツヒ》に思ひ決《サダ》め給へる趣の御言なり、よく〳〵文《コトバ》のさまを味ひてさとるべし。）」

「さばかり武勇《タケ》く坐皇子《マスミコ》の、如此《カク》申し給へる御心のほどを思ヒ度《ハカ》り奉《たてまつ》るに、いと〳〵悲哀《カナ》しとも悲哀《カナシ》き御語にざりける、然《しか》れども、大御父天皇の大命《オホ》に違《タガ》ひ賜ふ事なく、誤り賜ふ事なく、いさゝかも勇気《イサミ》の撓《タワ》み給ふこと無くして、成功竟《コトナシヲヘ》給へるは、又いと〳〵有難《アリガタ》く貴《タフト》からずや、（此ノ後しも、いさゝかも勇気《イサミ》は撓《タワ》み給はず、成功《コトナシ》をへて、大御父天皇の大命《オホミコト》を、違《タガ》へ給はぬばかりの勇《タケ》き正《タダ》しき御心ながらも、如此《カク》恨み奉るべき事をば、恨み、悲むべき事をば悲み泣《ナキ》賜ふ、是《これ》ぞ人の真心《マゴコロ》にはありける、此レ若《も》シ漢人《カラビト》ならば、かばかりの人は、心の裏《ウチ》には甚《イタ》く恨み悲みながらも、其《ソ》はつゝみ隠して、其ノ色を見せず、かゝる時も、たゞ例の言痛《コチタ》きこと武勇《タケ》きことをのみ云てぞあらまし、此レを以て戎人《カラビト》のうはべをかざり偽ると、皇国《みくに》の古ヘ人の真心《マゴコロ》なるとを、万《よろ》ヅの事にも思ひわたしてさとるべし。）」

ここに明らかなように、訓は、倭建命の心中を思い度るところから、定まって来る。「いと〳〵悲哀しとも悲哀き」と思っていると、「なりけり」と訓み添えねばならぬという内心の声が、聞えて来るらしい。そう訓むのが正しいという証拠が、外部に見附かったわけではない。もし証拠はと問われれば、他にも例があるが、宣長は、阿礼の語るところを、安万侶が聞き落したに違いない、と答えるであろう。これでは、証拠は要らぬという事になりはしないか。それとも、証拠など捜せば、却《かえ》って曖昧な事になる、とでも言いたいのだろうか。

すると、又ここで繰返したくなるのだが、先ず「なべての地を、阿礼が語と定めて」、仕事は始まったのである。言うまでもなく、これは、「阿礼が語」を「漢《カラ》のふりの厠《マジ》らぬ、清《キヨ》らかなる古語」と定めて、という意味だ。安万侶の表記が、今日となってはもう謎めいた符号に見えようとも、その背後には、そのままが古人の「心ばへ」であると言っていい古言の「ふり」がある、文句の附けようのなく明白な、生きた「言霊」の働きという実体が在る、それを確信する事によって、宣長の仕事は始まった。其処に到達出来るという確信、或《あるい》は到達しようとする意志、そういうものが基本となっていると見做《みな》さないと、宣長の学問の「ふり」というものは、考えにくいのである。そういうものが、厳密な研究のうちにも、言わば、自主独往の道をつけているという事があるのだ。

凡庸《ぼんよう》な歴史家達は、外から与えられた証言やら証拠やらの権威から、なかなか自由になれないものだ。証言証拠のただ受身な整理が、歴史研究の風を装っているのは、極く普通の事だ。そういう研究者達の心中の空白ほど、宣長の心から遠いものはない事を思えばよい。と言って、宣長は、心のうちに、何も余計なものを貯えているわけではないので、その心は、ひたすら観察し、批判しようとする働きで充《みた》されて、隅々まで透明なのである。ただ、何が知りたいのか、知る為にはどのように問えばよいのか、これを決定するのは自分自身であるというはっきりした自覚が、その研究を導くのだ。研究の方法を摑《つか》んで離さないのは、つまるところ、宣長の強い人柄なのである。彼は、証拠など要らぬと言っているのではない。与えられた証言の言うなりにはならぬ、と言っているまでなのだ。

「古事記伝」が完成した寛政十年、「九月十三夜鈴屋《すずのや》にて古事記伝かきをへたるよろこびの会しける兼題《けんだい》*、披書視古*、――古事《ふること》の　ふみをらよめば　いにしへの　てぶりこと丶ひ　聞見るごとし」（「石上稿《いそのかみこう》」詠稿十八）。これは、ただの喜びの歌ではない。「古事記伝」終業とは、彼には遂にこのような詠歌に到ったというその事であった。歌は、そのまま、彼が「古事のふみ」を披《ひら》いて、已れに課した問題の解答である事を示している。「古事記」という「古事のふみ」に記されている「古事」とは何か。宣長の古学の仕事は、その主題をはっきり決めて出発している。主題となる古事とは、過去に起った単なる出来事ではなく、古人によって生きられ、演じられた出来事だ。外部から見ればわかるようなものではなく、その内部に入り込んで知る必要のあるもの、内にある古人の意《ココロ》の外への現れとしての出来事、そういう出来事に限られるのである。この現れを、宣長は「ふり」と言う。古学する者にとって、古事の眼目は、眼には手ぶりとなって見え、耳には口ぶりとなって聞える、その「ふり」である。

ところで、宣長の歌だが、そういう古事のふりを、直かに見聞きする事は、出来ないが、「古への手ぶり言とひ聞見る如」き気持には、その気になれるものだ、とただそう言っているのではない。そういう気味合《きみあい》のものではないので、学問の上から言っても、正しい歴史認識というものは、そういう処にしかない、という確信が歌われているのである。かくかくの過去があったという証言が、現存しないような過去を、歴史家は扱うわけにはいかないが、証言が現存していれば、過去は現在に蘇《よみがえ》るというわけのものではあるまい。歴史認識の発条*は、証言のうちにはないからだ。古人が生きた経験を、現在の自分の心のうちに迎え入れて、これを生きてみるという事は、歴史家が自力でやらなければならない事だ。そして過去の姿が歪《ゆが》められず、そのまま自分の現在の関心のうちに蘇って来ると、これは、おのずから新しい意味を帯びる、そういう歴史伝統の構造を確める事が、宣長にとって「古へを明らめる」という事であった。史料の提供する証言にしても、証拠にしても、この認識を働かす為に使用される道具に過ぎず、「古事記伝」に見られるのは、それらが、宣長の言いなりに使われている有様である。

更に、これは先きに、別の言い方で言ったところだが、こういう事も考えていいだろう。過去の経験を、回想によってわが物とする、歴史家の精神の反省的な働きにとって、過去の経験は、遠い昔のものでも、最近のものでも、又他人のものでも、己れ自身のものでもいいわけだろう。それなら、総じて生きられた過去を知るとは、現在の己れの生き方を知る事に他なるまい。それは、人間経験の多様性を、どこまで己れの内部に再生して、これを味う事が出来るか、その一つ一つについて、自分の能力を試してみるという事だろう。こうして、確実に自己に関する知識を積み重ねて行くやり方は、自己から離脱する事を許さないが、又、其処には、自己主張の自負も育ちようがあるまい。

歴史を知るとは、己れを知る事だという、このような道が行けない歴史家には、言わば、年表という歴史を限る枠しか摑めない。年表的枠組は、事物の動きを象《かたど》り、その慣性に従って存続するが、人の意《ココロ》で充された中身の方は、その生死を、後世の人の意《ココロ》に託している。倭建命の「言問ひ」は、宣長の意《ココロ》に迎えられて、「如此《カク》申し給へる御心のほどを思ヒ度《ハカ》り奉るに、いと〳〵悲哀《カナ》しとも悲哀《カナシ》き御語にざりける」という、しっかりした応答を得るまでは、息を吹き返したことなど、一ぺんもなかったのである。歴史を限る枠は動かせないが、枠の中での人間の行動は自由でなければ、歴史はその中心点を失うであろう。倭建命の「ふり」をこの点に据え、今日も働いているその魅力を想いめぐらす、そういう、誰にも出来る全く素朴な経験を、学問の上で、どれほど拡大し或は深化する事が出来るか、宣長の仕事は、その驚くべき例を示す。それは、「古事記」で始められた古人の「手ぶり言とひ」が、「古事記伝」という宣長の心眼の世界のうちで、成長し、明瞭化し、完結するという姿をとる。

（下巻につづく）

注　解

本居宣長

ページ

九　*本居宣長　江戸中期の国学者。享保一五～享和一年（一七三〇～一八〇一）。

*古事記伝　「古事記」の注釈書。四四巻。

*折口信夫　国文学者、歌人。明治二〇～昭和二八年（一八八七～一九五三）。著作に「古代研究」など。

*橘守部　江戸後期の国学者。天明一～嘉永二年（一七八一～一八四九）。宣長らの先学を批判しつつ自説を展開した。著作に「難古事記伝」など。

一〇　*源氏　「源氏物語」のこと。ここでは宣長の「源氏物語」に関する研究業績をさしている。

*雑誌　『新潮』。連載は昭和四〇年（一九六五）六月に始まった。

*松坂　三重県松阪市。江戸時代は「松坂」と書かれた。

*蒲生氏郷　安土桃山時代の武将。天正一二年（一五八四）、松坂城主となった。

*鈴屋遺蹟　「鈴屋」は宣長の書斎の名。

*春庭、春村宛　「春庭」は宣長の長男、宝暦一三～文政一一年(一七六三～一八二八)、国学者、四二八頁参照。「春村」は次男、明和四～天保七年(一七六七～一八三六)、薬種商小西家の養子となっていた。

一一 *他所他国之人…　他国からの訪問者が、私たちの墓を尋ねたら、妙楽寺を教えなさい、の意。

*二里　約八キロメートル。

*山室　現在の松阪市山室町。

*無住　寺院に住職がいないこと、またその寺。

*数町　「町」は尺貫法による長さの単位。一町は六〇間、一〇九メートル強。

*伊勢海　伊勢湾に同じ。

*三河尾張　「三河」は現在の愛知県東部と中部、「尾張」は愛知県西部。

*四尺計　「尺」は尺貫法における長さの単位。一尺は約三〇・三センチメートル。

*無用に候　必要ない、の意。

一二 *惣地取リ　「惣」は「総」に同じ。「地取リ」は、地面を区画すること。

*延石　墓や寺、神社などの建造物の土台となる部分をいう。

*麁末　「粗末」に同じ。

*麁相　「粗相」に同じ。「粗末」と同意。

*玉かつま　宣長の随筆集。

一五　*我等　自分と妻の勝。
*九ッ時　現在の午前零時ごろ。
*晦日　月の末日。元来は「月の三〇番目の日」の意。
*者　漢文で、主格の提示に用いられた助字。
*朔日　毎月の第一日のこと。
*法樹院　本居家の菩提寺、樹敬寺山内にあった小院の一つ。ここはその小院の住職の意。
*沐浴　ここでは、遺体を納棺する前に、湯で洗い清めること。
*同断　同前。
*帷子　夏に着る、絹、麻、木綿などで仕立てた単衣。
*十徳　男用の外出着。丈は短く、羽織に似る。江戸時代には医者や儒者の礼服だった。
*腰ノ物　腰に差す大小の刀。
*惣体　全般的にいって。
*稿　稲の茎。わら。
*六分板　「分」は長さの単位で約三ミリメートル。ここは、厚さが約二センチの板のこと。
*ちゃん　瀝青。木材に用いる防腐用塗料。松脂に油を加えて作る。濃褐色。
一六　*挟箱　外出する際、所持品や着替えなどを入れ、蓋に棒を通して従者にかつがせた箱。
*空送　空荼毘。遺骸の埋葬を終えてから、葬礼を行うこと。

＊岩崎栄令　儒学者堀景山門下の同学。
＊不佞　才能、才気がない意。
一七　＊方丈　寺院建築で、住職の居所。転じて住職をもさす。
＊法号　死後に俗名を改めて授けられる名前。戒名。
＊村岡典嗣　歴史学者。明治一七〜昭和二一年（一八八四〜一九四六）。著作に「本居宣長」「日本思想史研究」など。
＊岩波版「本居宣長全集」　昭和一七年（一九四二）から一九年にかけて刊行。村岡典嗣編。六巻で中絶した。
一八　＊申披六ヶ敷　申し開きをするのが難しい。
＊祥月　祥月命日のこと。故人の死去の当月当日。
＊像掛物　自画像を掛軸にしたもの。
＊笏　束帯を着用したとき、右手に持つ薄い板。現在でも神主などが用いる。
＊後諡　死後に贈られる称号。生前の行跡によって付ける。おくりな。
一九　＊寛政二年　西暦一七九〇年。宣長六一歳（数え歳）。
＊賛　画に題する言葉。あるいは画に添えて書かれた詩歌や文。
＊四十四歳の自画像　安永二年（一七七三）のもの。四四歳は数え歳。
＊こまもろこし　「こま」（高麗）は朝鮮、「もろこし」（唐土）は中国の、日本風の古来の呼び名。

二〇 ＊吉野山 現在の奈良県吉野町にある山地。桜の名所として知られる。
＊こよなく この上なく。
＊同じくは 同じことなら。
＊見ばや 見たい。
＊とさまかくさまに あれやこれやと。
＊あまたに たくさんに。
＊たらひぬれば 足りてしまったので。
＊とぢめてむ 閉じてしまおう、終りにしよう。
＊さう〴〵しさの 心さびしさの。
二一 ＊みそ一もじ 三十一文字。五・七・五・七・七の形の和歌。
＊すゞろに なんとなく、漫然と。
＊あした 朝。
＊ほけ〴〵しき もうろくした。
＊なほ〳〵しき 平凡な、何のこともない。
＊さらに まったく。
＊かいやりすてむ 破り捨ててしまう。
＊はた それでもやはり。
＊さすがにて そうもいかないので。

*そゞろき　落ち着かず。
*ゆめ　けっして。
*な思ひかけそ　思うな。「な…そ」で禁止を表す。
*いねがての　寝られない時の。
二二 *両墓制　一人の死者について、遺体を葬る埋め墓と、霊を祀る詣り墓の二つを持つ墓制。
二三 *大平　本居大平。江戸後期の国学者。宝暦六～天保四年（一七五六～一八三三）。鈴屋門下生古参の稲懸（稲掛）棟隆の子。寛政一一年（一七九九）宣長の夫婦養子となった。
*故翁　「翁」は老人を敬って呼ぶ語。宣長のこと。
*社中　詩歌・邦楽などの同門を指していう。ここでは、宣長の門下生たちのこと。
*一両輩　一人か二人の者。
*うつそみ　「うつせみ」に同じ。この世。現世。
*無き跡の事　自分が死んだ後の事。
*さかしら事　利口ぶったふるまい。
*明五ツ時　現在の午前八時ごろ。
二四 *二首の歌　「鈴屋集」〈八之巻〉に見える。
*花をこそ見め　桜の花を見よう。
*川口常文　神職、国学者。天保一三～明治二五年（一八四二～一八九二）。明治八年、松阪に山室山神社を創祀し、宣長を祀った。

＊なべて　すべて。

＊夜見　黄泉。古代日本神話で、人の死後、その魂が行くとされた国。地下にあり、暗黒の世界。

＊非説　誤った説。

＊炳焉　明らかなさま。

＊平田翁　平田篤胤。江戸後期の国学者。安永五〜天保一四年（一七七六〜一八四三）。著作に「古史徴」など。

＊霊能真柱　平田篤胤の論文。天・地・泉の三界の形成を述べ、死後の霊魂の行方を論じる。二巻。文化一〇年（一八一三）に刊行された。

二五　＊鈴門　鈴屋の門下、すなわち宣長の学統をつぐ者。

＊うしとても　つらいとしても。

二六　＊本居宣長　明治四四年（一九一一）、警醒社から刊行され、さらに昭和三年（一九二八）、増訂版が岩波書店から刊行された。

二七　＊葦別小舟　宝暦九年（一七五九）頃の著述。歌論書。

＊障り多み　障害が多いので。「万葉集」巻第一一に「湊《みなと》入りの葦別け小舟障り多み我が思ふ君に逢はぬころかも」（港に入ろうと葦をおしわけ進む小舟、あの小舟のように邪魔が多くて、思いを寄せるあの方に逢えずにいるこの頃だ）とある。

＊天稟　生れつき備わっているすぐれた才能。天賦。

二八
*大御神の宮　伊勢神宮のこと。現在の三重県伊勢市にある。伊勢神宮に参拝する「伊勢参り」は中世以来盛んで、近世には年間平均三〇〜四〇万人の参詣者があった。
*たなつ物「田から取れるもの」の意で元来は米を指したが、後世は五穀を総称していう。
*手代　江戸時代の商家で番頭と丁稚《でっち》の中間の身分。
*さしもあらで　そのようには見えないで。
*山田　宇治山田。現在の三重県伊勢市。
*西鶴　井原西鶴。江戸中期の浮世草子の作者、俳人。寛永一九〜元禄六年（一六四二〜一六九三）。
*永代蔵「日本永代蔵」。井原西鶴作の浮世草子。貞享五年（一六八八）刊。

二九
*桓武天皇　第五〇代天皇。延暦一三年（七九四）、平安京を開いた。
*型の如き系図　武家の系図とされるものの多くは、平氏の祖である桓武天皇などから書き起こされるのが通例になっていた。
*地侍　土着の武士。郷士。
*数ならざりしかども　身分は低かったが。
*むげに　むやみに。
*近江　現在の滋賀県。
*織田信雄　安土桃山時代の武将。織田信長の次男。

＊小田原の陣　天正一八年（一五九〇）、豊臣秀吉が小田原城を包囲し、後北条氏を破った戦い。
＊陸奥　現在の青森・岩手・宮城・福島県全域と秋田県の一部。
＊会津　福島県の会津盆地を中心とする地域。
＊南部出陣　「南部」は現在の青森県東部、岩手県北部。天正一九年（一五九一）、蒲生氏郷は奥州各地の平定に乗り出した。

三一　＊四百両　「両」は近世の通貨単位。現在の貨幣価値にして七〇〇〇万円ほど。
＊うしろめたし　不安だ、気がかりだ。
＊くすし　薬師。医師のこと。

三二　＊景山先生　堀景山。江戸中期の儒医。元禄一～宝暦七年（一六八八～一七五七）。
＊儒のまなび　儒学のこと。孔子に始まる中国古来の政治・道徳の学問。
＊武川幸順　京都の医師。享保一〇～安永九年（一七二五～一七八〇）。代々の小児科医。明和年中に英仁親王（後の後桃園天皇）の御典医となった。
＊産　生業。
＊ほい　本意、本来の意思。
＊心ともてそこなはんは　「心と」は自分の考えで。自分の気持ちを優先して（家系の流れを）損なってしまうことは、の意。
＊伊藤仁斎　江戸前期の儒学者。寛永四～宝永二年（一六二七～一七〇五）。著作に「論

語古義」など。
三三　＊售レザルヲ以テ　「售」は「売」に同じ。商売にならないので。
＊理屈シ　道理は押えられ。
＊佯リ　うわべを偽って。
＊苦楚　苦痛。
＊訊ニ就ク　訊問される。
＊箠楚　むちで打ち叩く刑罰。ここは、そのむちのこと。
＊吏卒　小役人。
三四　＊長袖　常に長袖を着ていたところから公卿、僧侶、神主、医師などをさして用いられ、
「ちょうしゅう」とも読まれた。
＊方外　世俗を超えた世界に属する者、の意で、「長袖」と同様に用いられた。
三五　＊町屋　街中。
＊あやめ　識別できる形や色。
＊初瀬　現在の奈良県桜井市初瀬。
＊阿保　現在の三重県中西部、伊賀市内の、初瀬街道沿いの旧宿場町。
＊京師　京都のこと。
＊薙髪　剃髪。江戸時代は医師も頭髪を剃っていた。
三六　＊佐保川　奈良の春日山東方に発する川。千鳥、蛍の名所として古歌に詠まれた歌枕。

＊長谷寺　現在の奈良県桜井市初瀬にある真言宗の寺。
＊佐佐木信綱　歌人、国文学者。明治五～昭和三八年（一八七二～一九六三）。「万葉集」や歌学の研究に尽力した。
＊魚町　現在の松阪市魚町。宣長の居宅があった。
＊五十銅　銅貨の寛永通宝五〇文のこと。江戸後期では、並製の下駄がほぼこの価格。現在では千数百円程度か。
＊四五百の森　現在の松阪市殿町、本居宣長記念館周辺の森。宣長の居宅からは約五〇〇メートル。中世以来、和歌にも詠まれた。

三七
＊方　処方、薬の調合法。
＊精麁　「精」は細やか、「麁」は粗略。
＊左而已　それほど。
＊煉薬　ねりぐすり。
＊曾而　全然、まったく。
＊麁忽　粗忽。そそっかしいこと、軽率。
＊手前ニ　私のところで。
＊地黄　中国原産の多年草。根が補血強壮剤に使われる。
＊代物　代金。
＊村上円方　江戸中期の国学者。明和六～文政六年（一七六九～一八二三）。

＊なおこたりそね　怠らないようにな。「な…そ」で禁止を表し、「ね」で願望の意を添える。
＊みやびを　雅男。風雅の士。

三八
＊本居清造　国文学者。明治六〜昭和三八年（一八七三〜一九六三）。宣長から四代後の子孫。大正一一年（一九二二）、一二年に「本居宣長稿本全集」（二巻）を刊行した。
＊享和元年　西暦一八〇一年。
＊兆晴　雨が上がり、晴間がのぞいたくらいの天候。
＊安永十年　西暦一七八一年。
＊いときなかりしころ　幼かったころ。
＊あき人　商人。
＊物まなび　学問をすること。

三九
＊いさをたちぬと　「いさを」は勲功、手柄。手柄を立てることができたと、の意。
＊紀州藩　紀伊（現在の和歌山県）と伊勢（三重県）を領有した藩。徳川御三家の一つ。当時は徳川治宝《はるとみ》（明和八〜嘉永五年）が藩主。
＊天明の凶災　天明の飢饉。天明二年（一七八二）、西日本に始まり、浅間山の噴火もあって同七年まで、関東、東北、信州に及んだ。
＊前藩主　徳川治貞。享保一三〜寛政一年（一七二八〜一七八九）。
＊五人扶持　「扶持」は臣下に俸禄として給された米（扶持米）。一日玄米五合で算出され

る年俸を「一人扶持」として禄高を計った。
*加賀藩　加賀（現在の石川県南部）、能登（石川県北部）、越中（富山県）を領有し、代々、学問を奨励した。当時は前田治脩《はるなが》（延享二〜文化七年）が藩主。
*乍去「さりながら」と訓む。しかしながら。
四〇 *品に寄り　場合によっては。
*左候へば「されば」の丁寧語表現。
*沙汰止み　中止になること。
*禄も乍内々…　寛政四年（一七九二）一一月二九日付書簡から。
*二三百石「石」は体積の単位で約一八〇リットル。主に、米穀の量に用い、大名や武士の知行高を表した。
*未憭成義に而は…　まだ確実なことではないが、の意。
*圭角　事を荒立てるような性質、側面。
四二 *西山公　水戸藩二代藩主、徳川光圀。寛永五〜元禄一三年（一六二八〜一七〇〇）。「西山」は隠棲した西山荘にちなむ号。
*屈景山　堀景山。江戸中期の儒医。四〇三頁「景山先生」参照。
*契沖　江戸前期の国学者。四〇九頁参照。
*真淵　賀茂真淵。四一四頁「県居ノ大人」参照。
*定家　藤原定家。鎌倉初期の歌人。四三二頁参照。

＊頓阿　南北朝期の歌僧。四五八頁参照。
＊孔子　中国春秋時代の思想家。前五五一〜前四七九年。
＊ソライ　荻生徂徠。江戸中期の儒学者。次頁参照。
＊タサイ　太宰春台。江戸中期の儒学者。延宝八〜延享四年（一六八〇〜一七四七）。徂徠門下。
＊東カイ　伊藤東涯。江戸中期の儒学者。寛文一〇〜元文一年（一六七〇〜一七三六）。伊藤仁斎の長男。
＊垂加　山崎闇斎。江戸前期の朱子学者、神道家。元和四〜天和二年（一六一八〜一六八二）。「垂加」は別号。
＊母刀自　母の尊敬語。「刀自」は年輩の女性に対して敬意を添える語。
＊わざと　意識的に、本格的に。
＊からのやまとの　「から」（唐）は中国の古称。「やまと」（大和）は日本国の異称。
＊うるにまかせて　「うる」は「得る」。
＊それはた　それもまた。
＊集ども　「集」はここでは歌集のこと。
四四　＊父におくれしにあはせて　父が死んだ時に、の意。宣長の父定利は元文五年（一七四〇）に死去した。
＊百人一首の改観抄　「百人一首」の注釈書「百人一首改観抄」。

＊契沖　江戸前期の国学者、真言僧。寛永一七〜元禄一四年（一六四〇〜一七〇一）。
＊余材抄　「古今余材抄」。「古今和歌集」の注釈書。
＊勢語臆断　「伊勢物語」の注釈書。
四五　＊そのかみ　その時、当時。
＊おのがたてゝよむふりは　自分が主として詠む歌風は。
＊藤原惺窩　江戸前期の儒学者。永禄四〜元和五年（一五六一〜一六一九）。著作に「惺窩文集」など。
＊堀杏庵　江戸前期の儒学者。天正一三〜寛永一九年（一五八五〜一六四二）。著作に「杏陰集」など。景山は杏庵の曾孫にあたる。
＊芸州侯　「芸州」は安芸の国（現在の広島県西部）の別称。江戸時代の代々の藩主は浅野氏。
＊朱子学　中国宋代に朱熹（朱子、一一三〇〜一二〇〇）が大成させた儒学の一体系。理と気の二元的世界把握、規範や名分の重視などを特徴とする。
四六　＊徂徠　荻生徂徠。江戸中期の儒学者。寛文六〜享保一三年（一六六六〜一七二八）。著書に「弁道」「弁名」など。
＊国典　日本古来の書物。
＊今井似閑　江戸中期の国学者。明暦三〜享保八年（一六五七〜一七二三）。著作に「万葉緯」など。

*樋口宗武　江戸中期の国学者。延宝二〜宝暦四年（一六七四〜一七五四）。

*不尽言　堀景山が広島藩重役岡本貞喬の質問に対する答問書の形式で、治世者の心構えを論じた文。

*古典の意を得るには…　以下に言及の趣旨は、「不尽言」巻末近くの一節に出る。

*伝授　主として「古今集」の歌の解釈や作者に関する知識などを師から弟子に授け伝えることをいう。平安末期の藤原基俊から同俊成への伝授に始まるといわれ、時代が下るとともに神秘化、党派化、形骸化が進んだ。

四七 *官僚儒学　江戸幕府初代将軍徳川家康に重用された儒学者林羅山（四二一頁参照）が、朱子学の窮理的な立場を徹底させて確立した儒学。やがてこの学派は幕府公認の「官学」となった。

*堂上歌学　公家歌人の系統、堂上派による保守的な歌学。「堂上」は、清涼殿に昇ることを許された家柄の意。

四八 *境界につれて　境遇に従って、環境に応じて。

四九 *不佞　ここは自分の謙称。小生。

*儒墨老荘諸子百家　孔子を始祖とする儒家、墨子を開祖とする墨家、老子、荘子をその代表とする道家はじめ中国の春秋・戦国時代に競い起った諸々の思想家（「子」）やその学派（「家」）。

*足下　あなた。同等の相手を敬っていう。

五〇　*道学先生　道徳にこだわるあまり、かえって世間の事理に暗く、人情に乏しい学者を軽んじての称。

*経儒先生　経典の研究に熱中するあまり、その実践がともなわない儒学者を軽んじての称。

*迂ナルカナ　何と遠回りであることか。

五一　*六経論語　儒学の根幹となる六種の経書、「易経」「書経」「詩経」「春秋」「礼記」「楽経」と、孔子と弟子たちの言行を記した「論語」。

*先王　中国古代の理想的君主たち。

*礼楽刑政　社会秩序を保つものとしての礼儀・音楽・刑罰・政治。

*思孟の徒　「思孟」は孔子の孫で「中庸」の著者である子思と、子思の門人に学んだとされる孟子。「徒」はその追随者たち。

*程朱諸公　「程朱」は中国宋代の儒学者、程顥《ていこう》・程頤《ていい》と朱熹《しゅき》。朱子学の祖。「諸公」はその信奉者たち。

*自ラ任ジ　自分の任務とし、自分を適任者だと思い。

*秋毫モ　少しも。

*伊仁斎　伊藤仁斎。四〇三頁参照。

*物徂徠　荻生徂徠。四〇九頁参照。「物」は本姓の「物部」から。

*屠竜之技　実際には存在しない竜を打ち殺す方法の意で、いくら学んでも実益のない技

術のたとえ。

*君師 徳によって民を治める、あるいは導く人。

五二 *逢衣の徒 儒学者のこと。「逢衣」は袂《たもと》が大きく、ゆったりした衣服。

*謂ヘラク 思っているのには。

*儕 同輩、仲間。

*曾皙 孔子の弟子、曾蒧《てん》（曾点）。「皙」は字《あざな》。

*先進第十一 「論語」全二〇篇中、一一番目の篇。

五三 *冠者 ここは若者の意。

*詠ジテ 詩歌を吟誦して、詩歌を作って。

*喟然 ためいきをつくさま。

*しこのしこ人 頑迷・醜悪きわまりない人、の意。「しこ」は憎みののしる時に用いる語。

*よき人さびす まっすぐな人の心を荒んだものにする、の意。

五四 *朱註 朱熹の注釈、の意。ここは朱熹の著書「四書集注《しっちゅう》」中の「論語」についての注釈。「四書集注」は科挙の標準典拠とされ、中国はもとより、朝鮮や日本でも絶大な権威を誇った。

*孔丘 孔子の本名。

*孰レカ 「誰レカ」と同意。

＊醯　酢のこと。

五五　＊刻酷　残忍、むごいの意。「刻」も「酷」もともに「むごい」を意味する。

＊論語徴　荻生徂徠の著した「論語」の注釈書。元文二年（一七三七）刊。一〇巻一〇冊。

＊陋ナル哉　なんと狭量なことだ。「陋」はせまい。心や知識が狭いこと。

五六　＊物のあはれ　本文一三六頁〜参照。

＊天理人欲　天然自然の道理と、人間の欲望。「礼記」に見える言葉。朱子学では、人欲を無くし天理に専一であれと説く。

＊思弁の精　抽象的理論の精密さ。

五七　＊弦歌優游　「弦歌」は琵琶や琴を弾きながら歌うこと。「優游」はゆったりと心のままに楽しむこと。

五八　＊儒家者流中ノ　儒学者連中の間での。「者流」は、やから、てあい、の意。

＊難波　大阪の古称。

五九　＊オドロカシタルユヘニ　目を覚まさせたので。

＊似閑書入本　契沖の弟子の今井似閑（四〇九頁参照）が、余白や行間に注釈や関連資料などを書き込んだ「万葉集」。

＊代匠記　「万葉代匠記」。契沖の「万葉集」注釈書。

＊久松潜一　国文学者。明治二七〜昭和五一年（一八九四〜一九七六）。著作に「日本文学評論史」など。

*「契沖全集」旧版　大正一五〜昭和二年、朝日新聞社が刊行、全一一巻。新版は昭和四八〜五一年、岩波書店が刊行、全一六巻。
*校讎本　校正本、校合本。
*初稿本　貞享五年（一六八八）成立。二〇巻二五（または二四）冊。
*水戸義公　徳川光圀。四〇七頁「西山公」参照。「万葉代匠記」は光圀の依嘱によって執筆された。本文七六〜七七頁参照。
*校合本「校合」は写本や刊本を他の本と照合し、記載事項の異同を記録したり訂正したりすることをいう。
*精撰本　元禄三年（一六九〇）成立。二〇巻四九冊。
六〇 *アラレヌ　とんでもない。
六一 *紫文要領　宣長の「源氏物語」論。宝暦一三年（一七六三）成立。二巻。「紫文」は紫式部の書いた文章の意で、「源氏物語」のこと。
*やすらかに　すなおに、穏当に。
*げにもと　なるほどと。
六二 *県居ノ大人　賀茂真淵をさす。江戸中期の国学者、歌人。元禄一〇〜明和六年（一六九七〜一七六九）。著作に「万葉考」など。「県居」は号。「大人」は師匠や学者の尊称。
*鈴屋ノ大人　本居宣長をさす。「鈴屋」は宣長の書斎の名。
六三 *吹毛乃難　毛を吹いて疵《きず》を求む、の意。むりに人の難点を見つけようとすること。

*玉だすき　平田篤胤の神道書。文化八年（一八一一）成立。
*石上稿　寛延一年（一七四八）から死の年の享和一年（一八〇一）まで書き継がれた宣長の種々の歌稿（全一九巻）を集成したもの。
*漫吟集　契沖の自撰歌集。三種の刊本があり、その最も大部なもので、六〇三四首を収める。
*僕ノ和歌ヲ…　宝暦年間に友人清水吉太郎に宛てた書簡（草稿）から。
六四　*よまでは　歌を詠まなくては、の意。
六六　*是非ナキ事ナリ　どうしようもない。
六七　*悟性　ここでは、人間の論理的思考力、合理的知性のこと。
*うひ山ぶみ　寛政一一年（一七九九）刊。一巻。「初山踏《ういやまぶみ》」。初登山の意で「初学《ういまな》び」に通じ、学問の初歩のこと。
*いかならむ　果してどうであろうか、の意。
*さして教へんは　こうとはっきり教えることは、の意。
六八　*倭文　「和文」に同じ。和語と仮名を用いて書かれる文。
*むかへ　「玉勝間」〈巻の八・かむがへといふ詞〉で、「むかへは、かれとこれとを、比《アヒ》校《ムカ》へて思ひめぐらす意」と述べている。
六九　*訓詁註解　「訓詁」は古文の字句の意義を研究すること。「註解」は本文の意義に説明を加えること。

七〇　＊上田秋成　江戸中期の読本作者、国学者、歌人。享保一九〜文化六年（一七三四〜一八〇九）。著作に「雨月物語」など。
＊円珠庵　現在の大阪市天王寺区にある。
＊せうと　兄。
＊みまかりけるに　亡くなった、その際に、の意。
＊きゆとも　消えても。
＊播州　現在の兵庫県西南部。
＊加藤清正　安土桃山・江戸前期の武将。永禄五〜慶長一六年（一五六二〜一六一一）。
＊改易没収　所領や家禄を没収し、士籍から除くこと。
＊北越　越中（現富山県）・越後（現新潟県）の二国。
＊高野山　現在の和歌山県北東部にある真言宗の霊地。九世紀初頭、空海が総本山金剛峯寺を創建した。
＊阿闍梨　天台宗・真言宗で、修行を終えて他人の師となることを許された僧に与える位階。

七一　＊武蔵　現在の東京都・埼玉県と神奈川県の一部。
＊摂津　現在の大阪府西部と兵庫県南東部。
＊今里妙法寺　現在の大阪市東成区大今里にある真言宗の寺。
＊たづ　「鶴」を表す歌語。

*蕭何　前漢の政治家。生年不詳、前一九三年没。漢の初代皇帝劉邦の功臣。秦の法制・文物に通じ、武人としてよりも民政官として漢王朝の基礎をつくった。
*こまをうち給ひし時　「こま」は高麗で、朝鮮のこと。大陸進出を目指した秀吉は、文禄一年（一五九二）と慶長二年（一五九七）の二度にわたり、明征討の名目で朝鮮半島に兵を送った。
*役　戦役、徴兵。
*をなご　召使いの女。
七二 *なからむのちにも　(私が)死んだ後に、の意。
*きゆべければ　消えそうなので。
*薙髪　髪を剃り仏門に入ること。剃髪。
*摂津生玉の曼陀羅院　現在の大阪市天王寺区生玉町の生國魂《いくたま》神社北側にあった僧坊の一つ。
*彰考館　明暦三年（一六五七）、徳川光圀が「大日本史」編纂のために設立した施設。
*安藤為章　江戸前期の儒学者、国学者。万治二～享保一年（一六五九～一七一六）。著作に「年山紀聞」など。
*城市ニ鄰ル　繁華な市街地にあること。
*壁間ニ題シテ　壁に歌を書き残して。
七三 *幻軀　人を惑わす身体、の意。禅語。

*蛇聚　蛇の群れ。

七五　*室生山　現在の奈良県宇陀郡にあり、東西二峰を有する山。標高六二一メートル。

*和泉　現在の大阪府南部。

*みそぢもちかの…　「みそぢ」は三〇歳、「ちか」に「近」と「千賀」を懸け、歌枕「千賀の塩竈」を介して、海水を煮つめて塩を製する「しほがま」を導いている。

*下河辺長流　江戸前期の国学者、歌人。寛永一一～貞享三年（一六二四～一六八六）。著作に「万葉集管見」など。

七七　*たるひ　垂氷。つららのこと。雨や雪などの水滴がこおって垂れさがったもの。

*万葉集管見　下河辺長流の著した「万葉集」の注釈書。万治二～寛文一〇年（一六五九～一六七〇）頃成立。二〇巻。

*兎欠　口唇裂のこと。上唇が縦に裂け、兎の唇の形をなすもの。みつくち。

*厚顔抄　契沖の著した、「日本書紀」「古事記」中の歌謡の注釈書。元禄四年（一六九一）成立。三巻三冊。

七八　*発明　隠れていた事理などを新たにひらき、明らかにすること。

七九　*むかし、をとこ…　以下「思はざりしを」まで「伊勢物語」一二五段（最終段）全文の引用。「をとこ」は在原業平とされる。大意は、昔、男が病気になって、死ぬように思われたので（詠んだ歌）「誰でも最後に行く道だとは前々から聞いていたが、昨日今日のこととは思っていなかったよ」。

＊たゞなる時　何事もない時、平常時。
＊狂言綺語　実体のないことを大げさに飾り立てて表現した言葉。
＊今はとあらん時　臨終の時。
＊ほうし　法師。契沖は真言宗の僧だった。
八〇　＊絹三十匹「匹」（き、ひき）は布を数える単位。布二反を一匹と数える。
＊貧乏ヲ贍ス　寺の貧窮を救った、の意。
＊野僧　田舎の僧の意で、僧侶の謙称。「拙僧」「愚僧」に同じ。
八一　＊無福　不幸な境遇にあること。
＊講筵　講義をする場所。
八二　＊応仁の乱　応仁一〜文明九年（一四六七〜七七）の京都を中心とした内乱。足利将軍家の相続問題に端を発し、細川勝元、山名宗全が諸国の守護大名を東軍、西軍に二分して争闘、以後、戦国時代となる。
＊守護大名「守護」は鎌倉・室町期の職名。鎌倉幕府を開いた源頼朝が、治安維持と御家人統制の目的で有力家臣を各国に配置したのに始まり、中でも大きな領地に任ぜられた守護が「大名」と称されるようになった。
八三　＊大言海　国語辞書。全四巻、索引一巻。大槻文彦（弘化四〜昭和三（一八四七〜一九二八））著の「言海」を増補し、昭和七年（一九三二）から一〇年にかけて完成（索引は同一二年）。語源の説明と豊富な用例を特色とする。

＊でもくらしい　democracy、民主主義。英語。

八五　＊中江藤樹　江戸前期の儒学者。慶長一三〜慶安一年（一六〇八〜一六四八）。著作に「翁問答」など。

＊わしる　走る。

八六　＊岡山先生示教録　「岡山」は淵《ふち》岡山。江戸前期の儒学者。元和三〜貞享三年（一六一七〜一六八六）。中江藤樹の門弟。

＊一毫も　ほんの少しも。

＊顧惜　心にかけ、おしむこと。

＊岡村子　岡村伯忠。慶長一七〜寛文七年（一六一二〜一六六七）。藤樹の弟子、大洲藩加藤家の家臣。

＊伯耆　現在の鳥取県西部。

＊伊予　現在の愛媛県。

＊六年庚申　元和六年（一六二〇）。

八七　＊乃　すぐに。

＊火箭　矢先に火をつけて放つ矢。

八八　＊軍旅之事　戦争。

八九　＊翁問答　中江藤樹の著した儒学啓蒙書。寛永一八年（一六四一）草稿成立。老先生と弟子の問答形式で藤樹自身の思想を述べる。

＊陽明学　中国明代の儒学者、王陽明（四二三頁「王子」参照）が唱えた儒学の一派。万人の心に存する良知を、行為と一致させるのが修養道であると説く。わが国では中江藤樹が最初に朱子学からこの派に移った。

九〇　＊林羅山　江戸前期の儒学者。天正一一～明暦三年（一五八三～一六五七）。

＊法印　「法印大和尚位」の略。僧侶の最高位。

＊藤原惺窩　江戸時代前期の儒学者。四〇九頁参照。

＊宋学　中国宋代の儒学、特に朱子学をいう。

九一　＊京都方広寺　現在の京都市東山区にある天台宗の寺院。豊臣秀吉が天正一四年に創建した。

＊家康呪詛の銘文　慶長一九年（一六一四）、豊臣秀頼が大地震で倒壊した方広寺大仏殿を再興、開眼供養をひかえた巨鐘の銘文「国家安康」を、家康は家康の名を二分して国安らかにす、の意であるとしてなじり、大坂の陣のきっかけとした。

＊叙爵　位階を授けられること。ここでは法印に叙任されることをさす。

＊沙門　出家の総称。

＊祝髪　剃髪。「祝」は断つ、短く切る、の意。

＊太伯の断髪　周の太王の長子、太伯が、位を弟に譲るために髪を切り、刺青をした、という故事をさす。

＊孔子の郷服　「郷服」は礼服。「論語」〈郷党篇〉に、毎年、郷里の人たちが行う鬼やら

いに、孔子は礼服を着て参加したとあり、これを、孔子は村人たちの馬鹿騒ぎも蔑視しないで協力した、と解する注があった。

＊真儒の心印　「真儒」はまことの学者の意。「心印」は奥義、さとりの道の意。

＊穿窬　壁に穴をあけ、垣根をのりこえて入るこそ泥。

九二　＊湯島聖堂　「湯島」は現在の東京都文京区湯島、「聖堂」は孔子廟。寛永九年（一六三二）上野忍岡の林羅山家塾に建てられ、元禄三年（一六九〇）五代将軍綱吉が湯島に移した。

＊大学　儒教の経典の一つ。自らの身を修める道徳と、国家を治める政治との一致を旨とする儒学の枠組を説明する。

＊生民　「民」と同意。

＊大学解　中江藤樹が著した「大学」の注釈書。成立年不詳。

＊毫髪モ　いささかも。

＊大海江河溝洫　大きな海、河川、小さな溝（「洫」も溝のこと）の意。

九六　＊国領子　中江藤樹の弟子、国領太郎右衛門のこと。伊予大洲の加藤家の家臣。生没年不詳。

＊博士家　平安期以来、大宝令の制で大学寮、陰陽寮などに属した官職、博士を世襲した家柄。菅原、大江、藤原、清原の各家など。

＊君子ノ学ハ…　「論語」〈憲問篇〉に出る「古の学者は己の為にし、今の学者は人の為に

す」をふまえた表現。

九八 *訓詁の学 古典を読み解くために、文字や語句を対象としてその意味を研究する学問。
*熊沢蕃山 江戸前期の儒学者。元和五〜元禄四年(一六一九〜一六九一)。著作に「集義外書」など。

九九 *膏肓 「膏」は心臓の下、「肓」は横隔膜の上。病気が入ると治療しにくく、なおらないという部分。

一〇〇 *心学 心を修養する陽明学系統の学問。
*王子 中国、明の儒学者、王陽明(守仁)(一四七二〜一五二八)のこと。
*語孟 「論語」と「孟子」。「論語」は孔子の言行録。「孟子」は中国戦国時代の儒学者、孟子の言行を弟子が編纂した書。ともに儒学の経典。
*六経 中国における六種の経書、すなわち「易経」「書経」「詩経」「春秋」「礼記」「楽経」。

一〇一 *学而 「論語」の冒頭〈学而篇〉のこと。

一〇二 *愚按ズルニ 私が思うに。「愚」は自分をへりくだっていう語。「按ズ」は、思う、考える。

一〇三 *四書 「論語」「孟子」「大学」「中庸」の総称。
*批判 本文批判、原典批判。ある文献の本文が、その写本、版本等の間で異っている場合、それらの諸伝本を比較考証して正当な本文形態を見出す手続きをいう。

＊大学非孔氏之遺書弁　「大学は孔氏の遺書にあらざるの弁」。仁斎の「語孟字義」に付録として加えられた。

＊古義学　中国古代の古典、すなわち「論語」や「孟子」の意義を、朱熹、王陽明らの注釈に頼らず、本文批判をはじめ直接に研究することで究めようとした。

＊近代文献学　「文献学」は書物・文書等の記録に拠って民族や文化を研究する学問。日本には明治末年に導入され、古典作品の成立事情の解明、本文校訂、本文解釈等に応用された。

＊中庸　儒教の経典。孔子の孫、子思の作。「礼記」の一篇だったものを朱子が独立させ、四書の一つとした。

＊優游饜飫　「優游」はゆったり、のどか、の意。「饜」も「飫」も心ゆくまで飽き足りる、の意。

＊輿　こし。乗り物の総称。

＊衡　くびき。車の横木。

＊謦欬　せきばらい、しわぶき。ここでは肉声の喩え。

一〇四

＊淆乱　いりみだれること。

＊筌　魚を捕る道具。細い割竹を筒または徳利の形に編み、口にかえしをつけたもの。

＊蹄　兎を捕えるわな。

＊儒釈不二　儒教と仏教は、究極のところで同じであるという考え方。

一〇五　＊無懐氏の民　「無懐」は中国古代の伝説上の皇帝。その国は理想的な平和郷であったとされる。
＊たゞ人なれば…　ただの人間であればせめてもの事（まだしもましな事態）だが。
＊自満　ここでは、おごりたかぶることの意。
＊東涯　伊藤東涯。江戸中期の儒学者。寛文一〇〜元文一年（一六七〇〜一七三六）。仁斎の長男。著作に「古今学変」など。
＊白骨ノ観法　仏教、特に禅宗で重視した不浄観の一つで、感覚的欲望や現世への執着を断ち切る修行法。屍体が膨張・変色・腐敗・崩壊して白骨に至るまでを繰り返し心に想い浮かべる。
＊醇如　まじりけがなく純粋な状態。
＊宋儒性理之説　宋学が唱えた、人間の本然の性は天理に合致する、とする説。
＊緒余　余りの部分。
一〇六　＊朱子の四書　朱子の編著書「四書集注」のこと。「集注」は注釈を広く集めた本の意。
＊近渓　羅汝芳。中国、明代後期の陽明学派の一人。一五一五〜一五八八年。「近渓」は号。
＊寤寐　寝てもさめても、の意。「寤」「寐」は目ざめていることと寝ていること。
＊跬歩　かたあし、ひとあし、半歩。
一〇七　＊与件　明白に与えられている事実。

一〇八　*童子問　伊藤仁斎の著書。孔子・孟子の正伝を説き明かそうとしたもの。仁斎没後の宝永四年（一七〇七）刊。三巻。

*改竄補緝　「改竄」は字句などを改めなおすこと。「補緝」は文章を補い作ること。

*五十霜　「霜」は年月の意。

*易ル　「易」は取りかえるの意。

*白首紛如タリ　「白首」は白髪頭のこと。「紛如」は乱れるさま。

*古義堂文庫　奈良県天理市の天理大学付属天理図書館が所蔵する伊藤仁斎・東涯父子伝来書のコレクション。「古義堂」は仁斎の営んだ塾名。

*倉石武四郎　中国語学・文学者。明治三〇〜昭和五〇年（一八九七〜一九七五）。

*一文を草した　昭和三三年一一月、「講座現代倫理」（筑摩書房刊）第一巻に『論語』を書いた。

一一〇　*光琳　尾形光琳。江戸中期の画家。万治一〜享保一年（一六五八〜一七一六）。作品に「紅白梅図屛風」など。

*乾山　尾形乾山。江戸中期の陶工、画家。寛文三〜寛保三年（一六六三〜一七四三）。光琳の弟。

*従兄弟　仁斎の妻、嘉那が、光琳、乾山のいとこだった。

一一一　*荻生徂徠　江戸中期の儒学者。寛文六〜享保一三年（一六六六〜一七二八）。著書に「弁道」「弁名」など。

*古文辞学　荻生徂徠が唱えた訓古学。「論語」「孟子」等の経書に記された先王の道を、古語の意義を解き明かすことによって知ろうとした。

*弁名　荻生徂徠の著作。儒学の経典に出る名辞、道・徳・仁・智・聖・礼・義などの意義を究明した書。享保二年（一七一七）頃に成った。

一一二　*答問書　「徂徠先生答問書」。徂徠と出羽（現山形県）庄内酒井藩の二人の武士との書簡による質疑応答。引用はその〈上〉から。

*程朱之説　中国宋代の儒学者、程顥《ていこう》・程頤《ていい》の兄弟と朱熹が唱えた学説。朱子学。

*すべらかし候事　「すべらかす」は、ずらす。

一一三　*職トシテ　主として。

一一四　*権衡　物事の軽重をはかる尺度。

*百世　多くの年代、長い年月。

*歴詆　次々とけなしそしること。

*経学　四書五経など儒学の最も基本的な書物、すなわち経書を研究する学問。

一一五　*窮理の学　「窮理」は物事に備わる道理・法則を究め尽すことをいう。

*惣而　総じて、全体的にいって。

一一六　*憲廟　徳川幕府五代将軍、綱吉のこと。

*御小姓衆　「小姓」は武家の職名。江戸時代、将軍の身辺の雑用係を務めた。

*素読　初歩の漢文学習法の一つ。書物の意味や内容は考えず、ひたすらその文字を音読

する。

一一七　＊符丁　記号。
＊嫺フ　なれ親しむ、相連なる。
＊屈景山　堀景山。江戸中期の儒医。四〇三頁「景山先生」参照。「屈」は中国風の表記法。

一一八　＊古学　江戸時代の儒学の一派。経書すなわち「論語」「孟子」など儒学の経典を理解するにあたり、朱子学・陽明学等の解釈に依拠せず、原典を直接に研究しようとした。山鹿素行に始まり、伊藤仁斎、荻生徂徠らが続いた。

一二〇　＊官家　公家、貴族。
一二二　＊模傚　「模倣」と同意。
一二三　＊仔細　不都合。
一二四　＊春庭　本居春庭。宣長の長男。江戸後期の国学者。宝暦一三〜文政一一年（一七六三〜一八二八）。寛政六年（一七九四）、三二歳で失明し、鍼医をしながら国語学の研究を続けた。著作に「詞八衢《ことばのやちまた》」など。
＊手紙　享和一年五月二五日付のもの。
＊堂上方地下共　公家衆も一般庶民も。
＊妹　宣長の一〇歳年下の妹しゅん。元文五〜享和一年（一七四〇〜一八〇一）。
＊伊勢外宮　現在の三重県伊勢市の豊受《とようけ》大神宮の称。内宮である皇大神宮（祭神は天照大

神）と併せて伊勢神宮と総称する。
＊荒木田久老　江戸後期の国学者。延享三〜文化一年（一七四六〜一八〇四）。著書に「万葉考槻落葉」など。
＊御火中…　焼き捨ててしまってください、の意。
＊管見　管を通して見るように、ものの見方が狭いこと。自分の見解を謙遜していう。
＊発足後　出立後。京都を後にして以後、の意。
一二五　＊他行　外出中。
＊皇朝学　日本についての学問。国学。
＊魁たる者　先頭に立つ者。
＊ひが言　まちがい。
＊いひけちて　否定して。
＊十哲の徒　一〇人のすぐれた弟子、の意。
＊廓内　「廓」は土や石のかこいのこと。城や砦などの周囲に築いた。
一二六　＊五重相伝血脈　浄土宗の教えを機・法・解・証・信の五段階に分けて教示、伝法する儀式。教法が師から弟子へと絶えず受け継がれるさまを、途絶えることなく連なる血統に例える。
＊法号　仏門に入るに際して師から授かる称号。
＊参宮　伊勢神宮に参拝すること。

一二八 ＊蘐園学派　荻生徂徠の門人および、その系統に属する人々の総称。「蘐園」は徂徠の書斎の称、また徂徠自身の号。日本橋茅場町に住んだことから（「蘐」は「かや」とも訓む）。

一三〇 ＊おのれとり分て…　自分には別段人に伝えるべき教えなどないということ、の意。

＊あがたゐのうし　県居《あがたい》の大人《うし》。賀茂真淵のこと。江戸中期の国学者、歌人。元禄一〇～明和六年（一六九七～一七六九）。「県居」は号。

＊かむがへ　考え。

＊さらに　けっして。

＊ひめごと　秘事、秘伝。

＊露ものこしこめたる…　全く言い残したことはない。

＊そをはなちて外には　それ以外には。

一三一 ＊名簿　入門に際して証として送る、自分の姓名・年月日等を記入した名札。

一三三 ＊紫文要領　宣長の「源氏物語」論。宝暦一三年（一七六三）成立。二巻。「紫文」は紫式部の書いた文章の意で、「源氏物語」のこと。

＊石上私淑言　宣長の歌論書。宝暦一三年（一七六三）完成、文化一三年（一八一六）刊。

一三五 ＊釈典　仏典のこと。釈氏（次頁参照）の経典、の意。

＊君子ノ跡　「君子」は学識、人格ともにすぐれ、徳の高い人。「跡」は足跡《そくせき》。

＊開士　正しい法を開き人々を導く士の意。梵語 bodhisattva の古い訳語（「菩薩」はそ

の音訳）。

＊五百駅　早馬で五百もの宿駅を乗り継がねばならぬほどの距離。

＊釈氏　釈尊。釈迦牟尼。仏教の開祖。紀元前六～五世紀頃の人。

＊老荘　老子と荘子。老子は中国古代、春秋・戦国時代の思想家で道家の祖。荘子は戦国時代の思想家で老子とともに道家の代表。

＊四時　四季。春夏秋冬。

一三六　＊土佐日記　紀貫之作の仮名文日記。承平四年（九三四）、土佐（現高知県）の国守の任を終えて京に帰り着くまでの五五日の旅のありさまを、筆者を女性に仮託して記している。

＊鹿児の崎　「土佐日記」で、出帆六日後の承平四年一二月二七日の記述に見られる地名。

＊知らで　知らないで。

＊貫之　紀貫之。平安前期の歌人、歌学者。貞観一〇年頃～天慶八年頃（八六八頃～九四五頃）。家集に「貫之集」など。

＊「古今集」序　「古今集」は醍醐天皇の命によって、延喜一三年（九一三）頃に成った最初の勅撰和歌集。「序」はその冒頭に、撰者の一人、紀貫之が掲げた仮名書きの序文。

一三七　＊人麿　柿本人麿（人麻呂）。「万葉集」を代表する歌人。生没年未詳。

＊真名序　「古今和歌集」の漢文で書かれた序文。紀淑望《よしもち》（四六九頁「淑望」参照）の作とされる。

一三八　*俊成　藤原俊成。平安末期〜鎌倉前期の歌人。永久二〜元久一年（一一一四〜一二〇四）。歌集に「長秋詠藻」、歌論書に「古来風躰抄」など。引用の歌は「長秋詠藻」〈中〉にある。

一三九　*オロ〳〵　ざっと。

*按ズレバ　考えてみると。

*末世無窮　後世永遠。

*伊勢源氏　「伊勢物語」、「源氏物語」。

*詩三百…　「論語」〈為政篇〉に見える孔子の言葉。「詩三百、一言以て之を蔽う、曰く、思、邪無し」（「詩経」に収められた三百篇あまりの詩を「詩経」中の一句で概括するなら、「思い、邪ない」だと言える）。

*ノ玉ヘルモ　宣《のたま》へるも。おっしゃったのも。

一四〇　*定家　藤原定家。鎌倉初期の歌人。応保二〜仁治二年（一一六二〜一二四一）。俊成の子。家集に「拾遺愚草」、歌論集に「近代秀歌」、日記に「明月記」など。

*歌の風体論　歌風（歌いぶり）と歌体（歌のあり様）についての論。

*たぐふべき　比べることのできる、の意。

*玉のをぐし　「源氏物語玉の小櫛」。宣長の「源氏物語」論。四三六頁参照。

一四一　*からぶみ　中国の書籍。漢文の書物。「から」は中国の古称。

*書るごと　書いてあるように。

一四二　＊紫式部　「源氏物語」の作者。天延一年頃〜長和三年頃（九七三頃〜一〇一四頃）。藤原為時（四四六頁「為時」参照）の娘で、父の同僚であった藤原宣孝と結婚するがまもなく死別。のち一条天皇の中宮彰子に仕え、藤原道長ほか殿上人から重んじられた。
＊ふるゝにつけて　ふれるにつけて。
＊いはまほしき　言いたい。
＊いぶせき　はればれとしない、ゆううつな。
＊のこることなし　すべて書き表わされている、の意。
一四五　＊めでたき　すばらしい、立派な。
＊さらに　決して。
一四六　＊蛍の巻　「蛍」は「源氏物語」第二五帖の巻名。源氏三六歳の物語。
＊玉鬘　源氏の親友、頭中将と夕顔の娘。母を亡くして放浪の後、源氏にひきとられている。
一四七　＊褒貶抑揚して　ほめたりけなしたりして。
＊迫切ならず　意気ごんだ調子がなく。
＊和漢無双の妙手　日本と中国を見渡しても比べられる者のいない名人、の意。
＊あなむつかし　ああ困ったものだ。
＊げに、さもあらんと　なるほど、そういうこともあろうと。
一四九　＊欺ク可キ也　道理にかなう範囲でなら騙される、の意。

＊罔フ可カラザル也　道理を超えてまで心をくらまされ、騙されることはない、の意。

＊日本紀　「日本書紀」。日本最古の勅撰の史書。奈良時代の養老四年（七二〇）に完成。神代から持統天皇の代までを、漢文、編年体で記述する。

＊かたそば　一部分、一端。

＊みち〲しく　道々しく。（人の世の）真理を含んで、の意。

一五一　＊の給ひなしつ　宣《のたま》ひなしつ。論じてしまわれた。

＊日記　「紫式部日記」のこと。紫式部が、自ら仕えた一条天皇の中宮彰子の宮廷の日常と、自身の感慨を記したもの。

一五二　＊ざえ　才。学問、学識のこと。また、芸術や芸能の技量。

＊けぢめこそあらめ　ちがいはあるであろうが。

一五六　＊うれしくば…　嬉しければ忘れることもあるだろうに、つらい恋の思い出こそいつまでも心に残るものだ、の意。「新古今和歌集」〈巻第一五・恋歌五〉、清原深養父《ふかやぶ》（平安前・中期の歌人。清少納言の曾祖父）の歌。

一六〇　＊あだなる　「あだ」は誠意のないさま、浮気なさま。

一六一　＊先験的な　経験に先立って存在する、の意。

＊帚木　「源氏物語」第二帖の巻名。源氏一七歳の夏。

一六二　＊雨夜の品定　源氏が雨の宵に、頭中将らと女性論を交す。

＊左馬頭　左馬寮の長官。左馬寮は官用の馬の飼育・管理を行う役所の一つ。

＊指くひの女　左馬頭の体験談中の女の一人。夫の世話は申し分ないが、嫉妬深く、腹を立てて左馬頭の指に食いついた女。
＊木枯の女　左馬頭の体験談中の、もう一人の女。器量よしで趣味才能も豊かだが、別の男を密かに通わせ、木枯にことよせた歌などを詠じてみせる女。
＊頭中将　源氏の親友で、源氏の正妻・葵の上の兄弟。

一六三 ＊いかでかいはるべき　どうして言えるだろうか。
＊難ずべきくさはひ　非難すべき点。「くさはひ」は「種はひ」で、たね、もと、の意。
＊よりはつ共なく　「よりはつ」（寄り果つ）は、きまりがつく、決着する。
＊藤壺　先帝の第四皇女。入内して中宮となるが、源氏は亡き母・桐壺更衣に似る藤壺を慕う。

一六四 ＊「夕霧」　「源氏物語」第三九帖の巻名。
＊夕霧　源氏の長男。母は葵の上。
＊女二宮　朱雀院（源氏の腹違いの兄）の第二皇女で、頭中将の息子・柏木の未亡人。
＊紫の上　源氏の最も大切な妻。少女の頃に見出し、手許にひきとって育てた。四三七頁「若紫」参照。
＊所せう　窮屈で、気づまりで。「所狭《せ》く」の音便形。
一六六 ＊すべて男も女も…　「紫文要領」〈巻上〉から。「源氏物語」〈帚木〉に出る言葉。

一六七 ＊現代語訳　「潤一郎訳源氏物語」。昭和一四年（一九三九）一月から一六年七月にかけて中央公論社から刊行。また「潤一郎新訳源氏物語」を昭和二六年五月〜二九年一二月に、新字、新かなづかいによる「新々訳」を昭和三九年一一月〜四〇年一〇月に刊行した。

一六八　＊外延　古典論理学で、ある概念の適用されるべき事物の範囲をいう。たとえば霊長類という概念の外延は、ヒト・ゴリラ・チンパンジーなど。

＊つゐへ　費へ。出費。

一六九　＊玉の小櫛　「源氏物語玉の小櫛」。寛政八年（一七九六）成立。九巻。

一七四　＊浮舟入水　「源氏物語」第五一帖「浮舟」の巻で、薫大将と匂宮との愛の板ばさみに苦悩した浮舟が、宇治川に身を投げて死のうと決意する。

＊身をいたづらになさん　死んでしまおう、の意。

＊薫　薫大将。源氏の次男。実は源氏の妻、女三宮が、頭中将の子、柏木と通じて産んだ子。

＊匂宮　匂兵部卿宮。源氏の孫。明石中宮と今上帝との第三皇子。

＊蘆屋のをとめ　現在の兵庫県芦屋市の辺に住んでいたという娘。二人の男に求婚されたがいずれとも決めかね、生田川に身を投げて死んだ。「大和物語」（四四三頁「大和」参照）に見える。

一七五　＊夢浮橋　「源氏物語」第五四帖（最終帖）の巻名。浮舟が生きていることを知った薫は手紙を書くが、浮舟は返事をよこそうとしない。

＊山路の露　「夢浮橋」の巻の後日譚の形で書かれた、「源氏物語」続篇にあたる擬古物語。

一巻。作者不詳。平安時代末期頃の成立と考えられている。洛北の小野の山里に身を隠していた浮舟は、再会した薫や母君の説得にもかかわらず、ついに下山しない。

*間然する所のない　非難されるような欠点がない。

一七六 *宇治十帖 「源氏物語」五四帖のうち、最後の一〇帖（「橋姫」から「夢浮橋」まで）の通称。光源氏亡き後の物語で、山城の国宇治を舞台に展開する。

*手習 「源氏物語」第五三帖の巻名。宇治の院の裏庭で気を失っていたところを横川《よかわ》の僧都に救われた浮舟は、素性を隠したまま出家する。

一七七 *若紫 「源氏物語」第五帖の巻名。源氏は北山で藤壺によく似た少女に出会い、やがて自邸にひきとる。

*いとゞ　いよいよ、ますます。

*よはひ　年齢。

*むねと　もっぱら。

*ちうさく　注釈。

*すぎ〳〵　つぎつぎ。

一七八 *おどろかされて　ここでは、胸を衝《つ》かれて、動揺して、の意。

*物の怪　人にとりつき、災いをなす死霊や生き霊。

*僧都　浮舟を助けた横川《よかわ》の僧都。

一七九 *さてのみなむ　ただそうすることでのみ。

＊食ひてん　食べてしまおう。
＊むつかし　いやだ、いとわしい。
＊死なましかば　もし死んだならば。
一八〇　＊手習　文字を書く稽古。習字。
＊心のうちは…　(出家こそしていないものの) 心の中は修行僧にも劣っていないつもりです、の意。
一八一　＊一日の…　たとえ一日の出家でも、その功徳は計り知れないものなのだから、今後ともその功徳を頼りになさい、の意。
＊法の師　「法」は仏法、仏の教え。
＊しるべにて　「しるべ」はみちびき、てびき。
＊小野の里　浮舟が尼君一家と暮らす里。
＊人の…　誰かが、浮舟を隠しているのだろうか。
一八二　＊落し置き…　かつて浮舟を宇治にほうっておかれた経験から、の意。
＊既に書いたが　本文一四六頁～参照。
一八三　＊女もじ　平仮名のこと。女手ともいう。
＊中むかしのほど…　「中むかし」は、それほど大昔ではない時代、中古のこと。「くさ」は「種」で種類の意。
一八四　＊「三宝絵」序　「三宝絵」は、三宝 (仏・法・僧) のあらましを説いた仏教説話集。三巻。

源為憲編著。永観二年（九八四）、冷泉天皇第二皇女（一七歳で落飾）に奉献。絵は散逸して詞書のみ残存。
＊絵合の巻「絵合」は「源氏物語」第一七帖の巻名。
＊竹取の翁「竹取物語」の異称。日本最古の作り物語。平安初期の作。作者未詳。「竹取翁の物語」、「かぐや姫の物語」ともいう。
一八五＊一女房　紫式部をさす。四三三頁「紫式部」参照。「女房」は四四一頁「古女房」参照。
＊更級日記　菅原孝標《たかすえ》の女《むすめ》の日記。父の任地上総（現在の千葉県）から帰郷する一三歳に始まり、夫を亡くした後の五〇余歳までを回想的に記す。
＊几帳　室内の屏障具の一つ。衝立式にした間仕切りのこと。
＊無名草子　現存最古の物語批評。作者未詳。建久七年（一一九六）から建仁二年（一二〇二）頃成立。
＊源平大乱の頃　平安末期の一一世紀末から一二世紀末にかけての時代。
一八六＊狂言綺語　実体のないことを大げさに飾り立てて表現した言葉。
＊俊成　藤原俊成。平安末期〜鎌倉前期の歌人。四三二頁参照。
＊歌合判詞「歌合」は平安時代に始まった遊戯の一種。左右両陣営にわかれて一首ずつ歌を出しあい、そのつどその一組の歌の優劣を判者が決めていって最終の総合成績を競うもの。「判詞」は判者が二首の歌の優劣を述べた言葉。
＊古今「古今和歌集」。最初の勅撰集。醍醐天皇の命により、紀貫之らが撰集。延喜一三

年（九一三）頃成立。二〇巻。

一八七　＊定家　藤原定家。鎌倉初期の歌人。四三二頁参照。
＊湖月抄　「源氏物語」の注釈書。北村季吟著。延宝一年（一六七三）成立。六〇巻六〇冊。
＊堂上風御家風　「堂上」は公家のこと。「御家」は二条家や冷泉家など、和歌の流派を伝えた家系のこと。
＊古今伝授　四一〇頁「伝授」参照。
＊花鳥余情　「源氏物語」の注釈書。一条兼良著。文明四年（一四七二）完成。三〇巻。
＊旧註時代　江戸時代前期の元禄年間に、契沖の「源註拾遺」（四四二頁参照）が成立するまでの時代。
＊准拠説　物語中の人物や事件をそのまま史実にあてはめようとするモデル論。
＊夕顔　「源氏物語」第四帖「夕顔」に登場する女性。頭中将に愛され玉鬘を産んだが、本妻に憎まれ身を隠しているところを源氏に見出される。

一八八　＊菩提の縁　ここでは仏縁のこと。
＊河海抄　「源氏物語」の注釈書。四辻善成著。貞治年間（一三六二〜一三六八）初めに成立。二〇巻。
＊諸抄　「抄」は注釈書。
＊鴻才　すぐれた才能。

＊仰之弥高…　これ（「源氏物語」）をふりあおげばますます高く、これに切りこもうとすればますます堅い。「論語」〈子罕篇〉に出る、顔淵が孔子を評した言葉を踏まえた表現。

＊明月記　藤原定家の日記。

一九一　＊方等経　大乗経典の総称。「方等」は「大乗」の別名。

一九二　＊古女房　「女房」は、宮中に奉仕し、房（小部屋）を賜っていた女官。

＊史記　中国、前漢の歴史家司馬遷（前一四五年頃〜前八六年頃）による紀伝体の史書。全一三〇巻。前九一年頃に完成。古代の伝説上の帝王黄帝から前漢の武帝までを記す。

一九三　＊六国史　奈良・平安時代の朝廷で編纂された六つの国史の総称。「日本書紀」「続日本紀」「日本後紀」「続日本後紀」「日本文徳天皇実録」「日本三代実録」をさす。

＊正史　国家が編纂した正式の歴史書のこと。

＊みち〳〵しく　「道々し」は、真理を含んでいる、道理にかなっている、の意。

＊三史五経　「三史」は中国古代の史書、「史記」「漢書」「後漢書」の総称。「五経」は儒教で尊重される五種の経典、「易経」「書経」「詩経」「礼記」「春秋」の総称。

一九四　＊こと〴〵しう　立派だが。

＊言ひ消たれたまふ咎…　（光という名に）値しないといわれてしまわれる不行跡も多いようなのに、の意。

＊かろびたる　軽率と見られる、の意。

＊かくろへごと　かくしごと。

＊物言ひさがなさよ　口やかましさよ。
＊まめだち給ひけるほど　まじめくさくふるまいなさったので。
＊をかしきこと　ここは、風情のある話、色っぽい話。
＊交野の少将　現存しない物語の主人公。作品は「枕草子」「落窪物語」にも取り上げられている。
＊元服　男子が成人になること、またそれを示し祝う儀式。年齢は一一～一七歳ごろが多く、幼名を廃し実名を付けられ、位階が進められる。源氏の元服は一二歳。
＊桐壺「源氏物語」第一帖の巻名。

一九六　＊あやにくにて　あいにく持っておられて、の意。

一九七　＊契沖　江戸前期の国学者、真言僧。寛永一七～元禄一四年（一六四〇～一七〇一）。
＊源註拾遺　契沖が著した「源氏物語」の注釈書。八巻八冊。元禄九年（一六九六）成立。
＊薄雲「源氏物語」第一九帖の巻名。冷泉帝は自分の実の父親が源氏であることを知る。
＊おしたち給へるは　我を通して無理押しなさるのは。
＊落葉宮　女二宮。朱雀院の第二皇女。柏木の未亡人。夕霧に思いをかけられる。
＊柏木　頭中将の子。薫大将の実の父。
＊宇治中君　宇治の八の宮の次女。薫の手引きで匂宮と会う。
＊春秋　中国古代、前七二二年から前四八一年までの魯を中心とする歴史書。孔子がこれに筆削を加えたものが前四八〇年頃成立。そこには孔子の歴史批判がこめられていると

される。

＊褒貶　物事のよしあしを論じること。

一九八　＊可翫詞花言葉　詞花《しか》言葉を翫《もてあそ》ぶべし。歌や文章の見事さを楽しむべきである、の意。

＊皇朝　ここは日本の意。

＊飛鳥藤原などの宮の比　六世紀末から八世紀初頭の平城京遷都まで、すなわち推古天皇の豊浦宮から持統〜元明朝の藤原京までの、奈良県飛鳥地方に宮城が置かれた時代のこと。

＊奈良の宮　平城京のこと。ここでは奈良時代をさす。元明天皇の和銅三年（七一〇）から桓武天皇の延暦三年（七八四）、長岡京遷都までの時代。

＊今京よりは　平安京以後は。延暦一三年遷都。

＊承平天暦　「承平」は西暦九三一〜九三八年。「天暦」は西暦九四七〜九五七年。

＊ひがこと　心得ちがい。

＊伊勢　「伊勢物語」。平安時代前期の歌物語。作者未詳。在原業平とおぼしき男の恋愛を主題に全一二五段の小話から成る。

＊大和　「大和物語」。平安時代の歌物語。作者未詳。天暦五年（九五一）頃に成立。「伊勢物語」系統の歌物語と、説話類から成る全一七〇余段の小話集。

一九九　＊源氏物語新釈　賀茂真淵の「源氏物語」の注釈書。宝暦八年（一七五八）頃成立。五四巻五四冊（他に惣考、別記が各一巻）。

*田安宗武　江戸中期の国学者、歌人。正徳五〜明和八年（一七一五〜一七七一）。八代将軍徳川吉宗の子。田安家を立てて国学に志し、荷田在満・賀茂真淵に師事、のち真淵を和学御用に任用した。

*「湖月抄」書入本　旧注の集成「湖月抄」の注釈に、真淵の添削を書入れた本。「源氏物語新釈」の原型。

*鵜殿余野子　江戸中期の歌人、国学者。享保一四〜天明八年（一七二九〜一七八八）。

二〇〇

*実録　ここは歴史書の意。

*父の嘆　幼少の頃、漢籍の読解に秀れた資質を発揮する式部を見て、父藤原為時が「口惜しう。男子《をのこ》にて持たらぬこそ幸なかりけれ」と慨嘆したという挿話が「紫式部日記」に見える。

*いはで　言わないで。

*誨淫　みだらなことを教えること。「誨」は教える意。

*うまずして　厭にならずに。

*年山安藤為章　江戸前期の国学者。水戸藩士。「年山」は号。四一七頁参照。

*紫家七論　安藤為章の著作。元禄一六年（一七〇三）成立。「源氏物語」と「紫式部日記」をもとに紫式部を論評した、本格的作家論の先駆。

二〇一

*まぎれ　ここでは、光源氏とその父帝の中宮藤壺との不義密通をさす。

*かうがへむ　考慮する、の意。「かうがふ」は「考ふ」。

二〇二

＊諷喩　遠まわしにさとすこと。

＊先師　賀茂真淵をさす。

＊秋成　上田秋成。江戸中期の国学者、歌人、読本作者。四一六頁参照。

＊藤原宇万伎　加藤宇万伎。江戸中期の国学者、歌人。享保六～安永六年（一七二一～一七七七）。国学を賀茂真淵に学ぶ。上田秋成はその門人。著作に「土佐日記解」「古事記解」など。

＊宣長との論争　本書下巻所収の第四〇章～で言及される。

＊ぬば玉の巻　安永八年（一七七九）頃に書かれた。

二〇三

＊柿本の大神　奈良時代の歌人、柿本人麻呂の霊。

＊秋好の宮　秋好中宮。六条御息所の娘で、冷泉帝の中宮となった。

＊賢木の巻　「賢木」は「源氏物語」第一〇帖の巻名。

＊文王　中国古代、周（四五九頁参照）の創始者で、武王の父。聖王として武王と併称される。

＊武王　周の第一代君主。文王の長男。

＊ずんじたるは　うたったのは。

＊周公　周の功臣で、文王の子。周代の礼楽制度の多くを定めたとされる。

＊須磨の左遷　政情が不利となり、官位を剝奪されて流罪の決定が迫っていた源氏は、東宮（後の冷泉帝）に累が及ぶのを恐れ、みずから須磨への隠退を決意する。

二〇四 ＊山がつ　山に住む賤しい身分の者。猟師やきこりなどをいう言葉。
＊京極の中納言　藤原定家のこと。四三二頁参照。
＊雨月物語　上田秋成作の読本。安永五年（一七七六）刊。
＊洞越　琴に似た大型の弦楽器瑟《しつ》の底にある共鳴用の穴、そこから「諸人の心を大きく共鳴させる」の意。
＊鼓腹之閑話　太平の世の無駄話。「鼓腹」ははらつづみを打つこと。
＊妹夫の中　愛しあう女と男の関係。
二〇五 ＊為時　藤原為時。平安中期の漢詩人、歌人。生没年不詳。紫式部の名称は為時の官歴（式部丞）に由来する。
＊心しらひ　心くばり、心づかい。
＊もろこしの聖の君　中国の聖人、の意。
二〇六 ＊ざえある　「ざえ」は才。学問・学識、また芸術や芸能の技量などの意。
＊雪後庵夜話　昭和四二年（一九六七）一二月、中央公論社から刊行。言及の言葉は〈にくまれ口〉に出る。
二〇七 ＊細雪　谷崎潤一郎の長篇小説。昭和二一〜二三年、中央公論社刊。大阪船場の旧家蒔岡家の四人姉妹の生活と運命を、日本の四季の風物とともに描く。
＊「源氏」現代語訳　「潤一郎訳源氏物語」。四三五頁参照。
二〇八 ＊与謝野晶子　歌人。明治一一〜昭和一七年（一八七八〜一九四二）。歌集に「みだれ髪」

など。

＊新訳源氏物語　与謝野晶子の「源氏物語」の現代語訳。明治四五～大正二年刊。

＊序　森鷗外は「新訳源氏物語」に序を寄せ、「源氏物語」を読むたびに「或る抗抵に打ち勝った上でなくては、詞《ことば》から意に達することが出来ないように感じ」ると書き、晶子の現代語訳を歓迎している。

＊正宗白鳥　小説家、劇作家、評論家。明治一二～昭和三七年（一八七九～一九六二）。引用の「文学評論」は、昭和九年（一九三四）一月、『新潮』に発表された。

二〇九　＊この作者は…　正宗白鳥が昭和三四年九月一九日、『読売新聞』に発表した「『夢の浮橋』を読んで」から。

＊ウェレイ　Arthur Waley　イギリスの東洋学者。一八八九～一九六六年。ウェイリー。中国、日本の古典を翻訳、英訳「源氏物語」は一九二五～三三年刊。

二一〇　＊最近の収穫　昭和八年一一月一五～一七日、『東京朝日新聞』に連載された。副題は「英訳『源氏物語』を読む」。

二一一　＊坪内逍遥　小説家、評論家。安政六～昭和一〇年（一八五九～一九三五）。

＊小説神髄　坪内逍遥の文学理論書。明治一八年（一八八五）から一九年にかけて刊行された。

＊勧懲　「勧善懲悪」の略。坪内逍遥は、善が栄え悪が滅びるという筋立で勧善懲悪を主眼とする小説を勧懲小説と呼び、曲亭馬琴の読本にその典型を見た。

二一四　＊手枕　本居宣長の創作。宝暦一三年（一七六三）までに書かれた。
＊六条御息所　源氏に愛される女性の一人。激情の持ち主で、生霊となって源氏の正妻、葵の上をとり殺す。
＊空蟬「源氏物語」第三帖の巻名。
二一六　＊さて　そうして、それから。
二二〇　＊もろこしの書の…「紫文要領」〈巻下〉から。唐土《もろこし》（中国）の書物を基準にして考える習慣がなくならない限りは、の意。
二二二　＊たがうへの…　誰にとっての悲しみとして書けばよいのか。
二二三　＊嵯峨院　源氏が営んだ嵯峨野の御堂とされる。死の二、三年前、源氏は出家してここにこもり、五五、六歳まで生きたらしいことが薫の追想としてのみ〈宿木〉で語られる。
二二四　＊三百篇ノ詩　古代からの伝誦詩三〇〇篇のこと。孔子はこれらを編纂し、弟子への教材とした。「詩経」の前身とされる。
＊六経　四一一頁「六経論語」参照。
＊まろが言　私の言うこと。
＊過称とはえいはじ　過大評価とは言えないだろう。
＊県居ノ大人　賀茂真淵。四一四頁参照。
＊きこえけるに　申し上げたところ。
＊神の御典　神のことが記された書物。神書。

二二五
*からごゝろ　中国の国風や文化に感化された心。漢心、漢意。
*いまし　あなた、なんじ。
*ひきゝ所　低い所、基礎的な事柄。
*まだきに　その時期にならないのに。
*うることあたはず　得ることができない。
*うべきやうなければ　得られるはずがないので。
*ひがことのみすめり　心得ちがいのことばかりしているようだ。
*ゆめ　決して。
*しな　段階等の意。
*なのぞみそ　望んではいけない。
*いとねもころに　たいへん懇切に。
*から意　「からごゝろ」に同じ。
*さらに　まったく。

二二六
*郷里を去って　真淵は元文二年（一七三七）三月、江戸に出た。四〇歳だった。四五七頁「東都」参照。
*徂徠学　荻生徂徠（四〇九頁参照）が提唱した古文辞学（四二七頁参照）のこと。真淵が江戸に出た当時は、徂徠門下の太宰春台、服部南郭らが継承していた。
*仁斎　伊藤仁斎。四〇三頁参照。

二三七
＊点本　仮名や返り点など訓点を付してある本。付点本。
＊無点　訓点のない状態。
＊和名抄　「倭名類聚抄」の別名。源順撰述の分類体漢和対照辞書。平安中期の承平年間（九三一〜九三八）頃成立。
＊式　平安期の律（刑法）と令（官制・民法に相当）に関する施行細則。一般には延喜五年（九〇五）、醍醐天皇の勅によって撰進された「延喜式」をさす。
＊祝詞　日本古来の神道で、神に対して奏上する言葉。
＊宣命　天皇の勅を伝える文書の一つ。即位、改元など国家の重大事に用いられ、漢文によらず、独特の文体、表記で書かれた。四七二頁「宣命書」参照。
＊衍字　文章中に誤って入った余計な文字。
＊万葉解通釈幷釈例　賀茂真淵の著した「万葉集」研究書。寛延二年（一七四九）成立。通称「万葉解」。
＊岡部衛士　賀茂真淵のこと。「岡部」は族姓、「衛士」は通称の一つ。
二三八
＊新上屋　松坂城下日野町にあった宿屋。
＊上野寛永寺の宮　輪王寺宮。「寛永寺」は徳川家康の帰依を受けた僧天海が建立した天台宗の寺院。幕府の要請によって住持の座には代々皇子が就き、輪王寺宮と称された。
＊倉卒　あわただしいさま。
＊百人一首の改観抄　「百人一首」の注釈書。

＊契沖　江戸前期の国学者。四〇九頁参照。
＊余材抄「古今余材抄」。「古今集」の注釈書。
＊勢語臆断「伊勢物語」の注釈書。
二二九　＊おのがたてよむふりは　自分が主として詠む歌風は、の意。
＊さるべきことわり　そうあって当然な理由。
＊別にいひてん　別のところで述べよう。
＊冠辞考　賀茂真淵の著書。宝暦七年（一七五七）刊。「万葉集」「古事記」「日本書紀」の枕詞三四〇余語について、語義、用例などを考証した本。
＊わざと　意識的に、本格的に。
二三〇　＊一年　ある年。
＊田安の殿　田安宗武。四四四頁参照。
＊大和山城「大和」は現在の奈良県、「山城」は現在の京都府南部。
＊さることつゆしらで　そんなことは全く知らないで。
＊かへるさま　帰途、帰る時。
＊名簿　入門に際して証として送る、自分の姓名・年月日等を記した名札。
＊古事記伝「古事記」の注釈書。四四巻。明和四年（一七六七）頃に起草した。
＊神代紀開講「神代紀」は「日本書紀」の神代（神武天皇即位前の、神が支配したとされる時代）の巻のこと。宣長は宝暦一四年（一七六四）正月一八日夜から「神代紀」の

講釈を始めた。

二三一　*神ながらの道　神代から伝わる、日本固有のものの見方、考え方。

二三二　*長流　下河辺長流。江戸前期の国学者。四一八頁参照。

二三三　*延約略通　江戸期までの、語中の音節変化に関する国語学の用語。延音（例、のたまふ→のたまはく）、約音（例、さしあぐ→ささぐ）、略音（例、あかいし→あかし）、通音（例、うつせみ→うつそみ）。

*大野晋　国語学者。大正八年（一九一九）東京生れ。

*古事記伝解題　筑摩書房版「本居宣長全集」第九巻「古事記伝一」の解題。

*言霊の佐くる国　「万葉集」〈巻第一三〉に柿本人麿の歌「磯城島《しきしま》の日本《やまと》の国は言霊の佐くる国ぞま幸《さき》くありこそ」がある。「言霊」は言語にやどる神霊、言語の霊妙な働きをいう。

二三四　*たれやし人か　どういう人が。引用は「冠辞考」〈序〉から。

*得まくほりせざらん　得たいと思わないだろうか。

*故　こういうわけで。

*たゞ歌の調べの…　「冠辞考」〈序附言〉から。

*かたへは　一方では、他方では。

二三五　*荷田春満　江戸中期の国学者。寛文九～元文一年（一六六九～一七三六）。著作に「万葉集僻案抄」など。

二三七　＊枕詞とては…　「冠辞考」〈序附言〉から。

＊言霊の幸ふ国　「万葉集」〈巻第五〉、山上憶良（四六九頁参照）の長歌「好去好来の歌」に出る。

二三八　＊メタフォーア　隠喩。ある観念を表わすために、それに類似、共通した性質を示す別の観念を持つ言葉を用いることをいう。

二三九　＊さにはあらず　そうではない。

＊そのでうにてぞ　そうした道理によって。「でう」は「条」。

二四〇　＊歓語　たのしい語らい。

二四一　＊カシコケレド　畏《かしこ》けれど。恐縮ですが、の意。

＊ナカ〳〵ニ　かえって。

＊続日本紀宣命　「続日本紀」に引用された宣命（四五〇頁参照）のこと。「続日本紀」は「日本書紀」に続く官撰国史。四〇巻。四七五頁「続紀」参照。

＊さて有なん　そうもいえよう。

＊さともすべし　そのようにもする、の意。

二四二　＊万葉六巻迄…　明和六年一月二七日付の手紙に出る言葉。「草」は下書き。

＊橘諸兄　奈良中期の公卿、歌人。天武一三〜天平宝字一年（六八四〜七五七）。聖武、孝謙両天皇の左大臣。

＊無閑且はいまだしければ　時間的な余裕がなく、また時期尚早でもあったので。

＊旦暮に迫り　時機が切迫しているさま。

二四三　＊我朝之言　わが国古来のことば。

＊拙が　私の、の意。

＊羽倉在満　江戸中期の国学者、有職故実家。宝永三〜宝暦一年（一七〇六〜一七五一）。別称、荷田在満。荷田春満の甥で養子。

＊憶事皆失　記憶がすっかり衰えて。

＊宇万伎　加藤宇万伎。賀茂真淵の弟子。四四五頁「藤原宇万伎」参照。

＊黒生　尾張黒生。賀茂真淵の弟子。生没年不詳。

＊向来　ここでは、「今後は」の意。

＊令義解　養老令の公的注釈書。一〇巻。淳和《じゅんな》天皇の勅命により清原夏野を総裁とし、小野篁《たかむら》、讃岐永直らが撰進した。承和一年（八三四）施行。

＊職原抄　北畠親房《ちかふさ》の手になる有職故実書。日本の官職の沿革、職掌等を漢文で記述。興国一年（一三四〇）成立。

＊物方なれば…　第四三章（本書下巻所収）に引用される門弟宛書簡には、「異朝の道は方なり、皇朝之道は円なり」とある。「方」は方形、四角形。

二四四　＊楫取魚彦　江戸中期の歌人、国学者。享保八〜天明二年（一七二三〜一七八二）。

＊梓行　書物を発行すること。

＊野生　自分の謙称。小生。

二四五　＊にひまなび　「新学」。真淵の著した国学書、歌論書。明和二年（一七六五）成立。一巻。
＊なが歌　長歌。和歌の歌体の一つで、五七調を反復して連ね、終末を七・七とするもの。
＊短うた　短歌。五・七・五・七・七の五句体の歌。
＊葛城のそつ彦　葛城襲津彦。「記紀」にみえる大和期の武将。生没年不詳。武内宿禰の子で、神功皇后五年、新羅を討伐したとされる。
＊ちはやぶるもの　神々。また、神々しいもの。「ちはやぶる」は「神」の枕詞。

二四六　＊掛まくも恐こかれど　言葉に出して言うのもおそれ多いが。
＊すめらみこと　天皇の敬称。

二四七　＊秀枝下枝　上の枝と下の枝。
＊千いほ代　「千いほ」は「千五百」。数が非常に多いこと。「代」は年月、時代。
＊何かかたからむ　どうして困難であろうか。
＊高天原に垂木高敷…　「延喜式」の「祈年祭」の祝詞にみえる言葉。「高天原」は、天照大神はじめ、多くの神々がいたとされる天上世界。「垂木」は、切妻屋根の両端の木を、棟から上方に突出るように交差させたもの。「高敷」は高く立てること。立派な建物をつくり勢威を示す、の意。「ふとしり」は「太敷き」に同じ。柱などをいかめしく立てること。
＊てふ言　という言葉、の意。「てふ」は「といふ」の略。
＊手なひぢに　手肱に。手のひじに、の意。

*向もも　ももの前側。
*ひぢりこ　どろ。
二四八　*大番与力　「大番」は「大番組」で幕府の軍事組織。平時には江戸城、大坂城、二条城などの警護に当った。「与力」は大番頭《がしら》の補佐役。
*野子命後　私が死んだ後は。
*はかゆかぬ　はかどらない。
二四九　*ダイモン　古代ギリシャで、人間にとりついて、その人本来の性格にない善い、あるいは悪い行動を行わせると信じられていた霊的存在。
*迮細　心がせまく、小さいこと。
*鄙陋　品性や行為がいやしく浅薄なこと。
二五〇　*藤原の宮　藤原京のこと。持統天皇の持統八年（六九四）から元明天皇の和銅三年（七一〇）まで、現在の奈良県におかれた都城。
*飛鳥岡本の宮　七世紀前半から後半にかけて営まれた、舒明・斉明両天皇の皇居。奈良県高市郡明日香村にあったとされる。
*空かぞふ　「おほ」にかかる枕詞。
二五二　*気象　ここでは歌の心ばえ、風情、などの意。
*新古今　「新古今和歌集」。元久二年（一二〇五）に完成。
二五三　*家持私撰　「家持」は大伴家持。「万葉集」を代表する歌人の一人。養老二年頃〜延暦四

年（七一八頃〜七八五）。四六八頁参照。
＊部立　ここは歌が、雑歌、相聞《そうもん》、挽歌等と、その主題によって部類や部門に分けられていること。

二五五　＊東都　江戸のこと。賀茂真淵は、京都伏見に住む国学者、荷田春満《あずままろ》に学んでいたが、元文一年（一七三六）の春満の死により、翌二年三月、江戸に出て、仕官せず研究生活を続けた。

二五六　＊おふけなく　恐れ多くも。
＊かゞふりて　お受けして、承って。
＊刈菰の　「乱る」にかかる枕詞。「刈菰」は刈り取ったこも。
＊浅茅原　「つばら」（詳）にかかる枕詞。「浅茅原」はチガヤのまばらに生えた野原。
＊かれ　それゆえに。
＊きこしめさへ　ずっとお聞きつづけになって。「きこしめす」は「聞く」の尊敬語。「ふ」は上代の助動詞で反復・継続を表す。
＊はらぬちに　「はらぬち」は「はらのうち」の略。
＊えさもらはぬものから　（先生のお側近くに）いることはできませんので。
＊玉づさの　「玉づさ」（玉梓）は手紙、消息。
＊菅の根の　「ねもころ」（懇）にかかる枕詞。

二五七　＊霊幸ふ　「神」にかかる枕詞。（神が人を）霊力で加護する、の意。

＊墨染の「くらし」（暗し）にかかる枕詞。
＊さるふしのあらむには　そのようなことがある時には。
＊神直日大直日に「直日」（直毘）は、禍《わざわい》や穢れを祓《はら》い清める力や、またその力を持つ神のこと。「延喜式」〈御門祭祝詞〉に「咎過《とがあやまち》在らむをば、神直備《かむなほび》大直備に見直し聞き直し」とある。

二五八 ＊明和四年の秋「草菴集玉箒」正篇のうち、前篇五巻三冊が出版されたのは明和五年（一七六八）五月。巻頭に門人須賀正蔵と稲掛棟隆の序が、明和四年秋の日付とともに付されている。
＊草菴集　頓阿（後項参照）の家集。延文四年（一三五九）頃成立。一〇巻。
＊二条家　鎌倉から室町初期にかけて歌道を伝えた家系。藤原定家の孫為氏を祖とし、その子為世が定家の二条邸を譲り受け、二条家と号した。その後、為世の玄孫為衡の頃に血統は絶えたが、歌道は為世の弟子頓阿の門流に受け継がれた。
＊頓阿　南北朝期の歌僧。正応二〜応安五年（一二八九〜一三七二）。二条家と親しく、建武新政の頃には冷遇されていた二条家を、復権させるのに尽力した。
＊已彫出されしは…　既に出版されたことはしかたがない、の意。
＊かまくら公　源実朝のこと。鎌倉幕府第三代将軍、歌人。建久三〜承久一年（一一九二〜一二一九）。歌集に「金槐和歌集」がある。
＊続草菴集玉箒　天明六年（一七八六）秋に、後篇四巻二冊、続篇三巻一冊が刊行された。

二五九　＊たつき　手がかり、手段。
＊もどかんは　模倣することは。
＊うけひくまじきわざ　聞き入れないであろう所業。
＊まよはで　心をぐらつかさないで。
＊うなづきてん　同意するであろう。

二六〇　＊新古今ノコヽロニ…　次の引用とともに、「排蘆小船」から。
＊古今集遠鏡　「古今和歌集」の注釈書。長歌を除いた全歌を江戸期の口語で訳している。寛政五年（一七九三）頃完成、同九年刊。
＊美濃家づと　宣長の著した「新古今和歌集」の注釈書。寛政三年（一七九一）正月以前の成立。美濃の門人・大矢重門の帰郷に際して書き与えた講義録。「家づと」は土産の意。

二六一　＊もはら　もっぱら。

二六二　＊何ンゾツカハサレネバ　何かお礼を頂戴するのでなければ。
＊万代不易　いつまでも変らないこと。

二六三　＊経緯　たて糸とよこ糸。
＊勅撰　天皇や上皇の指示で編纂されること。

二六五　＊三代ノ聖人　ここでは、中国古代の伝説上の聖王三代、尭・舜・禹のこと。
＊周　中国古代の王朝。前一一〇〇年頃～前二五六年。武王（生没年不詳）のとき、殷を

破って天下統一、礼的な秩序による封建的政治体制を実現した。

二六六　*御伝授　四一〇頁「伝授」参照。

二六八　*玉葉風雅　「玉葉和歌集」および「風雅和歌集」のこと。いずれも勅撰和歌集で「新古今集」の後に編まれた。「玉葉集」は正和二年（一三一三）、「風雅集」は貞和五年（一三四九）頃に完成。

二七〇　*三代集　勅撰和歌集のうち、初めの三集。「古今和歌集」「後撰和歌集」「拾遺和歌集」のこと。

*だうり　道理。

二七一　*むねとはせまほしけれ　主としたい、中心にしたい。

二七二　*誹諧　「俳諧」とも書く。「俳諧の連歌」（連歌形式の俳諧作品）の略。また、発句、連句、俳文など、俳諧の連歌を基盤に生まれた文芸の総称。

*連誹　連歌と俳諧。また、俳諧の連句。

二七三　*正学　寛政異学の禁（後項参照）以降の、朱子学の称。

*花月草紙　松平定信の随筆。文政一年（一八一八）成立。六巻六冊。

*松平定信　江戸後期の老中。宝暦八〜文政一二年（一七五八〜一八二九）。

*異学の禁　寛政異学の禁。寛政二年（一七九〇）、松平定信が幕政改革の一環として、林家（林羅山以降、幕府の儒官として文化・教育を担当していた林氏）に対し朱子学以外の講学を禁じた朱子学保護政策。「異学」は異端の学の意。

二七四　＊氷炭ノチガヒ　「氷炭」は氷と炭で、大きく相違するものをたとえていう。
二七八　＊ヘウシ　拍子。
二八一　＊大口訣　「口訣」は口で直接伝える秘伝。口伝。
＊縁語　ある言葉と意味上の連関がある言葉。「糸」と「ほころび」「乱れ」など。和歌の修辞法の一つ。
＊ウカメ置テ　浮かめ置て。浮かべておいて、の意。
二八四　＊そこゐなき　底知れない、限りない。「そこゐ」はきわめて深い底。
二八八　＊既に述べた　本文一五七頁～参照。
＊千載　「千載和歌集」。七番目の勅撰和歌集。文治四年（一一八八）成立。二〇巻。
＊新古今　「新古今和歌集」。八番目の勅撰和歌集。元久二年（一二〇五）に完成。二〇巻。
＊もはら　もっぱら。
＊しか　そのように。
二九〇　＊喪ノ時ニ哭スル礼　死をとむらう礼儀として、声をあげて泣き悲しむこと。
＊仮令　かりそめ。
＊楽　音による技芸。音楽。たとえば「論語」〈八佾篇《はちいつ》〉に、「人にして仁ならずんば、礼を如何にせん。人にして仁ならずんば楽を如何にせん」とある。
二九四　＊うれたくも　いまいましくも。
＊きゝとらでは　聞きとらないでは。

二九七 ＊しらまほしがる　知りたがる。
＊しらでも　知らないでも。
＊百尺竿頭　百尺もある竿の先端、の意で、到達している極点、極致のこと。中国、宋の禅僧道原が著した仏者・禅師の伝記集成「景徳伝灯録」〈一〇〉に、到達した極致からさらに向上をはかる意で「百尺竿頭一歩を進む」とある。

二九八 ＊詞の玉緒　天明五年（一七八五）五月刊行。宣長数え歳五六歳。五〇歳の安永八年（一七七九）には、「万葉古風格」（「詞の玉緒」巻七の草稿）や〈序〉の部分が書かれていた。

三〇一 ＊レキ〳〵ノ　歴々の。一流の、その道の権威の、の意。

三〇二 ＊既に書いた　本文二五一頁参照。

三〇三 ＊抄　難語をぬき出して注釈した書物。

三〇七 ＊赤染衛門　平安中期の女性歌人。生没年不詳。藤原道長の妻倫子に仕えた。家集に「赤染衛門集」がある。
＊後拾遺和歌集　四番目の勅撰和歌集。藤原通俊撰。応徳三年（一〇八六）成立。二〇巻。

三〇八 ＊乙女の巻　「乙女」は「源氏物語」第二一帖の巻名。
＊夕霧　光源氏の長男。
＊元服　男子が成人になること、またそれを示し祝う儀式。四四二頁参照。
＊大学　「大学寮」の略。大宝令（大宝一年（七〇一）制定）が定めた、官吏養成の最高

学府。

＊まつろへ　服従させ。

＊さて　そしてそれから。

＊理学　道理を説く学問、学説。ここは「漢学」と同じもの。

＊殷々として　「殷」は盛んであるさま。ここでは、権威を誇って、というほどの意。

＊此比　この頃。平安時代の当時をいっている。

三〇九　＊明法博士　大学寮の明法（律と令に通じること）課程の教官。

＊検非違使　中古、京中の非法の検察、秩序の維持をつかさどった職。

＊別当　平安期以後、宮中・官庁・社寺などに置かれた長官。「別当」の称は、すでに官を持つ人が別にその職に当ったことから。

＊メデタカリケレドモ　すぐれていたが。

＊露　後に否定語を伴って「少しも」「ちっとも」の意。

三一〇　＊中〳〵　かえって。

＊掲焉　著しいさま。ここでは、（昼よりもなお）一段と明るい、の意。

＊猿楽がましく　滑稽じみて。「猿楽」は、道化た動作をすること。

＊なべてならず　尋常でなく。

＊大江匡衡　平安中期の学者、文人。天暦六～長和一年（九五二～一〇一二）。一条、三条両天皇に侍読として仕えた。

＊菅家　菅原氏の家系。菅原清公《きよきみ》、是善《これよし》、道真《みちざね》ら、「史記」「文選」などの中国の史書や詩文を講じる紀伝道の学者を輩出した。

＊江家　大江氏の家系。大江音人《おとんど》、千里《ちさと》、朝綱《あさつな》、維時《これとき》、匡衡《まさひら》、匡房《まさふさ》などの学者、詩人、歌人を輩出した。

＊文章博士　大学寮に属して文章と歴史をつかさどり、学生に教授した官の職名。

＊詞書　和歌で、その歌を詠んだ背景や趣意・日時などを述べた前書き。題詞。

三一三　＊胆大小心録　上田秋成の随筆。文化五年（一八〇八）成立。三巻一冊。引用は〈中・一〇一〉から。

三一六　＊荷田在満　江戸中期の国学者。四五四頁「羽倉在満」参照。「国歌八論」は寛保二年（一七四二）に発表した。

＊大菅公圭　江戸中期の国学者、漢学者。正徳二～安永七年（一七一二～一七七八）。賀茂真淵に国学を、荻生徂徠に古文辞学を学ぶ。著作に「日本紀古事記和歌註」など。「国歌八論斥非」は宝暦一一年（一七六一）に発表した。

＊藤原維済　伝未詳。儒学者であったらしい。大菅公圭の「国歌八論斥非」を弁護し宣長の「斥非論」を難じた。

＊誰かこれを弁ぜざらん　誰でも見分けることができる、の意。

＊姿詞ノ髣髴タルマデ…　古歌そっくりといえるほどまで言葉の姿を似せることに比べれば。

＊何ゾカタカラン　どうして難しいことがあろう。

＊イカデカ似ルト…　どうして似ていると似ていないとが判別できようか。

三一七　＊見センニ　見せてみると。

＊弁ズル事アタハジ　判別することはできないだろう。

＊符牒　ここでは、記号の意。

三二〇　＊篤胤　平田篤胤。江戸後期の国学者。安永五〜天保一四年（一七七六〜一八四三）。著作に「霊能《たまの》真柱《みはしら》」など。

＊村岡典嗣　歴史学者。三九八頁参照。「宣長と篤胤」は昭和三二年一二月、創文社刊。

三二一　＊銕胤　平田銕胤。江戸末期の国学者。寛政一一〜明治一三年（一七九九〜一八八〇）。

＊鈴屋入門　「鈴屋」は宣長の書斎の名。ここは宣長自身をさす。

三二二　＊霊の真柱　平田篤胤の論文。天・地・泉の三界の形成を述べ、死後の霊魂の行方を論じる。二巻。

三二三　＊冥府　死者の霊魂の行くところ。

＊よしさばれ　まあ、それはそれとして。

＊なでふ事にも非ずかし　どうということはない。

＊伴信友　江戸後期の国学者。安永二〜弘化三年（一七七三〜一八四六）。著書に「比古《ひこ》婆衣《ばえ》」など。

＊村田春門　江戸後期の国学者。明和二〜天保七年（一七六五〜一八三六）。天明四年

（一七八四）宣長に入門した。

三二五 ＊堤朝風 江戸後期の国学者。明和二～天保五年（一七六五～一八三四）。幕臣。生涯、篤胤を支援し続けた。

＊師木島の 「敷島の」に同じ。「やまと」にかかる枕詞。

三二六 ＊玉だすき 平田篤胤の神道書。文化八年（一八一一）成立。

＊伊吹於呂志 平田篤胤の著した国学書。二巻二冊。文化一〇年（一八一三）成立。

三二七 ＊吉田松陰 幕末の思想家。天保一～安政六年（一八三〇～一八五九）。松下村塾を開き、国家経世の学を説いたが、安政の大獄で処刑された。

＊留魂録 吉田松陰が、安政六年一〇月二六日、処刑の前日に江戸伝馬町の牢獄の中で書いた書。冒頭に「身はたとひ武蔵の野辺に朽ちぬとも留めおかまし大和魂」の歌を掲げる。

＊新渡戸稲造 明治から昭和期の教育者、農政学者。文久二～昭和八年（一八六二～一九三三）。盛岡藩士の子。キリスト者として国際親善に尽力した。

＊武士道 新渡戸稲造の英文著作に「武士道」がある。原題は Bushido, the Soul of Japan。明治三二年（一八九九）アメリカで出版、翌年日本でも刊行した。第一五章「武士道の感化」に宣長の「敷島の大和心を…」の歌を引く。

＊なりひらの朝臣 在原業平。平安前期の官人、歌人。

＊ほうし 法師。契沖は真言宗の僧だった。

三二八　＊勢語臆断　「伊勢物語」の注釈書。その〈下之下〉にある。また本文七八〜八〇頁参照。
＊頌歌　ほめたたえる歌。
＊頌偈　仏教の経や論の終りなどに、仏の功徳をほめて述べる韻文。頌、偈、偈頌ともいう。
＊北条ノ時頼入道　鎌倉中期の武将。安貞一〜弘長三年（一二二七〜一二六三）。鎌倉幕府第五代執権。
＊業鏡　地獄の閻魔の庁にあって、死者の生前の業（善悪の行為）を映し出すという鏡。浄玻璃の鏡。
＊道崇珍重　「道崇」は北条時頼の出家後の法名。「珍重」は、ここでは禅僧の別れの挨拶の言葉。
＊いみじきわざ　立派な行い。
＊思ひためり　思っていたようだ。
三二九　＊をこなる　愚かな。
＊吾妻鏡　鎌倉幕府による史書。治承四〜文永三年（一一八〇〜一二六六）の事蹟を編年体で記録する。
＊益田宗　歴史学者。昭和七年（一九三二）東京生れ。
＊増集続伝灯録　中国の禅宗史伝書「景徳伝灯録」「続伝灯録」の後を承け、明の径山文琇が編纂した書。宋末から明初までの禅師の略伝を収める。一五世紀前半に成立。六巻。

三三〇　＊妙堪　笑翁妙堪。禅僧。一一七七〜一二四八年。

＊三代実録　「日本三代実録」。六番目の勅撰国史。延喜一年（九〇一）撰進。清和・陽成・光孝三天皇の編年体史。五〇巻。

三三一　＊嵯峨天皇　第五二代天皇。延暦五〜承和九年（七八六〜八四二）。在位は大同四〜弘仁一四年（八〇九〜八二三）。漢詩文をよくし、作品は自身の勅撰漢詩集「凌雲集」などにみえる。

＊続日本後紀　四番目の勅撰国史。貞観一一年（八六九）撰進。仁明天皇即位から崩御までの編年体史。二〇巻。

＊興福寺　現在の奈良市にある法相宗大本山。藤原氏の氏寺で、平城遷都に際し、鎌足の子不比等が現在地に移して以後栄え、衆徒は延暦寺の山法師に対して奈良法師と呼ばれた。

＊仁明天皇　第五四代天皇。弘仁一〜嘉祥三年（八一〇〜八五〇）。在位は天長一〇（八三三）〜嘉祥三年。嵯峨天皇の第二皇子。

＊季世陵遅…　世も末となり、日本古来の和歌の形体は衰え、往時の言葉は法師たちの間にわずかに残っているのみだ、作法が失われ、規範を朝廷の外に探すという次第でこの長歌をここに載録するのである。

三三二　＊勅撰漢詩集　天皇や上皇の指示で編纂された漢詩集。

三三四　＊家持　大伴家持。奈良時代の歌人。「万葉集」に長短歌など約四八〇首を残し、またその編纂者の一人とされる。
*懐風藻　漢詩集。撰者未詳。天平勝宝三年（七五一）成立。近江朝から奈良時代までの詩一二〇篇を収める。
*憶良　山上憶良。奈良時代の官人、歌人。斉明六〜天平五年頃（六六〇〜七三三頃）。「万葉集」所収歌に「貧窮問答歌」「子等を思ふ歌」など。
*むもれ木の　埋れ木の。「人知れぬ」の枕詞。ここでは上文からも「色（恋の情趣）を好む連中の間に埋もれ」と言いかけられている。
三三六　*花薄　「ほに出だす」の枕詞。
*歌合せ　平安時代に始まった遊戯の一種。左右両陣営にわかれて一首ずつ歌を出しあい、そのつどその一組の歌の優劣を判者が決めていって最終の総合成績を競うもの。
三三七　*六歌仙　平安初期、和歌の名人と称された在原業平、僧正遍照、喜撰法師、大伴黒主、文屋康秀、小野小町。紀貫之が「古今和歌集」仮名序でこの六人の名をあげて評したことからいわれる。
*伊勢　「伊勢物語」。第四段に出る。
三三八　*既に書いた　本文一三七頁〜参照。
*猶子　義子に同じ。
*淑望　紀淑望。平安前期の漢学者、歌人。生年不詳、延喜一九年（九一九）没。
三四〇　*千歌　「古今和歌集」は一一一一首を収録する。

三四一 *題詞　和歌の前に置き、作歌された場所、趣旨、または作者などを記したはしがき。

*左註　和歌の左側に付ける注記や説明文。

三四二 *微官　階級の低い役人。

三四四 *から歌　漢詩。和歌に対する語。

三四五 *漢書　中国、前漢の歴史を扱った紀伝体の正史。後漢の班固の著。八二年頃成立。二十四史の一つ。

*晋書　中国、晋代の歴史を扱った紀伝体の正史。唐の太宗の勅撰により六四八年完成。二十四史の一つ。

三四七 *天武天皇　生年不詳、朱鳥一年（六八六）没。在位、天武二〜一五年（六七三〜六八六）。舒明天皇の第三皇子。天智天皇の崩後、壬申の乱（四七四頁参照）に勝利し、翌年、飛鳥の浄御《きよみ》原《はら》宮で即位。飛鳥浄御原律令を編纂、八色《やくさ》の姓《かばね》や位階六十階を制定し、また国史の編修に着手した。

*元明天皇　女帝。斉明七〜養老五年（六六一〜七二一）。在位、慶雲四〜霊亀一年（七〇七〜七一五）。天智天皇の第四皇女で、草壁皇子の妃。即位後、都を奈良の平城京に遷し、また太安万侶らに「古事記」を撰進させるなどした。

*和銅元年　戊申の年。西暦七〇八年。

*おほけなく　恐れ多くも。

*明和元年　甲申の年。西暦一七六四年。

三四八 ＊安万侶 太安万侶。奈良時代の官人。生年不詳、養老七年（七二三）没。元明天皇の詔に従い、稗田阿礼の誦習した帝紀・旧辞を筆録して「古事記」を撰進した。
＊上表文 君主に献上する文書。
三四九 ＊詔り 天皇の命令をいう。
＊朕れ 天皇の自称。
＊賷る 「賷」は「齎」の俗字。「もたる」あるいは「もてる」と読む。持って来て差し出すの意。
＊帝紀 歴代天皇とその関連事項の記録。
＊本辞 一般的事項の伝承。
＊邦家の経緯 国家組織の根本。
＊王化の鴻基 天皇政治の基礎。
＊故れ それゆえ。
＊討覈 詳しく調べること。
＊舎人 天皇・皇族に近侍し雑事に携る者。
＊帝皇の日継 歴代天皇の皇位継承の次第。
＊先代の旧辞 昔からの旧辞。「旧辞」は「本辞」に同じ。
＊先紀 「帝紀」に同じ。
三五一 ＊おむかしき 「おむかし」は「面向《おもむか》し」の転。その方に顔を向けていたいの意から、喜

ばしい、満足である。おむがし。

三五二　＊天津日嗣　皇位の継承。

三五四　＊詔旨　天皇の命令の趣旨。

三五六　＊真字書　漢字で書くこと。「真字」は漢字。

三五七　＊宣命書　宣命（天皇の命令を伝える文書）に用いられた表記法。体言や用言の語幹は大字で書き、用言の語尾や助詞・助動詞などは一字一音で小書きする。

三五九　＊天鈿女命　記紀神話に登場する女神。天照大神が天岩屋戸に隠れたとき、その岩屋戸の前で踊って天照大神を慰めた。

＊柳田国男　民俗学者。明治八〜昭和三七年（一八七五〜一九六二）。著書に「遠野物語」など。

＊妹の力　柳田国男の著書。昭和一五年（一九四〇）八月、創元社刊。

三六一　＊続紀宣命　「続日本紀」（四七五頁「続紀」参照）に引用されている宣命。

＊延喜式　養老律令の施行細目の集大成。弘仁式・貞観式の後を承けて延長五年（九二七）撰進。平安初期の禁中の年中儀式や公事などの詳細を漢文で記す。五〇巻。施行は康保四年（九六七）。

＊既に書いた　本文二九八〜三〇二頁参照。

三六二　＊しるさで　記さないで、書かないで。

三六三　＊津田左右吉　歴史学者。明治六〜昭和三六年（一八七三〜一九六一）。

三六四 *仙覚 鎌倉時代の天台僧、万葉学者。建仁三年(一二〇三)生れ、没年不詳。著作に「万葉集註釈」など。史上初めて「万葉集」の本格的校訂を行い、万葉仮名の解読にも大きく寄与した。

三六六 *天武紀 「日本書紀」の巻第二八、二九の「天武天皇の巻」上・下。

*川嶋皇子 天智天皇の第二皇子。斉明三~持統五年(六五七~六九一)。妻は天武天皇の皇女。「懐風藻」に漢詩、「万葉集」に短歌がある。

*修撰の条 「日本書紀」巻第二九に見える、天武天皇が川嶋皇子たちに国史修撰(編纂)を命じたことを記したくだり。

三七〇 *諺文 朝鮮語特有の表音文字、ハングルの旧称。李朝第四代世宗が作成し、一四四六年、「訓民正音」として公布した。

*体言 日本語における単語の一つの類。文の主語となり得るもの。名詞・代名詞がこれにあたる。

*用言 日本語の品詞のうち文の述語になることができるもの。動詞・形容詞・形容動詞がこれにあたる。

三七三 *シンタックス 言葉の組合せによる句や節や文の構成法。

三七四 *捷径 近道。

三七七 *失 あやまち、過失。

*正しおかでは 正しておかないと。

三七八　＊壬申の乱　天武一年（六七二）、天智天皇の長子大友皇子と皇弟の大海人《おおあま》皇子の間に起った皇位継承をめぐる争い。一ヶ月余の激戦を経て大友は自殺、大海人は天武天皇として飛鳥浄御原宮に即位した。
＊大化改新　大化一年（六四五）、中大兄皇子（後の天智天皇）、中臣（藤原）鎌足らが蘇我氏を倒し、孝徳天皇を立てて中央集権的支配体制をめざした。

三七九　＊平家物語　鎌倉前期の軍記物語。作者は不詳。平清盛を中心とする平氏一門の興亡を描く。

三八〇　＊欽定　君主の命によって選定されること。

三八一　＊日継　歴代天皇の皇位継承の次第。
＊世継　天皇代々の事跡。

三八四　＊なべての　すべての。

三八六　＊笹月清美　国文学者。明治四〇〜昭和二九年（一九〇七〜一九五四）。

三八七　＊倭建命　景行天皇の皇子。熊襲《くまそ》・出雲《いずも》を平定し、続いて東国の蝦夷《えみし》を鎮定するが、その帰途客死したとされる。
＊西征　畿内から見て西側の地方の征伐。ここでは、九州南部、熊襲の平定。
＊上命　天皇による命令。
＊東伐　東国征伐。伊勢・尾張・参河・遠江・駿河・総・常陸・陸奥の各国平定。
＊倭比売命　垂仁天皇の娘とされる伝説上の人物。伊勢の斎宮（天皇の即位ごとに伊勢大

神宮につかわされ、奉仕した未婚の皇女もしくは女王)。

三八八 *記中 「古事記」の中には。

*続紀 「続日本紀」のこと。「日本書紀」に続く官撰国史。四〇巻。菅野真道《まみち》らが延暦一六年(七九七)撰進。文武帝から桓武帝までの九五年間を編年体で記す。

三九一 *兼題 歌会などで、前もって出される題、また、その題に即した作品。

*披書視古 書物をひらき、古《いにしえ》を視る、の意。

三九二 *発条 ばね。ここでは原動力となるもの、の意。

*この注解は、新潮社版「小林秀雄全作品」(全二八集別巻四)の脚注に基づいて作成した。

編集部

表記について

新潮文庫の文字表記については、原文を尊重するという見地に立ち、次のように方針を定めました。

一、旧仮名づかいで書かれた口語文の作品は、新仮名づかいに改める。
二、文語文の作品は旧仮名づかいのままとする。
三、旧字体で書かれているものは、原則として新字体に改める。
四、難読と思われる語には振仮名をつける。

新潮文庫の新刊

乃南アサ著
家裁調査官・庵原かのん
家裁調査官の庵原かのんは、罪を犯した子どもたちの声を聴くうちに、事件の裏に潜む問題に気が付き……。待望の新シリーズ開幕！

燃え殻著
それでも日々はつづくから
きらきら映える日々からは遠い「まーまー」な日常こそが愛おしい。「週刊新潮」の人気連載をまとめた、共感度抜群のエッセイ集。

松家仁之著
火山のふもとで
読売文学賞受賞
若い建築家だったぼくが、「夏の家」で先生たちと過ごしたかけがえない時間とひそやかな恋。胸の奥底を震わせる圧巻のデビュー作。

岡田利規著
ブロッコリー・レボリューション
三島由紀夫賞受賞
ひと、もの、場所を超越して「ぼく」が語る「きみ」のバンコク逃避行。この複雑な世界をシンプルに生きる人々を描いた短編集。

藍銅ツバメ著
鯉姫婚姻譚
日本ファンタジーノベル大賞受賞
引越し先の屋敷の池には、人魚が棲んでいた。なぜか懐かれ、結婚を申し込まれてしまい……。異類婚姻譚史上、最高の恋が始まる！

沢木耕太郎著
いのちの記憶
―銀河を渡るII―
少年時代の衝動、海外へ足を向かわせた熱の正体、幾度もの出会いと別れ、少年時代から今日までの日々を辿る25年間のエッセイ集。

本《もと》居《おり》宣《のり》長《なが》(上)

新潮文庫　こ－6－6

平成　四　年　五　月二十五日　発　行
平成十九年　六　月二十五日　九刷改版
令和　七　年　二　月　五　日　十七刷

著　者　小《こ》林《ばやし》秀《ひで》雄《お》

発行者　佐藤隆信

発行所　株式会社　新潮社

郵便番号　一六二―八七一一
東京都新宿区矢来町七一
電話　編集部(〇三)三二六六―五四四〇
　　　読者係(〇三)三二六六―五一一一
https://www.shinchosha.co.jp

価格はカバーに表示してあります。

乱丁・落丁本は、ご面倒ですが小社読者係宛ご送付ください。送料小社負担にてお取替えいたします。

印刷・株式会社精興社　製本・加藤製本株式会社

ISBN978-4-10-100706-9　C0110